사회보장법과 의회

이 책은 2012년 정부(교육부)의 재원으로 한국연구재단의 지원을 받아 수행된 연구의 결과물입니다.
(NRF-2012S1A6A4021408)

This work was supported by the National Research Foundation of Korea Grant funded by the korean Government(NRF-2012S1A6A4021408)

이 도서의 국립중앙도서관 출판예정도서목록(CIP)은 서지정보유통지원시스템 홈페이지(http://www.seoji.nl.go.kr)와 국가자료공동목록시스템(http://www.nl.go.kr/kolisnet)에서 이용하실 수 있습니다.
CIP제어번호: CIP2017009114(양장), CIP2017009115(학생판)

사회보장법과 의회

| 이신용 지음 |

한울
아카데미

책을 펴내며

우리나라 사회 정책 분야에서 연구되어야 할 주제 중의 하나는 '왜 우리나라는 경제 수준에 비해 사회복지 수준이 현격하게 낮은가'이다. 우리나라는 경제개발협력기구OECD 회원국 중에서 사회복지 수준이 가장 낮은 그룹에 지속적으로 속해 있기 때문이다. 이 질문에 대답하기 위해 이 책을 집필했다.

복지국가는 서유럽에서 처음으로 출현하고 발전했다. 그래서 복지국가의 출현과 발전의 원인을 분석할 때 서유럽 국가들이 주로 연구 대상이 된다. 이런 연구 결과물로 복지국가 이론이 정립된다. 이렇게 정립된 복지국가 이론은 새롭게 출현하는 복지국가를 분석하는 데 사용된다. 예를 들면, 한국, 타이완, 홍콩, 싱가포르 등과 같이 뒤늦은 산업화로 경제발전을 이룩한 국가에서 복지국가의 출현과 발전을 설명할 때 서유럽에서 정립된 복지국가 이론이 설명 도구로 사용되기도 한다.

그러나 이런 시도는 곧 좌절을 경험한다. 왜냐하면 기존 복지국가 이론으로는 설명할 수 없는 부분이 많기 때문이다. 현재 가장 영향력을 크게 미치는 복지국가 이론은 산업화 이론과 권력자원 이론이다. 산업화 수준이 높은 국가일수록 복지국가가 출현할 개연성이 높고, 노동조합과 좌파 정당이 연합하여 집권한 기간이 길수록 복지국가가 발전한다는 주장이 이 이론들의 핵심이다.

이 이론들은 여전히 강력하지만 우리나라에 적용했을 때는 설명력이 크게 떨어진다. 1964년 산업재해보상보험과 같은 사회보험이 우리나라에 처음 도입되었을 때 우리나라는 여전히 농업 사회였다. 더욱이 산업재해보상보험 도입 이후 꾸준히 새로운 사회보장제도가 도입되었는데 노동조합이나 좌파 정당의 영향력은 없었다. 이와 같은 경향은 현재까지 이어지고 있다. 따라서 산업화 이론이나 권력자원 이론으로는 우리나라 사회보장제도의 출현과 발전을 적절하게 설명할 수 없다. 물론 우리나라 국가 복지가 낮은 원인을 노동조합과 동맹한 좌파 정권의 부재로 설명할 수 있을 것이다. 하지만 그런데도 계속해서 새로운 사회보장제도가 도입되고, 또 질적으로 발전하는 이유는 권력자원 이론으로 설명할 수 없다.

이 책에서는 노동조합과 동맹한 좌파 정권 없이도 우리나라의 사회보장제도가 발전하는 이유와 발전 수준이 경제 수준에 못 미치는 원인을 정치 및 법 구조에서 찾고 있다. 국회가 사회보장법을 규율하는 권한을 포기하고 행정부가 위임입법으로 사회보장제도를 통제할 때, 사회보장제도는 왜 느리게 발전하는지를 분석했다. 이 주장을 증명하기 위해 사회복지학은 물론 법학, 정치학, 행정학의 도움을 받아야 했다. 그러나 이 모든 분야를 섭렵하여 완성도 높은 책을 출판하기에는 필자의 역량이 부족함을 밝히지 않을 수 없다. 이런 이유로 채우지 못한 이 책의 부족한 부분을 동료 학자들과 후배 학자들이 채워주기를 소망한다.

책이 나오기까지 재정적으로 지원해준 한국연구재단에 감사를 드린다. 아울러 부족한 원고를 기꺼이 받아주고 출판을 결정해준 한울엠플러스(주)에도 진심으로 감사드린다. 아울러 교정 작업에 애써주신 김영은 님께 감사드린다.

특히 지난 25년 동안 동료 학자로, 친구로, 애인으로 그리고 아내로 늘 함께한 이미화 박사에게 말로 표현할 수 없는 고마움을 전한다.

2017년 4월

이신용

차례

III. 의회유보, 사회보장법 그리고 사회정책

I. 서론

제1장

/

들어가며

1. 문제 제기

한국에서는 아직까지 사회보장법이 개별 학문 분야로 깊이 있게 연구되고 있지 않다. 물론 사회복지학에서는 사회보장법제로, 법학에서는 사회법 등으로 강의가 개설되어 있지만 이 분야를 전문적으로 연구하는 학자와 연구 결과물은 매우 드물다. 이러한 현상은 한국의 사회보장제도가 국민의 삶에 미치는 영향이 아직 크지 않은 현실을 반영하고 있다. 한국 사회보장의 짧은 역사가 그 주요한 원인 중 하나일 것이다.

그러나 짧은 사회보장의 역사에도 불구하고 한국에서 꾸준히 사회보장제도가 발전하고 있는 것도 사실이다. 특히 1990년 말에 있었던 외환위기 이후 한국 사회보장제도의 발전 속도는 과거 어느 때보다도 빨라 보인다. 이와 더불어 사회보장에 대한 국민의 관심도 점차 커지고 있다. 정치권에서도 복지에 지속적인 관심을 보이고 있다. 복지를 주요한 선거공약으로 내세웠던 2010년 지방선거, 2012년 국회의원 및 대통령 선거는 정치적·사회적으로 사회보장에 대한 관심이 커지고 있는 것을 알 수 있는 좋은 예이다. 복지에 대한 이런 정치권의 관심은 예산에도 반영되어 사회보장 지출도 꾸준히 늘고 있다. 과거 1970년대와 1980년대에는 국내총생산 중에서 사회보장 지출이 차지하는 비율은 불과 1%도 되지 못했다. 하지만 2012년 현재 국내총생산에서 사회보장 지출이 차지하는 비율은 9%를 넘는다. 선진 복지국가와 비교했을 때 아직 만족할 만한 정도는 아닐지라도 사회보장 지출이 계속해서 증가하고 있다는 사실이 고무적이다. 기존에 도입된 사회보장제도들이 확대 적용되고 있으며, 새로운 제도들도 연속적으로 도입되는 것을 보아 한국의 사회보장제도는 지속적으로 발전할 것으로 보인다.

사회보장 분야에서 발생하고 있는 이런 일련의 변화는 국민의 삶에 미치는 사회보장제도의 영향력 확대로 이어질 것이다. 사회보장제도가 도입되기 전에는 노령·장애·실업으로 발생하는 소득 상실과 질병은 개인의 책임으로 인식되었고, 개인의 차원에서 해결되었다. 그러나 사회보장제도가 도입된 이후 국민의 삶은 사회보장제도와 밀접한 연관을 맺기 시작한다. 국민은 한편으로는 사회보장제도의 적용 대상자와 급여 수급자가 되고, 다른 한편으로는 재원 부담의 주체가 된다.

그런데 공적인 사회보장제도와 국민의 이런 관계 형성은 새로운 문제를 발생시킨다. 기대했던 급여의 지급이 거부되거나, 받고 있던 급여가 감소 혹은 중지해 삶에 영향을 받는 상황은 사회보장제도의 도입으로 생겨난 새로운 문제다. 이런 문제를 해결하는 방안에는 사법적인 측면과 입법적인 측면이 있다. 행정소송 혹은 사회보장법의 제정 및 개정은 대표적인 해결 방법이다. 사회보장제도의 성숙과 더불어 사회보장 분야에서도 행정소송이 늘어나고 있고, 더불어 새로운 사회보장법의 제정과 개정이 이어지고 있다. 행정소송이나 법의 제정 및 개정의 증가로 이런 현상을 분석하는 학문적인 연구의 필요성도 증가했다. 국민의 삶에 직접적인 영향을 미치는 방법은 아닐지라도, 학문적인 접근 방법은 사회보장 분야에서 발생하는 문제를 해결하는 방법 중 하나이다.

특히 행정소송이나 사회보장법의 제정 및 개정으로 다룰 수 없고 학문적으로 다루어야 하는 사항들이 사회보장 분야에서 늘어나고 있다. 따라서 한국에서도 본격적으로 사회보장법 분야에 대한 깊이 있는 연구가 활성화되어야 한다.

이 책에서는 한국 사회보장법에 나타나는 과도한 위임 현상의 문제를 다루고자 한다. 한국 사회보장법에는 "…… 은 대통령령으로 정한다", "…… 은 보건복지부령으로 정한다" 등의 표현이 자주 나타난다. 이러한 위임 현상은 한국에서 각종 사회보장법이 처음 제정될 때부터 있었다. 그 때문인지 오늘날에는 이를 마치 관행처럼 받아들이고 있는 듯하다. 따라서 이런 위임 현상이 법학적으로 어떤 의미가 있으며, 국민의 삶에 어떤 영향을 미칠 수 있는가에 대한 심도 있는 연구가 거의 없었다. 한국 사회보장법에 나타나는 과도한 위임 현상이 연구되어야 할 사항 중에 하나라는 것은 틀림없다. 그러나 지금까지 이 문제에 대해 극히 일부 학자만이 관심을 보여왔다(전광석, 1998, 2010).

사법부조차 사회보장법에 나타나는 이런 위임 현상을 불가피한 것으로 보고 있다. 사법부는 사회보장 영역을 포함한 급부행정 영역에서는 침해행정 영역과는 다르게 위임 요건이 완화될 수 있다고 본다.

침해행정 영역과는 다르게 사회보장 영역에서는 위임 요건이 완화될 수밖에 없는 불가피한 이유가 존재하는 것은 사실이다. 현대사회가 다양해지고, 변화의 속도가 빠를수록 법률로 이 모든 사항을 규정하는 것은 현실적으로 어렵기 때문이다. 그러나 이런 상황을 고려한다고 하더라도 법률로 규정해야 하는 사항이 있는 것은 분명하다. 특히 헌법이 보장하는 사회적 기본권의 구현과 본질적인 관련을 맺고 있다면, 구체적으로 규정하는 것이 필요하다. 예를 들면 급여 대상자의 범위, 급여 수급 조건, 급여 범위 및 수준, 재원 마련 방안 등은 해당 제도의 핵심 사항이면서, 사회적 기본권의 구현과 직접적인 연관성을 갖고 있는 사항이다. 그런데 한국 사회보장법에서는 이에 대한 규정 권한이 거의 행정부에 위임되어 있다.

이런 과도한 위임 현상은 민주주의 원칙과 양립할 수 없다. 민주주의 원칙에 따르면 국민은 자신과 관련된 의무나 권리에 관한 사항은 스스로 결정하여, 스스로를 구속해야 한다. 국민이 스스로 주권을 행사할 수 없는 상황이라면, 국민을 대표하는 의회가 국민을 대리하여 이와 같은 사항에 대한 책임 있는 결정을 해야 한다. 따라서 지금과 같은 사회보장법에서의 과도한 위임 현상은 민주주의에 위배되는 것이다.

아울러 이러한 위임 현상은 변화된 법률유보의 의미와도 조응하지 않는다. 과거의 법률유보는 위임에 대한 근거 조항이 법률에 있기만 하면 된다는 것을 의미했다. 그러나 오늘날의 법률유보는 기본권의 실질적인 보호와 구현을 위해 법률로 해당 사항을 구체적으로 통제해야 한다는 것을 의미한다. 따라서 급여 대상자의 범위, 급여 수급 조건, 급여 범위 및 수준, 재원 마련 방안 등이 사회적 기본권의 구현과 본질적으로 관련 있는 사항이라면, 오늘날의 법률유보가 요구하는 법률의 구체성이 사회보장법에도 요구된다고 할 것이다.

사회보장법에 나타나는 과도한 위임 현상은 권력분립의 원칙과도 양립할 수 없다. 입법부는 행정부의 임의적인 결정으로 국민의 삶이 영향을 받지 않도록 행정부를 견제해야 한다. 그러나 현재와 같이 제도의 핵심 사항을 결정할 권한을 모두 행정부에 위임한 상태에서는 행정부를 견제할 수 있는 수단이 없다고 하겠다.

사회보장제도의 발전이라는 측면에서도 부정적인 영향이 더 크다. 과거 권위주의 시절부터 현재까지 행정부는 위임입법을 기반으로 사회보장제도의 적용 범위를 빠르게 확대해왔다. 부족한 재원으로 제도를 파탄내지 않고 운영해 온 것도 사실이다. 그럼에도 불구하고 행정부가 갖고 있는 과도한 위임입법권으로는 더 이상 사회보장제도가 긍정적으로 발전하기 어렵다. 한국의 사회보장제도는 현재 질적인 발전을 위해 더 많은 예산이 필요한 시기인데, 행정부는 주어진 예산의 한계를 벗어나기 어렵고, 예산의 확보는 의회에서 일어나야 하기 때문이다. 그러나 현재와 같은 사회보장법 구조에서는 이러한 논의가 의회에서 일어나기 어렵다. 급여 대상자의 범위, 급여 수급 조건, 급여 범위 및 수준, 재원 마련 방안 등과 같은 사회보장제도의 핵심 사항에 대한 규정 권한이 행정부에 위임되어 있는 상황에, 의회에서 이 사항들을 공론화할 기회가 적기 때문이다. 공론화는 여론을 환기시키고, 국민의 공감을 얻는 중요한 정치 과정이다. 이 과정 없이 예산 증액에 대한 국민의 동의를 얻어내는 것은 매우 어렵다. 사회적 기본권의 구현과 본질적인 관련이 있는 사항들을 법률로 구체적으로 규율할 때, 공론화의 기회가 더욱 많이 생길 것이다.

2. 책의 구성

이 책은 크게 이론과 경험 부분으로 구분된다. 이론 부분에서는 고전적인 법률유보의 등장 배경을 살펴보며, 입헌군주제 당시에는 위임입법의 제한 규정이 헌법에 없었다는 것을 보여줄 것이다. 입헌군주제 당시에는 자유권 및 재산권과 같이 침해유보와 관련된 사항일지라도 법률에 위임 규정만 두면 포괄위임도 가능했다. 이것은 오늘날 침해유보 영역에서 위임입법이 엄격하게 제한되는 것과는 다른 상황이다. 침해유보 영역에서 위임입법이 엄격하게 제한되는 것은 형식적인 법률유보가 기본권을 심각하게 침해할 수 있다는 경험을 겪고 난 이후에 나타난 현상이다. 따라서 침해유보 영역에서 위임입법의 제한은 역사적인 발전 과정의 산물이라는 것을 드러낼 것이다. 그래서 침해유보 영역에서만 위임입법이 엄격하게 제한되어야 하는 것은 절대적인 것이 아니라는 결론을 이끌어낼 것이다. 기본권과 관련된 사항이라면 사회보장 영역에서도 위임입법은 엄격하게 제한될 수 있다는 가능성을 열어놓을 것이다.

법률유보의 적용 범위를 사회보장 영역으로 확대해야 하는 이론적인 근거로 디트리히 예슈(Dietrich Jesch, 1968)와 한스 루프(Hans Rupp, 1959, 1991)의 입장을 다룰 것이다. 예슈는 국가권력 구조가 바뀐다면 국가권력을 행사하는 주체가 변화되어야 한다고 본다. 국가권력이 군주의 소유에서 국민의 소유로 전환되었다면, 국가정책의 모든 영역에서 국민의 대표인 의회가 책임 있는 입법 행위를 해야 한다고 주장한다. 국가정책의 영역에는 사회보장이 포함된다. 한국도 오랫동안 권위주의 통치 아래 있었다. 그 시기에는 행정부에 의한 국가권력의 행사가 공공연하게 수용되었다. 그러나 이제는 국민이 국가권력의 주인인 체제이다. 따라서 사회보장 영역에 대한 국회의 책임 있는 통제가 이루어져야 한다.

루프는 오늘날 사회보장급여가 시민을 국가에 의존하게 만들기 때문에 사회보장급여에 대한 의회의 통제가 필요하다고 주장한다. 법률로 급여에 관한 사항을 통제해야만 행정부의 임의적인 결정에 시민의 자유가 종속되지 않기 때문이다. 한국에서도 점차 사회보장급여가 국민의 삶에 미치는 영향이 커지고 있다. 그런데 급여 대상자, 급여 수급 조건, 급여 범위 및 수준 등과 같이 급여와 관련된 사항은 행정부가 위임입법을 근거로 결정권한을 대부분 갖고 있다. 따라서 사회보장급여를 마치 국가가 제공하는 시혜적인 급여로 인식하는 경향이 짙다. 이런 상황에서는 국민의 자유권 구현이 행정부의 정책 결정에 종속된다. 이런 문제를 극복하기 위해서는 국회가 사회보장법에 대한 책임 있는 규율 행위를 해야 한다. 본문에서 이에 대한 당위성을 제시할 것이다.

그런데 예슈의 주장과 같이 의회가 시민의 삶과 관련된 영역에 대해 일차적인 규정 행위를 해야 한다는 주장은 복잡한 현대사회에서 실현되기 어렵다. 현대사회가 복잡하고, 변화의 속도가 빠르기 때문에 관련된 모든 사항들을 의회에서 규정한다는 것은 현실성이 떨어진다. 그렇다고 행정부가 시민의 삶의 모든 영역에 대한 실질적인 통제권한을 갖는 것은 더욱 큰 문제이다. 그래서 대안으로 의회유보 원칙이 등장한다. 의회유보에 따르면, 모든 사항에 대해서가 아니라 기본권의 구현과 본질적인 관계를 맺고 있는 사항에 대해서만 의회가 책임 있는 규정 행위를 해야 하는 것이다. 의회유보의 적용 범위는 해당 사항이 기본권 구현과 본질적으로 관련을 맺고 있느냐이다. 따라서 사회보장 영역에서도 많은 사항들이 존재하지만, 사회적 기본권의 구현과 본질적인 관련을 맺고 있는 사항에만 의회유보를 적용할 수 있다. 사회보장법이 사회적 기본권을 구현하는 본질적 수단 중에 하나이기 때문에, 사회보장법은 의회유보의 적용 범위에 포함되어야 한다는 것을 보여줄 것이다.

경험 부분에서는 한국 사회보장법에 나타나는 과도한 위임 현상을 분석할 것이다. 한국 사회보장법은 사회보험법, 공공부조법, 사회복지서비스법 등 사회보장과 관련된 법을 포함하고 있다. 이 책에서는 조세법과 같이 어떤 법이 사회보장과 관련되어 있을지라도, 법의 일차적인 목적이 사회보장이 아닌 경우에는 연구 범위에서 제외한다. 따라서 사회보험법, 공공부조법, 사회복지서비스법을 연구 대상으로 하고, 사회보장법에 나타나는 과도한 위임 현상과 그 문제점을 분석할 것이다.

또한 위임입법의 축소를 위해 국회가 법률을 통해 어느 정도까지 사회보장법을 통제할 수 있는지에 대한 대안을 제시할 것이다. 이를 위해 독일의 사회법을 참조하려 한다. 독일은 한국과 유사한 사회보장체계를 갖고 있으면서도 의회가 사회보장 영역에서 구체적인 규정 행위를 하고 있다.

다른 한편 사회보장법에 나타나는 위임 현상을 보는 헌법재판소의 입장도 다룰 것이다. 이를 통해 한국 사법부가 사회보장 영역에서 위임입법의 제한을 어떻게 바라보고 있는지를 보여줄 것이다.

사회보장법에서의 위임입법 제한 문제는 법학적인 영역에만 한정된 문제는 아니다. 사회보장법에서 과도한 위임 현상이 나타나면 사회보장의 발전에도 적지 않게 부정적인 영향을 미친다. 일반적으로 복지정치를 다루는 문헌들에서는 사회보장제도가 정치 수단이 될 때 사회보장이 발전한다고 보고 있다. 그런데 한국에서는 사회보장법에 나타나는 과도한 위임 현상이 사회보장제도를 정치 수단으로 사용하지 못하게 방해한다. 사회보장법에서 과도한 위임입법이 제한된다면, 한국 사회보장이 어떻게 발전할 수 있는가를 제시해볼 것이다. 아울러 왜 한국 사회보장법에는 과도한 위임 현상이 나타나는지를 정치제도와 연관하여 분석해볼 것이다.

II. 의회유보와 사회보장법

제2장

고전적 법률유보의 등장과 한계

1. 법률유보의 등장

시민의 자유권과 재산권의 보호를 천명한 헌법은 18세기 후반에 미국과 유럽에서 나타난다. 이 시기의 유럽은 절대주의 혹은 절대왕정이 끝나갈 무렵이다. 좀 더 정확하게 말하면, 시민의 기본권 보호를 포함한 헌법의 출현은 절대주의를 역사 바깥으로 밀어냈다. 16세기부터 18세기 동안에 존재한 절대주의는 프랑스 혁명이 일어난 1789년 이후에 사용된 새로운 용어인데, 그 이전에는 절대왕권 혹은 절대권력이라는 용어가 통용되었다. 표현이 조금씩 달랐을지라도 이 용어들은 국왕의 지배권을 묘사하려 했다는 공통점이 있다. "절대왕정은 법과 관습의 복종으로부터 해방된, 그래서 어떤 다른 권위에 대해서도 복종하지 않으며 아무런 제약 없이 국왕이 권력을 행사하는 정치체제를 뜻한다"(임승휘, 2011: 8). 이 정의에서 알 수 있는 것과 같이, 절대왕정의 국왕은 입법권·행정권·사법권의 소유자였으며, 이 세 분야에서 이론적으로 절대적인 권력을 행사할 수 있었다(임승휘, 2007: 46). 국왕은 주권의 소유자였기 때문에 스스로 통치하며 홀로 결정할 권리가 있었다. 절대주의 시기의 프랑스에서는 고등법원과 최고법원이 있었지만, 이 기구들은 국왕을 현실적으로 견제할 수 있는 능력을 갖고 있지 못했다. 국왕의 칙령은 고등법원에서 등기를 마쳐야 실질적인 효력이 발생했기 때문에 고등법원은 국왕의 입법권을 견제할 수 있는 것처럼 보였다. 그러나 국왕을 현실적으로 견제할 수 없었다. 왕의 칙령을 고등법원에 등록시키는 것은 왕의 입장에서는 선의에 입각한 절차일 뿐이었다(임승휘, 2009: 47).

국왕의 권한에 속한 업무는 광범위했다. 종교 분야와 관련해서는 수도원 인가와 성직 임명 권한이 있었고, 국가행정 영역에서는 관리 임명과 치안 권한이, 외국과의 관계에서는 전쟁과 평화협정 체결과 대사 접견 권한이, 경제 분야에서는 시장 개설, 십일조 징수, 주화 제조, 선박 운항권, 도로, 숲, 산림, 사냥, 요새, 광산, 세금, 면세, 죄수의 재산에 대한 권한이 있었다. 그 외에도 귀족 서임, 삼부회 소집, 대학 설립 등의 권한도 갖고 있었다(임승휘, 2009: 47).

프랑스 국왕은 국왕주권 체제의 유지와 확대를 위해서 체제 비판적인 이데올로기를 담고 있는 인쇄물을 지속적으로 통제했다. 1551년 6월 27일에 공포된 샤토브리앙 칙령은 인쇄물과 서적을 검열하는 내용을 담고 있었다. 인쇄물을 검열하는 제도는 17세기에 한층 더 강화되었고, 18세기까지도 존속되었다(신정아, 2007: 325). 당시의 인쇄물 검열제도는 오늘날 당연하게 받아들여지고 있는 종교·출판 및 사상의 자유가 당시에는 매우 제한되어 있었다는 것을 의미한다. 또한 절대주의 시기에는 신민의 사적인 영역까지 국왕과 국가에 의해 통제되었다. 종교 생활, 길거리에서 입는 옷차림과 장식품, 먹는 것과 마시는 것, 직업 선택, 이웃 지방으로의 이동 등 모든 것이 통제의 대상이었다(Birtsch, 1987: 228; Zippelius, 2010: 226). 지금의 시각에서 보면 개인의 기본적인 권리조차 절대주의 시기에는 기본 권리로 인정받지 못했다.

한편, 국왕은 절대왕정 체제의 공고화를 위해서 통치를 원활하게 할 수 있는 행정과 사법 체계를 확립하고, 상비군을 창설해 군사력을 독점하고, 재정

자원의 확보를 목적으로 조세제도를 확립했다. 이런 국가제도의 도입과 확대는 국가 비용의 증가를 의미했다. 아울러 절대주의 시기 동안 자주 일어난 전쟁은 국가 비용의 증가를 더욱 부채질했다. 국왕은 이 모든 비용을 자신의 왕령지에서 나오는 수입으로 충당할 수 없었다. 결국 재정적인 부담은 신민에게, 특히 농민에게 지어졌다.

프랑스의 경우 국가지출은 17세기와 18세기 동안 무려 20배나 증가했다(윤은주, 2009: 213). 칠년전쟁과 같은 전쟁 시기에 특히 급격하게 늘어났다. 급격한 국가지출 증가는 수입의 증가가 아니고서는 가능하지 않았다. 국왕의 주요한 수입원은 조세였다. 앞서 언급한 왕령지에서 나오는 수입의 비중은 그리 높지 않았다. 프랑스에서는 16세기 동안 왕령 수입이 전체 세액에서 5%도 되지 못했고, 담뱃세와 100분의 1세 같은 새로운 세금이 추가된 18세기에도 전체 세액의 10%를 넘지 못했다(윤은주, 2009: 216). 프랑스 절대왕정의 경상수입은 직접세, 간접세와 성직자·지방삼부회 등이 제공하는 보조금 등으로 이루어져 있었다. 직접세는 타유세taille, 20분의 1세, 인두세가 포함된다. 귀족, 특권도시, 성직자는 타유세가 면제되었고, 농민만이 타유세의 과세 대상자였다. 이 세금은 많을 때는 전체 조세 수입의 60%가량을 차지했고, 적을 때는 13.5% 정도 차지했다. 이 세금의 세율이 높아질수록 농민의 삶은 고되어졌다. 인두세는 귀족을 포함한 모든 프랑스 국민이 내야 하는 세금이었다. 그러나 18세기 들어서는 성직자와 귀족에 대한 인두세가 감면되면서, 감면된 만큼 농민의 부담으로 전가되었다. 20분의 1세는 일종의 소득세로 토지, 건물, 공채, 지대, 봉건적 부과조, 관직 등에서 나오는 수입이다. 그런데 이 세금도 특권층 등에게는 분담금 형식으로 부과했지만 농민에게는 타유세에 비례해서 부과해 농민의 부담이 더 컸다(윤은주, 2009: 218). 간접세는 포도주와 주정酒精 등에 부과되는 보조세·소금세, 국경이나 지방을 넘는 상품에 부과되는 거래세가 있었다. 이 모든 세금이 농민의 부담이 되었다. 농민은 교회에 십일조를, 영주에게는 지대를 지불해야 했기 때문에 그들의 재정적 부담은 매우 컸다. 점점 증가하는 조세 부담은 농민이 반란을 일으킨 원인이 되었다(박윤덕, 2009: 425).

절대주의 시기의 프랑스에서 보여준 것과 같이, 농민은 주요한 담세자였고, 성직자와 귀족은 대부분 면세를 받는 특권층이었다. 이런 상황은 독일에서도 크게 다르지 않았다. 프로이센의 절대왕정기에 일어난 종교전쟁(1618~1648) 시기에 클레베Kleve 공작령과 마르크Mark 공작령에서 군대는 신분제 의회를 무시하고 무력으로 자원을 수탈해갔다. 이후에도 정부는 이런 관행에 따라서 농민의 재산을 임의로 침해했다. 더욱이 브란덴부르크Brandenburg 선제후는 지주Jungkers와 협상을 벌여, 농민을 농노 신분으로 다시 떨어뜨리자는 지주의 요구를 승인해주고, 이에 더해 면세권을 주는 대가로 조세 제도에 대한 결정권한을 받아냈다(임승휘, 2011: 63~64). 유럽의 다른 여러 나라에서와 같이 프로이센에서도 농민은 거의 모든 세금의 부담 주체였다.

농민은 조세 대부분의 납부자였지만 국왕에게 직접적으로 저항하지는 않았다. 특권층, 국왕을 대신하여 조세를 거두어들이는 징세 청부업자나 지방의 국왕 대리인, 혹은 새로운 조세나 사람에 따라서 다르게 부과되는 무원칙한 세금 부과 방식에 대해서 혐오하고 있을 뿐이었다(임승휘, 2011: 98; 구베르, 1999b: 277). 그들은 자신이 혐오하는 사항이 국왕이나 절대주의 체제와 직접적으로 연결되어 있다는 것을 아직 간파하고 있지 못했다.

반면에 제3신분을 대표하는 부르주아지는 자신의 이해를 유지하고 확대하기 위해 절대주의 체제의 특권층에 저항하기 시작했다. 본래 1750년경까지는 프랑스에서 부르주아지가 절대주의 체제에 적대적이지 않았다(구베르, 1999a: 356). 이들도 특권층에 속했기 때문이다. 당시 이들은 대부분 면세자였으며, 재산을 소유했고, 어느 정도 권력을 소유한 집단이었다(구베르, 1999a: 336 이하; 1999b: 159). 관료, 조세 징수관, 행정 업무 담당자, 상인, 지대 수집가, 법률가, 사업가, 은행가, 부유한 농민 등 당시 부르주아지에 속하는 구성원의 직업은 다양했다. 18세기 초 프랑스의 부르주아지가 소유한 토지는 전체 토지의 12~45%에 달했다(구베르, 1999b: 31).

절대주의 체제에서 특권층의 일부였던 부르주아지는 프랑스 혁명 과정에서 자신의 계급적 이해를 관철시킬 수 있을 정도로 충분한 지적 능력과 성실함을 보여주었다(구베르, 1999b: 117). 부르주아지는 시민적·사법적·재정적 평등과 기본적 자유를 보장하는 헌법을 요구했다(구베르, 1999a: 25; 1999b: 114). 부르주아지가 중심이 된 제헌의회는 의회가 동의하지 않은 국왕의 조세는 불법이라고 선언했다. 또한 성직 사례비, 교황청에 보내는 모든 돈과 같은 십일조를 부정했다. 조세 앞에서 모든 시민은 평등하다고 주장하면서, 모든 재정상의 특권을 폐지할 것을 주장했다. 이 재정상의 특권에는 성직자와 귀족의 면세 특권을 대표로 들 수 있다. 제헌의회는 성직자와 귀족이 누리던 모든 봉건적 혹은 영주적 권리 또한 부정했다. 사냥에 대한 권리와 토끼 사육장에 대한 권리가 대표적이다. 영주의 재판권과 인신적 예속 역시 부정되었다. 개인의 자유와 언론 및 출판의 자유 보장도 요구했다. 제헌의회는 이런 요구의 실현을 위해 국왕에게 헌법 제정을 요구했다. 따라서 프랑스 혁명기의 헌법 제정은 이런 법률혁명을 이끈 부르주아지의 집단적 업적이었다(구베르, 1999b).

그런데 당시 제헌의회가 요구한 조건들은 부르주아 계급의 이해만을 반영하는 것은 아니라는 것을 알 수 있다. 조세 평등의 보장과 봉건적 권리의 폐지는 직접적으로 농민의 이해와 연결되어 있는 사항들이었다. 그렇다면 왜 제헌의회를 주도한 부르주아지는 스스로가 특권층이었음에도 이런 주장을 한 것일까? 그 대답은 혁명 과정에서 부르주아지가 자신의 정체성을 어떻게 인식하고 있었는가에 있을 것이다. 혁명 당시 제3신분을 대표했던 부르주아지는 자신들이 국민의 95%를 대표하는 집단이라 선언했고, 스스로를 전체 국민과 구분하려 하지 않았다(구베르, 1999a: 21; 1999b: 117). 이런 인식이 봉건적 권리 폐지 주장으로 이어졌을 것이다. 그러나 부르주아지의 본심은 농민의 이해를 대변하는 데 있지 않았다. 혁명이 본격화되면서 농민봉기가 확대되자 부르주아지는 귀족과 결탁하여 농촌에서의 자신의 소유권을 보호하려고 했다. 많은 부르주아지가 지주였고, 따라서 그들도 영주적 권리의 소유자였기 때문이다. 그들이 국왕과 귀족의 특권에 저항한 것은, 그것이 자신의 이해와 대립했기 때문이지 농민·노동자의 이해를 대변하기 위한 것은 아니었다.

17세기 영국에서도 평민의 대표인 하원을 중심으로 국왕의 특권에 반대하기 시작했다. 하원의원의 지배적 당파는 퓨리턴이었고, 그들은 부유한 사업가들이었다. 하원은 귀족의 상원과 결합하여, 왕실을 통제해야 한다는 생각이 강했다. 이들은 왕이 의회의 동의 없는 세금을 거두어들이는 것에 반대했다. 1628년 의회는 찰스 1세를 상대로 하여 의회의 동의 없이는 과세할 수 없으며, 군인이 민가에 숙영하는 것과, 자의적으로 투옥하는 것을 금지시키는 내용을 담은 권리청원을 제출했다. 이 권리청원은 받아들여지지 않았고, 의회와 국왕 간의 무력 충돌로 이어졌다. 의회와 국왕 사이의 충돌은 의회의 승리로 끝났다. 1660년 영국 의회는 찰스 2세를 왕으로 옹립했고, 그로부터 권리청원을 준수하는 동의를 받아냈다. 그 결과로 영국은 프랑스나 독일보다 이른 시간에 국왕의 권리가 제한된 군주국가가 되었다(임승휘, 2011). 그러나 찰스 2세 역시 임의로 권력을 행사하여, 결국 왕위에서 쫓겨나는 신세가 된다.

2. 인권선언문과 헌법에 반영된 법률유보 조항

1) 인권선언문에 나타난 재산권과 자유권 조항

부르주아 계급이 중심이 된 시민사회 세력은 절대왕권으로부터 자신의 이익을 지키기 위해 자유권과 재산권을 보장하는 헌법의 제정을 요구하기 시작했다. 이 운동은 영국에서는 이미 17세기부터, 그리고 유럽과 아메리카 대륙에서는 18세기에 일어나기 시작했다. 로크와 같은 근대 계몽주의 사상가들은 인간은 생명·자유·재산의 권리를 갖고 태어났다고 주장한다. 이런 자연권 사상은 근대 자유주의자들에게 국가의 지배로부터 개인의 자유를 주장하기 위한 이론적 근거를 제공했다(김성옥, 2006: 194 이하). 그렇지만 18세기 절대왕정 시대만 하더라도 신분제적 헌법에는 국가로부터 시민의 자유와 권리를 보호하는 규정은 없었다. 비로소 개인의 고유한 영역을 보호하는 조항이 헌법에 수용되기까지 시민계급은 절대왕정에 대항해야 했다(Clement, 1987; Mrozynski, 2010: 479).

인권에 대한 주장은 18세기 말에 유럽을 중심으로 본격적으로 일어났다. 그리고 이런 운동은 헌법에 의한 기본권 보장으로 이어졌다. 영국의 인권운동은 유럽 대륙보다는 일찍 시작되었다. 세금 부과와 같은 분야에서 의회가 왕을 견제할 수 있었던 것이 대륙보다 빨랐기 때문이었다(Rittstieg, 1975: 226). 제임스 2세의 전제정치에 반대한 신분제 의회가 1689년 무혈혁명을 통해 새로운 국왕 윌리엄 3세를 옹립하고, 권리장전Bill of Rights을 선언했다. 국왕은 의회와 타협하는 의미로 인권선언을 승인했다.

권리장전의 앞부분에는 왜 의회가 권리장전을 새로운 국왕에게 요구할 수밖에 없었는지를 추측할 수 있는 내용들이 있다. 의회는 제임스 2세의 전제정치를 고발하면서 새로운 왕에게 신민의 권리에 대한 보장을 요구하고 있기 때문이다. 전문 I에서 XIII까지 보면 제임스 2세는 의회의 동의 없이 법을 준수하지 않았으며, 심지어 법을 일시적으로 무력화시키기도 했다. 왕의 특권이라는 이유로 조세를 올리기도 하고, 의회가 승인한 것과는 다른 형태나 다른 시점에 조세를 사용하기도 했다. 또한 위법한 벌칙을 판결하는가 하면, 범죄자에게 과도한 보증금을 요구하거나 과도한 벌금형을 부과하기도 했다. 이외에도 청원하는 성직자를 체포하기도 하고, 자신의 권한이 아닌 사법권을 행사하기도 했다. 권리장전에서는, 국왕에 의해서 행사되었던 이와 같은 임의적인 행위들은 위법한 것이라고 선언하고, 국왕은 임의로 이와 같은 행위를 해서는 안 된다고 선언한다. 신민의 권리와 자유의 보장을 위해서는 국왕의 임의적인 행위를 제한해야 했기 때문이다. 그런데 당시 권리장전에는 오늘날과 같은 시민의 자유권과 재산권에 대한 명료한 선언이 없다. 더욱이 이런 기본권을 보장하는 헌법에 대한 요구도 없었다. 다만 권리장전에서는, 의회를 무시하는 혹은 법을 무시하는 국왕을 견제하려는 의도만이 두드러지게 나타나 있다.

권리장전이 선언되고 난 후 거의 100년이 지난 시점에서 식민지 모국인 영국의 왕정에 대항하여 작성된 1776년의 버지니아 권리장전Virginia Bill of Rights에서 다시 인권이 주장된다. 이 권리장전에는 로크의 자연권 주장과 같이 모든 인간의 자유권은 타고난 권리라 선언되어 있고(Sec.1), 세금은 시민이나 시민을 대표하는 집단의 동의 없이는 부과될 수 없다고 선언되어 있다(Sec.6). 이와 유사한 주장을 펜실베이니아 헌법Constitution of Pennsylvania(1776, Art.I, Art.VIII), 메사추세츠 헌법Constitution of Massachusetts(1780, Part.I, Art.I, Art.X), 뉴햄프셔 헌법Constitution of New Hampshire(1784, Art.I, Art.XII)에서도 찾아볼 수 있다.

로크의 자연권 사상과 미국의 인권선언들은 1789년 프랑스 혁명 인권선언에 영향을 주었다. 프랑스 혁명을 이끈 제헌의회는 인권선언 전문에서 인권을 모르는 사람들에게 인권을 알리기 위해 인권선언을 한다고 기술하고 있다. 아울러 인권을 무시하는 행정부의 각성을 촉구하려는 의도도 있다고 기록하고 있다. 따라서 제헌의회의 인권선언문은 시민과 국왕과 귀족을 대상으로 한다. 국왕과 귀족을 대상으로는 모든 인간은 동등하다는 주장을 펴고, 따라서 모든 특권은 철폐되어야 할 것으로 보고 있다. 반면에 시민들에게는 특권의 부당함과 시민의 권리를 알려주고 있다.

먼저 제1항과 제2항에서 모든 인간은 자유롭고, 법 앞에서 평등하다고 선언하면서 구체제의 특권을 부정한다. 국왕의 특권을 제한할 목적으로 군대와 경찰은 공공의 목적 이외에는 사용할 수 없다고 선언한다. 아울러 군대와 경찰의 유지 비용은 모든 시민에게 부과되어야 한다고 선언하는데, 이것은 귀족의 면세특권을 부정하는 것이다.

선언문은 대부분 인권의 내용에 집중하고 있다. 특히 고전적인 기본권이라고 할 수 있는 자유권과 재산권에 많은 부분을 할애하고 있다. 먼저 제2항을 보면 인권을 자유권, 재산권, 안정권, 폭압에 대한 저항권으로 정의한다. 이 권리는 자연적인 것이며, 양도할 수 없는 것으로 본다. 자유란 공공에게 해를 끼치지 않는 한 모든 것을 할 수 있는 권리로 정의한다. 다만 그 한계는 법률로만 정해진다고 선언한다. 이런 자유권에 임의동행 금지, 법으로 정한 이상의 형벌 금지, 유죄 확정 때까지 무죄, 공공에 해를 끼치지 않는 한에서 종교·사상·출판·표현의 자유 보장 등을 포함시키고 있다. 아울러 재산권의 보호 차원에서 시민이나 그의 대표자만이 조세의 규모와 그의 지속 및 평가를 할 수 있다고 선언하고 있다.

이런 내용은 영국의 권리장전보다 훨씬 구체적으로 인권을 기술한 것이다. 무엇보다 두드러진 내용은, 자유의 한계는 법률로만 정해진다는 고전적인 법률유보의 형식이다. 앞서 살펴본 영국이나 미국의 인권선언문에는 자유권을 보호하기 위한 이런 형식의 요구 사항은 없었다. 이런 형식은 프랑스 혁명 인권선언문에 처음으로 나타난다. 또한 인권선언은 제16항에 헌법이 있어야만 이런 인권이 보장된다는 것을 명확히 하면서, 한 세기 전의 영국의 인권선언문과 차별을 보이고 있다. 프랑스 혁명의 주체들은 기본권이 최고 규범인 헌법으로 보장받을 때 가장 확실하게 보장받을 수 있다는 것을 알고 있었다. 이와 같은 인식은 다른 나라들과 비교할 때 앞선 진보적인 인식이었다. 그러나 재산권의 제한은 법률에 근거한다는 내용은 아직 프랑스 인권선언문에도 없다.

2) 헌법에 나타난 재산권과 자유권 보호 조항

1787년의 미국 헌법에는 자유권과 재산권에 관련된 조항이 없다. 그런데 1791년 수정된 헌법에는 기본권과 관련된 사항들이 추가된다. 추가된 헌법 조항의 제1항은, "의회는 종교의 자유, 표현의 자유, 출판의 자유, 집회의 자유, 청원의 자유를 제한하는 법을 제정할 수 없다"라고 선언한다. 계속해서 제4항은 개인의 안전 보장을 선언하면서, 불법 구금이나 수색을 금지하고 있다. 재산권과 관련해서는 공공의 목적이 아니고서는 시민의 재산은 국가에 의해 침해받지 않는다는 조항들이 있다. 예를 들면, 제3항은 전시 때가 아니고서는 개인의 동의 없이 군대가 민가에 주둔할 수 없다고 천명하고 있다. 제5항에 따르면 공공의 이익을 위해서만 사적 재산권이 침해될 수 있다고 선언한다. 이 수정된 헌법을 보면 자유권과 재산권을 보호하는 조항들이 대부분이라는 것을 알 수 있다. 그런데 이런 기본권이 제한되려면 법률로만 가능하다는 표현은 아직 나타나고 있지 않다. 다만 공공의 이익을 위해서 재산권이 제한될 수 있다는 정도의 표현이 있을 뿐이다. 어떤 방식으로 누가 공공의 이익을 위해서 재산권을 제한할 수 있는지는 밝히고 있지 않다.

1791년의 프랑스 혁명의 헌법에도 유사한 경향이 나타난다. 헌법 전문은 구체제의 특권을 인정하지 않는다고 선언한다. 그래서 귀족의 면세특권, 세습권, 신분적 차별은 더 이상 존재하지 않는다고 선언한다. 아울러 절대주의 시기에 널리 퍼져 있었던 매관매직 행위, 종교적 서약의 구속력, 길드 제도를 금지한다.

그리고 본문 첫 번째 부분에 기본권과 관련된 사항들을 나열하고 있다. 먼저 모든 시민의 평등함을 언급하는 내용이 선언된다. 모든 시민은 출신에 상관없이 모든 관직에 나아갈 수 있고, 세금은 소유의 정도에 비례해서 모든 시민에게 부과된다고 선언하고 있다. 다음으로 자유권과 관련된 사항이 다루어진다. 모든 시민은 자유롭게 이동할 수 있고, 언론·출판·집회·표현·종교의 자유가 있다고 선언한다. 특히 프랑스 구체제에서 신민을 감시하기 위해서 존재했던 출판물의 검열은 더 이상 없다고 선언한다. 재산권과 관련된 보호 조항도 있다. 헌법은 재산권의 불가침성을 보증한다고 선언한다. 따라서 공공의 목적을 위해 내어놓는 사적 재산도 보상되어야 함을 선언한다.[1)]

---

1) 프랑스 혁명 헌법에는 처음으로 사회권과 관련된 조항이 나타난다. 이 헌법에서는 고아를 양육하고, 가난한 병자를 돌보고, 일할 수 있는 가난한 사람들에게 일자리를 제공하는 공공부조 제도의 도입을 권고하고 있다.

프랑스 혁명 헌법에서도 미국헌법에서와 같이 기본권의 보호와 관련된 조항들을 나열하는 것이 대부분이다. 또한 공공의 이익을 위해서 사적 재산이 침해될 수 있다는 공통된 내용을 갖고 있다. 그런데 자유권 혹은 재산권의 제한은 법률로 가능하다는 표현은 아직 나타나고 있지 않다. 다만, 법률로 기본권이 제한될 수 있다는 내용이 부분적으로 있다. 집회의 자유는 경찰법에 저촉되지 않는 한 보장된다고 선언한다. 집회의 자유가 법률로 제한될 수 있다는 것을 의미한다. 이외에는 기본권이 법으로 제한될 수 있다는 내용이 없다.

독일에서도 헌법에 자유권과 재산권을 보호하는 조항이 포함될 수 있도록 결정적인 역할을 한 요구가 이미 1801년에 있었다(Jesch, 1968: 123). 이후 바이에른, 비텐베르크, 바덴, 프로이센, 작센 등과 같은 대부분의 독일 지역헌법들에 이 보호 조항이 포함되었다. 1850년 독일제국의 모태가 된 프로이센의 헌법에 개인의 자유권과 재산권을 보호하는 유보 조항이 포함되었다(Art.5, Art.9). 1871년 제정된 독일제국의 최초 헌법에도 이 유보 조항이 포함되었다.

그렇지만 독일 각 지역헌법들에 포함된 자유권 및 재산권의 표현 양식die Freiheit-und-Eigentum-Fromel은 전체적으로 통일된 것은 아니었다. 어느 지역헌법들에는 자유권과 재산권이 결합되어 나타나는가 하면, 어느 지역에서는 별개의 조항으로 나타났다. 심지어 어느 지역헌법들에서는 재산과 자유에 관한 사항이 전혀 다루어지지 않았고, 아니면 재산권만 언급된 곳도 있었다. 또한 이 권리들은 헌법에서 기본권을 다루는 부분에만 나타나기도 하고, 혹은 의회의 동의 권한을 다루는 부분에만 나타나기도 했다(Jesch, 1968).

앞서 살펴본 바와 같이 헌법에서의 자유권과 재산권을 보호하려는 운동은 18세기 후반부터 19세기에 걸쳐서 일어났다. 그 결과로 유럽 대부분의 국가에서는 입헌군주제가 자리 잡게 되었다. 자유권과 재산권을 보호하는 형식은 국가마다 시대마다 달랐을지라도, 절대주의 시기와 비교했을 때 공통점을 지니고 있었다. 적어도 자유권과 재산권과 관련된 사항에 있어서 국왕 혹은 행정부의 임의적인 권한 사용은 더 이상 어렵게 되었다는 점이다. 이것은 시민이 국가로부터 자유로워졌다는 것을 의미한다. 다른 한편으로는 시민이 국가에 참여함을 의미하기도 한다. 헌법의 규정에 따라서 자유권과 재산권과 관련된 영역에서는, 국왕은 반드시 의회의 동의를 필요로 하게 되었다. 이런 절차와 과정은 이 영역에서 시민의 의견을 반영하는 제도가 만들어졌다는 것을 의미한다. 비록 충분한 정도는 아닐지라도, 이것은 민주주의의 실현을 의미했다(Clement, 1987).

3) 고전적 법률유보의 한계

입헌군주제 당시의 법률에서 개인의 자유die Freiheit der Person와 재산권Eigentumsrecht 개념은 현재보다 좁은 의미로 해석되었다. 먼저 개인의 자유는 원래 신체적 움직임의 자유를 의미했다. 좀 더 정확히 말하면 행정부의 임의적인 체포로부터의 보호를 말했다. 그러나 얼마 지나지 않아 판례와 여러 법학자들에 의해 개인의 자유는 광범위한 행동의 자유로 해석되기 시작했다. 시간이 흐르면서 개인의 자유는 법으로 금지되지 않은 것을 할 수 있는 권리로 받아들여졌다. 재산권 개념도 유사한 발전 과정을 경험했다. 19세기의 재산권 개념은 사물과 관련된 사적인 권리로, 특히 모든 사적인 재산권만을 의미했다(Jesch, 1968). 그런데 바이마르 헌법에 와서는 총체적이고 사적인 소유 상태der gesamte privte Besitzstand, 즉 정신적인 재산과 같이 재산적인 가치가 있는 모든 사적인 것에 대한 권리로 해석된다(Clement, 1987: 8; Jesch, 1968: 134).

이와 같은 일련의 발전 과정을 통해서 알 수 있는 것은, 국가가 시민의 자유와 재산을 법률에 근거하지 않고 침해해서는 안 된다는 침해유보 조항은 선험적으로 헌법에 규정된 사항이 아니었다는 것이다. 이 유보 조항은 국가의 간섭 없이 자유로운 경제활동의 보장과 이를 통해서 획득한 재산을 보호받으려는 시민의 요구의 결과물이었다. 아울러 침해유보를 통해 보호하려 했던 영역도 시간이 흐르면서 확대되었을 뿐이지, 처음부터 오늘날과 같이 개인의 영역과 관련된 사항들을 광범위하게 보호하는 정도는 아니었다. 침해유보의 내용과 범위는 신분제의회의 정치적 이해와 군주적 행정부에 대항해 자신의 의지를 관철시킬 수 있는 힘에 의해 결정된 것이었다(Mößle, 1990: 12).

헌법에 포함된 이 유보 조항은 개인의 영역을 침해하는 규정을 사회적 통제 아래 두는 역할을 했다(Jesch, 1968: 126). 이제부터 개인의 영역을 침해하는 규정들이 제정되기 위해서는 의회의 동의가 필수적이라는 의미가 있다. 이 헌법 조항은 당시까지 하나였던 입법 영역을 법률Gesetz과 명령Verordnung으로 나눴다(Mößle, 1990: 11). 침해유보 조항을 규율하는 규범은 의회의 동의가 필요한 법률이 되었고, 그 이외의 부분에서는 과거와 같이 군주 혹은 행정부의 독립적인 권한이 인정되었다.

그런데 침해유보가 헌법에 포함되면서, 의회의 동의가 필요한 영역에서 행정부로의 위임은 어느 정도여야 하는가 하는 새로운 문제가 등장했다. 처음에는 헌법에 의해 보장된 자유권과 재산권일지라도 법률에 근거만 있으면 행정부는 이 영역을 절대왕정 시기에서와 같이 침해할 수 있다고 보았다. 입헌군주제 시기만 해도 법은 추상적으로 제정되어야 하고, 자세한 사항은 행정부가 결정할 수 있다는 인식이 법학계와 사회에 널리 퍼져 있었다. 자유권과 재산권에 관련된 사항에 관한 의회의 동의 권한이 확보된 것으로 충분하다고 본 것이다. 그러나 이런 법률 형식으로는 행정부를 통제하는 것은 쉽지 않았다. 국왕이나 행정부가 구체적으로 법을 집행하는 과정에서 얼마든지 자유권과 재산권은 침해당할 수 있었기 때문이다. 그러나 당시에는 이런 기본권을 보호하기 위해 행정부를 견제하는 의회의 기능은 미미했다. 당시에는 법률로 기본권이 어느 정도까지 제한될 수 있어야 하는가에 대한 논의가 성숙되어 있지 않았다. 당시 법학계조차도, 기본권의 보장을 위해서 입법부가 입법 과정에 참여하는 것만으로 행정부를 견제하기에 충분하다는 입장이었다. 이런 입장은 오늘날의 실질적인 법치국가가 아닌, 형식적인 법치국가를 의미하는 것이었다(Clement, 1987).

그러나 위임 범위에 대한 갈등은 당시까지 군주의 고유한 영역으로 간주되던 경찰법에서 처음으로 나타났다. 남독일 지역에서는 법률로 상세하게 규율하고, 법규명령으로는 법률을 보충하는 위임 행태가 나타났으나, 북독일 지역에서는 포괄위임을 인정하는 위임 행태가 나타났다(Mößle, 1990: 14 이하). 개인의 자유와 재산과 관련된 영역에서 의회의 동의가 필수적인 상황에서, 해당 사항을 스스로 통제할 것인지 아니면 전체를 위임할 것인지를 결정할 수 있는 권리가 의회에게 보장되어 있었기 때문이다(Jesch, 1968: 169; Mößle, 1990: 16). 당시 경찰법에 전형적으로 나타나는 것과 같이, 종류나 범위에 따라서 위임의 범위는 제한이 없었다(Jesch, 1968: 213).

행정부에게 광범위한 결정권한을 위임하는 행태는 바이마르 공화국에서도 계속 이어졌다. 특히 전쟁으로 발생한 긴급 상황들을 해결하기 위해 의회는 행정부에 사회보장, 경제, 사회 등과 관련된 분야에서 광범위한 결정권한을 위임했다. 심지어 이런 경향은 침해유보와 관련된 영역인 형법, 소송법 등의 분야에서도 나타났다. 소수의 국법학자를 제외한 대부분의 학자들은, 19세기의 국법학자들과 같이 의회가 스스로 위임의 범위를 결정할 수 있다는 입장이었다(Mößle, 1990: 25~26).

그런데 제2차 세계대전이 끝난 후 제정된 독일 기본법Grundgesetz에는 이런 과도한 위임 행태를 통제하는 조항이 비로소 생겨난다. 기본법 제80조 제1항에는 의회가 행정부에 위임을 할 경우에 법률에 위임의 내용Inhalt, 목적Zweck, 범위Ausmaß가 구체화되어야 한다고 선언한다. 한국 헌법 제75조도 법률에서 구체적으로 범위를 정하여 행정부에 위임할 것을 요청하고 있다. 위임입법을 제한하는 이런 헌법 조항들은 의회가 행정부에 과도한 권한을 위임하지 못하게 하여 기본권을 보호하려는 의도를 담고 있다. 따라서 자유권이나 재산권과 같은 개인 영역에서 위임입법이 엄격하게 제한된 것은 위임입법을 제한하는 헌법 조항이 제정되고 난 이후의 결과이다. 오늘날의 시각으로 보면 자유권과 재산권 영역에서는 행정부의 재량권이 절대적으로 통제되어야 한다. 그러나

19세기 입헌군주 시대에는 기본권을 보호하려는 목적으로 제정된 위임입법을 통제하는 헌법 조항도 있지 않았다. 단지 법률에 근거만 있으면 행정부는 자유권과 재산권 영역에서도 광범위한 권한을 행사할 수 있었다.

3. 예슈의 전부유보설[2)]

국가권력 구조의 변화는 사회보장급여에 대한 법률의 통제 방식에도 영향을 미친다. 입헌군주 시대에 국가권력은 여전히 군주에게 속한 것이었다. 군주나 행정부는 헌법에 의해서 제한받는 경우를 제외하고는 여타의 영역에서 권한을 행사할 수 있었다(Jesch, 1968: 204). 이것은 절대주의 시대의 전통에 따른 것이다. 당시 헌법에는 앞서 살펴본 바와 같이 자유권과 재산권을 보호하는 조항만 언급되어 있었다. 이 영역을 군주나 행정부가 침해할 경우에 의회의 동의가 필수적일 뿐이었다. 그리고 헌법에 언급되지 않은 급부행정과 같은 영역은 여전히 군주의 권한 영역으로 남아 있었다. 아울러 자유권과 재산권 영역에 대한 의회의 통제도 법률로 상세하게 규정된 것은 아니다. 경찰법과 같은 영역에서 볼 수 있듯이 행정부에 광범위한 규율권한이 위임되어 있었다.

그러나 국가권력이 국민에게 주어지면서 이런 관행의 변화도 불가피했다. 드디어 국민이 국가권력의 주인이 된 순간부터 행정부가 헌법을 해석하는 권한은 더 이상 인정될 수 없게 되었다(Jesch, 1968: 205). 만일 헌법에 어떤 사항에 대한 규율 조항이 없다면 이 사항에 대한 해석권한은 국민을 대표하는 의회가 갖게 된 것이다. 아울러 민주주의 원리는 자유권과 재산권 같은 기본권에 대한 통제도 의회가 더욱 강력하게 해야 한다고 요구한다. 더 이상 의회는 동의

---

2) 이 절과 4절은 이신용, 「헌법재판소의 판례로 본 위임입법의 한계: 자유권과 사회권 영역을 중심으로」〔≪법학연구≫, 20(3), 2012, 297~323쪽〕를 중심으로 기술했다.

형식을 빌려 이 영역의 실질적인 통제권한을 행정부에 넘겨줄 수 없게 되었다. 실질적으로 이 영역을 보호해야 할 의무를 의회가 지게 된 것이다. 이러한 요구의 결과가 위임입법을 제한하는 한국 헌법 제75조와 독일 기본법 제80조에 반영된 것이다. 위임이 필요한 경우에는 법률에 위임의 내용, 목적, 범위가 구체화되어야 한다. 이런 위임입법의 제한 조치는, 법치국가적 민주주의 원리가 국민을 보호하기 위해 의회에 요구한 결과이다.

유럽 국가들이 입헌군주제에서 의회민주제로 변화를 경험한 것과 같이 한국도 유사한 경험을 했다. 과거 권위주의 시대에는 실질적인 권력이 국가에 있었다. 따라서 개인 영역도 국가의 통제 아래 있었다. 국회는 국민의 대표자로서 국민을 보호하는 역할을 올바로 수행할 수 없었다. 그러나 1987년 민주화 이후 한국에서도 국가권력이 국민에게 주어지고, 국회의 위상도 변하고 있다. 국가가 개인 영역을 임의로 침해하는 경우도 현격히 줄었다.

그런데 오늘날 민주주의 헌법은 입헌군주 시대와 같이 자유권과 재산권만 한정해서 국민을 보호하려고 하지 않는다. 오늘날 헌법에는 국민을 보호하기 위한 보호 조항이 훨씬 더 늘어났다. 독일 기본법은 사회적 법치국가sozialer Rechtsstaat 조항(기본법 제20조 제1항, 제28조 제1항)을 마련해 기본권으로서 사회권을 보장하는 길을 열었고, 한국 헌법은 여러 가지 기본권을 국민의 권리로 규정하고 구체적으로 나열하고 있다. 특히 헌법 제34조는 사회보장의 권리에 대해 규정하고 있다.

민주주의 체제는 적어도 기본권의 구현에 본질적인 영향을 미치는 사항에 대해 의회가 스스로 규율할 것을 요구한다. 왜냐하면 기본권과 관련된 사항은 국민의 삶에 중요한 영향을 미치기 때문에, 통제의 주체로서 정당성을 가진 의회가 스스로 규율할 책임을 져야 하기 때문이다. 이때 의회의 규율 정도는 해당 사항이 자유와 관련된 사항인지, 사회보장과 관련된 사항인지에 따라서 달라지지 않는다. 헌법이 자유나 사회보장을 기본권으로 보장했다면, 해당 사항에 대한 의회의 규율 의무는 동등해야 한다.

그러나 현재와 같은 한국 사회보장법 구조에는 민주주의가 요구하는 의회의 규율 의무가 충실히 반영되었다고 볼 수 없다. 사회보장제도의 핵심 사항들은 모두 행정부가 통제하는 구조를 갖고 있기 때문이다. 이러한 구조는 사회보장 분야에서 대한민국 국회가 직무유기를 하고 있다는 의미이다. 이 구조는 의회민주주의 원리에 조응하는 구조가 아니다. 현대 민주주의 체제에서는 국민의 삶과 결부된 영역이라면 그것이 침해이든, 급부이든 의회의 엄격한 규율을 요구한다. 특히 한국과 같이 사회보장에 관한 권리가 사회권으로 헌법에 분명히 명시된 경우에는 국회의 규율 의무가 더 명확하고 크다.

더욱이 한국에서도 국민의 삶에 미치는 사회보장제도의 영향은 점점 더 커지고 있기 때문에 국회의 규율 의무는 점점 더 강화되어야 한다. 1977년 강제보험 형태로 의료보험이 실시되고, 저소득층을 위한 의료보호제도가 시행된 이후 현재는 전 국민이 의료 서비스 급여를 받을 수 있는 대상자가 되었다. 노후 소득보장제도의 대표적인 제도인 국민연금보험의 가입자도 2009년 현재 1862만 3845명에 달하고 있다(보건복지부, 2010: 454). 산업재해를 보상하는 산업재해보상보험과 실업으로 인한 소득 상실을 보상하는 고용보험도 1인 노동자를 고용하는 모든 사업장에 적용되고 있다. 또한 1970년대만 해도 GDP 대비 사회보장 지출비는 1%에도 미치지 못했으나 2005년 현재 7%에 달하고 있다(김미숙 외, 2010: 72). 인구구조와 사회 환경의 변화, 사회보장에 대한 국민의 기대 증가로 사회보장제도는 앞으로 지속적으로 확장될 것이다. 이와 더불어 국민의 삶에 미치는 사회보장제도의 영향력은 더욱 커질 것이다. 그렇기 때문에 사회보장법에 대한 국회의 규율 의무는 더욱 강화되어야 한다.

4. 루프의 새로운 침해 개념

앞서 살펴본 침해유보의 발상은 군주에 대항하여 시민의 고유한 영역을 지키려는 동기에서 시작되었다. 이런 노력은 헌법에 자유권과 재산권을 보호하는 조항의 신설로 결실을 맺게 된다. 이제부터는 국민을 대표하는 의회가 이 영역에 대한 일차적인 통제권한을 갖는다. 이런 보호조치를 통해 개인은 국가의 임의적인 간섭으로부터 보호받는 자유로운 영역을 갖게 되었다. 이 자유는 국가의 간섭으로부터의 자유를 의미하는 것이었다.

그러나 현대 복지국가의 등장과 성장은 이런 자유의 의미를 다르게 해석해야만 하는 환경을 조성했다. 현대 복지국가가 제공하는 여러 가지 급여들이 개인을 국가에 종속시키는 결과를 초래했기 때문이다. 이제 개인은 국가가 제공하는 급여 없이는 자신의 삶을 유지하고 자유를 실현하기에 어려운 상황에 처하게 된 것이다(Bundesverfassungsgericht, 1976: 249). 이런 상황은 과거에 국가에 대항해서 확보한 자유가 다시 국가에 반납되었다는 것을 의미한다(Rupp, 1959: 84 이하). 이런 종속적인 상황에서 개인은 자신의 자유를 지킬 방안을 새롭게 모색해야만 한다. 루프는 생존에 필수적인 사회보장급여들을 헌법과 법률에 의해 보장하는 것을, 국가에 종속된 개인을 지켜낼 수 있는 대안으로 제시하고 있다. 왜냐하면 법률은 개인에게 사회보장급여에 대한 확고한 법적인 재산권을 제공할 수 있기 때문이다. 따라서 사회보장급여에 대한 법률의 통제는 개인의 자유를 보호한다는 중요한 의미를 담고 있다.

그런데 사회보장급여를 법률이 통제해야 한다면 통제의 정도가 풀어야 할 과제로 나타난다. 일반적으로 사회보장 영역에서는 자유권 영역에서보다 덜 엄격한 위임 요건을 허용해왔다. 그래서 이 영역에서 행정부의 결정권한은 상대적으로 크다. 그러나 루프의 주장을 따르면 사회보장 영역은 고전적인 자유권과 결코 별개의 영역이 아니라는 결론에 이르게 된다. 그의 논리를 수용한다면 개인의 자유가 국가가 제공하는 사회보장급여에 종속되지 않을 정도로 사회보장법이 급여에 대한 통제를 행해야 한다. 사회보장법이 행정부에게 임의로 급여를 통제할 권한을 주어서는 안 되는 것이다. 법률에서 권한을 위임하는 경우에, 위임의 권한이 너무 크면 안 된다. 위임입법으로 행정부가 급여를 통제할 권한을 소유하게 된다면 그의 주장과 같이 개인이 국가에 종속되는 결과에 이르게 되고, 개인의 자유의 실현을 국가에 의존하게 된다. 따라서 사회보장급여와 관련된 영역에서도 침해유보 사항에 적용되는 수준으로 위임입법이 제한되어야 하는 것이다.

한국에서는 1964년에 사회보험으로는 처음으로 산업재해보상보험(이하 산재보험)이 도입되었다. 그 후 1977년에 의료보험(1997년 12월 31일 건강보험으로 명칭이 변경됨)이 시행되었고, 1988년에는 국민연금이, 1995년에는 고용보험이, 2000년에는 국민기초생활보호제도가, 2007년에는 노인장기요양보험이 시행되었다. 비록 사회보장의 역사가 길지는 않아도 이미 많은 사회보장제도들이 한국에도 시행되고 있다. 특히 국민연금과 건강보험은 전 국민을 대상으로 시행되고 있다. 앞으로 사회보장급여가 개인의 삶에 미치는 영향력은 더욱 확대될 것이 명약관화하다. 그런데 한국 사회보장법은 적용 대상자, 보험료, 급여조건, 급여 범위 및 수준 등 급여와 관련된 핵심 사항에 대한 통제 권한을 행정부에 광범위하게 위임하고 있다. 이런 과도한 위임은 급여에 대한 법적 권리성을 약화시키고, 행정부에 의한 시혜성을 강화시킨다(이신용, 2010: 167). 이런 법구조 속에서 사회보장이 지속적으로 확대된다면 한국 국민의 자유 실현은 국가가 제공하는 급여에 더욱 종속될 것이다. 이것은 국가에 개인의 자유를 종속시킨다는 의미이다. 따라서 자유권을 보호할 수 없을 만큼 광범위한 정도로 급여에 대한 결정권한이 위임되는 현상은 극복되어야 한다. 이런 목적을 달성하기 위해서는 법률에 의해 급여와 관련된 핵심 사항들이 통제되어야 한다.

제3장

의회유보의 등장과 개념 정의[1)]

1. 의회유보의 등장 배경과 개념

앞서 살펴본 예슈의 주장은 국민의 권리와 관련된 영역에서는 의회가 전적으로 책임 있는 입법행위를 해야 한다는 의미이다. 이것이 민주제의 원리라는 것이다. 그의 주장에 따르면 행정부는 법률을 집행하는 기관일 뿐이다. 행정부의 민주적 정당성의 문제는 별개로 하더라도, 그의 주장을 현실에 적용하는 데는 넘어야 할 장벽이 많다. 오늘날과 같이 변화가 빠르고 다양한 사회에서는 의회의 능력에는 한계가 있기 때문이다. 이런 현실을 반영하여 독일에서는 법률유보의 새로운 형태가 나타났다. 이것이 바로 의회유보이다.

1970년대 독일 연방헌법재판소는 헌법소원 청구를 통해서 제기된 일련의 판례들에서 국민의 기본권에 관련된 중요한 사항에 대한 의회의 책임성을 강

1) 제3장은 이신용, 「국민건강보험과 의회의 책임성」〔≪한국사회복지학≫, 60(3), 2008, 201~230쪽〕을 수정·보완하여 기술한 것이다.

조하는 판결을 내린다. 1972년 전문의Facharzt 사건 판결에서 독일 연방헌법재판소는 의사협회가 주州 의회로부터 위임받아 제정한 정관Satzung이 독일 기본법에서 보장하고 있는 직업 선택의 자유를 침해했다고 판결했다. 노르트라인베스트팔렌Nordrhein-Westfalen 주 의사협회의 정관에서는 가정의학과에 속하는 분야에서 전문의의 진료 행위를 금지했고, 바덴뷔르템베르크Baden-Württemberg 주 의사협회 정관에서는 한 전문의가 두 개 이상의 전문의 자격증을 내걸지 못하도록 규정했다. 이 규정을 위반해서 징계를 받게 된 전문의들이 독일 연방헌법재판소에 징계의 부당성을 제소했다. 이에 연방헌법재판소는 직업 수행을 제한하는 이 정관 규정들은 기본법에서 보장하는 직업 선택의 자유와 양립할 수 없다는 이유를 들어서 위헌 판결을 내렸다. 아울러 연방헌법재판소는 전문의 의사면허 조건, 승인된 전문의 분야, 최소한의 수련 기간, 면허 승인 절차, 전문의 면허 취소 사유, 전문의 지위에 관련된 내용과 같은 중요한 사항들은 의회가 법률로 직접 규율해야 함을 밝혔다(Bundesverfassungsgericht, 1973).

1970년대와 1980년대에 독일 연방헌법재판소는 대학의 학칙으로 입학 정원을 제한한다거나(Bundesverfassungsgericht, 1972: 303), 김나지움의 학칙으로 학생을 제적시키는 것(Bundesverfassungsgericht, 1982: 257)과 같은 기본권과 관련된 헌법소원 청구 사건들에서, 이러한 사항들은 독일 기본법에서 보장하고 있는 직업교육 장소 선택의 자유나 직업 선택의 자유와 관련된 중요한 사항들이기 때문에 의회가 본질적인 사항에 대한 결정wesentliche Entscheidung을 내려야 한다고 판시했다(Bundesverfassungsgericht, 1973: 158). 이러한 헌법소원 사건들에서 독일 연방헌법재판소는 기본권과 깊은 관련을 맺고 있는 사항들이 학칙, 지침, 정관 혹은 법규명령으로 결정되어서는 안 되고 의회가 제정한 법률에 의해서 규정되어야 한다는 것을 명확히 했다.[2] 최근까지도 독일 연방헌법재판소

2) 더욱이 대학 입학 정원 제한 판례는 의회유보의 적용 영역이 급부행정으로 확대될 수 있음을 보여주는 중요한 판례였다는 점에서, 그동안의 독일 연방헌법재판소의 판결 경향과는 다

는 예술의 자유와 청소년의 보호와 같은 대립되는 중요한 사항 및 종교의 자유와 관련된 판례들에서도 기본권 실현과 관계된 중요한 사항들은 법률에 의해 규정되어야 한다고 판시하고 있다.

이러한 일련의 헌법소원 판례들을 통해서 독일 연방헌법재판소는 기본권 실현과 관련된 본질적인 사항들은 행정부의 시행령·시행규칙과 같은 법규명령이나 훈령·고시 등과 같은 행정규칙에 의해 결정되어서는 안 되고, 국민의 대표 기관인 의회에 의해 결정되어야 한다는 의회유보 원칙을 확립했다. 물론 법규명령은 법률에 근거해서aufgrund des Gesetzes 제정되는 것이기 때문에, 법규명령이 기본권을 통제할 수 없는 것은 아니다. 다만 법규명령을 제정할 수 있는 행정부의 입법적 권한을 정당화하는 입법부의 위임Delegation이 국민의 기본권을 임의로 상대화시킬 수 있는 위험을 불러일으킬 수 있기 때문에(Staupe, 1986: 94, 109), 독일 연방헌법재판소는 국민의 기본권과 관련된 중요하고 본질적인 사항에 대한 규율이 기본권의 보호와 실현을 위해서 의회가 제정한 법률을 통해durch das Gesetz 마련되어야 한다고 판시하고 있는 것이다.

고전적인 법률유보Vorbehalt des Gesetzes원칙은 19세기 독일 입헌군주 시대에 군주와 시민 사이의 대립관계 속에서 생겨났다. 이 고전적인 법률유보의 원칙은 왕으로 대표되는 행정부가 시민의 자유와 재산과 관련된 영역에서 행정권을 행사하기 위해서는 사전에 반드시 시민의 대표 기관으로부터 동의를 얻어야 하는 것을 의미했다(Kloepfer, 1984: 685f). 그런데 전통적인 법률유보원칙에서는 행정부의 행정행위가 법률에 의한 수권이나 혹은 법률에 근거하는

른 의미가 있는 것이었다(송동수, 2006: 104). 현대 국가가 국가시민의 사회보장과 문화적 증진에 관여할수록, 국가와 국가시민의 관계에서 국가가 제공하는 급부에 대한 기본권적인 보증을 요구하는 국가시민의 보충 요구가 점점 더 커진다고 보면서, 독일 연방헌법재판소는 자유라는 기본권의 실현을 현실적으로 가능하게 하는 사회권 보호에 대한 의회의 책임성을 요청하고 있다(Bundesverfassungsgericht, 1972: 330f). 즉, 현대 국가에서는 "결국 개인에게 직접적으로 관련되는 사항이 문제된다면, 침해와 급부의 구별은 더 이상 중요한 의미를 가질 수 없게 된 것이다"(Häberle, 1972: 729).

가라는 문제만을 중요시할 뿐이었고, 규율 형식은 문제의 대상으로 삼지 않았다(김향기, 1993: 48). 그러나 1970년대 독일연방재판소의 판례들을 중심으로 형성되고, 현재까지 계속해서 발전되고 있는 의회유보Parlamentsvorbehalt 원칙은 규율 형식을 문제 삼는다. 의회유보 원칙은 국가에 의한 자유와 재산의 침해뿐만 아니라, 기본권 실현과 관련된 근본적이고 중요한 사항Wesentlichkeit은 반드시 국민의 대표로 구성된 의회의 규율이 필요함을 요구하기 때문이다.

고전적인 법률유보원칙은 군주로부터 혹은 군주의 행정부로부터 시민의 재산과 자유를 보호하려는 수동적이고 방어적인 성격을 갖고 있었다. 반면에 의회유보 원칙은 과거 입헌군주제 시기보다 확대된 국민의 기본권을 실현하려는 적극적 성격을 갖는다. 입헌군주 시대에 정립된, 재산권과 자유권 영역에만 국한된 법률유보원칙은 현대 국가에서 확대된 사회권이나 새롭게 부여된 환경권 같은 국민의 기본권을 포괄할 수 없게 되었다(Kloepfer, 1984: 686). 이런 이유로 현대 의회민주주의 국가에서 의회유보 원칙이 요청되고 있는 것이다. 그럼에도 의회유보는 고전적인 법률유보의 개념과 전혀 다른 새로운 개념은 아니다. 왜냐하면 고전적 법률유보원칙이 생겨난 배경이나 최근 독일에서 의회유보 원칙이 생겨난 배경에는 국민의 기본권 보호라는 공통분모가 있기 때문이다. 두 유보원칙의 차이도 있다. 먼저 고전적 법률유보원칙은 수동적·방어적으로 국민의 기본권을 보호하는 성격이 강해 법률에 의한 수권이나 법률적 근거만 있으면 시행령·시행규칙과 같은 법규명령에 의한 규율 형식을 문제 삼지 않았다. 반면에 의회유보 원칙은 확대된 기본권을 적극적으로 실현하려는 목적으로 기본권과 관련된 본질적인 사항들에 대해 의회의 책임을 요구한다. 따라서 의회유보는 고전적인 법률유보의 개념이 법치국가적 민주주의사회에 적응하면서 나타나는 법률유보원칙의 발전된 형태로 보아야 한다(Staupe, 1986: 117).

의회유보 원칙은 법치국가와 민주주의 원칙에 의해 정당화된다. 따라서 국민의 기본권 실현과 관련된 본질적wesentlich이고 중요한 사항에 대해서는 의회가 스스로 결정을 내려야 하는 것을 의미한다. 의회유보가 본질적인 사항에 대해 의회의 자기결정 의무를 규정하고 있기 때문에, 특정한 전제 조건 아래 분명한 제한을 갖는 규율이 의회에 의해 마련되어야 하는 것이다(Staupe, 1986: 24~30). 따라서 의회유보 원칙은 기본권과 관련된 중요한 사항에 대한 결정권한을 행정부에 위임하는 것을 금지시킨다. 그러므로 의회유보의 개념에서 핵심적인 내용은 기본권과 관련된 중요한 사항에 대한 결정은 의회라는 장소에서 일어나야 하는 것이며, 이곳에서 어느 대상을 규정하는 규율이 마련되어야 하는 것이다.

2. 의회유보 원칙의 적용

1) 기본권과의 관련성

어느 사항에 의회유보 원칙이 적용되기 위해서는 이것이 본질적인 것이냐 혹은 중요한 것이냐 하는 판단을 먼저 내려야 한다. 그러나 본질적인 것은 그 자체가 선험적으로 존재하는 것이 아니다. 따라서 본질적인 것은 무엇을 위한 본질인지wesentlich wofür, 어떤 것과 관련되어 있는지im Hinblick worauf, 또한 무엇을 기준으로 측정될 수 있는지wesentlich gemessen an was 경험적으로 결정되어야 한다(Staupe, 1986: 112). 이런 의미에서 기본권과의 관련성Grundrechtsrelevanz 및 기본권과의 관련성 정도Intensität der Grundrechtsbetroffenheit는 어느 사항이 본질적인 것인가를 판단할 수 있는, 즉 어느 사항에 의회유보 원칙이 적용되어야 하는가를 판단하는 중요한 기준이 될 수 있다(Bundesverfassungsgericht, 1982: 274).

논쟁을 벌이고 있는 사항에 의회유보 원칙을 적용해야 하는지를 결정하는 첫 단계에서 검토해야 할 것은 기본권과의 관련 여부이다. 독일 연방헌법재판소가 해당 판례들에 의회유보 원칙을 적용해야 한다고 결정한 첫 번째 판단

기준은 독일 기본법이 보장하고 있는 국민의 기본권과 이 사건들의 관련성 때문이었다. 즉, 직업 선택의 자유나 예술의 자유, 종교의 자유 등과 같은 기본권을 보장하는 기본법의 조항들이 논쟁이 되는 사건과 관련성을 갖고 있었기 때문에, 해당 사건에 의회유보 원칙을 적용할 수 있던 것이다.

그러나 독일 연방헌법재판소가 상급 학년 진급 사건과 관련된 판례에서 판시한 것과 같이(Bundesverfassungsgericht, 1982: 257), 논쟁이 되는 사항이 기본권과 관련되어 있다는 자체만으로 해당 사건에 반드시 의회유보 원칙을 적용해야 하는 것은 아니다. 의회유보 원칙을 적용하기 위해서는 해당 사건이 어느 정도로 기본권의 실현과 관계하고 있는가를 고려할 것을 연방헌법재판소는 요구하고 있다. 이 판례에서 연방헌법재판소는 나쁜 성적으로 인한 유급은 해당 학생이 졸업 후 자유롭게 직업을 선택하는 데에 결정적인 영향을 미친다고 볼 수 없기 때문에, 유급에 관한 사항은 행정부의 법규명령이나 학교의 학칙에 의해 결정될 수 있다고 보았다. 그러나 연방헌법재판소는 성적이 지속적으로 나쁜 경우에 퇴학 처분을 규정한 학칙은 해당 학생의 직업 선택의 자유에 결정적인 영향을 미치기 때문에 퇴학 조건, 절차, 담당 기관과 같은 중요 사항은 의회가 제정한 법률로 규정해야 한다고 판시했다(Bundesverfassungsgericht, 1982: 274ff; 1973: 160). 이 판례가 주는 시사점은 어느 사항이 단순히 기본권과 관련되어 있다고 해서 이 사항에 의회유보 원칙이 적용될 수 있는 것이 아니라, 해당 사항이 기본권 실현과 깊은 관련성을 갖고 있을 때만 의회유보 원칙이 적용되어야 한다는 것이다.[3] 따라서 어느 사항에 의회유보 원칙이 적용되어야 하는가를 결정하는 중요한 요인은 기본권과 관련된 해당 규정의 정도를 보는 관점이다(Staupe, 1986: 121).

3) "의회유보의 적용은 해당 사항이 어느 정도의 강도로 대상자의 기본권과 관련되어 있느냐에 따라서 결정된다"(Bundesverfassungsgericht, 1982: 274).

2) 규율장소(Regelungsebene)와 규율밀도(Regelungsdichte)

어느 사항이 기본권과 관련되어 있다고 해서 행정부로의 위임이 무조건 배제되지는 않는다. 이 사항이 기본권과의 관련성 정도가 약한 경우라면 의회는 행정부에 입법권한을 위임할 수 있고, 위임에 근거한 행정부의 파생적인 입법권한은 법률과 법규명령을 포함하는 법규유보Rechtssatzvorbehalt의 통제 아래 놓이게 된다(Kloepfer 1984: 693f; Staupe, 1986: 131, 172). 그러나 해당 사항이 기본권과 맺고 있는 관련 정도가 깊어서 의회유보를 적용해야 한다면 이 사항은 행정부에 위임하는 것이 금지된다. 의회는 이 사항에 대해 스스로 규율을 마련해야 한다. 따라서 의회유보 원칙은 기본권과 관련이 깊은 사항에 대한 통제는 의회라는 장소에서 행해져야 하는 것을 의무화하고 있는 것이다.

그렇다면 의회가 어느 정도의 수준으로 이 사항을 통제해야 하는가가 해결해야 할 또 다른 과제로 남는다. 의회가 기본권과 관련이 깊은 사항을 규율하는 법률 조항을 제정했다는 것만으로는 의회유보 원칙이 충분히 구현되었다고 볼 수 없다. 의회유보 원칙은 이 사항에 대해 의회의 '구체적이고 명확한' 규정을 요구하고 있기 때문이다. 의회가 제정한 법률에 의해서 명확하게 규정된 사항은 행정부의 활동을 내용적으로 통제할 수 있어야 하고, 은폐된 위임verdeckte Delegationen의 성격을 갖는 불확정적이고 일반적인 원칙만을 제시해서는 안 된다. 그렇지만 해당 규정이 기본권과 어느 정도의 관련성을 갖고 있느냐에 따라서 이 사항에 요구되는 법률의 구체적인 정도는 차이가 난다(Staupe, 1986: 137 이하). 해당 사항이 기본권 실현과 관련성이 약해 보이고, 이 부분에 대해서 행정부로의 위임이 가능하다면 그만큼 법률에 요구되는 구체성의 요구는 약화된다. 반대로 해당 사항이 기본권 실현과 관련성이 깊으면 깊을수록 의회가 법률로 상세하고 구체적으로 해당 사항을 통제해야 하는 것이다. 이러한 경우 위임이 금지되어 의회유보 원칙이 적용된다. 이와 같이 어느 규정이 기본권과 깊은 연관성이 있을 때 법률에서 구체성을 요구하고 있기 때문에 구체성 혹은 명확성의 원칙Bestimmtheitsgebot은 의회유보의 중요한 구성 요소가 된다. 따라서 명확성의 원칙은 의회유보 원칙을 강화시키는 기능을 하는 것이다(Staupe, 1986: 140). 의회유보 원칙에 명확성의 원칙이 수반되지 않는다면 행정부로의 위임을 금지하고 있는 의회유보 원칙은 속 빈 강정과 같은 것이다.

3. 의회유보 원칙의 근거

1) 법치국가원칙과 의회유보

독일 입헌군주 시대에는 시민의 자유와 재산에 관련된 영역에서 행정부의 임의적인 침해로부터 시민을 보호하기 위해 법치국가Rechtsstaat원칙이 확립되었다. 의회는 정당하게 시민의 자유와 재산권을 제한하는 법률을 제정할 수 있는 유일한 기관이었다. 의회가 제정한 법률은 국가권력의 분립을 보장했고 그뿐만 아니라 보편성Allgemeinheit, 평등성Gleichheit, 법적 안정성Rechtssicherheit, 통찰성Übersichtlichkeit, 신뢰성Verläßlichkeit, 계산 가능성Berechenbarkeit, 예측 가능성Vorhersehbarkeit 등을 부여하는 기능을 했다(조성규, 2005: 380f). 입헌군주 시대에 시민의 자유·재산과 같은 기본권을 보호하기 위해 확립된 고전적인 법치국가원칙은 오늘날 의회민주주의 체제에서도 준수된다. 다만 오늘날 의회민주주의에서 국민의 기본권을 보호하려는 법치국가원칙은 자유와 재산에 관련된 침해 영역뿐만 아니라 개인적이고 정치적인 자유의 영역에서, 그리고 국가의 지원, 보조, 연금 등의 급부 영역에도 확대 적용되고 있다(조성규, 2005: 382; Bundesverfassungsgericht, 1972: 330; 1976: 237; Staupe, 1986: 176).

재산권과 자유권과 같은 고전적인 기본권뿐만 아니라 사회권과 같은 현대적 기본권을 보호하고 적극적으로 실현하기 위해 법치국가원칙은 입법부에서 행정부로 입법 권한을 위임할 때 구체성Bestimmtheitsgebot을 요구한다. 무엇보다 구체성의 규정은 입법부가 추상적이고 일반적인 법 조항을 제정하지 못하도록 한다. 동시에 입법권을 행정부에 위임할 때, 구체성의 규정은 위임의 내용, 목적, 범위를 상세히 법률에 규정하도록 요구하기 때문에 위임입법에 근거한 행정부의 재량권을 통제한다. 법률의 구체성에 의한 통제의 목적은 행정부가 임의로 기본권 영역을 침해하거나 국가 차원에서의 급부를 분배하는 것을 통제하는 것이다(Staupe, 1986: 177). 따라서 구체성을 충분히 담보한 법률이 제정될 때, 행정부의 행위는 법률에 의해 규율될 수 있다. 오늘날 법치국가원칙의 목적은 기본권 보호와 실현에 있다. 이 목적을 달성하기 위해서 법률의 구체성이 요구된다. 이런 의미에서 법률의 구체성을 요구하는 법치국가원칙은 국민의 기본권 실현과 깊은 연관성을 맺고 있는 사항에 대한 의회의 규율 의무를 강제하는 의회유보의 구체성 원칙을 정당화한다.

2) 민주주의 원칙과 의회유보

법치국가원칙 중 법률의 구체성을 요구하는 규정은 의회유보 원칙의 적용방식과 관련해 '어떻게'라는 측면에서 근거를 제공한다고 할 수 있다. 그렇다면 민주주의 원칙은 기본권과 관련이 깊은 사항에서는 의회가 스스로 결정을 내려야 한다는 면에서 '누가'라는 측면의 근거를 제공한다. 권력의 주체인 국민 스스로 혹은 국민을 대표하는 기관이 국민의 권리와 의무에 관한 사항을 결정하는 것이 민주주의 원칙의 핵심이다. 이런 경우에만 결정 주체나 주체를 대표하는 기관에 책임을 물을 수 있다. 즉, 일회적인 사건을 통해서 확보된 정당성만으로는 국민에게 일상적으로 책임을 물을 수 없다. 따라서 국민으로부터 얻을 수 있는 정당성은 국가 차원에서 진행되는 과제에 국민의 참여를 보장하는 지속적인 정치 과정을 통해서 확보되어야 한다. 국민으로부터 확보될 수 있는 민주적인 정당성의 크기는 어떤 방식으로, 어느 정도의 범위에서 국민이 일상적인 정치 과정에 참여하느냐에 달려 있다(Staupe, 1986). 의회는 국민의 대표로 선출된 이들이 지속적으로 정치 과정에 참여하는 것을 보장하는 기관이며, 그래서 의회는 정당성을 가장 많이 보유하고 있는 국가 기관이다. 의회가 보유하고 있는 정당성에 비례해서 기본권과 관련된 근본적이고 중요한 사항에 대한 의회의 결정권한은 타 국가 기관에 비해서 상대적으로 클 수밖에 없다. 기본권의 실현과 깊은 연관성을 갖고 있는 중요한 사항에 대한 의회의 결정의무를 요구하는 의회유보 원칙이 민주주의 원칙에 근거를 두는 이유는 타 국가 기관에 비교하여 의회가 갖고 있는 더 큰 정당성의 규모 때문이다.

제4장

의회유보와 사회보장법

1. 사회복지와 법치국가적 민주주의의 친화성[1)]

법치국가적 민주주의 체제에서는 자유권과 재산권 같은 기본권이 보장되며, 정치적 평등과 참여·협력·항의의 기회가 보장되고, 공정한 선거를 통해서 출현하고 교체될 수 있는 정치질서와 주도권이 받아들여진다. 무엇보다도 이러한 체제는 각 사회집단의 이해에 민감하게 반응하기 때문에 체제의 학습능력 및 실수에 대한 자기수정능력은 다른 어떤 체제보다도 우월하다.

이러한 장점을 보유하고 있는 법치국가적 민주주의 체제가 한 사회에 뿌리를 내리게 되면 이 체제는 지속적인 발전에 대한 중요하고 '독립적인' 영향력을 소유하게 된다(Berg-Schlosser and Kersting, 1997: 111). 특히 사회권의 발달에도 법치국가적 민주주의 체제는 긍정적인 영향력을 미치게 된다. 왜냐하면 법

1) 이 단락은 이신용, 「민주주의가 사회복지에 미치는 영향」〔≪한국사회복지학≫, 59(4), 2007, 139~142쪽〕을 수정·보완했다.

치국가적 민주주의 체제가 보장하는 국민의 정치적 권리의 자유로운 행사는 "사회의 정치적인 기능 체계의 성과들 안으로 국민을 끌어들이는" 것을 의미하는 "정치적 접합"으로 귀결되기 때문이다(Lumann, 1981).

법치국가적 민주주의 체제가 보장하는 정치권을 통해서 국민의 "정치적 접합"이 현실화된다면 "필연적으로 복지국가로 귀결된다"(Lumann, 1981: 27). 왜냐하면 사회권의 발전은 정치 과정의 산물이기 때문이다(Krück and Merkel, 2004: 100; Zacher, 2001: 416). 법치국가적 민주주의 체제에서 사회권이 발달할 수 있는 중요한 정치 과정의 메커니즘은, 국민이 정치권을 행사할 수 있도록 일정한 연령에 달한 모든 성인에게 선거권이 주어진다는 것과 공직에 대해 열린 공정한 경쟁이 국민 누구에게나 보장되어 있다는 것이다. 선거권을 소유한 모든 성인 중에는 상대적으로 빈곤한 계층과 시행 중인 사회복지정책의 혜택을 보려는 계층이 있으며, 기존의 사회복지제도를 통해 혜택을 누리는 계층도 포함되어 있다. 공직에 오르려는 후보자들은 선거권을 가진 이 계층들의 상이한 욕구에 민감하게 반응해야 한다(Berg-Schlosser and Kersting, 1997: 119; Krück and Merkel, 2004: 97; Schmidt, 2004: 44). 선거권이 있는 다양한 계층의 복지 욕구와 이에 반응하는 후보자 간의 상호작용은 규칙적으로 시행되는 선거를 통해서 지속된다. 결과적으로 국민의 정치권을 보장하는 법치국가적 민주주의 체제는 사회복지를 발전시키게 되는 것이다. 20세기에 있었던 서유럽의 복지국가 발전은 시장에서 발생한 불평등을 정치적 과정을 통해서 수정하려고 노력한 결과물인 것이다(Korpi and Palme, 2003: 427).

2. 의회유보 원칙과 사회복지의 친화성

입헌군주제에서 국민의 재산과 자유를 보호하려는 목적으로 고전적인 법치국가가 등장했다면, 현대 의회민주주의에서는 고전적인 법치국가의 역할

변화가 요청된다. 국가가 임의로 재산권과 자유권을 침해하는 상황에서 이를 보호하려는 소극적인 법치국가의 역할은 의회민주주의 시대에서는 더 이상 의미를 찾을 수 없게 되었다. 왜냐하면 오늘날 개인에게 기회와 (사회보장적) 급부를 제공하는 국가의 역할은 자유로운 삶을 유지하기 위해 기본권을 침해하지 않아야 하는 것 못지않게 중요해졌기 때문이다(Bundesverfassungsgericht, 1976: 249). 기본권을 침해하지 않는 소극적 국가에서 기본권을 보호할 뿐만 아니라 실현하는 적극적 국가로 역할이 변한 것이다. 따라서 입헌군주 시대와는 달리 의회민주주의 시대의 법치국가원칙은 국가가 기본권을 보호하고, 아울러 적극적으로 실현할 것을 요구한다(Kretschmer, Maydell and Schellhorn, 1996: 370). 그러므로 현대 의회민주주의에서 고전적인 법치국가 기능의 발전적 변화는 국민의 기본권 보호와 실현을 위해 의회의 더욱 책임 있는 입법 활동을 요구한다.

오늘날 복지국가가 제공하는 많은 사회보장급여는 기본권인 자유권의 실현을 위한 전제 조건을 충족하는 중요한 역할을 한다(Bundesverfassungsgericht, 1976: 249; Häberle, 1972: 730f; 고영훈, 1993: 11). 왜냐하면 안정된 사회보장이 있을 때 비로소 자유권의 향유가 가능하기 때문이다. 이런 의미에서 선진 복지국가들은 국민의 삶에 중대한 영향을 미치는 사회보장급여를 제공하면서 기본권의 실현을 위한 사회복지제도의 중요성을 이미 오래전부터 부각시키고 있다. 이러한 결과는 독일 '사회법I'의 제31조에 반영되어 있다. 독일 '사회법I'의 제31조는 입법부가 제정한 법률을 통해서만 사회법이 규정하는 급여 영역들의 권리와 의무의 근거가 마련되고, 확정·변경·폐지될 수 있다고 규정하고 있다. 그러므로 독일 입법부는 사회법에 규정된 급여들에 관한 근본적인 문제를 스스로 결정해야 한다는 것을 인정한다(Stern, 1984: 810; Henke, 1976: 591). 따라서 현대 의회민주주의는 국민의 기본권을 실현하기 위해 중요한 기능을 하는 사회보장법 분야에서 의회의 책임 있는 입법 활동을 지속적으로 요청하고 있다(송동수, 2006: 112; Henke, 1976: 596; Kretschmer, 1996: 374).

의회유보 원칙이 정당성을 갖는 것은 이 원칙이 법치국가적 민주주의 원칙에 근거하기 때문이다. 따라서 사회보장법에 의회유보 원칙이 적용되는 정도에 비례해서 법치국가적 민주주의 원칙이 사회보장법에서 구현된다. 사회보장법에서 법치국가적 민주주의 원칙에 근거하는 의회유보 원칙이 구현된다는 것은 국민의 사회복지 욕구를 반영하는 정치 과정이 법 제정과 개정을 통해 의회 안에 구조화된다는 것을 의미한다. 이때 의회유보 원칙은 국민의 기본권 실현에 깊은 영향을 미치는 사회보장법의 법률 조항들에 대한 의회의 책임 있는 규율 행위를 요구하기 때문에, 이 조항들에 대한 의회의 규율 행위는 사회복지가 발전할 수 있는 지속적인 구조를 만들어낸다. 왜냐하면 주권이 국민에게 있는 법치국가적 민주주의 체제에서 정당은 유권자인 국민으로부터 정당성을 획득해야만 권력을 얻을 수 있는데, 사회보장법이 의회유보의 원칙에 의해 충실히 규율되는 법 구조에서는 정당이 통치권의 정당성을 획득하는 정치도구로 사회복지정책을 사용하도록 동기화되기 때문이다. 따라서 사회복지제도가 제공하는 급여를 받는 유권자가 많으면 많을수록, 그리고 이 급여를 규정하는 사회보장법의 조항들이 의회유보 원칙에 많이 적용되면 될수록 유권자를 확보하기 위한 정당들 간의 경쟁은 그만큼 치열해진다.[2] 이러한 과정의 반복을 통해서 사회복지의 발달이 일상적으로 일어나는 구조가 제도화되는 것이다. 아울러 의회유보 원칙이 만들어내는 이러한 정치 과정은 정당 간의 경쟁을 공개하여 여론을 환기시키고, 예측 가능성과 법적 안정성을 가져오며, 여당과 야

2) 의회유보의 준수가 항상 사회권 발달로 귀결되는 것은 아니다. 원자력발전소를 승인하는 법 조항과 관련된 헌법소원 판례에서 독일 연방헌법재판소는 어느 정도 불확정적인 조항을 두어야 헌법이 추구하는 목적을 달성할 수 있다고 판시했다(Bundesverfassungsgericht, 1978: 137, 140). 법률에 엄격한 승인 규정이 마련되면 기술 발전과 기본권 보호가 오히려 방해받을 수 있다고 보았기 때문이다. 기본권의 실현을 위해 유연성이 요구되는 특수한 경우에는 법규명령 등으로 규율하는 것이 사회권의 발달에 도움을 줄 수 있다는 것이다(Dynamischer Grundrechtschutz). 그렇지만 예외적인 경우를 제외하고는 사회권의 보호와 발달을 위해서는 의회유보 원칙의 준수가 여전히 유효하다.

당들이 중요한 사항을 결정할 때 공동으로 참여하여 구현되는 사회적 합의는 사회복지정책이 일방적인 방향으로 진행되는 것을 막는 긍정적인 역할도 한다(김향기, 1993: 49; Bundesverfassungsgericht, 1976: 249; Kloepfer, 1894: 687).

3. 의회유보 적용 범위와 사회보장법[3)]

어느 사항에 의회유보가 적용되어야 하는가를 판단하기 위해서는 두 단계의 검증 과정을 거쳐야 한다. 첫 번째 검증 단계는 해당 사항이 기본권과 관련성이 있는가이다. 만일 한 국가에서 발생하는 모든 일들이 의회유보의 적용 대상이라면 의회의 부담은 너무 커진다. 더욱이 현실적으로 의회는 그렇게 할 수도 없다. 따라서 의회유보 적용 대상은 제한될 필요성이 있다. 어떤 사항이 의회유보의 적용 대상이 되기 위한 무엇보다 중요한 기준은 해당 사항이 개인의 삶에 영향을 미치느냐이다. 이런 의미에서 헌법이 보장하는 기본권은 의회유보 적용 범위를 결정하는 좋은 기준을 제공한다(Bundesverfassungsgericht, 1973: 257~283; 헌재 1999.5.27. 98헌바70, 633). 왜냐하면 기본권은 개인의 삶과 밀접하게 관련된 영역이기 때문이다. 따라서 해당 사항이 헌법의 기본권과 관련이 있어야 의회유보의 적용 대상으로서 첫 번째 검증 과정을 통과할 수 있다.

두 번째 검증 단계는 기본권 구현과의 관련성 정도이다. 현대 헌법은 점점 더 많은 기본권을 보장하는 경향이 있다. 그러므로 기본권과 관련된 사항들도 이와 비례하여 점점 더 많이 생겨나고 있다. 따라서 어떤 사항이 기본권과 관련되어 있다고 할지라도 그 정도를 판단해서 의회유보를 적용해야 한다. 즉,

---

3) 이 절은 이신용, 「민주주의, 법치국가, 복지국가의 친화성: 사회보장법에 의회유보 원칙의 적용과 사회보장제도 발달과의 관계-한국과 독일비교」〔≪한국사회정책≫, 17(3), 2010, 153~189쪽〕 중 이론 부분을 중심으로 수정·보완한 것이다.

해당 사항이 기본권의 구현과 본질적으로[4] 관계를 맺고 있는 경우로 한정되어야 한다. 만일 어떤 사항이 기본권과 관련되어 있을지라도 그 관련성 정도가 본질적이지 않다면 의회유보의 적용 대상이 될 수 없는 것이다.[5]

따라서 사회보장법에 의회유보 원칙이 적용될 수 있는지를 검증하기 위해서는 사회보장법을 구성하는 각 사항이 기본권 구현과 관련성이 있는지 그리고 그 정도가 밀접한지를 검토해야 한다. 첫 번째 검증 사항으로 사회보장법과 기본권 구현과의 관련성은 독일 기본법Grundrecht과 사회법 및 한국 헌법과 사회보장법에서 찾을 수 있다. 독일 기본법은 독일 국민이 사회적 기본권을 갖는다고 명시적으로 선언하지는 않는다. 다만 기본법 제20조 제1항과 제28조 제1항에서 독일이 사회국가라는 것을 천명하고 있다.[6] 이와 같은 기본법의 구조에서는 사회국가의 구체적인 내용은 의회가 결정해야 할 사항이다. 독일 의회는 사회법을 수단으로 사회국가를 형성한다. 비록 독일 기본법이 국민의 사회권을 명시하지 않았을지라도 독일 국민은 기본법이 명시한 사회국가의 구성원으로서 사회적 위험으로부터 보호받을 권리가 있는 것이다. 독일 의회는 국민을 사회적 위험으로부터 보호해야 할 자신의 의무를 '사회법I' 제31조

---

4) 클뢰퍼(Kloepfer, 1984: 692f)는 의회유보 적용 기준으로 어떤 사항이 기본권의 구현과 맺고 있는 본질적인 관계성을 비판한다. 왜냐하면 본질적(wesentlich)이라는 것의 범위가 불명확하기 때문이다. 그러나 본질적인 것의 추상성은 오히려 의회유보의 적용 범위를 유연하게 하는 가능을 한다. 오늘날과 같이 기본권의 범위가 점점 확장되고 있는 현실을 고려한다면 본질적인 것의 추상성은 기본권을 보호하고 구현할 수 있는 수단으로서 단점이 아닌 장점이다. 또한 이런 비판 때문에 의회유보의 정당성이 위협받는 것도 아니다. 민주주의 체제에서 국민의 대표 기관인 의회가 국민의 삶에 큰 영향을 미치는 사항들을 스스로 통제하는 것은 당연한 논리적 귀결이기 때문이다.

5) 독일 연방헌법재판소는 어떤 사항이 기본권과 맺고 있는 관련성 정도에 따라서 의회의 규율 의무를 다르게 본다(Bundesverfassungsgericht, 1982: 257~283).

6) "독일연방공화국은 민주적이며 사회적인 연방국가이다"(기본법 제20조 제1항). 원문은 다음과 같다. "Die Bundesrepublik Deutschland ist ein demokratischer und sozialer Bundesstaat"(Grundgesetz §20 Absatz 1). 제28조 제1항에도 유사한 내용이 있다.

에서 다시 한 번 명확하게 밝히고 있다.[7)]

한편 한국 헌법은 독일 기본법과는 다르게 헌법에 명확하게 사회적 기본권에 관한 조항들을 마련해놓고 있다.[8)] 아울러 이 기본권들이 국민의 권리임을 명시적으로 표현하고 있기도 하다.[9)] 인간다운 생활을 할 권리를 밝히고 있는 헌법 제34조는 국가는 사회보장, 사회복지의 증진, 최저 생활 보장 등을 위해 노력해야 할 의무가 있음을 명확하게 언급하고 있다. 한국의 사회보장법은 헌법 제34조에 명시된 인간다운 생활을 할 권리를 구현하는 수단인 것이다. 따라서 독일 기본법과 사회법 및 한국 헌법과 사회보장법의 관련성은 의회유보가 적용될 수 있는 첫 번째 조건을 만족시킨다.

독일 기본법과 사회법 및 한국 헌법과 사회보장법이 서로 관련 있다고 해서 양국 사회(보장)법의 모든 구성 요소를 의회가 스스로 결정해야 하는 것은 아니다. 사회(보장)법이 헌법이 보장하는 사회적 기본권을 구현하는 중요한 수단이기는 하지만 개별 사회보장법을 구성하고 있는 수많은 사항이 모두 사회적 기본권의 구현에 본질적인 영향을 미치는 것은 아니다. 따라서 의회유보의 적용을 위한 두 번째 검증 사항은 사회적 기본권의 구현에 본질적인 영향을 미치는 사회(보장)법의 구성 요소가 어느 것인지를 판단하는 일이다.

사회적 기본권 구현은 개인의 삶을 위협하는 질병·재해·노령·장애 등과 같은 사회적 위험으로부터의 보호를 의미한다. 따라서 개인이 이런 사회적 위험을 대처하는 사회보장제도의 적용 대상인가 아닌가는 사회적 기본권 구현

---

7) "법률유보: 사회법의 급여 영역에서 권리와 의무는 법률이 규정하거나 허가하는 한에서 근거 있고, 확정되고, 변경되고, 폐지될 수 있다"(사회법I 제31조). 원문은 다음과 같다. "Vorbehalt des Gesetzes: Rechte und Pflichte in den Sozialleistungsbereichen dieses Gesetzbuches dürfen nur begründet, festgestellt, geändert oder aufgehoben werden, soweit ein Gesetz es vorschreibt oder zulässt"(Sozialgesetzbuch I §31).

8) 헌법 제31조 교육권, 제32조 근로의 권리, 제33조 노동삼권, 제34조 인간다운 생활을 할 권리, 제35조 건강권, 제36조 혼인과 가족보호권 등이다.

9) 헌법 제31조, 제32조, 제34조에서는 해당 기본권이 국민의 '권리'라고 표현한다.

과 가장 본질적인 관계가 있다. 사회보장제도가 아무리 잘 갖추어져 있다고 해도, 현재 사회적 위험에 처한 사람이 적용 대상자가 아니라면 그에게는 의미 없는 제도일 뿐이다. 따라서 적용 대상자 항목은 인간다운 생활을 할 기본권을 구현하려는 사회보장제도를 향유할 수 있느냐 없느냐를 결정하는 첫 번째 관문이라는 이유에서 기본권 구현과 본질적인 관계가 있다. 적용 대상자 항목이 인간다운 생활을 할 기본권의 구현과 본질적인 관계가 있다면 이 사항은 의회유보 원칙에 근거하여 의회가 직접 규율해야 할 사항이 된다.

또한 급여 수급 조건도 사회적 기본권의 구현과 본질적인 관계가 있다. 어떤 사람이 적용 대상이기는 하지만 수급 조건에 따라서 급여 대상자가 될 수도 있고, 안 될 수도 있기 때문이다. 어떤 사회보장제도의 가입 대상자이고, 아무리 높은 사회보장급여가 존재해도 급여의 향유는 수급 조건에 영향을 받는다. 수급 조건이 관대하다면 급여 대상자는 많을 것이고, 반대로 수급 조건이 까다롭다면 급여 대상자는 적을 것이다. 결국 수급 조건은 사회보장제도를 통한 인간다운 삶의 향유에 본질적인 영향을 미치는 사항인 것이다. 그러므로 적용 대상자 항목과 더불어 수급 조건 항목도 의회가 직접 규율해야 할 사항 중의 하나이다.

어떤 한 사람이 한 사회보장제도의 적용 대상자이면서 규정된 수급 조건을 만족시켰다면, 이 사람이 인간다운 생활을 할 기본권을 구현할 수 있는지는 해당 사회보장제도의 급여 범위 및 수준에 영향을 받는다. 급여의 범위와 수준이 이 사람이 직면하고 있는 사회적 위험을 극복할 수 없는 수준이라면, 해당 사회보장제도의 기본권 구현 기능은 크지 않은 것이다. 따라서 사회보장제도의 급여 범위와 수준은 기본권 구현에 미치는 영향이 본질적이기 때문에 의회가 스스로 규율해야 한다.

마지막으로 고려해야 할 것은 보험료와 기본권의 관계이다. 한국과 독일의 사회보장제도는 연금보험, 건강보험 등을 비롯한 사회보험에 근간을 둔다. 이 사회보험을 운영하는 재원은 많은 부분이 가입자가 지불하는 보험료에 의해 충당된다. 가입자가 소유한 재산 중의 일부가 보험료로 지출되는 것이다. 따라서 보험료는 헌법의 보호 대상이 된다. 왜냐하면 한국이나 독일 헌법은 재산권을 기본권으로 보호하고 있기 때문이다. 그러므로 헌법이 보장하는 재산권을 국가의 임의적인 침해로부터 보호하기 위해서 의회는 이 사항에 대해 책임 있는 결정을 해야 한다.

이러한 이유 때문에 사회적 기본권의 구현과 본질적인 관계를 맺고 있는 사회보장제도의 구성 요소인 적용 대상자, 수급 조건, 급여 범위 및 수준, 보험료는 의회가 스스로 규율해야 할 사항들이다. 이를 의회가 스스로 규율해야 규율에 대한 민주적인 정당성이 확보될 수 있다. 다음 장에서는 한국 국회와 독일 의회가 앞의 네 가지 사항을 사회(보장)법에서 어떻게 규율하고 있는지 분석할 것이다.

제5장

사회보장법에 나타나는 과도한 위임 현상

1. 국민기초생활보장법[1)]

1) 의회유보 원칙의 국민기초생활보장법 적용

사회적 기본권의 권리에 대한 논쟁이 여전히 지속되고 있는데도, 사회적 기본권 중에서 최저 생활을 보장하는 기본권(헌법 제34조 제5항)은 논란의 여지 없이 권리가 인정된다. 현재 한국의 국가 재정 능력을 고려했을 때, 국가는 생활상의 곤란으로 경제적인 어려움에 처한 국민에게 최저 생활을 보장할 수 있

1) 이 단락은 이신용, 「국민기초생활보장제도와 의회의 책임성」(≪사회복지정책≫, 34, 2008, 35~61쪽)을 수정·보완했다. 2014년 12월 30일에 개정된 국민생활보장법(법률 제12933호)이 2015년 7월 1일에 시행되면서 급여 수준과 수급자 선별 기준으로 사용되던 최저생계비 개념은 삭제되고, 기준 중위소득과 최저보장 수준 개념이 새롭게 도입되었다. 이 단락은 최근에 있었던 법 개정 이전에 작성되었기 때문에 개정 전의 법이 분석되었다. 개정된 법 중에서 중요한 사항들은 결론에서 그 내용과 의미를 다루었다.

다는 인식이 공유되어 있기 때문이다(전광석, 2006: 286). 하지만 헌법 제34조 제5항이 국민의 최저 생활을 보장할지라도, 국민 개개인이 이 조항으로부터 직접적으로 일정한 급여 수준을 청구할 수 있는 권리를 이끌어낼 수는 없다. 다만 하위 실정법이 헌법 제34조 제5항을 구체화했다면, 국민 개개인은 이 법을 근거로 청구권을 갖게 된다(전광석, 2007: 163).

국민기초생활보장법은 헌법이 규정하는 최저 생활을 보장하기 위해서 제정된 법들 중에서 핵심적인 역할을 하는 법이다. "이 법은 생활이 어려운 자에게 필요한 급여를 행하여 이들의 최저 생활을 보장하고 자활을 조성하는 것을 목적으로 한다"라는 법 제1조의 규정은 최저 생활 보장을 규정한 헌법 제34조 제5항의 내용과 일치한다. 이 법은 1961년 12월 30일에 제정되어 이 법의 제정일인 1999년 9월 7일까지 유사한 기능을 했던 생활보호법과 목적이 동일하다. 그러나 두 법의 근본적인 차이는 보호 대상의 보편성에 있다. 생활보호법은 생계 보호 대상을 18세 미만, 65세 이상의 노쇠자로 제한한 반면에, 이 법은 소득인정액이 최저생계비 이하인 모든 국민을 급여의 수급권자로 규정하고 있다. 따라서 이 법은 모든 국민에게 헌법이 규정하고 있는 최저 생활을 보장하는 실질적인 기능을 한다.

이와 같이 국민기초생활보장법은 헌법에서 규정하고 있는 기본권, 특히 사회적 기본권의 일부를 구현하는 기능을 하고 있기 때문에, 이 법과 (사회적) 기본권은 본질적이고 중요한 관계를 맺고 있다고 말할 수 있다. 이런 점에서 국민기초생활보장법은 의회유보 원칙을 적용할 수 있는 첫 번째 전제를 충족시킨다. 의회유보 원칙이 적용될 수 있는 첫 번째 전제는 어느 사항과 기본권과의 유의미한 관계를 증명해야 하는 것이기 때문이다. 이 법은 사회적 기본권을 구현하는 기능을 하기에 법과 기본권 사이에는 유의미한 관계성이 있다고 볼 수 있다.

의회유보 원칙을 국민기초생활보장법에 적용하기 위한 두 번째 전제는 해당 사항이 기본권의 구현과 본질적이고 중요한 관계성을 갖는 것이다. 이런 제한을 두는 이유는 의회의 과도한 입법행위 부담을 덜어주려는 데에 있다. 현대 헌법은 자유권과 재산권만을 기본권으로 규정했던 입헌군주 시대의 헌법과는 달리, 인간답게 살 권리, 노동권, 교육권, 환경권 등을 사회적 기본권으로 규정하고 있기 때문에, 이와 같이 범위가 확대된 기본권과 관련된 모든 사항을 의회가 규율하는 것은 현실적으로 가능하지 않기 때문이다. 더욱이 현대 사회의 다양성과 빠른 변화는 기본권과 관련된 사항에 대한 의회의 직접적인 규율을 더욱 어렵게 만드는 원인이다. 그러므로 의회유보 원칙은 어느 사항이 기본권의 구현에 본질적이고 중요한 관계를 맺고 있는 경우에만 제한적으로 적용되어야 하는 것이다. 국민기초생활보장법이 국민의 최저 생활을 보장하는 사회적 기본권과 관련이 있을지라도 법 전체 조항에 의회유보 원칙이 적용될 수 없는 것이다. 따라서 법의 어느 조항에 의회유보 원칙이 적용되어야 하는가는 해당 조항이 최저 생활 보장을 규정하는 사회적 기본권의 구현과 본질적이고 중요한 관계를 맺고 있는 경우로 제한되어야 한다.

이와 같은 의회유보 원칙 적용의 제한성을 고려할 때, 최저 생활을 보장하는 사회적 기본권의 구현과 본질적이고 중요한 관계를 맺고 있는 법의 사항은 급여와 관련된 사항임을 알 수 있다. 법이 규정하고 있는 급여는 최저 생활을 보장하는 본질적인 수단이기 때문이다. 따라서 급여 수준, 급여 수급 조건, 급여 대상은 의회유보 원칙이 적용되어야 할 본질적이고, 중요한 사항이다. 국민기초생활보장법에서 최저생계비, 부양의무자, 소득인정액은 급여 수준과 수급권을 결정하는 중요한 기준이다. 그러므로 의회유보 원칙에 따라서 의회는 이 사항들을 스스로 규율해야 한다. 다음 단락에서는 법에서 이 사항들이 어떻게 규율되고 있는가를 볼 것이며, 의회가 직접적으로 규율해야 할 당위성을 논증할 것이다.

2) 국회와 행정부의 국민기초생활보장법 규율 행태

(1) 소득인정액

개별가구의 소득평가액과 재산의 소득환산액으로 구성되는 소득인정액은 최저생계비, 부양의무자 기준과 더불어 헌법이 보장하는 최저 생활 보장의 기본권을 구현하기 위한 '본질적이고 중요한 사항' 중의 하나이다. 소득인정액의 크기는 수급권자의 수급권에 영향을 미치기 때문이다. 수급권자의 소득인정액이 작을수록 수급자가 될 가능성은 커지며, 반대로 소득인정액이 클수록 그 가능성은 감소한다. 또한 소득인정액은 급여 수준에도 직접적인 영향을 미친다. 국민기초생활보장제도에서는 보충급여 방식이 사용되고 있기 때문에, 소득인정액이 최저생계비에 근접할수록 급여 수준은 낮아지고, 반대로 그 격차가 커질수록 급여 수준은 커진다. 따라서 소득인정액은 수급권자의 수급권과 급여 수준을 결정하는 중요한 사항이다. 다시 말하면 소득인정액은 헌법에서 보장하는 최저 생활 보장의 기본권, 즉 생존권의 구현에 본질적인 영향을 미치는 사항이다.

〈표 5-1〉에서 알 수 있는 바와 같이 법(법률 제11248호)[2] 제2조 제8호부터 제10호까지는 소득인정액에 관한 사항을 규정한다. 해당 규정들에 따르면 수급권자의 소득인정액은 수급권자 가구의 소득평가액과 재산의 소득환산액으로 구성된다. 소득평가액은 가구 특성에 따른 지출요인과 근로를 유인하기 위한 요소를 반영하기 때문에, 소득평가액은 수급권자의 소득과는 다르다. 따라서 수급권자의 소득평가액을 산출하기 위해서는 수급권자의 실제소득의 범위와 소득평가액의 산정방식이 결정되어야 한다. 그런데 법은 대통령령과 보건복지가족부령으로 이 사항들이 결정되도록 위임하고 있다(법 제2조 제9호). 수급

---

2) 이하 단락에서 특별히 법률 명칭이 언급되지 않은 경우의 '법'은 '국민기초생활보장법'을 말한다.

〈표 5-1〉 수급권자의 소득인정액[3)]

국민기초생활보장법(법률 제8852호)	
제2조	8. "소득인정액"이라 함은 개별가구의 소득평가액과 재산의 소득환산액을 합산한 금액을 말한다.
	9. "개별가구의 소득평가액"이라 함은 개별가구의 실제소득에 불구하고 보장기관이 급여의 결정 및 실시 등에 사용하기 위하여 산출한 금액을 말한다. 이 경우 소득평가액은 가구특성에 따른 지출요인과 근로를 유인하기 위한 요소 등을 반영하여야 하고, **실제소득의 구체적인 범위는 대통령령으로, 소득평가액의 구체적인 산정방식은 보건복지가족부령으로** 정한다.
	10. "재산의 소득환산액"이라 함은 보장기관이 급여의 결정 및 실시 등에 사용하기 위하여 개별가구의 재산가액에 소득환산율을 곱하여 산출한 금액을 말한다. 이 경우 **개별가구의 재산범위·재산가액의 산정 기준 및 소득환산율 기타 필요한 사항에 관하여는 보건복지가족부령으로** 정한다.

주: 표 내용 중 강조는 필자가 표시한 것임.

권자 가구의 재산을 소득으로 환산하기 위해서도 재산 범위, 재산가액의 산정 기준, 소득환산율이 결정되어야 한다. 법은 이 사항들에 대한 결정권한도 보건복지가족부에 위임하고 있다(법 제2조 제10호). 결국 수급권과 급여 수준에 직접적인 영향을 미치는 소득인정액은 법률에 의해서가 아니라, 시행령과 시행규칙에 의해서 구체화되는 것을 알 수 있다. 근로 가능한 조건부 수급자가 근로를 거부하는 경우에는 추정 소득이라는 것을 적용하여 그만큼 소득인정액이 늘어나게 된다. 급여가 추정 소득만큼 줄게 된다. 그런데 이 추정 소득은 법적인 근거가 없고 행정부에 의해 일방적으로 시행되고 있는 제도이다.

법치국가적 민주주의 원칙에 따르면 기본권의 구현에 본질적이고 중요한 영향을 미치는 소득인정액과 같은 사항은 국민을 대표하는 의회에 의해 규율

3) 2014년 12월 30일에 개정된 국민기초생활보장법에서는 제6조의 3을 신설하여 소득인정액의 산정에 관해 규율하고 있다. 그러나 과거의 법과 같이 실제소득, 소득평가액, 재산의 소득환산액의 산정을 위한 구체적인 범위·기준 등은 대통령령으로 정하도록 위임하고 있기 때문에 행정부는 여전히 수급자 선정 과정에 영향력을 행사할 수 있는 합법적인 권한을 갖고 있다.

되어야만 한다. 그러나 국회는 소득인정액에 대한 결정권한을 행정부에 위임하면서 법의 불안정성을 야기하고, 민주적 정당성을 훼손하고 있다.

(2) 소득평가액

법 제2조 제9호에 규정된 소득평가액은 시행령(대통령령 제24638호) 제3조와 시행규칙(보건복지부령 제175호) 제2조부터 제3조에 의해 결정된다. 시행령 제3조에 따르면 근로소득, 사업소득, 재산소득 및 기타소득이 실제소득으로 포함된다. 근로소득은 근로의 제공으로 얻는 소득을 의미하며(시행령 제3조 제1호),[4) 사업소득은 농업소득, 임업소득, 어업소득 및 기타사업소득으로서 도매업·소매업·제조업 기타 사업에서 얻는 소득을 의미한다(시행령 제3조 제2호). 재산소득은 부동산·동산·권리 기타 재산의 대여로 발생하는 임대소득과 예금·주식·채권의 이자와 또는 할인에 의해 발생하는 소득 중에서 보건복지가족부 장관이 정하는 금액 이상의 이자소득을 의미한다(시행령 제3조 제3호). 기타소득은 부양의무자가 제공하는 금액(시행령 제4조 제1항 제4호 다목)과 친족 또는 후원자 등으로부터 정기적으로 받는 금품중 보건복지가족부 장관이 정하는 금액 이상의 금품, 각종 공적연금으로부터 받는 연금 등을 의미한다(시행령 제3조 제4호). 다만 퇴직금·현상금·보상금 등 정기적으로 지급되는 것으로 볼 수 없는 금품, 보육, 교육, 기타 이와 유사한 성질의 서비스 이용을 전제로 제공받는 보육료·학자금 등은 소득으로 보지 않는다(시행령 제3조 제2항). 이 여러 항목을 합산한 실제소득에서 법의 시행규칙 제2조에서 규정하고 있는 장애연금, 장애아동수당 및 보호수당, 아동양육비, 자활공동체의 사업에 참가하여 얻은 소득의 30%에 해당하는 금액, 기타 가구 특성에 따라 추가 지출이 필요하다고 인정되어

4) 소득세법의 규정에 의해 비과세되는 근로소득은 제외된다. 그러나 소득세법 제12조 제4호 거목의 규정에 의해 비과세되는 급여와 소득세법 시행령 제16조 제1항 제1호의 규정에 의해 비과세되는 급여는 근로소득에 포함한다.

보건복지가족부 장관이 인정하는 금품을 빼면 소득평가액이 산출된다.

이와 같은 시행령과 시행규칙의 규정들은 소득인정액의 한 부분을 구성하는 소득평가액을 결정하는 중요한 역할을 한다. 이런 소득평가액은 수급권과 급여 수준에 영향을 미치기 때문에, 결국 앞의 시행령과 시행규칙은 헌법이 보장하는 최저 생활 보장의 기본권, 즉 생존권에 미치는 영향이 적지 않다. 기본권인 생존권의 구현과 근본적이고 중요한 관계를 맺고 있는 이런 사항들이 행정부의 임의적인 권한 아래 놓여 있다는 것은 법치국가적 민주주의의 요청에 상응하는 것이 아니다. 통상 법률로부터 행정입법으로 위임되는 사항은 해당 사항의 잦은 변경이 기대되거나, 고도의 산술이 요구되어 입법부의 입법행위보다는 행정부의 법규명령으로 규정하는 것이 더 적합다고 판단될 경우에 위임된다.[5] 그러나 이 시행령과 시행규칙이 규율하고 있는 사항들은 전혀 고도의 산술을 필요로 하는 것이 아니다. 더욱이 실제소득의 범위를 결정하는 근거규정인 시행령 제3조는 2000년 2월 27일(대통령령 제16924호)에 제정된 이후로 전혀 개정된 바가 없다. 실제소득에서 공제되는 항목을 규정한 시행규칙 제2조의 경우도 마찬가지이다. 2002년도에 일부 항목에서 공제 범위가 확대된 것 외에는 이 조항도 2000년 8월 18일(보건복지부령 제169호)에 제정된 이후로 변경되지 않았다. 따라서 해당 사항에 대한 잦은 조문 변경이 기대되기 때문에 행정부가 규율하는 것이 더 바람직하다는 주장도 설득력을 얻을 수 없다. 법률로 규율 못 할 이유는 없다. 오히려 법률이 소득인정액과 관련된 사항을 규율한다면, 법적 안정성과 민주적 정당성이 확보될 것이다.

---

5) 위임이 불가피한 경우일지라도 위임의 내용, 목적, 범위는 법률로 구체적이고 명확하게 규정되어야 한다. 그런데 법 제2조 제9호의 위임 형식은 전혀 시행령과 시행규칙의 내용을 규율할 수 없다. 법 제2조 제9호의 위임 내용만으로는 시행령과 시행규칙에 의해 실제소득의 범위와 소득평가액의 구체적인 산정 방식이 '어떻게' 규정될 것인가를 전혀 예측할 수 없다. 이런 포괄적인 위임 형식은 법률유보원칙을 위배하는 것이다.

(3) 소득환산액

소득평가액 이외에 수급권자의 소득인정액을 구성하는 다른 한 부분은 재산을 소득으로 환산한 금액이다. 재산의 소득환산액을 결정하기 위해서는 재산의 범위와 환산율이 결정되어야 한다. 시행규칙 제3조에 따르면 개별가구의 재산 범위에는 일반재산, 금융재산, 자동차[6]가 해당된다. 일반재산에는 건축물, 토지, 선박, 항공기, 주택·상가 등에 대한 임차보증금(전세금 포함)이 포함되고, 금융재산에는 현금, 유가증권, 예금·적금·부금·저축성보험, 금전신탁 등이 포함된다. 건축물, 토지, 선박, 항공기 등의 가액은 시가표준액을 고려하여 보건복지부 장관이 결정한다(시행규칙 제3조 제3항).

이런 일반재산, 금융재산, 자동차를 현금으로 환산하는 것이 재산의 소득환산이다. 이때 일반재산에서 기초생활의 유지에 필요하다고 보건복지가족부 장관이 정하는 기본재산액과 임대보증금·금융기관융자금·보건복지부 장관이 정하는 부채는 제외된다. 또한 금융재산에서도 의료비, 관혼상제비 등 기본적인 생활준비금을 고려하여 가구당 300만 원과 3년 이상 장기 금융저축(연간 300만 원, 3년 600만 원)은 공제한다. 이 항목들을 제외한 나머지 일반재산, 금융재산, 자동차에 소득환산율을 곱하여 합산한 금액이 재산의 소득환산액이 된다. 소득환산율은 이자율, 물가상승률, 부동산 및 전세가격상승률 등을 고려해서 보건복지가족부 장관이 정하여 고시한다(시행규칙 제4조 제2항).

재산의 소득환산제도가 도입되기 전에는 급여가 소득평가액과 최저생계비와의 차액만으로 지급되었다. 따라서 재산의 크기가 달라도 소득평가액만 같으면 동일한 급여가 지급되는 형평성의 문제가 있었다. 이런 문제를 해소하기 위해서 2003년부터 정부는 재산을 소득으로 환산하는 제도를 시행하고 있다. 소득으로 환산된 재산은 소득평가액과 합산하여 수급자를 선정하는 기준으로

---

6) 장애인사용자동차 등 보건복지가족부 장관이 정해서 고시하는 자동차를 제외하고, 화물자동차 등 보건복지가족부 장관이 정해 고시하는 자동차는 일반재산으로 본다.

사용되고 있다. 이 제도의 도입으로 재산과 관련된 수급자 선정 조건과 급여의 형평성이 향상되었다고 볼 수 있다.

재산의 소득환산제도 도입으로 재산의 규모가 수급자를 결정하는 중요한 변수 중 하나가 되었다. 2006년 포항시의 한 조사 결과를 보면, 재산의 소득환산액을 제외한 탈락가구들의 평균소득은 가구 규모에 상관없이 모두 최저생계비 이하였다. 예를 들면 차이가 가장 큰 4인가구의 경우는 재산의 소득환산액을 제외한 평균소득은 115만 2589원이었던 반면에, 최저생계비는 117만 422원이었다(김현수, 2007: 74). 모든 탈락가구들이 직접적으로 재산의 소득환산 때문에 탈락했다고 단정할 수는 없지만, 대다수는 이 규정의 적용에 의해 탈락했다고 볼 수 있다. 2003년에 이 제도가 도입되었을 때 기존의 수급자 중에서 탈락하는 가구와 신규 수급자 가구가 발생한 것만 보아도, 이 제도가 수급권의 결정에 미치는 영향력은 적지 않다고 보겠다. 수급권자의 생존권에 미치는 재산의 소득환산제도의 이와 같은 중요한 영향력 때문에 법적 안정성과 규율주체의 민주적인 정당성은 필수적으로 요청된다.

그러나 재산의 범위, 재산가액을 평가하는 적용 기준, 재산의 공제 범위, 소득환산율 등과 같은 재산의 소득환산제도의 핵심 사항들이 시행령과 시행규칙에 의해 규정되면서, 이 제도의 법적 안정성과 규율주체의 민주적인 정당성의 원칙은 상당히 훼손되어 있다. 민주적인 정당성 원칙의 요청을 고려하면, 생존권이라는 기본권 구현에 본질적이고, 중요한 영향을 미치는 사항은 국민을 대표하는 의회에 의해 결정되어야 한다. 그런데도 재산의 범위나 소득환산율과 같은 본질적인 사항이 시행규칙(시행규칙 제3조, 제4조)과 같은 보건복지부령으로 결정되는 것은 정당성의 원칙을 훼손하는 것이다. 이 조항들은 2000년 8월 18일에 처음으로 보건복지부령으로 제정된 이후로 큰 변화는 없었다. 따라서 수시로 개정이 필요한 사항도 아닌 반면에, 생존권에 미치는 영향은 매우 큰 이 조항을 행정부가 결정해야 한다는 주장은 설득력이 없다.

재산을 소득으로 환산할 때, 재산의 범위에서 기본재산액(대도시: 3800만 원,

중소 도시: 3100만 원, 농어촌: 2900만 원), 주거용 재산(주거용 주택 및 임차보증금)이 6000만 원을 넘지 않고, 자동차를 보유하지 않은 근로무능력자의 재산, 생활준비금(가구당 300만 원), 부채(의료비 부채, 학비 부채, 주거비 부채, 일반 부채) 등은 공제된다. 한 연구 조사의 결과에서 볼 수 있듯이 공제의 범위가 클수록 수급권을 획득할 가능성은 커진다. 기초공제 전 순 재산액 평균값은 2003년 신규 수급가구가 3740만 7005원으로 그해 탈락가구의 3074만 8125원보다 많았으나, 기초공제 후 신규 수급자 가구의 재산액 평균값은 1223만 419원으로 탈락가구의 1490만 6293원보다 적었다(홍경준·이상은·김미곤, 2004: 72, 75). 이런 결과는 행정부가 마련하는 공제 규정에 따라 수급권이 결정될 수 있다는 중요한 의미를 갖는다.

재산을 소득으로 환산하는 과정에서 중요한 항목 중 하나는 소득환산율이다. 소득환산율의 정도에 따라서 수급권을 결정할 때 사용되는 소득인정액의 크기가 달라지기 때문이다. 현재 소득환산율은 일반재산에 월 4.17%, 금융재산에 6.26%, 승용차에 월 100%가 적용되고 있다. 이 소득환산율은 2008년 6월 현재 주택대출고정금리가 연 7.55~9.05%인 것을 고려하면 매우 높다. 일반재산의 연 환산율은 50.04%, 금융재산의 연 환산율은 75.13%, 자동차의 연 환산율은 무려 1200%이기 때문이다. 물론 수급 자격을 얻는 데 필요한 소득인정액의 산출을 위해 사용되는 소득환산율은 시중 금리와 같은 의미를 갖는다고 볼 수 없다. 법 제3조에 따라서 수급자는 자신의 생활을 유지·향상하기 위해서 자신의 소득·재산·근로 능력 등을 우선적으로 사용해야 하기 때문이다. 만일 현행 시중 금리를 기초하여 소득환산율을 설정한다면 적지 않은 재산을 가진 수급자가 나올 수 있다(보건복지부, 2002: 83). 그러나 소득환산율이 너무 높으면 보호되어야 할 빈곤층이 수급자가 될 수 없다는 반대의 주장도 가능하다. 결국 이런 주장들에는 소득환산율이 생존권의 구현에서 본질적이고 중요한 사항이라는 의미가 담겨 있다. 국회의 책임 있는 입법행위가 필요한 부분이다.

기본권의 구현과 본질적인 관계를 맺고 있는 사항을 의회가 규율해야 하는 이유는 여러 가지가 있겠으나, 그중에서도 가장 중요한 것은 법적 안정성일 것이다. 왜냐하면 행정부가 임의로 수급권자의 생존권을 축소하지 못하도록 법률로 핵심 사항을 규율하여 법적 안정성이 확보되어야 하기 때문이다. 정부는 2003년 재산의 소득환산제도를 처음 시행하면서 기존의 수급자에게는 재산의 소득환산액을 1/3로 경감한 반면에, 신규 수급자에게는 3/3을 모두 적용했다(보건복지부, 2002: 14 이하). 이런 조치는 신규 수급자보다 기존의 수급자를 차별적으로 우대한 조치이다. 사실 보건복지부는 이런 조치를 기존 수급자를 더 보호하고, 신규 수급자를 덜 보호하려는 의도에서 취한 것이 아니다. 이런 조치의 배경에는 재산의 소득환산제도의 도입으로 급여가 줄거나 탈락하는 기존 수급자의 반발을 무마하려는 의도가 있었다(류정순, 2003: 136). 헌법은 기존 수급자나 신규 수급자의 생존권을 차별하지 않는다. 그러나 보건복지부는 국민의 생존권을 동등하게 보장하는 데에 관심이 있기보다는 제도의 원활한 운영에 관심이 더 있던 것이다. 물론 2004년부터는 기존 수급자나 신규 수급자에게 동등한 환산율이 적용되었다. 하지만 문제는 복지부가 생존권의 구현과 관련된 본질적인 사항을 결정할 수 있는 현재와 같은 상황에서는 언제든지 이런 조치가 다시 발생할 수 있다는 데에 있다. 예를 들면 국민기초생활보장제도에 할당된 예산이 축소되는 경우에 보건복지부는 이런 조치를 활용하여 수급자의 숫자를 조절할 수 있는 것이다. 헌법이 보장하는 생존권의 구현보다는 예산의 범위 내에서 제도를 운영하는 것이 더 본질적인 게 되는 것이다. 제도를 운영하는 입장에서는 이런 선택이 합리적일 것이다. 그러나 수급자나 수급권자의 입장에서는 헌법이 보장하는 생존권의 구현이 더 본질적인 것이다. 따라서 국민의 생존권을 보호하고 구현하기 위해서는 국민을 대표하는 국회가 제정한 법률로 이런 사항들을 규율해야 한다.

앞의 시행령과 시행규칙을 보면 수급 자격을 결정하는 중요한 요소 중의 하나인 실제소득의 범위를 결정하는 권한이 행정부에 있음을 알 수 있다. 실제소득의 범위, 소득인정액과 소득평가액 산출 방식, 재산의 소득환산, 재산가액, 기본재산 인정 범위, 소득환산율 등과 같이 수급권자의 소득인정액을 결정하는 중요한 요소들에 대한 결정권한은 법률에 의해 행정부에 위임되어 있다. 수급권자의 소득인정액은 수급권을 결정하는 데 중요한 요소임에도 불구하고, 국회는 이 사항을 규율하는 데에 근본적인 책임을 지고 있지 않다. 국민의 생존권에 근본적이고 중요한 영향을 미치는 이런 사항을 법률로 규율하지 않고 행정입법에 위임하는 행태는 법치국가적 민주주의 원칙에 위배되는 것이다. 소득인정액을 산출하는 방식을 규율하는 구체적인 법률 조항의 제정을 위해 국회의 입법행위가 필요하다.

(4) 최저생계비

수급권자의 소득인정액, 부양의무자 기준과 더불어, 국민기초생활보장제도의 수급권을 결정하는 중요한 요소 중의 하나는 정부가 고시하는 최저생계비이다. 한국에서 최저생계비는 공식적인 빈곤선의 기능을 할 뿐만 아니라, 국민기초생활보장제도의 수급자 선정과 급여 수준을 결정하는 기능을 한다(김환준, 2006: 286; 박능후, 2007: 37). 부양의무자 기준을 고려하지 않는다면, 최저생계비는 수급권을 결정하는 본질적인 요소이다. 수급권자의 소득인정액이 최저생계비보다 낮은 경우에만 수급권이 부여되기 때문이다. 다른 한편, 국민기초생활보장제도의 급여 수준은 최저생계비에 의해 결정된다. 국민기초생활보장제도의 급여는 보충급여 방식으로 운영되고 있기 때문에 최저생계비가 높게 책정된다면 수급자는 상대적으로 더 많은 급여를 받게 된다. 이런 의미에서 최저생계비 수준은 수급권자나 수급자의 생존권에 본질적이고 중요한 영향을 미친다.

그런데 〈표 5-2〉에서 볼 수 있는 것과 같이 생존권에 본질적인 영향을 미치는 최저생계비 수준은 민주적인 대표성을 갖는 국회에 의해서 결정되는 것이 아니다. 행정부에 의해 결정된다. 법 제6조에 따르면 보건복지가족부 장관은 법률의 위임을 근거로 하여 최저생계비를 결정할 수 있는 합법적인 권한을

〈표 5-2〉 **최저생계비**

국민기초생활보장법(법률 제112485호)	
제2조	6. **"최저생계비"**라 함은 국민이 건강하고 문화적인 생활을 유지하기 위하여 소요되는 최소한의 비용으로서 제6조의 규정에 의해 **보건복지가족부장관이 공표**하는 금액을 말한다.
제6조	① **보건복지가족부장관은** 국민의 소득·지출수준과 수급권자의 가구유형 등 생활실태, 물가상승률 등을 고려하여 **최저생계비를 결정**하여야 한다. ③ 보건복지가족부장관은 최저생계비를 결정하기 위하여 필요한 **계측조사**를 3년마다 실시하며, 이에 **필요한 사항은 보건복지가족부령**으로 정한다.

주: 표 내용 중 강조는 필자가 표시한 것임.

소유한다. 또한 최저생계비를 결정하기 위해서는 계측조사가 필요한데, 이 계측조사 방식도 법률의 위임에 근거하여 보건복지가족부령으로 결정된다. 보건복지가족부 장관은 중앙생활보장위원회의 심의·의결을 거쳐 계측조사를 수립하고, 그 계획에 따라서 계측조사를 실시한다(시행규칙 제5조 제1항). 결국 국회는 생존권에 본질적인 영향을 미치는 최저생계비에 대해 형식적인 사항만을 법률로 규정할 뿐이고, 본질적인 사항에 대해서는 행정부가 결정하도록 위임하고 있다.

최저생계비에 대한 결정권한을 국회로부터 위임받은 행정부는 최저생계비 계측조사 방식과 수준을 결정해야 한다. "한 사회가 그 이하의 수준으로 떨어지면 빈곤하다고 인정하는 기준을 과학적·정책적 의도로 계측한 결과(김미곤, 2007: 5)"인 빈곤선은 계측 방식에 따라서 절대빈곤선, 상대빈곤선, 주관적 빈곤선으로 나눌 수 있다. 한국의 공식적인 빈곤선의 의미를 갖는 최저생계비는 전물량방식[7]에 의해서 계측되는 일종의 절대빈곤선이다. 그런데 절대빈곤선을 측정하는 전물량방식이 다른 계측 방식보다 뛰어난 과학적 객관성이나 윤

7) 전물량방식(Rowntree, Market Basket)은 인간생활에 소비되는 전체 품목을 필수품과 사치품으로 구분한 후 필수품에 최저 개념을 적용하여 소비량을 정하고 가격을 곱하여 합산하는 방식이다(김미곤 외, 2004: 185).

리적 규범성을 갖고 있기 때문에 사용되는 것은 아니다. 다만 최저생계비가 공공부조급여의 기준으로 사용되고 있고, 아직까지 정책 결정자나 국민은 상대적 또는 주관적인 기준보다는 절대적 접근 방법에 의한 '객관적인' 기준을 선호하기 때문이다(김환준, 2006: 290). 이런 의미에서 행정부가 계측 방법을 선택하는 것이 더욱 많은 객관성을 보증하는 것은 아니다. 더욱이 규범적인 측면에서 볼 때, 계측 방법을 행정부가 결정하는 것은 정당성의 문제를 야기한다. 생존권에 본질적인 영향을 미치는 최저생계비를 결정하는 계측 방식은 대의민주주의제도에서는 국회에 의해 결정되어야 하기 때문이다.

한국의 최저생계비는 전물량방식을 이용하여 계측된다. 먼저 기본 경비에 포함되는 11개 비목이 선정된다. 이 비목에는 식료품, 광열수도, 가구가사용품, 피복신발, 교양오락, 교통통신, 기타소비, 주거비, 보건의료, 교육이 해당된다. 다음 순서는 실태 조사를 바탕으로 한국의 가장 대표되는 표준가구를 선정하는 것이다. 2004년 표준가구는 부 43세, 모 40세, 남자 자녀 14세, 여자 자녀 12세로 구성된 4인 가구이다. 다음 단계는 이 표준가구에게 '건강하고 문화적인 최저 생활'을 보장하는 마켓바스켓을 구성하는 것이다. 각 비목의 세부 품목별 지출비용의 합으로 산출된 표준가구의 최저생계비에 가구균등화지수를 곱하면, 가구 규모별 최저생계비가 산출된다(김미곤 외, 2004: 186 이하; 박능후, 2007: 40 이하).

앞에서 서술했던 것과 같이 최저생계비는 기본권인 생존권의 구현과 본질적인 관계를 맺고 있는 중요한 사항이기 때문에 최저생계비 계측의 객관성은 아무리 강조해도 지나치지 않다. 그러나 최저생계비 계측의 객관성은 최저생계비를 계측하고, 결정하는 과정에서 나타나는 규범적인 선택의 순간들에 의해 희석된다. 표준가구의 기본 경비를 계측하기 위해서 소득 하위 40% 이하 가구 중에서 표본가구가 추출된다. 여기에서 눈여겨보아야 할 것은 소득 하위 40%라는 기준의 자의성이다. 표준가구의 기본 경비를 산출하기 위해서 굳이 소득 하위 40%가 되어야 할 객관적 근거는 존재하지 않는다. 30%일 수도 있고, 50%일 수도 있는 것이다. 이런 자의성은 계측 과정에서 지속적으로 나타난다. 최저생계비 계측을 위해서 선정되는 11개 비목에 포함되어야 할 필수 품목의 구성에 반드시 절대적인 객관성이 있는 것은 아니다. 예를 들어 대중성이 있는 담배나 휴대폰이 필수 품목에 포함되어야 하는가의 여부는 자의적 판단에 의해 결정되는 것이다. 마켓바스켓을 구성하는 필수품을 선정할 때, 연구자의 자의성을 줄이고 객관성을 유지하기 위해서 소득탄성치[8] 같은 기법이 사용된다. 어느 품목의 탄력성이 0.5 이하일 때 기본적인 필수품으로 선정된다. 이때 선정 기준이 되는 0.5라는 탄력성에는 어떤 과학적인 객관성이 있는 것은 아니다. 이 기준은 누구에게나 큰 저항 없이 수용 가능한 기준일지는 몰라도 절대적인 의미가 있는 것은 아니다. 최저생계비를 실제로 계측하지 않는 비계측연도에는 자의성이 한층 더 심해진다.[9] 실계측연도에는 소득 하위 40% 계층의 생활 실태가 반영되어 최저생계비가 결정되는 반면에, 비계측연도에는 단지 소비자물가의 변화만 반영되어 결정된다. 실계측연도와 비계측연도에 각각 최저생계비가 결정되는 기준이 다른 것이다. 이런 비일관성이 야기하는 최악의 경우는 실계측연도와 비계측연도의 수급자 선정 기준이 달라질 수 있다는 것이다. 실계측연도의 결과가 반영된 이듬해의 최저생계비 상승률이 비계측연도의 최저생계비 상승률보다 상대적으로 높아지기 때문이다. 수급권자에게는 최저생계비의 수준이 기본권인 생존권의 보장과 본질적인 관계를 맺고 있기 때문에, 대의민주주의 제도가 부여하는 정당성을 보유한 국회가 최저생계비 계측 방법에 대한 책임 있는 규율을 해야 한다. 물론 국회가 세부 사항까지 규율할 필요도, 할 수도 없다. 다만 최저생계비를 계측하는 방식만이라도 법률로 규율해야 한다.

---

8) 필수품의 경우 소득의 변화에 관계없이 소비가 이루어지는 반면에 사치품은 소득의 변화에 매우 민감하게 반응하는 원리를 적용하여 소득탄성치가 낮은 품목을 필수품으로 선정한다(김미곤 외, 2004: 190).

9) 최저생계비는 3년마다 계측한다(법 제6조 제3항).

대의민주주의 관점에서 볼 때, 최저생계비 결정에 대한 중앙생활보장위원회(이하 중생보위)[10]의 자의성은 계측 과정에서 나타나는 자의성보다 더 심각한 문제를 노출한다. 불가피한 자의성에도 불구하고 계측 과정에서 연구진은 최대한 객관성을 유지하려고 노력한다. 그러나 이런 연구진의 계측 결과는 중생보위의 논의 과정에서 과학적 근거가 아닌 예산 제약 논리에 의해 제한적으로만 반영된다(남찬섭, 2005: 268 이하). 중생보위는 비계측연도에 적용할 최저생계비를 갱신하는 기준으로 소비자물가 상승률을 사용한다. 그러나 해마다 전가구지출 대비 최저생계비 비율이 작아지는 현재 상황에서 소비자물가 상승률은 생활 실태의 변화를 제대로 반영하는 기준이 아니다.[11] 그런데도 중생보위가 이 기준을 고집하는 것은 예산 제약의 논리 때문이다(남찬섭, 2005: 268). 또한 2004년 연구진의 계측으로는 4인 가구(부 43세, 모 40세, 남자 자녀 14세, 여자 자녀12세)가 최빈치로 한국의 표준가구였다(박능후, 2007: 41). 그러나 표준가구에 대한 중생보위 산하 전문위원회의 논의 과정에서 연령 구성이 변경되어, 표준가구는 부 39세, 모 36세, 남자 자녀 10세, 여자 자녀 8세로 변경되었다(남찬섭, 2005: 272). 가구주가 43세가 될 경우 더 많은 예산의 증가가 불가피했기 때문이다. 이런 이유라면 굳이 표준가구를 결정하기 위해 실태조사를 할 필요는 없다. 예산에 맞추어 중생보위가 기존의 표준가구를 변경하면 될 것이다. 중생보위의 자의적 결정은 총예산을 정해놓고, 쟁점 사항별 인상률을 배분하는 데에서 절정에 달한다. 2004년 12월 1일에 중생보위는 2005년도에 적용할 최저생계비의 2004년 적용 최저생계비 대비 총인상률을 8.9%로 정했다. 8.9%로

---

10) 법 제20조에 따라서 보건복지가족부에 중생보위가 설치된다. 이 위원회는 생활보장사업의 기본 방향 및 대책 수립, 소득인정액 산정방식, 급여 기준, 최저생계비 등에 대해 심의·의결한다. 위원회는 13명으로 구성되고, 보건복지가족부 장관이 위원을 위촉·지명하며 자신이 위원장을 맡는다. 위원회는 공공부조나 사회복지와 관련된 학문을 전공한 전문가나 연구 기관의 연구원, 공익 대표, 공무원 각각 네 명씩으로 구성된다.

11) 2003년 전가구(4인가구) 가계지출대비 최저생계비는 42.1%이었으나, 2006년에는 그 비율이 39.8%로 줄었다(김미곤, 2007: 15).

총인상률이 정해진 상태에서 가구균등화 지수로 인한 최저생계비 인상 효과는 1.2%, 갱신기준에 따른 인상 효과는 3.0%, 마켓바스켓 조정에 따라 2004년 계측치의 인상률은 4.7%로 배분되었다(남찬섭·허선, 2004: 54). "전물량방식의 가장 핵심적인 특징은 필수품 목록의 구성이고 따라서 전물량방식을 택하는 한 필수품 목록의 구성을 통해 산출된 계측치가 나머지를 제약하는 것이 맞는 것임에도 불구하고 실제로는 이 필수품 목록 구성의 제약 조건이 총증가율과 나머지 증가율에 의해 거꾸로 주어지게 된 것이다"(남찬섭, 2005: 274). 총증가율을 정해놓고 각 쟁점 부문마다 증가율을 배분하다 보니 최종 결정된 마켓바스켓은 계측을 통한 마켓바스켓보다 줄었다(남찬섭·허선, 2004: 57). 최저생계비에 대한 중생보위의 '자의적' 결정 방식은 연구진의 최저생계비 계측의 의미를 상실시킨다.

법 제20조에 근거하여 최저생계비에 대한 심의·의결 권한을 갖고 있는 중생보위가 정책적인 사항들을 고려하여 최저생계비를 결정하는 것은 합법적으로 보인다. 그러나 법치국가적 민주주의 원칙에 비추어볼 때, 중생보위가 최저생계비를 결정하는 것은 문제가 있다. 법 제20조에 설치 근거를 갖는 중생보위는 국민을 대표하는 정당성을 보유한 대의 기관이 아니라, 보건복지가족부의 종속 기관이다. 더욱이 중생보위의 위원장은 보건복지가족부 장관이다. 중생보위의 이런 속성 때문에 중생보위는 민주적인 대표성을 갖지 못한다. 위원회에 공익 대표가 네 명 포함된다고 할지라도 전체 위원 대비 이들의 수는 적을 뿐만 아니라, 지명 권한은 보건복지가족부 장관에게 있다. 민주적인 대표성을 갖지 못하는 중생보위가 기본권 중의 하나인 생존권에 본질적이고 중요한 영향을 미치는 최저생계비를 결정하는 행태는 법치국가적 민주주의 원칙에 위배되는 것이다. 앞에서 살펴본 것과 같이 중생보위의 임의적인 결정은 언제든지 수급 조건의 강화나 완화에 영향을 미칠 수 있기 때문이다. 이것은 곧 중생보위의 결정 사항이 생존권에 막대한 영향을 미칠 수 있다는 것을 의미한다. 이런 본질적이고 중요한 사항이 민주적인 대표성을 결여한 중생보위

〈표 5-3〉 최저생계비 변화 양상 (단위: %)

구분	4인 가구 금액	4인 가구 각 기준별 최저생계비 금액의 비율						
	최저생계비	평균소득 (전가구)	평균소득 (근로자가구)	중위소득 (근로자가구)	평균 가계지출 (전가구)	평균 소비지출 (전가구)	중위 가계지출 (전가구)	중위 소비지출 (전가구)
1999	**901,357**		**38.2**	**44.0**	**48.7**	**56.4**	**59.7**	**68.2**
2000	928,398		35.4	42.0	44.7	51.3	54.9	62.2
2001	956,250		33.8	39.8	42.8	48.9	51.4	58.5
2002	989,719		33.4	38.9	43.1	49.0	50.9	57.7
2003	1,019,411	33.9	32.1	37.3	41.2	47.3	47.5	54.3
2004	1,055,090	32.6	30.5	35.7	39.5	45.7	46.6	53.9
2004	**1,103,235**	**34.1**	**31.9**	**37.3**	**41.3**	**47.8**	**48.7**	**56.4**

주: 1999년과 2004년 중 진하게 표시한 부분은 실계측치이며, 나머지 연도는 비계측연도의 보건복지부 장관 발표치임. 표 내용 중 강조는 필자가 표시한 것임.
자료: 남기철(2007: 55).

에서 결정되는 것은 헌법 정신을 위배하는 것이다.

국회는 중생보위가 최저생계비를 심의·의결하도록 법 조항을 제정한 것으로 자신의 책무를 다했다고 생각하면 안 된다. 입헌군주제 아래에서는 군주의 임의적인 침해로부터 시민의 자유와 재산을 보호하기 위해서 의회는 법률적인 근거가 있을 경우에만 군주의 침해를 허용했다. 이때 법률적인 근거는 의회가 제정한 법률이나 행정부가 제정한 시행령이나 시행규칙 같은 법규명령이면 족했다. 이런 경향은 최근까지 지속되었다. 그러나 의회민주주의가 발달하면서 의회의 역할에 변화가 요구되었다. 기본권 구현과 관련된 본질적이고 중요한 사항에 대해서는 의회가 스스로 명확한 규율을 마련할 것을 현대 의회민주주의는 요청하고 있다. 의회가 이런 사항을 규율할 때 규율에 대한 민주적인 정당성이 확보될 수 있기 때문이다. 현대 의회민주주의의 이런 요청에 근거해서 최저생계비에 대한 국회의 책임 있는 규율이 요구되는 것이다. 더욱이 〈표 5-3〉에서 알 수 있는 것과 같이 최저생계비 수준이 매년 사회일반생활 수준(가계지출)보다 상대적으로 줄어드는 상황에서 국회가 책임 있게 규율할 필요성은 더 커진다고 하겠다. 예산 제약 논리에 얽매여 있는 중생보위와 같은 종속 기관은 줄어드는 최저생계비 비율의 문제를 근본적으로 해결할 수 없다. 생존권과 직접적으로 연관된 이런 문제는 민주적인 정당성을 갖고 있는 국회 같은 대의 기관이 해결해야 할 중요한 정치적인 사안이기 때문이다. 그러나 현재와 같이 중생보위가 최저생계비를 결정하도록 위임하는 법 구조에서는 책임 있는 정치적인 해결 방안이 논의될 수 없다. 현재의 법 구조는 국회에서 정치 과정을 생략하고, 사회적 합의를 도출할 수 있는 기회를 생략하기 때문이다. 따라서 법령의 개정을 통해서 국회는 최저생계비를 결정하는 책임 있는 규율을 마련해야 한다.

(5) 부양의무자

부양의무자 범위와 부양의무자의 소득인정액으로 구성되는 부양의무자 기준은 소득인정액, 최저생계비와 더불어 수급권자의 수급권을 결정하는 핵심적인 사항이다. 부양의무자의 범위를 좁게, 그리고 그들의 소득인정액을 낮게 책정할 경우에는 좀 더 많은 수급권자가 수급권을 가질 수 있게 되고, 반대로 부양의무자의 범위를 넓게, 그리고 그들의 소득인정액을 높게 책정할 경우에는 수급권자가 수급권을 얻을 가능성은 줄게 된다. 부양의무자 범위를 1촌의 직계혈족으로 규정한 법 제2조의 개정(2004.3.5) 전에 시행된 실태 조사를 기준으로 했을 때, 부양의무자 범위를 직계혈족에서 1촌 이내의 직계혈족으로 축소하면 최대 9만 8000여 명의 수급자가 증가하는 것으로 조사되었다(여유진, 2004: 20). 아울러 부양의무자의 소득인정액 기준을 하향 조정하면 더 많은 수급자가 나타나는 것으로 조사되었다. 따라서 부양의무자 기준은 수급권자의 생존권에 본질적인 영향을 미친다. 생존권의 구현과 본질적인 관련이 있는 부양의무자 범위를 국민을 대표하는 국회가 법률로 규율하는 것은 법치국가적 민주주의 원칙을 구현한다는 의미에서 바람직한 입법행위이다. 그런데 부양

〈표 5-4〉 부양의무자

국민기초생활보장법(법률 제112485호)	
제2조	5. "부양의무자"라 함은 제5조의 규정에 의한 수급권자를 부양할 책임이 있는 자로서 수급권자의 1촌의 직계혈족 및 그 배우자를 말한다.
제5조	③ 제1항의 부양의무자가 있어도 **부양능력이 없거나 부양을 받을 수 없는 경우는 대통령령으로** 정한다.

주: 표 내용 중 강조는 필자가 표시한 것임.

의무자 기준은 부양의무자 범위와 부양의무자의 소득인정액으로 구성되는데, 부양의무자 범위는 법률이 구체적으로 규율하고 있는 반면에, 부양의무자의 소득인정액은 행정부가 결정하도록 위임하고 있다(법 제5조 제3항). 부양의무자의 소득인정액을 근거로 산출되는 부양의무자의 부양능력 평가는 수급권자에게는 수급권의 여부를 결정하는 중요한 사항이며, 부양의무자에게는 자신의 재산권 행사가 제한된다는 것을 의미하는 중요하고 본질적인 사항이다. 따라서 이런 사항이 행정부에 의해 임의적으로 결정된다는 것은 법치국가적 민주주의 원칙을 위배하는 것이다.

시행령 제4조에 따르면 부양의무자가 있어도 부양능력이 없는 경우는 몇 개의 부류로 나뉜다. 첫째, 부양의무자가 수급자인 경우, 직계존속 또는 보건복지가족부 장관이 정하는 중증장애인인 직계비속을 부양의무자의 주거에서 부양하는 경우가 해당된다(시행령 제4조 제1항 제1호, 제2호). 둘째, 소득인정액이 최저생계비의 130% 이하이거나, 고용 계약 기간이 1개월 미만이고 근로 대가는 시간이나 날 단위로 지급받는 일용근로자 중에서 재산의 소득환산액이 수급권자 및 부양의무자의 각각의 최저생계비의 42%에 해당하는 금액을 합한 금액 이하인 경우도 부양의무가 면제된다. 셋째, 부양의무자의 소득인정액이 수급권자 및 부양의무자 각각의 최저생계비를 합한 금액의 130% 이하인 경우, 재산의 소득환산액이 수급권자 및 부양의무자의 각각의 최저생계비의 42%에 해당하는 금액을 합한 금액 이하인 경우, 부양의무자의 소득인정액에서 부양의무자 최저생계비의 130%에 해당하는 금액을 차감한 금액의 범위 안에서 보건복지가족부 장관이 정하는 금액을 수급자에게 정기적으로 지원하는 경우, 질병, 교육, 가구 특성으로 인해 부양 능력이 없다고 보건복지가족부 장관이 정하는 경우 부양의무자의 부양의무는 면제된다.[12)]

법 제5조에 위임 근거를 두고 있는 이 시행령 제4조의 규율 사항은 두 가지 면에서 헌법이 보장하는 생존권의 구현과 중요하고 본질적인 관계를 맺고 있다. 첫째는 이 규율 사항이 수급권자의 수급권 여부에 영향을 미친다는 점이고, 둘째는 부양의무자의 재산권 행사를 제한한다는 점이다.

첫째, 수급권자의 수급권과 관련해서 시행령 제4조의 핵심 사항은 부양의무자의 부양능력에 관한 것이다. 수급권자의 소득인정액이 최저생계비 이하일 경우에 수급권자는 일차적인 수급 요건을 갖추게 된다. 그러나 수급권자의 부양의무자가 부양능력이 있는 경우에는 수급권자는 수급권을 가질 수 없다(법 제3조 제2항). 이때 부양의무자의 부양능력의 수준이 결정적인 사항인데, 이것을 시행령 제4조가 규율하고 있다. 부양의무자의 소득인정액이 최저생계비의 130% 이하, 재산의 소득환산액이 수급권자 및 부양의무자의 각각의 최저생계비의 42%에 해당하는 금액을 합한 금액 이하, 소득인정액이 수급권자 및 부양의무자 각각의 최저생계비를 합한 금액의 130% 이하, 재산의 소득환산액이 수급권자 및 부양의무자의 각각의 최저생계비의 42%에 해당하는 금액을 합한 금액 이하인 경우, 부양의무자의 소득인정액에서 부양의무자 최저생계비의 130%에 해당하는 금액과 같은 시행령의 조항들에서 사용되고 있는 부양의무 기준선(130%와 42%)은 수급권자의 수급권 여부에 결정적인 영향을 미친다. 2006년 포항시의 국민기초생활보장제도의 실태를 파악한 연구 결과를 보면, 수급권을 얻지 못한 탈락 사유 중에서 부양의무자의 소득 초과로 인한 원인이

---

12) 보건복지가족부 장관은 부양의무자인 출가한 딸 등의 부양능력에 대한 인정기준을 완화해서 적용할 수 있다(시행령 제4조 제2항).

86.2%로 제일 높았다(김현수, 2007: 86). 이와 같은 결과는 다른 지역에서도 유사하게 나타날 것이라고 판단된다. 소득인정액에 대한 부양의무 기준선 130%와 재산의 소득환산액에 대한 부양의무 기준선 42%를 변경한다면, 수급자의 숫자는 상당히 달라진다. 2003년을 기준으로 했을 때, 부양의무자의 소득인정액 부양의무 기준선을 120%[13]에서 150%로 올렸다면 수급자가 최대 19만여 명 증가했을 것이다. 또한 부양의무자의 부양능력을 최저생계비에 대한 비율로 평가하지 않고, 중위소득이나 평균지출 등으로 평가한다면 수급자의 범위는 상당히 확장된다(여유진, 2004). 따라서 부양의무자의 부양능력을 평가하는 기준은 수급권자의 수급권에 결정적인 영향을 미친다. 이와 같은 본질적이고 중요한 사항이 행정부에 의해 임의적으로 결정되는 현재와 같은 규율 형식은 민주적인 정당성을 가질 수 없다. 국민기초생활보장제도의 시행을 위해서는 이런 부양의무 기준선은 반드시 존재해야 한다. 그렇지만 생존권의 구현과 본질적인 관계를 맺고 있는 이런 사항을 집행기관인 행정부가 결정하는 것은 정당성이 없다. 왜냐하면 의회민주주의에서는 국민의 기본권의 구현에 본질적인 영향을 미치는 사항에 대해 의회의 직접적인 규율을 요청하기 때문이다. 즉, 시행령 제4조에 규정되어 있는 부양의무자의 부양능력을 판단하는 기준선은 의회민주주의 원칙을 위배하고 있다.

둘째, 부양의무자의 재산권 행사와 관련해서 시행령 제4조는 기본권과 중요하고 본질적인 관계를 맺고 있다. 왜냐하면 최저생계비에 대한 비율로 부양의무자의 소득인정액과 재산의 환산액을 판단하는 각각의 부양의무 기준선인 130%, 42%는 최저생계비 기준과 더불어 이 기준선의 높고 낮음에 따라서 그것에 상응하여 부양의무자의 재산권 행사를 제한하는 기능을 하기 때문이다. 헌법 제23조 제1항은 국민의 재산권이 헌법에 의해 보호된다는 것을 밝히고 있다. 그럼에도 헌법이 보장하는 재산권은 절대적으로 침해 불가한 것은 아니

13) 2003년 부양의무자의 소득인정액 부양의무 기준선은 120%였다.

다. 공공복리나 공공의 필요에 의한 경우 등에는 재산권이 제한될 수 있다. 다만 이런 경우에는 그 내용, 한계, 제한은 시행령이나 시행규칙과 같은 행정입법이 아닌 법률로 규율되어야 한다(헌법 제23조 제1항, 제3항). 이런 헌법의 규정에 비추어본다면 부양의무자의 재산권 행사를 제한하는 최저생계비 기준과 부양의무 기준선들이 법률이 아닌 시행령에 의해 규율되는 것은 헌법의 규정을 위배하는 것이다.

더욱이 부양의무자의 부양능력을 판단하는 이런 기준이 부양의무자의 생활 실태를 제대로 반영하지 못할 경우, 부양의무자 규정의 정당성은 흔들리게 된다. 2005년 4인으로 구성된 부양의무가구가 2인으로 구성된 피부양가구를 부양해야 할 경우, 부양의무 기준선은 217만 원이었다(보건복지부, 2005: 27). 이 가구의 소득인정액이 이 금액 이상일 경우에 부양의무가구는 피부양자가구의 생계를 책임져야 한다. 그런데 같은 해 4인 전가구의 중위소득은 296만 8490원이었고, 4인 근로자가구의 중위소득은 315만 6760원이었다(김미곤, 2007: 15). 따라서 최저생계비를 토대로 산출된 부양의무 기준선 대비 4인 전가구와 도시 근로자 가구의 중위소득 비율은 각각 73.1%, 68.7%밖에 안 된다. 즉, 소득이 이 부양의무 기준선을 넘는 부양의무자 가구일지라도 상당수는 빈곤층이라는 의미이다. 최저생계비를 토대로 산출된 부양의무 기준선이 너무 낮게 정해져 있어서, 빈곤한 가구도 부양의무를 지게 되어 있는 것이다.

부양의무자를 결정하기 위해서 부양의무 기준선의 설정은 불가피하다. 그런데 법치국가적 의회민주주의 원리에 비추어보았을 때, 이 기준선의 수준 문제는 별개의 것이다. 이런 기준선은 시간과 장소에 따라서 높을 수도 있고, 낮을 수도 있다. 문제의 핵심은 부양의무자 가구의 재산권에 본질적이고 중요한 영향을 미치는 이런 기준선을 누가 결정하는가에 있다. 헌법은 재산권을 제한하는 경우에는 반드시 법률에 근거하도록 밝히고 있다. 이것은 의회민주주의 체제에서의 당연한 요청이다. 국민을 대표하는 대표 기관인 의회가 제정한, 재산권을 제한하는 규정만이 정당성을 갖기 때문이다. 지금과 같은 낮은 기준선, 다시 말하면 부양의무를 엄격히 하는 부양능력 평가 기준이 시행령으로 규율될 때와 법률로 규율될 때의 근본적인 차이점은 사회적 합의의 유무에 있다. 만일 사회적 합의 아래에서 지금과 같은 엄격한 부양의무 기준이 마련되었다면, 이 규정은 민주적인 정당성을 갖는다. 그러나 지금과 같이 행정부에 의해 일방적으로 결정되는 상황에서는 이 규정은 정당성을 갖기 어렵다. 행정부는 사회적 합의를 구하는 국가 기관이 아니고, 제도를 시행하는 기관이다. 이에 반해 의회는 사회적 합의를 구하는 기관이다. 따라서 부양의무자의 재산권을 제한하는 규정은 국회가 마련해야 한다.[14]

3) 소결: 최저 생활 보장의 기본권에 대한 의회규율의 필요성

국민기초생활보장제도에서 급여 수준, 급여 수급 조건, 급여 대상은 제도의 핵심 사항에 속한다. 소득인정액, 최저생계비, 부양의무자 기준은 이런 핵심 사항을 구성하는 항목이다.[15] 급여 수준이나 수급자의 수에 영향을 미치는 이 항목들이 어떻게 형성되는가에 따라서 국민기초생활보장제도의 운영 형태가 달라진다. 그런데 이런 중요한 역할을 하는 이 항목들은 법률로 규율되기보다는 시행령이나 시행규칙 같은 행정부의 행정입법에 의해 규율되고 있다. 이 항목들을 일차적으로 규율하고 있는 법률조항은 명시적으로만 규율하고 있을 뿐, 실제적인 통제력은 거의 없다. 실제적인 통제권한을 위임 형태로 행

---

14) 동일한 논리에서 복무, 재소, 해외 거주 등의 이유로 부양을 받을 수 없는 경우와 부양을 기피하거나 거부하는 경우도 법률로 규율되어야 한다(시행령 제5조).

15) 이 책에서는 소득인정액, 최저생계비, 부양의무자 사항만을 생존권의 구현과 본질적인 관련이 있는 것으로 분석했다. 그러나 생존권의 구현과 본질적으로 관련되어 있는 사항은 연구자에 따라서 달라질 수 있다. 예를 들면 근로능력이 있는 수급자에게 자활사업에 참가할 것을 조건으로 지급되는 생계급여 규정(법 제9조 제5항)은 연구자에 따라서 생존권의 구현과 본질적인 관계를 맺고 있는 것으로 볼 수 있다. 이 경우에도 근로능력이 있는 수급자의 범위는 법률의 위임에 근거하여 시행령(제7조, 제8조)으로 규정된다.

정부에 넘기고 있기 때문이다. 국회의 이런 광범위한 위임 행태는 근본적으로 두 가지 문제점을 야기한다. 첫째는 법적 안정성의 문제이고, 둘째는 의회민주주의 원리 훼손의 문제이다.

법적 안정성은 행정부의 법 집행 결과를 미리 예측할 수 있도록 기여하며, 행정부의 임의적인 결정으로부터 국민을 보호하는 기능을 한다. 그러나 소득인정액, 최저생계비, 부양의무자 기준을 규율하는 법률조항들은 이런 법적 안정성을 거의 제공하지 않고 있다. 법률조항만으로는 이 사항들에 대한 행정부의 법 집행의 결과는 예측 가능하지도 않고, 국민의 생존권은 행정부의 결정에 좌우된다. 따라서 해당 법률조항의 예측 가능성을 높이고, 생존권을 보호하기 위해서는 법적 안정성이 향상되어야 한다. 그렇게 되기 위해서는 국회는 해당 법률조항을 최대한 구체적으로 규율해야 한다.

국민을 대표하는 대표자가 제정한 법률이 국민의 기본권과 관련된 사항을 규율할 경우에만 민주적인 정당성이 확보된다. 하지만 최저 생활 보장 기본권의 구현에 중요한 영향을 미치는 소득인정액, 최저생계비, 부양의무자 기준이 행정부의 행정입법에 의해 규율되는 지금과 같은 규율 행태는 민주적인 정당성을 갖고 있다고 보기 어렵다. 물론 행정부가 국민의 기본권과 관련된 사항을 전혀 규율할 수 없는 것은 아니다. 그러나 소득인정액, 최저생계비, 부양의무자 기준이 최저 생활 보장의 기본권을 구현하는 핵심 사항이라는 것을 고려할 때, 이 사항들을 규율하는 실질적인 권한은 행정부보다는 의회에 있는 것이 바람직한 것이다. 소득환산율, 부양의무자의 부양능력기준, 최저생계비 계측 방식 등을 결정할 때, 결정 주체에 상관없이 어느 시점에서는 주관적인 결정이 불가피하다. 이때 주관성의 약점을 보완해주는 것이 민주적인 정당성이다. 결정의 시점에서 주관적인 요소가 완전히 제거될 수 없다면, 결정 주체의 정당성이라도 확보되어야 하는 것이다. 결국 국민을 대표하는 국회가 결정의 주체가 되어서 이 정당성을 보증해야 한다.

물론 의회가 기본권과 관련된 모든 사항을 규율할 수는 없다. 오늘날에는 기본권의 범위가 확대되었을 뿐만 아니라, 현대사회는 매우 다양하며, 변화의 속도도 빠르기 때문이다. 따라서 의회가 이런 상황변화에 맞추어 신속하게 입법 활동을 하는 것은 현실적으로 불가능하다. 그렇기 때문에 의회유보 원칙은 기본권의 구현과 본질적이고, 중요한 관계를 맺고 있는 사항만을 의회가 규율하도록 요청한다. 이런 의회유보 원칙의 요청에 비추어볼 때, 최저 생활 보장의 기본권 구현에 본질적이고, 중요한 기능을 하는 소득인정액, 최저생계비, 부양의무자 기준은 국회가 스스로 규율해야 할 사항이다. 이럴 때 국민기초생활보장법에서 법치국가적 민주주의 원칙이 구현되는 것이다.

국회가 생존권 구현에 중요한 역할을 하는 사항을 스스로 규율할 때 발생하는 긍정적인 점은 법치국가적 민주주의 원칙의 구현에만 국한되는 것은 아니다. 법치국가적 민주주의 원칙의 구현은 생존권의 구현에 기여할 수 있다. 국회가 소득인정액, 최저생계비, 부양의무자 기준을 구체적으로 규율하는 법률조항을 제정한다면 생존권의 보장은 현재보다 향상될 가능성이 크다. 왜냐하면 현재와 같이 행정부가 국민기초생활보장제도의 핵심 사항을 결정하는 경우에는 생존권의 보장보다는 예산의 논리가 운영 원리로 자리를 잡게 되는 반면에, 국회가 결정하면 되면 정치의 논리가 앞서기 때문이다. 즉, 야당은 지지자를 확보하기 위해 현재와 같이 최저생계비 수준이 매년 사회일반 생활 수준(가계지출)보다 상대적으로 줄어드는 상황, 높은 재산의 소득환산율, 부양의무자의 높은 부양능력 기준을 정치적으로 이용하려 할 것이고, 여당은 야당에게 주도권을 빼앗기지 않기 위해 최저생계비 수준을 향상시키고, 높은 재산의 소득환산율과 부양의무자의 엄격한 부양능력 기준을 낮추려고 할 것이기 때문이다. 예산문제를 고려하지 않은 것 같은 여당의 이런 '선심성' 정책은 다시 야당의 비판 대상이 될 것이다. 결국에는 정당 간의 합의에 의해 소득인정액, 최저생계비, 부양의무자 기준에 관한 규율이 마련될 것이다. 이런 정치 과정은 최저 생활을 보장하는 기본권을 적어도 지금보다는 향상시킬 것이다. 아울러 정치 과정을 통해 국민기초생활보장제도가 공론화되면서 이 제도에 대한 국민의 이해가 증진되고, 제도에 대한 국민의 지지가 증가할 것이다. 그렇게 되면 제도에 대한 국민의 이해와 지지를 정치적으로 이용하려는 정당의 정치적 이해가 제도에 대한 논쟁을 국회 안에서 다시 일으킬 것이다. 이런 순환 과정을 통해 최저 생활 보장의 기본권은 더욱 향상될 것이다. 다른 사회적 기본권의 향상을 위해서도 동일한 논리가 적용된다. 따라서 사회적 기본권의 구현과 관련된 본질적이고 중요한 사항은 국회가 스스로 규율해야 한다.

2014년 12월 30일에 개정된 국민기초생활보장법에서 가장 큰 변화는 최저생계비 개념이 삭제되고 최저보장 수준과 기준 중위소득 개념이 신설된 것이다. 최저보장 수준은 국민의 소득·지출 수준과 수급권자의 가구 유형 등 생활실태, 물가상승률 등을 고려하여 법 제6조에 규정된 급여의 종류별로 공표하는 금액이나 보장 수준을 말한다(법 제2호, 제6호). 기준 중위소득은 보건복지부장관이 급여의 기준 등에 활용하기 위해 법 제20조 제2항에 규정한 중생보위의 심의·의결을 거쳐서 고시하는 국민가구소득의 중위값을 말한다(법 제2호, 제11호). 따라서 기준 중위소득은 기존에 최저생계비가 수급권자의 소득 기준과 급여 수준을 결정하던 기능을 대체하게 된다. 개정된 법에서는 기존의 법에서와 다르게 생계급여, 주거급여, 의료급여, 교육급여, 해산급여, 장제급여, 자활급여가 모든 수급권자에게 일괄적으로 제공되지 않는다. 각 급여마다 적용되는 기준 중위소득 기준이 다르다. 따라서 교육급여나 의료급여를 받는 수급자 중에는 생계급여를 받지 못하는 경우도 발생할 것이다. 생계급여의 선정기준은 기준 중위소득의 30% 이상, 의료급여는 40% 이상, 교육급여는 50% 이상이어야 한다. 이 선정 기준들은 각 각 법률로 규율되고 있는데 수급자 선정에 관한 권한을 행정부로 위임하던 과거의 법과는 다른 점이다. 또한 생계급여의 수준도 생계급여와 소득인정액을 포함하여 생계급여 선정 기준 이상이 되도록 법률로 규율하고 있는 점도 과거의 법과는 다른 점이다(법 제8조 제3항). 수급자 선정 기준과 급여 수준에 대해 국회가 스스로 규율하는 개정된 법률조항은 의회유보 원칙을 과거 보다는 더 많이 구현하고 있다고 볼 수 있다. 그만큼 국민을 대표하는 기관인 국회가 국민의 삶에 영향을 미치는 사항에 대한 책임 있는 모습을 보여주는 것이다.

하지만 수급자 선정 기준이 전적으로 법률로 규율되고 있는 것은 아니다. 수급자를 선정하기 위해서는 수급권자의 소득인정액과 부양의무자의 부양능력도 필수적으로 평가해야 한다. 소득인정액과 부양의무자의 부양능력을 결정하는 권한은 개정된 법에서도 여전히 행정부에 위임되어 있다(법 제6조의 3, 제8조의 2). 수급권자의 수급기준과 급여 수준에 영향을 미치는 기준 중위소득이 통계청이 공표하는 가구경상소득의 중간값과 가구소득 평균 증가율, 가구규모에 따른 소득 수준의 차이 등을 반영하여 가구 규모별로 산정한다고 법률로 규정하고는 있지만 최종 결정은 중생보위에 위임하고 있다(법 제2조 제11호, 제6조의 2 제2항). 앞에서 언급한 것과 같이 중생보위는 보건복지부 산하단체로 위원들은 보건복지부에 의해 위촉되거나 해촉될 수 있기 때문에 독립적으로 소득인정액, 기준 중위소득, 최저보장 수준을 결정할 수 없다. 특히 보건복지부 장관은 중생보위의 위원장이며(법 제20조 제3항), 이 법에 따른 급여의 기준(최저보장 수준)과 수급자 선정 기준은 보건복지부 장관이 정하도록 규정되어 있기 때문에(법 제4조 제2항, 제6조 제1항) 중생보위가 독립적으로 결정할 법적 권한도 제한되어 있다.

개정된 국민기초생활보장제도에 개정 전보다는 의회유보 원칙이 더 많이 구현된 것은 사실이지만 수급자 선정이나 급여 수준에 영향을 미칠 수 있는 권한이 여전히 행정부에 위임되어온 것도 사실이다. 앞으로 법률로 이 사항들을 전적으로 규율하는 것이 필요하다.

2. 건강보험법과 의회유보 원칙[16]

1) 의회유보 원칙의 적용 가능성

국민건강보험법에 의회유보 원칙이 적용될 수 있으려면, 앞의 절에서 논의된 것과 같이 두 단계의 과정이 필수적으로 고려되어야 한다. 첫 번째 단계에서는 국민건강보험법이 추구하는 목적과 기본권과의 관련성이 증명되어야 하고, 두 번째 단계에서는 관련성의 정도가 증명되어야 한다. 관련성이 있더라도 그 정도가 미약하면 의회유보 원칙의 적용은 허용될 수 없기 때문이다.

20세기에는 사회적인 권리가 확대되었고, 복지국가가 발달하면서 사회권은 국민의 기본권으로 자리 잡았다. 국민건강보험법 제1조는 국민건강보험의 목적으로 국민의 보건 향상과 사회보장 증진을 위해 건강보험이 질병, 출산 등에 대해 보험급여를 제공한다는 것을 밝히고 있다. 이런 건강보험수급권이 사회적 기본권에 속하는 핵심적인 항목이라는 것은 의심할 여지가 없다. 헌법재판소도 헌법 제34조 제1항에 규정된 사회적 기본권을 실현하기 위해서는 건강보험수급권이 보장되어야 한다는 것을 판시하고 있다(헌재 2003.12.18. 2002헌바1, 449). 다른 한편 건강보험의 가입자인 국민은 의무 규정인 보험료를 지불하는 한에서 건강보험 급여를 제공받을 법적 권리를 소유한다. 이것은 헌법 제23조 제1항에서 보장하고 있는 재산권 행사에 대한 국민의 권리를 의미한다(Wimmer, 1999: 114). 따라서 건강보험제도가 추구하는 목적은 기본권의 구현과 관련성을 갖고 있다.

다음으로 살펴보아야 할 것은 건강보험이 추구하는 목적이 기본권의 구현과 어느 정도 관련성을 맺고 있는가를 고려하는 것이다. 첫째, 건강보험법이

---

16) 이 단락은 이신용, 「국민건강보험과 의회의 책임성」〔≪한국사회복지학≫, 60(3), 2008, 201~230쪽〕을 수정·보완했다.

규정하고 있는 목적의 달성은 입헌군주 시대부터 헌법이 보장하고 있는 대표적인 기본권인 자유권을 실현하기 위한 전제 조건이라는 점에서 건강보험제도는 기본권의 구현에서 본질적인 역할을 한다. 건강이 보장되지 않는 자유권은 유명무실한 권리가 되기 때문이다. 국민건강보험이 자유권의 실현과 맺고 있는 이런 상관성 때문에, 건강보험은 자유권이라는 기본권 구현을 하기 위한 본질적인 사항이 된다. 둘째, 질병이라는 사회적 위험으로부터 국민이 보호되지 못할 경우 그 결과는 국민의 삶에 치명적이게 된다. 그러므로 건강보험제도는 기본권 구현에서 중요하고 본질적인 역할을 하고 있다. 해당 사항이 기본권 구현을 위한 본질적인 역할을 할 경우에 의회유보 원칙은 국민을 대표하는 국회가 제정한 법률에 의해 규율할 것을 요청한다. 법률에 의해서 규율될 때, 언제 건강보험 급여청구권이 성립되고 어떤 종류와 내용의 급여가 어떤 형태로 지급될 수 있는지를 예측할 수 있다. 이런 예측 가능성은 법적 안정성에 기여하고, 개인의 생활 설계를 가능하게 한다(전광석, 2007: 132).

그러나 건강보험제도에 대한 국회의 규율, 즉 법률에 의한 규율을 요청하는 의회유보 원칙에도 불구하고, 국회는 건강보험의 모든 사항들을 규율할 필요도 없고, 할 수도 없다. 국회는 단지 기본권 구현과 본질적인 관련성을 갖고 있는 건강보험제도의 핵심적인 사항들만을 규율하는 것으로 족하다. 건강보험의 핵심적인 사항에는 건강보험의 보장성과 밀접한 관계를 맺고 있는 요양급여의 종류·범위·급여 수준이, 가입자의 재산권과 관련 있는 보험료와 본인부담금이, 보호의 인적 대상과 관련 있는 피부양자 범위가 속한다. 이 외에도 건강보험의 민영화와 같은 기본권 구현과 밀접하게 관련된 사항이 의회유보의 적용 영역에 포함될 수 있을 것이다.

2) 요양급여 규율에 대한 국회의 역할

요양급여는 사회적 기본권을 구현하는 기능을 하는 국민건강보험법에서도 본질적인 부분이다. 따라서 요양급여를 규정하는 종류, 범위, 급여 수준, 급여 조건은 사회적 기본권을 구현하는 데에 본질적이고 중요한 부분이다. 국민건강보험법 제1조는 국민의 보건 향상과 사회보장 증진을 위해서 건강보험이 국민의 질병, 부상에 대한 예방·진단·치료·재활과 출산, 사망 및 건강증진에 대해 보험급여를 제공한다는 것을 밝히고 있다. 이와 같은 건강보험의 목적은 같은 법(법률 제11787호) 제41조 제1항에서 급여 종류를 나열하면서 더 구체화된다. 제41조 제1항에 나열된 급여의 종류는 진찰·검사, 약제·치료재료의 지급, 처치·수술 기타의 치료, 예방·재활, 입원, 간호, 이송이다. 해당 법 조항에서 치과적인 급여, 정신적인 질병에 대한 급여, 약품이나 의료보조기구 제공에 대한 언급은 없지만 질병의 진찰부터 예방과 재활을 포함하는 요양급여의 종류는 포괄적이라고 볼 수 있다. 그러나 이러한 요양급여 종류의 나열이 곧바로 해당 항목의 요양급여 수준을 결정하는 것은 아니다. 어느 정도 수준에서 요양급여가 제공될 것인가를 결정하는 것은 급여 종류의 나열과는 다른 문제이기 때문이다. 따라서 제41조 제2항은 요양급여 수준을 규율하는 법적 근거를 제공한다. 이 조항에는 제41조 제1항에 나열된 요양급여의 "방법·절차·범위·상한 등 요양급여의 기준은 보건복지부령으로 정한다"라고 규정되어 있다. 이 규정에 따라서 요양급여 수준에 관한 규율은 행정부에 위임된다.

이 조항의 근본적인 문제점 하나는 헌법에서 요구하는 위임 조건을 만족시키지 않는다는 데에 있다. 헌법 제75조는 "법률에서 구체적으로 범위를 정하여" 위임받은 사항을 행정부가 위임입법으로 제정할 수 있음을 규정하고 있다. 이 기준에 따르면 국민건강보험법 제41조 제2항의 위임 규정은 범위가 한정되어 있지 않다는 것을 알 수 있다. 요양급여의 방법, 절차, 범위, 상한 등이 언급되어 있을 뿐 요양급여의 기준은 보건복지부령으로 정하도록 포괄적으로 위임하고 있기 때문이다. 보건복지부에게 광범위한 재량권을 부여하는 이러한 포괄적인 위임 행태는 헌법 제75조에서 요구하는 위임 한계를 벗어나 있는 것이다.

국민건강보험법 제41조 제2항의 위임 형식이 헌법에서 요구하는 위임 형식에서 벗어난 것도 문제이지만, 의회유보 원칙과 관련해서는 더 근본적인 문제점을 드러내고 있다. 의회유보 원칙에 따르면 국민의 기본권 실현과 밀접한 관련을 맺고 있는 근본적이고 중요한 사항은 의회에서 결정해야 한다. 이러한 의회유보 원칙의 요청을 고려했을 때, 사회적 기본권을 구현하기 위해서 중요한 역할을 하는 요양급여의 본질적이고 중요한 사항인 급여 제공의 방법과 절차, 급여의 범위와 상한 등에 대해 국회가 전혀 스스로 규정하지 않고 보건복지부가 정하도록 위임하는 것은 의회유보 원칙을 위배하는 것이다. 국민의 대표 기관인 국회가 국민의 기본권 실현과 관련 있는 건강보험수급권의 핵심 내용 중 하나인 요양급여의 방법·절차·범위·상한 등을 전혀 규정하지 않는다는 것은 민주주의 원칙을 위배하는 것이고, 이러한 중요하고 본질적인 사항들을 행정부가 결정하도록 포괄적으로 위임하는 것은 법치국가원칙을 위배하는 것이다. 국회는 요양급여의 수준을 결정하는 기준으로서 요양급여의 수준이 당대의 의학 발전 수준을 고려해야 한다든가 혹은 일반적으로 승인된 표준 수준을 유지해야 한다는 최소한의 일반적인 기준을 법률에서 제시해야 한다.

국민건강보험법 제41조 제2항의 위임을 근거로 하여 '국민건강보험 요양급여의 기준에 관한 규칙(보건복지부령 제230호)'은 요양급여 기준에 관해 필요한 사항을 규정하고 있다. 그런데 이 규칙도 요양급여의 범위와 수준 등을 상세하게 구체화하고 있지는 않다. 제5조 제1항과 관련된 별표 1에서는 요양급여는 "의학적으로 인정되는 범위 안에서 최적의 방법"과 "경제적으로 비용효과적인 방법"으로 제공되어야 한다는 것만을 밝히고 있다. 요양급여의 수준이 어느 정도 되어야 하는가를 나타내는 이런 추상적인 목표는 시행규칙이 아닌 의회가 제정하는 법률에 들어가야 할 내용임에도 불구하고, 요양급여의 수준을 구체화하기 위해서 마련된 시행규칙에 이런 추상적 규정이 사용되고 있다. 따라서 요양급여의 수준을 결정하는 데에 본질적이고 중요한 영향을 미치는 이런 조항은 법률에 포함되어야 한다. 더욱이 이러한 추상적 조항들은 자주 변하거나 고도의 산술적인 기법을 요구하는 것들이 아니기 때문에 입법 기술상의 문제로 법률에서 다룰 수 없는 것도 아니다.

시행규칙에 포함된 이런 추상적 규정의 위험성은 행정부의 결정권한을 확대시켜서 환자의 건강보험수급권과 의료공급자의 권리가 침해받을 수 있다는 데에 있다. 추상적 규정을 적용하는 과정에서 보건복지부와 건강보험심사평가원(이하 심평원)은 요양급여의 수준을 구체적으로 결정하는 최종 기관이 된다. 요양급여 비용 산정에 기초가 되는 상대가치점수, 약제상한금액, 요양급여 대상, 비급여 대상 등의 결정 및 조정에 필요한 세부 사항, 신약 등 약제의 급여 대상 여부, 신의료기술 등 요양급여의 본질적이고 중요한 사항을 보건복지부 장관이 결정하도록 규정하고 있다. 결과적으로 요양급여의 방법, 절차, 범위, 상한 등에 대한 기준을 보건복지부령으로 정하도록 포괄적으로 위임하고 있는 국민건강보험법 제41조 제2항은 요양급여 수준이 도달해야 할 추상적인 목표조차 제시하지 않는 의회의 직무 유기 행태를 보여주는 대표적인 조항이다. 건강보험이 어떤 종류의 급여를 제공하는가도 중요하지만, 제공되는 급여의 수준은 가입자인 환자의 건강에 본질적이고 중요한 영향을 미치기 때문에 의회는 급여 수준을 결정하는 조건을 스스로 결정해야 한다.

건강보험의 보장성에 결정적인 영향을 미치는 것은 어떤 의료 행위를 급여 항목으로 볼 것인가와 급여의 적정성은 어느 정도여야 하는가에 대한 것이다. 급여의 대상과 관련해서 건강보험의 급여 항목과 비급여 항목을 구분 및 결정하는 것은 건강보험법 제41조의 위임을 근거로 마련된 '국민건강보험 요양급여의 기준에 관한 규칙'이다. 이 규칙 제8조는 보건복지부 장관이 요양급여 대상을 정하여 고시하도록 규정하고 있으며, 제9조에서는 별표로 비급여 대상의 범위를 규정하고 있다. 급여의 적정성과 관련해서는 이 규칙 제5조 제2항에 요양급여의 적용기준 및 방법에 관한 세부 사항은 보건복지부 장관이 정하여 고시하는 것으로 규정되어 있다. 또한 건강보험 급여의 적정성을 평가하기 위해 복지부는 심평원을 운영한다(제62조). 제63조에 따르면 심평원은 요양급여

비용의 심사, 요양급여비용의 적정성, 평가기준 및 평가기준을 개발하는 업무를 수행한다. 이와 같이 요양급여의 적정성 평가에 관한 기준, 절차, 방법이 복지부에 종속된 심평원에 의해 통제되는 구조는 요양급여의 대상과 적정성은 보건복지부의 해석에 의해 결정된다는 의미이다. 이와 더불어 요양급여비용을 심사하고 요양급여의 적정성을 평가하기 위해서 심평원은 심사 지침과 공개되지 않은 내부지침을 갖고 있다(정순택, 2005: 379).

행정부의 영향력을 제도화하는 이와 같은 위임입법 구조는 요양급여에 대한 복지부의 자의성을 제도화할 수 있기 때문에 문제가 있다. 정순택은 그의 논문에서 복지부, 특히 심평원의 심사기준의 모호성, 예측 불가능성, 잦은 변경 등의 자의성을 지적한다. 예를 들면 석고 붕대의 절단이나 수선에 대한 기술료가 처음 시행한 의료 기관에 상관없이 지불되었으나 언제부터인가 석고 붕대를 시행한 의료 기관은 이 기술료를 받을 수 없게 되었다는 것이다. 더욱이 요양급여를 청구하기 위해서는 심평원의 『건강보험요양급여비용』이라는 책자뿐 아니라, 심평원 홈페이지에 매월 올라오는 "심사지침", 그 외 공개되지 않은 지침, "요양급여의 적용기준 및 방법에 관한 세부사항과 심사지침", 사설 단체의 "건강보험 진료지침서" 등 다양한 것을 참고해야 한다. 문제는 이런 지침서를 참고하여 요양급여를 청구해도 삭감되는 경우가 많다는 것이다. 의료 기관에 대한 진료비 지급을 가능한 줄이고자 하는 경향 때문에 "심평원의 심사직원 간의 관례나 자의적 해석, 진료평가위원회 위원의 경험이나 자의적 해석에 의해 진료상황을 판단하여 삭감하는 것(척추골절의 후방유합술 적용, 척추 고정술만 시행하는 경우 분절 증가에 대한 가산율 불인정, 고정기기 제거술과 삽입술 동시 시행 시 제거술은 인정하지 않겠다는 해석 등)이다"(정순택, 2005). 심사기준이 분명하지 않아서 심평원의 자의적 해석으로 요양급여의 청구 심사가 결정될 소지가 많다는 것은 문제이다. 의료 기관의 요양급여 청구에 대한 심평원의 이러한 통제는 환자를 지나치게 이윤 추구 동기에 경도된 상업적 의료 기관에서 보호하는 순기능도 하겠지만, 모호한 기준 때문에 청구된 진료비가 삭감되면 이는 다시 환자의 부담금 증가로 이어진다는 데에 문제가 있는 것이다. 진료비 삭감은 의료 기관의 수익을 떨어뜨리고, 이것은 다시 의료 기관이 비급여 항목을 늘리거나 과잉진료를 하게 만드는 동기를 제공한다. 결과적으로는 모호한 요양급여비 심사 기준은 환자의 부담을 가중시켜서 건강보험의 보장성을 떨어뜨리게 된다.

이러한 악순환을 방지하기 위해서는 요양급여비 심사에 대한 공정하고 객관적인 기준이 마련되어야 한다. 이 기준은 다양한 사회구성원의 이해를 반영할 수 있는 민주적인 정당성을 담보하고, 민주적인 절차를 보증하는 제도를 통해서 결정되어야 한다. 이러한 목표를 달성하기 위해서는 국민을 대표하는 의회의 역할이 필수적으로 확대되어야 한다.

3) 본인부담금 규율에 대한 국회의 역할

건강보험의 보장성을 결정하는 데는 요양급여의 수준뿐만 아니라 본인부담금도 중요한 역할을 한다. 본인부담금제도의 입법취지는 가입자들이 제도를 악용해 잦은 진료를 받는 것을 막고, 건강보험의 재정압박을 방지하기 위한 것이다. 그래서 요양급여를 제공받을 때 환자는 일정정도 본인부담액을 지불해야 한다. 그런데 본인부담액의 크기는 요양급여를 향유하고자 하는 가입자들이 접근하는 데 결정적인 걸림돌이 될 수 있다. 따라서 본인부담금 제도는 국민건강보험법이 목표하는 사회적 기본권 구현에 적지 않은 장애가 된다. 너무 높게 책정된 본인부담금은 가입자가 요양급여를 적절한 시기에 받지 못하도록 하여 경미한 질병을 중병으로 발전시킬 수 있을 뿐만 아니라, 저소득층 가입자들의 접근성을 더욱 낮추는 부정적인 기능을 한다(전광석, 2007: 255).

또한 본인부담금 비율을 시행령으로 규정하는 것은 그 자체로 기본권의 침해라고 볼 수 없다. 문제가 되는 것은 기본권인 재산권이 행정입법에 의해 임의로 제한될 수 있다는 점이다. 본인부담금이 법률로 규율되어야 하는 이유는 재산권이 법률로 보호되어야 하는 이유와 같다.

건강보험법 제44조에서는 "제41조 제1항의 규정에 의한 요양급여를 받는 자는 대통령령이 정하는 바에 의해 그 비용의 일부(이하 "본인부담금"이라 한다)를 본인이 부담한다"라고 규정하고 있다. 이 조항은 제41조 제2항과 같이 구체적인 내용을 위임입법이 규율하도록 행정부에 위임한다. 이 조항의 위임 형식은 제41조 제2항의 위임 형식과 같이 헌법 제75조가 요구하는 위임의 한계를 벗어나 있다. 위임입법에 의해 결정될 본인일부부담금의 크기가 어느 정도 될지 법에서는 전혀 예측할 수 없기 때문이다. 이것은 위임의 범위Ausmaß가 너무 포괄적이기 때문에 나타나는 결과이다. 의회는 단지 본인부담금이라는 것이 있다는 것만을 규정할 뿐, 그 규모가 어느 정도 되어야 하는지를 전혀 법률로서 규율하고 있지 않을 뿐만 아니라, 행정부가 위임입법을 통해서 어느 정도의 크기로 본인부담금을 결정해야 할 것인지도 통제하고 있지 않다. 본인부담금이 요양급여의 접근성에 미치는 영향을 고려할 때, 이러한 위임입법 행태는 의회의 직무 유기이다.

요양급여비용 중에서 본인이 부담할 비용의 부담률 및 부담액은 국민건강보험법 시행령(대통령령 제24588호) 제19조 제1항의 별표 2에 규정되어 있다. 입원진료는 요양급여비용 총액의 20%를 환자 본인이 부담해야 한다. 외래 진료의 경우 및 보건복지부 장관이 정하는 의료 장비를 이용한 진료의 경우는 의료 기관별, 소재지별, 요양급여비용 총액별, 환자별로 상이한 본인부담액이 정해진다. 이 경우 가장 높은 본인부담액은 종합전문요양 기관에서 일반 환자가 지불하는 본인부담액인데, 이 환자는 요양급여비용 총액에서 진찰료 총액을 뺀 금액의 50%에 진찰료 총액을 더한 금액을 본인이 지불해야 한다. 가장 적은 본인부담액은 환자가 의원이나 보건소를 이용하는 경우인데, 이때 환자는 요양급여비용 총액의 30%를 지불해야 한다. 보건복지부 장관이 정하는 요양급여를 받는 일반 환자의 경우 본인부담액은 요양급여비용 총액의 30%에서 50% 정도에 이른다.[17] 이 시행령은 의약품에 대한 본인부담액도 규정하고 있는데, 처방전에 의한 의약품을 조제받은 경우는 요양급여비용 총액의 30%를, 그렇지 않은 경우에는 40%를 환자 본인이 지불해야 한다.

그런데 이와 같은 건강보험법 시행령 제19조 제1항의 별표 2에서 규정하고 있는 요양급여비용에 대한 환자본인부담액과 관련된 규정은 수시로 변하는 것도 아니고, 입법 기술상 어려움을 준다고 볼 수 없을 뿐만 아니라, 고도의 계산식을 필요로 하는 것도 아니다. 2007년 4월 27일에 제정된 노인장기요양보험법(법률 제8403호)에서는 본인부담률이 법률 제40조에 의해서 구체적으로 규율되고 있는데, 이것은 건강보험법에서도 본인부담률이 법률로 구체적으로 규정될 수 있다는 것을 보여주는 중요한 사례이다.

따라서 의회가 입법 기술상의 문제로 본인부담금에 관한 규정을 행정부에 위임할 근거는 없다. 더욱이 이 규정들은 요양급여의 접근성에 결정적이고 본질적인 영향을 미치는 것이기 때문에 의회가 규정해야 할 사항인 것이다. 그러므로 건강보험법 시행령 제19조 제1항의 별표 2에서 규정하고 있는 본인부담액 규정은 의회가 규율할 수 있는 사항이고, 규율해야 할 사항인 것이다.

1964년 임의 보험 형태로 시행된 건강보험은 1977년 의무보험으로 되면서 전환기를 맞게 된다. 500인 이상 근로자를 고용한 사업장의 근로자를 첫 가입 대상으로 시작한 건강보험의 가입 대상자 범위는 보건사회부(현 보건복지부의 전신)의 주도로 빠르게 확대되었다. 그 결과 2013년 현재 의료급여 대상자를 제외한 전 국민이 건강보험에 가입되어 있다. 그동안 건강보험은 빠른 속도로 가입 대상자만을 확대시켜온 것이 아니라, 의료비 지출에서도 많은 발전을 보

---

17) 보건복지부 장관이 정해 고시하는 중증 환자의 경우 본인부담액은 10%로 일반 환자보다 낮다. 그러나 모든 환자 본인이 부담하는 실질적인 본인부담액은 이 시행령에서 규정하고 있는 액수보다 높다. 왜냐하면 시행령에서 규정하고 있는 본인부담액은 건강보험의 급여 항목들에만 적용되는 것이고 비급여 항목은 환자 본인이 100% 지불해야 하기 때문이다. 문제는 진료 상 필수적인 많은 진료 항목들이 여전히 비급여로 남아 있어서 환자 본인의 실질적인 부담액은 법정부담액보다 커질 수밖에 없다. 더욱이 중증이나 난치병 환자의 경우 실질적인 본인부담액은 더욱 커진다.

여주고 있다. 이러한 의료비 지출 증가 속도는 OECD 국가들의 평균 의료비 증가 속도보다 빠르게 나타나고 있다. 더욱이 공공 부문 의료비 지출 증가율도 2001년도를 제외하고는 OECD 국가들의 공공 부문 평균 의료비 지출 증가율을 상회하고 있다. 1997년부터 2003년 사이 공공 부문의 의료비 지출 증가율은 OECD 국가 중에서 한국이 가장 높은 증가율을 보이고 있다(OECD, 2005).

그러나 한국 건강보험의 보장성은 국제 비교를 통해서나 절대적인 수준으로 볼 때, 아직 많은 한계를 보여주고 있다. 2003년 한국은 GDP 대비 단지 5.6%만을 의료비로 지출했는데, 이것은 OECD 국가 중에서 가장 낮은 비율이다. 더욱이 이 비율은 OECD의 평균인 8.8%에도 크게 못 미치는 수치이고, 한국과 비슷한 일인당 GDP를 보여주고 있는 그리스, 포르투갈, 스페인보다 낮은 수치이며, 심지어 일인당 GDP가 한국보다 세 배가량 낮은 터키보다도 낮은 수치이다(OECD, 2005: 71).

의료비 지출 총량이 적은 것보다 더 근본적인 문제는 공공과 민간 재원의 불균형에 있다. 그동안 공공 부문에서 지속적으로 의료비 지출 비율이 증가되었다고는 하지만, 여전히 민간 부문의 의료비 지출 비율은 높은 수치를 보이고 있는 것이 한국의 의료비 지출 구성 비율의 속성이다. OECD 자료에 따르면 2003년 한국의 의료비 지출 중 공공 부문에서 차지하는 비율은 49%인데, 이 수치는 미국의 44%, 멕시코의 46% 다음으로 OECD 국가 중에서 가장 낮다. 심지어 이것은 OECD 국가 중에서 일인당 GDP가 가장 낮은 터키의 63%보다도 낮은 수치이다. 공공 재원의 낮은 의료비 지출은 민간 재원의 높은 의료비 지출을 의미한다. 2003년 의료비 지출 중에서 환자 본인이 직접 지출한 비율out-of-pocket payment은 42%에 이른다. 이 비용은 민간 재원에서 지출된 의료비의 83%를 차지하는 것이다. 환자 본인의 이러한 높은 의료 비용 부담은 가계지출에서 의료 비용이 차지하는 비율을 높인다. 이 비율이 높을수록 건강보험의 보장성은 낮아지며, 결과적으로 사회보험의 기능은 약화된다. 2003년 환자 본인이 지출한 의료 비용이 가계지출에서 차지한 비율은 4.4%였는데 이 수치는

OECD 평균인 3%를 상회하는 것이며, OECD 회원국 중에서 그리스, 스위스, 멕시코 다음으로 높은 수치이다(OECD, 2005). 건강보험에서 환자의 이러한 높은 본인 부담 비율은 환자와 가족의 부담과 의료 혜택의 불평등을 증가시킨다.

실질적인 환자 본인 부담 비용은 건강보험법 시행령 제19조 제1항 별표 2에 규정된 법정 본인부담금과 건강보험법 제41조의 위임을 근거로 제정된 '국민건강보험 요양급여의 기준에 관한 규칙'에 의해 건강보험 급여 대상에서 제외된 비법정 본인부담금으로 구성되어 있다. 2005년 전체 의료비 지출 중에서 본인부담금은 48.1%였으며, 이 중에서 법정 본인부담금은 19.8%를, 비급여 본인부담금은 28.3%를 차지했다.[18] 전체 의료비의 48.1%에 달하는 높은 본인부담률은 건강보험의 보장성 확대를 가로막는 큰 걸림돌이다. 특히 만성이나 중증 환자의 경우 그 부정적 결과는 더 심각하다.

전체 의료비 중에서 20% 가까이 되는 높은 법정본임부담금은 제외하고라도 28.3%에 달하는 비급여 본인부담금은 의료비에 대한 환자의 부담을 가중시킨다. 〈표 5-5〉에서 볼 수 있는 바와 같이 중증 환자라고 할 수 있는 암환자의 비급여 본인부담률은 환자의 의료비 부담을 더욱 증가시킨다.[19] 즉, 암 같은 중증 질환에서는 일반 질환과 비교했을 때 비급여 항목이 증가하며 여기에 대한 환자본인의 부담은 그만큼 증가하게 되는 것이다. 정형선·신봉구(2006)의 자료를 보면 2005년의 본인부담률 중에서 법정 본인부담액이 차지한 비중은 41.1%였으며, 비급여 본인부담액은 58.9%였다. 이것을 〈표 5-5〉과 비교해

18) 건강보험급여율은 건강보험의료비 중 보험자부담액이 되며, 건강보험의료비에는 통상 보험자부담분, 법정 본인부담분, 비급여 본인부담분이 포함된다. 비급여 본인부담분은 정형선과 신봉구가 통계청의 가계조사 자료, 국민건강조사를 근거로 산출한 액수이다(정형선·신봉구, 2006).

19) 암과 같은 고액 진료비를 발생시키는 중증 질환에 대한 건강보험의 급여율은 전체 진료비 대비 47%에 불과한데, 이것은 건강보험 전체 평균 급여율보다 낮은 수치이다(최숙자·김정희·이상이, 2005: 7). 즉, 고액 진료비를 발생시키는 질환을 앓고 있는 환자는 더 많은 본인부담금을 지출해야 하는 것이다.

〈표 5-5〉 암 환자의 본인부담금 진료비 구성비 (단위: %)

법정 본인 부담	비급여					계
	직접적 진료와 관련된 부분 (약, 검사 등)	직접적 진료와 관련 없는 부분			소계	
		선택진료	식대	상급 병실료 차액		
24	37	15	5	19	76	100

자료: 유원섭(2005: 41) 재인용.

보았을 때 암환자의 비급여 본인부담금액 비율은 전체 본인부담금 중에서 76%에 달하는 것을 알 수 있다. 더욱이 약, 각종 검사 등 진료와 직접적으로 관련이 있는 비급여 본인부담금이 차지하는 비율도 무려 37%에 달한다. "대형 종합병원의 의사들 대부분이 선택진료의사로 지정되어 있어서 사실상 '선택'을 하기" 어려운 선택진료비와 보험급여가 100% 적용되는 기준 병실의 부족으로 상급 병실을 이용할 수밖에 없는 상급 병실료 차액[20]도 각각 15%, 19%를 차지하고 있는데 이 비율이 적지 않음을 알 수 있다.[21]

문제는 비급여 본인부담률을 높이고, 건강보험의 보장성을 떨어뜨리는 비급여 항목들이 질병치료와 직접적으로 관련된 항목이라는 사실이다. 즉, 미용의 향상을 위한 성형수술과 같이 해도 되고 안 해도 되는 선택의 문제가 아니라 암이라는 질병 치료를 위해서 반드시 필요한 상당수의 의료 행위가 급여 대상에서 제외되어 있는 것이다. 시행령과 시행규칙에 위임되어 있는 건강보

20) 상급 병실료 차액의 경우에도 기준 병실이 6인실 이하로 그 기준이 너무 낮고, 보험급여가 100% 적용되는 법정 기준 병상 확보율이 50% 수준으로 대부분의 대형 병원에서는 환자들이 기준 병실에 입원하고 싶어도 기준 병실의 부족으로 상급 병실을 이용할 수밖에 없는 경우가 발생하고 있다(유원섭, 2005: 42).

21) 감신(2005: 18)의 자료를 재구성했을 때 한 종합병원이 비급여 의료 서비스를 제공하고 환자로부터 본인부담금을 받은 항목을 보면 직접적 진료와 관련된 치료나 검사의 비중이 무려 59.3%에 이른다. 이 수치는 〈표 5-5〉의 암 환자의 전체 비급여 본인부담금 중 직접적 진료와 관련된 부분의 비율인 37%보다 높은 수치이다.

험 급여 범위에는 이러한 필수적인 의료 행위들이 급여 항목에서 제외되어 있다. 결국 건강보험의 보장성과 밀접하게 연관되어 있는 실질적인 본인부담금의 크기가 입법부에 의해 결정되지 않고, 입법부로부터 위임을 받은 행정부의 위임입법을 통해서 규정된다. 이것은 기본권의 실현과 밀접하게 관련 있는 근본적이고 중요한 사항에 대해서는 의회가 결정해야 한다는 의회유보의 원칙에서 벗어나 있는 것이다. 그동안 행정부가 노력해 본인부담금액이 줄고 있는 것은 사실이지만, 행정부의 노력만으로는 건강보험의 보장성을 충분히 확보하기는 어려워 보인다. 왜냐하면 본인부담금을 줄이기 위해서 가입자는 지금보다 훨씬 고율의 보험료를 지불해야 하는데, 보험료를 많이 올릴 경우 이들의 저항이 작지 않을 것이기 때문이다. 건강보험의 보장성 강화를 위한 재원 마련의 방안으로 보험료의 상승은 불가피하지만, 민주적 절차에 따른 가입자의 동의 없이는 보험료의 추가 부담은 적지 않은 사회적 저항이 예견된다. 그런데 현재와 같이 행정부의 위임입법에 의해서 법정 본인부담금과 비급여 본인부담금이 결정되는 법제도 아래에서는 사회적 합의가 형성될 수 없다. 의회유보의 원칙에 따라서 법정 본인부담금과 비급여 본인부담금이 국회에서 결정되는 법제도를 갖출 때, 사회적 합의를 이끌어낼 수 있는 제도적 기반이 형성될 수 있을 것이다. 보험료 상승에 대한 민주적 정당성이 국회에서 확보되면 그만큼 건강보험의 보장성을 확대하는 일은 용이해질 수 있는 것이다.

4) 피부양자 범위 규율에 대한 국회의 역할

건강보험의 가입자는 모든 국민이지만, 가입자는 직장가입자와 지역가입자로 나뉜다. 지역가입자는 한 세대를 구성하는 세대 구성원 전원이 공동으로 보험료를 부담한다. 반면에 경제력이 없는 직장가입자의 세대 구성원은 가입자의 보험료 부담으로 보험급여 혜택을 누릴 수 있다.

건강보험법 제5조 제2항은 직장가입자의 피부양자 자격 조건과 범위를 규정한다. 자격 조건으로 피부양자는 직장가입자에 의해 생계를 유지해야 하고 보수 또는 소득이 없어야 한다. 대상자로는 가입자의 배우자, 직계존속(배우자의 직계존속 포함), 직계비속(배우자의 직계비속 포함) 및 그 배우자, 형제자매가 포함된다. 그러나 제3항에서는 제2항의 규정에 의한 피부양자의 자격 인정기준, 취득·상실 시기 등 기타 필요한 구체적이고 자세한 사항은 보건복지부령으로 정하도록 위임하고 있다. 보건복지부가 정하는 시행규칙을 보지 않고는 피부양자의 자격 기준이 어떤 것인지 알 수 없는 것이다.

국민건강보험 시행규칙(보건복지부령 제199호) 제2조 제1항에 근거한 별표 1에서는 가입자와의 관계, 가입자와의 동거 관계로 나누어 피부양자 자격 기준이 제시되어 있다. 예를 들어서 가입자의 부모가 피부양자 자격을 취득하기 위해서 동거 여부는 문제가 안 되지만, 부모와 동거하는 다른 형제자매가 없거나, 동거하는 형제자매가 있는 경우에는 이들이 보수 또는 소득이 없어야 한다. 법률에서는 보수나 소득이 없는 직계존속은 피부양자가 될 수 있다고만 규정하고 있으나, 법률의 위임을 근거로 제정된 시행규칙에서는 가입자의 부모와 동거하는 다른 형제자매의 보수나 소득 기준이 추가된다. 결국 직장가입자의 피부양자 자격 기준은 법률이 아닌 위임입법인 시행규칙에 의해 결정되고 있다. 이것은 피부양자가 건강보험수급권을 보장받을 수 있는 권리가 행정부에 의해 임의적으로 제한될 수 있다는 것을 의미한다. 법률에서 피부양자의 자격 기준을 규정하고 있지만 실제적으로는 시행규칙에 의해 결정되기 때문에, 피부양자의 건강보험수급권은 법률만으로는 예측 가능하지 않게 된 것이다. 건강보험법 제5조 제3항의 위임 범위가 넓어서 포괄위임이나 백지위임의 의혹을 불러일으킬 수 있는 것은 제외하더라도, 피부양자의 자격 기준과 같은 중요한 사항이 법률로 예측 가능하도록 규정되지 않고 시행규칙에 의해 규정되는 것은 국민의 권리를 보호해야 할 의무가 있는 의회의 직무유기에 해당된다. 건강보험법 시행규칙 제2조 제1항에 근거한 별표 1의 피부양자 자격의 인정기준은 수시로 변하는 사항도 아니며, 복잡한 산식을 필요로 하는 것도 아니다. 그러므로 피부양자의 자격 기준을 결정하는 것과 같은 중요한 사항은 의회가 법률에 의해 스스로 규율할 수 있고, 해야 할 사항이다.

A씨는 남편의 피부양자로 있다가 사업소득 발생으로 인해 건강보험자격이 변동되어 지역가입자가 되었다.[22] 그러나 A씨는 실질적인 사업소득이 없는데도 보험료를 부과하는 것은 부당하다고 보고, 지역가입자로서 지불해야 할 보험료 납부를 거부했다. 이 A씨의 이의신청은 건강보험공단에 의해 기각되었는데, 그 근거 중의 하나는 A씨가 피부양자 등재 신청을 하지 않았다는 것이다. 피부양자 인정 요건인 부양 요건 및 소득 요건을 만족시켰어도 당사자가 피부양자로 등재 신청을 하지 않으면 피부양자로 인정될 수 없다는 것이다.

이 사례에서 문제가 되는 것은 당사자가 스스로 피부양자로 등재 신청을 해야 하는 규정이 건강보험법이 아닌 시행규칙(제2조 제4항)에 규정되어 있다는 데에 있다. 행정부가 제정하는 시행규칙에 자격 조건이 규정됨으로써 건강보험법만으로는 피부양자 자격을 획득하기 위한 요건과 절차가 예측 가능하지 않게 된다. A씨 사례는 행정부의 자의성으로 인해 언제든지 시민이 피해를 입을 수 있다는 문제를 말해준다. 피부양자 자격취득 조건 등을 결정하는 권한을 시행령이나 시행규칙에 위임하고 있기 때문에, 일반 시민은 피부양자 자격취득 조건을 규정한 시행령이나 시행규칙을 사전에 인지해야 하고, 수시로 변경이 되었는지 확인해야 한다. 그러나 이런 것을 일반 시민에게 요구하는 것은 무리인 것이다.

5) 보험료 규율에 대한 국회의 역할

사회보장법 관계에서 민법상의 채권자와 채무자 관계를 가장 뚜렷하게 나타내는 것은 사회보험법이다(전광석, 2007: 95). 사회보험법이 이런 속성을 갖게

22) 2007년 건강보험공단 보험료부과처분취소신청 내부 자료.

되는 근본적인 이유는, 가입자는 보험료를 지불해야 할 의무가 있는 동시에 이에 대한 반대급부로 사회보험의 보험자로부터 급여에 대한 권리를 청구할 수 있기 때문이다. 더욱이 국민의 재산권을 보장하는 헌법 제23조 제1항은 보험료 지불에 대한 반대급부로서 보험급여의 지급을 재산권적인 측면에서 보장하는 근거를 제공한다(Wimmer, 1999: 114; 전광석, 2007: 104, 132). 사회보험료가 갖는 재산권적인 성격 때문에 사회보험은 다른 어떤 사회보장제도보다도 침해행정을 견제하기 위해서 마련된 고전적인 법치국가 원칙과 긴밀한 관계를 맺고 있다. 따라서 사회보험료에 대한 규율은 법률을 통해 혹은 법률에 근거해 마련되어야 하는 것이다. 이것은 결국 의회의 입법적 책임을 요구하는 것으로, 보험료에 대한 규정이 법률을 통해 충분히 구체적으로 마련되어야 한다는 의미이다. 따라서 의회가 이러한 규율 내용을 행정부로 위임하려 할 때는 헌법 제75조에 근거해서 내용, 목적, 범위를 구체적으로 정해 위임해야 한다.

건강보험의 보험료 부과 기준을 보면 직장가입자는 보수월액과 소득월액을, 지역가입자의 경우는 소득, 재산, 경제활동 참가율 등을 고려한다(국민건강보험법 제60조, 제70조~제72조). 국민건강보험법 제70조 제3항에서는 제1항에서 규정한 직장가입자의 보수월액을 산정하는 기준인 보수를 근로 제공으로 받는 금품으로 규정하면서 그 범위를 대통령령에 위임하고 있다. 아울러 "보수 관련 자료가 없거나 불명확한 경우 등 대통령령이 정하는 사유에 해당하는 경우에는 보건복지부장관이 정하여 고시하는 금액을 보수로 본다"라고 규정한다(국민건강보험법 제70조 제3항). 또한 보수월액의 상한과 하한을 대통령령으로 정하도록 위임한다(국민건강보험법 제70조 제1항). 결국 행정부에 의해서 보수의 범위, 보수월액의 상한과 하한이 결정된다. 아울러 직장가입자의 소득월액은 위의 보수월액에 포함되지 않는 소득을 의미하는데, 이 소득월액도 보험료를 산정할 때 포함된다. 다만 그 정도는 대통령령이 정하는 바에 따른다(국민건강보험법 제71조).

건강보험법 시행령 제33조에서는 보수에 포함되는 금품의 범위를 규정하고 있다. 여기에는 봉급, 급료, 보수, 세비, 임금, 상여, 수당, 직급보조비, 소득세법이 규정하는 비과세소득의 일부와 이런 항목들과 유사한 성질의 금품이 포함된다. 그런데 이러한 규정을 마련하는 것은 입법 기술상 어려움을 주는 것도 아니고, 고도의 계산을 필요로 하는 것도 아니며, 자주 변경되는 사항도 아니다. 반면에 보험료의 재산권적 의미를 고려했을 때 보수의 범위를 정하는 것은 직장가입자의 재산권과 밀접한 관련이 있으므로 시행령 제33조의 규정은 법률에 의해 규율되어야 한다.

건강보험법 제70조 제3항은 "보수 관련 자료가 없거나 불명확한 경우 등 대통령령이 정하는 사유에 해당하는 경우에는 보건복지부 장관이 정하여 고시하는 금액을 보수로 본다"라고 규정하면서, 일차적으로 대통령령이 정하는 사유를 시행령으로 정하도록 위임하고 있다. 그런데 시행령 제33조 제2항에서는 건강보험법 제70조 제3항의 법 규정을 반복하면서 대통령령으로 정하는 사유에 해당하는 경우를 명확하게 언급하지 않으며, 시행령 제36조 제5항에서는 보수월액을 산정하기 곤란하거나 보수를 확인할 수 있는 자료가 없는 경우에 건강보험공단의 정관이 보수월액의 산정방법과 보수의 인상·인하 시 보수월액의 변경 신청 등 필요한 사항을 규정하도록 재위임하고 있다. 보수월액을 산정하기 곤란하거나 보수를 확인할 수 있는 자료가 없는 경우일지라도, 해당 사항이 직장가입자의 재산권과 직접적으로 관련되어 있는 것은 명백하다. 이와 같이 기본권의 하나인 재산권과 관련된 경우에는 법률에 건강보험공단에 재위임하라는 규정이 명시되어야 하겠지만, 그것보다는 법률에서 해당 사항을 규율해야 할 것이다. 보수월액을 산정하기 곤란하거나 보수를 확인할 수 있는 자료가 없다는 이유로 법률에서는 아무런 규율을 하지 않고, 건강보험공단이 해당 사항을 결정하도록 하는 것은 문제이다. 기본권에 관련된 사항에 대한 규율은 민주적인 대표성을 갖는 국회에서 마련해야 하기 때문이다. 보수에 대한 증빙 자료가 없거나 불명확한 경우를 고려했을 때, 입법 기술상 국회의 규율이 어렵다면 국회는 보수가 불분명한 근로자의 보험료 산정방법에 관한 최소한의 기준이라도 마련해야 할 것이다. 구체적인 사항은 그다음에 위임입법으로 규정할 수 있을 것이다.

건강보험법 시행령 제32조는 보수월액의 하한을 28만 원, 상한을 7810만 원으로 규정하고 있다. 보수월액의 상·하한 결정은 보험 재정에 미치는 영향이 클 뿐만 아니라, 해당 규정은 직장가입자의 재산권에도 영향을 미치게 된다. 보수월액의 하한선을 올리면 저소득근로자의 부담은 늘고, 상한선을 내리면 고소득 근로자는 그만큼 부담이 줄게 된다. 따라서 이렇게 근본적이고 중요한 사항은 국회 스스로 결정해야 한다. 이것 역시 입법 기술상 어려움을 주거나, 수시로 변하는 것이 아니기 때문에 국회가 규율하지 못할 이유가 없다.

지역가입자의 보험료액은 세대 단위로 산정되고, 이 보험료액은 지역가입자의 소득, 재산 등을 근거로 산정한 보험료부과점수를 근거로 해 결정된다. 보험료부과점수를 산정하기 위해서 포함되는 항목은 소득, 재산, 생활 수준, 경제활동참가율 등이다(국민건강보험법 제72조 제1항).[23] 건강보험법 제72조 제3항에서는 "보험료부과점수의 산정방법, 기준 그 밖에 필요한 사항은 대통령령으로 정한다"라고 규정하고 있다. 시행령 제42조에서는 보험료부과점수의 산정 기준이 되는 항목으로 소득세법(제16조에서 제20조)에 따른 이자소득, 배당소득, 사업소득, 근로소득, 연금소득과 지방세법 제105조의 규정에 의한 재산세의 과세 대상이 되는 토지, 건축물, 주택, 선박 및 항공기, 주택을 소유하지 않

---

23) 지역가입자의 보험료 산정 기준은 직장가입자와는 다르다. 직장가입자의 보험료가 가입자 개인을 기준으로 부과되는 데 반해서 지역가입자의 보험료는 세대 단위로 부과된다. 또한 직장가입자의 보험료는 가입자 개인의 소득만을 기준으로 부과되는 반면 지역가입자의 보험료는 소득, 재산, 생활 수준, 경제활동참가율, 자동차 크기 등 다양한 요소가 포함된다. 이러한 차이는 자영업자들의 소득 파악이 어렵다는 현실적인 문제에서 기인하는 것이다. 이런 현실적인 문제 때문에 발생한 형평성의 상실을 헌법재판소는 불가피한 것으로 인정한다(헌재 2003.10.30. 2000헌마801, ≪헌법재판소 판례집≫, 제15권 제2집(하), 106~136쪽). 그렇지만 이러한 산정 기준 차이가 헌법 제11조에서 보장하는 평등의 원칙을 위배하고 있다는 것을 부인할 수는 없다.

은 가입자의 경우에는 임차주택에 대한 보증금 및 월세금액, 지방세법 제124조 규정에 의한 자동차[24]라고 구체적으로 규정한다. 이와 같은 산정 기준 항목은 다시 시행령의 별표 4에서 규정한 산정방법에 의해 부과점수를 산정한다.

시행령 별표 4에 따라서 종합소득이나 농업소득이 연 500만 원을 초과하는 세대는 소득, 재산, 자동차로 보험료부과점수가 산정된다. 이때 소득은 건강보험공단의 정관이 정하는 방법으로 평가하여 합산한 소득금액에 따라서 점수가 부과된다. 재산은 토지, 건축물, 주택, 선박, 항공기의 재산세과세표준금액에 따라서 점수가 부과되고, 자동차는 차종, 배기량(또는 적재량), 사용연수에 따른 감액률을 반영하여 점수가 부과되며, 주택을 소유하지 않은 가입자의 경우 임차주택에 대한 보증금 및 월세금액은 건강보험공단의 정관이 정하는 방법에 따라서 평가한 금액에 대해 점수가 부과된다. 종합소득이나 농업소득이 연 500만 원 이하인 세대는 소득이 연 500만 원 이상인 세대와 같이 동일한 계산 방식으로 재산과 자동차에 대한 점수를 부과받는다. 다만 소득 대신 평가소득을 사용해서 합산한 점수가 첨가된다. 이때 평가소득은 생활 수준 및 경제활동참가율을 기초로 부과되며 가입자의 연령, 성, 장애 정도, 재산, 자동차가 포함된다. 이 경우 재산과 자동차 항목은 이미 재산과 자동차에 대한 별도의 기준을 두어 점수가 부과되었으나 평가소득을 산정할 때 다시 한 번 계산됨으로써 이중으로 계산되어 형평성을 잃고 있다. 다른 한편 건강보험법 시행령 제42조 제4항에서는 지역가입자의 보험료부과점수가 20점 미만인 경우에는 20점으로 하고, 1만 2680점을 초과하는 경우에는 1만 2680점으로 할 것을 규정하면서 보험료의 상한과 하한을 결정하고 있다.

건강보험법 제72조 제1항에서는 지역가입자의 보험료 산정에 포함되는 항목을 나열하고 있지만, 그 외 다른 항목이 행정부에 의해 추가될 수 있음을 허

---

24) 장애인복지법과 지방세법 제7조의 규정에 의한 자동차와 지방세법 시행령 제146조의 3의 규정에 따른 영업용 자동차는 보험료부과점수 산정에 포함되지 않는다.

용한다. 따라서 보험료부과점수를 산정하기 위해서 포함되는 항목들을 법률만으로는 파악할 수 없다. 실제로 자동차가 시행령을 통해 평가 항목으로 추가되며, 자동차 항목은 연 소득이 500만 원 이하인 세대의 보험료를 산정할 때는 이중으로 평가되고 있다. 위임의 내용을 구체화하지 않을 뿐 아니라 위임의 범위를 한정하지 않는 이러한 위임 형식은 헌법 제75조가 요구하는 위임 형식을 충족시키지 못한다. 그러나 헌법에 위배되는 위임 형식보다 건강보험법 제72조의 더 근본적인 문제는 보험료와 같은 재산권과 관련된 중요하고 근본적인 사항이 행정부에 의해 결정되고 있다는 것이다. 이것은 법치국가적 민주주의 원칙에 위배되는 것이다. 이 조항은 국가로부터 자유권과 재산권을 보호하려는 목적에서 마련되었던 고전적인 법치국가원칙조차 충족하지 못하고 있는 것이다. 지역가입자의 소득과 보증금 및 월세금액을 보험료의 산정을 위해서 점수화하는 산정방식을 건강보험공단의 정관(건강보험법 시행령 제42조 별표 4의 1호 가목과, 나목의 3)이 결정하는 것은 더 근본적인 문제이다(시행령 제42조 제5항). 국민건강보험공단 정관 제48조에 따르면 종합소득은 100%, 근로소득, 연금소득 및 농업소득은 20%씩의 소득평가율이 반영되어 소득으로 환산된다. 제49조에서는 전세보증금과 월세금액평가의 산정방식이 규정되어 있다. 전세는 '전세보증금 × 30%', 월세는 '(월세보증금 + 월세 × 2.5%) × 30%'가 산정방식이다. 정관에 의해서 이와 같은 산정방식이 결정되고, 이것에 근거해서 보험료가 결정된다는 것은 민주적 정당성이 결여된 것이다. 왜냐하면 보험료는 헌법의 재산권 보호 규정과 관련해서 지역가입자의 기본권과 관련되어 있기 때문이다. 이와 같은 기본권은 국민을 대표하는 국회가 스스로 마련한 규정을 통해서만 제한할 수 있는 것이다. 지역가입자의 보험료부과점수를 산정하기 위해서 건강보험법 시행령 제42조와 관련된 별표 4가 규정하고 있는 부과표준소득의 산정방법은 국회가 규정하지 못할 이유가 전혀 없다. 입법 기술상 이 규정들은 고도의 전문성을 필요로 하는 것도 아니고, 수시로 수정해야 할 내용도 아니다. 반면에 이 규정들은 헌법에서 보장하는 가입자의 재산권 행사와 관련해서 근본적이고 중요한 영향을 미치는 것들이다. 더욱이 지역가입자 보험료부과점수의 상한과 하한을 시행령으로 결정하는 것도 재산권 행사와 관련해서 근본적이고 중요한 영향을 미치는 것이다. 따라서 지역가입자의 보험료 산정에 필요한 항목과 방법도 국회가 법률을 통해 스스로 명확히 규정해야 한다.

사업 실패로 생활고에 시달리던 A 세대는 세대 소득의 11%가량을 차지하는 '과다하게' 책정된 건강보험 보험료를 경감해달라는 이의신청서를 제출했다.[25] 소득에 비해 지나치게 높게 부과된 보험료가 부당하다는 주장이다. 건강보험법에서는 지역가입자의 보험료 산정을 위해서 소득뿐만 아니라 재산, 경제활동, 자동차 등을 포함시키고 있다. 그리고 산정방법은 행정부에 위임되어 있다. 물론 A 세대가 지역가입자의 보험료 산정에 필요한 항목에는 소득 이외의 것이 포함된다는 것을 몰랐던 것은 명백하다. 하지만 법률에 산정방법이 구체적으로 규정되어 있지 않아서 이러한 오해가 더 증폭될 수 있다는 것이 문제다. 지금과 같이 위임입법에 의해 지역가입자 보험료 산정방식이 결정되면 지역가입자의 보험료는 A 세대처럼 소득의 11%가 될 수도 있고 그 이상도 될 수 있기 때문이다. 산정방식이 시행령이나 시행규칙으로 결정되기 때문에 지역가입자의 보험료 산정은 행정부의 권한에 달려 있다. 이것은 곧 지역가입자의 재산권이 행정부에 의해 임의로 침해받을 수 있다는 의미이다. 그러므로 현재와 같이 행정부가 결정하는 산정방식은 법률로 규율해야 한다.

2007년 4월 26일 헌법재판소가 판결한 '국민건강보험법제63조제4항등위헌소원(헌재 2005헌바51)'에서도 재산권과 관련된 보험료 산정방식이 문제가 되

---

25) 2007년 건강보험공단 보험료감액조정신청 내부 자료. A 세대가 2006년 7월 24일부터 지역가입자 자격을 취득했고, 보험료의 산정 근거로 소득을 문제 삼는 것으로 보아, 이 세대는 지역가입자 자격을 취득하기 전에는 소득으로 보험료를 산정하는 직장가입자에 속했던 것으로 판단된다. 자세한 것은 개인 정보에 관련된 사항이기 때문에 저자도 제한된 정보만을 사용할 수밖에 없었다.

었다. 법률사무소를 운영하고 있는 헌법소원 청구인 B는 2005년 6월 28일에 2002년 추가정산분 보험료 1061만 3720원을 납입하라는 건강보험공단의 결정에 불복하여 헌법소원을 제기했다. 청구인 B는 보수가 지급되지 아니하는 사용자의 표준보수월액의 산정 등에 관해 필요한 사항은 대통령령으로 정하도록 위임하는 구 건강보험법(법률 제5854호)의 제63조 제4항이 표준보수월액의 산정에 대한 개략적인 기준도 정하지 않기 때문에 포괄위임금지의 원칙에 위배되는 것이고, 이 때문에 재산권이 침해받는다고 주장했다(헌재 2007.4.26. 2005헌바51, 490). 이에 반해 헌법재판소는 근로기준법이나 국민연금법을 보면 사용자의 표준보수월액에서 보수의 의미를 대강 알 수 있고, 표준보수월액은 사용자가 영위하는 사업의 종류, 규모, 소득의 유형과 수입 시기 등의 요소들이 수시로 변화할 수 있으며, 더욱이 개인사업장의 사용자의 소득 파악이 쉽지 않은 입법 기술상의 어려움이 있기 때문에 위임입법의 필요성을 인정하고 있다(헌재 2007.4.26. 2005헌바51, 487쪽). 따라서 해당 법률 조항은 포괄위임금지의 원칙에 위배되지 않는다고 헌법재판소는 판결했다.

그런데 이 판례에서 헌법재판소가 결정 근거로 들고 있는 근거들이 과연 타당한지 살펴볼 필요가 있다. 헌법재판소가 근로기준법이나 국민연금법을 보면 사용자의 표준보수월액에서 보수의 의미를 대강 알 수 있다고 주장하는 바와 같이, 국민연금법에서의 규정도 대강의 정도만을 제시할 뿐이다. 이 경우에도 구체적인 사항은 시행령이 규정하도록 위임하고 있다. 더욱이 근로기준법에서 이 규정을 찾는 것은 쉽지도 않다. 설령 근로기준법이나 국민연금법에서 사용자의 소득 산정방식이 규정되어 있다고 해도, 가입자가 건강보험법이 아닌 다른 법을 통해서 건강보험의 보험료 산정방식을 예측할 수 있다는 것을 기대하는 것은 무리한 주장이다. 전문가조차도 현행 보험료 산정방식을 이해하는 것이 쉽지 않은데, 가입자가 관련법을 참고하여 자신의 보험료 산정방식을 파악할 수 있을 것이라고 기대하는 것은 불가능에 가깝다.

구 건강보험법(법률 제7590호) 제63조 제4항과 구 시행령(제19482호) 제38조

제1항 제1호의 위임을 근거로 2006년 12월 30일 새로 제정된 건강보험법 시행규칙(보건복지부령 제379호) 제35조의 제2항에 따르면 소득세법 제18조 및 제19조에 따른 부동산임대소득과 사업소득이 사용자의 보험료 산정 기준이 된다. 소득세법 제18조 및 제19조에서도 부동산임대소득과 사업소득의 대강을 정하고 그 범위는 시행령으로 정하도록 위임하고 있다. 그런데 부동산임대소득과 사업소득의 범위를 규정하고 있는 소득세법 시행령 제28조 및 제29조는 지난 10년 동안 개정되지 않았다. 표준보수월액은 사용자가 영위하는 사업의 종류, 규모, 소득의 유형과 수입 시기 등의 요소들이 수시로 변화할 수 있기 때문에 위임입법으로 규정되어야 한다는 헌법재판소의 주장대로라면, 소득세법 시행령 제28조 및 제29조는 벌써 수차례 개정되어야 했다. 따라서 사용자의 소득파악과 같은 수시로 변하는 사항을 법률로 정하는 것이 비현실적이라는 주장은 타당하지 않다.

이 판례에서 헌법재판소가 구 건강보험법(법률 제5854호)과 현 건강보험법의 제72조 제3항의 포괄위임금지 원칙의 위배를 인정하지 않는 것은 한층 더 근본적인 문제를 야기한다. 헌법재판소는 스스로 보험료가 국민의 재산권을 침해할 소지가 있다고 인정하면서도(헌재 2007.4.26. 2005헌바51, 497), 현실적인 이유 때문에 보험료 산정방식은 위임입법으로 규정해도 합헌이라고 보고 있다. 그러나 지금까지 살펴본 것과 같이 현실적인 이유라는 것은 타당성이 없다. 반면에 보험료가 위임입법으로 규율되면서 행정부에 의해 재산권이 침해받을 수 있는 가능성은 언제든지 존재한다. 보험료 정산이라는 명목으로 어느 날 1000만 원이 넘는 추가 보험료가 고지된다면 놀라지 않을 가입자가 누가 있겠는가?[26] 그리고 이것을 재산권 침해라고 생각하지 않을 가입자가 누가 있

26) 위임입법의 내용을 규율할 수 없는 모법의 위험성은 위임입법이 '잠긴 문 뒤에서' 중요한 사항들을 결정할 수 있고, 국민은 새롭게 결정된 사항들에 의해 놀랄 수 있다는 데에 있다(Staupe, 1986: 109).

겠는가? 건강보험법을 체계적으로 살펴보아도 어떻게 이런 추가 보험료가 부과될 수 있는지 가입자는 알 수 없다. 국회가 국민의 대표 기관으로서 국민의 기본권인 재산권을 보호해야 할 의무가 있다면, 시민인 가입자에게 어느 날 닥칠 수 있는 이런 당혹감을 사전에 예방해야 하는 것은 책무이다. 즉, 국회의 책무는 보험료 산정방식을 가능한 한 구체적으로 규율하는 법률을 마련하는 것이다. 그래서 가입자가 법률을 통해 자신의 보험료를 어느 정도 예측할 수 있어야 한다. 사용자의 보험료를 결정하는 기준인 소득의 범위를 규정하고 있는 소득세법 시행령이 10년 넘게 개정되지 않은 것으로 보아, 국회가 법률로 보험료의 산정방식을 규율하지 못할 이유가 없다. 당위성이 항상 효율성보다 우선되어야 하는 것은 아니지만, 국민의 기본권을 보호하고 실현해야 할 경우에는 당위성이 효율성보다 반드시 우선되어야 한다.

6) 소결: 국민건강보험제도와 의회유보 원칙

헌법 제34조 제1항은 국민의 사회적 기본권을 규정하고 있다. 건강보험수급권은 사회적 기본권에서 빠져서는 안 될 중요한 권리이다. 더욱이 보험료에 대한 반대급부의 의미를 갖는 요양급여 권리는 헌법이 보장하는 재산권 규정에 의해서 보호된다. 국민건강보험법은 이러한 사회적 기본권으로서의 건강보험수급권을 구현하기 위해서 국회가 제정한 법률이다. 따라서 국회는 국민건강보험법의 중요하고 본질적인 사항들을 스스로 규율해야 한다. 왜냐하면 오늘날 헌법이 보장하는 자유로운 삶을 유지하기 위해 국가시민에게 기회와 (사회보장적) 급부를 제공하는 국가의 역할은 기본권을 침해하지 않는 것 못지않게 중요하기 때문이다. 더욱이 오늘날 법치국가적 민주주의는 국민의 기본권과 관련된 사항에 대해 의회의 책임 있는 역할을 요청하고 있다.

그러나 국민건강보험법의 근본적이고 중요한 사항에 대한 한국 국회의 규율 정도는 이러한 시대적 요청과 동떨어져 있다. 사회적 기본권을 보장하고자 하는 건강보험제도의 중요한 구성 요소인 요양급여의 수준·범위·절차, 본인부담금 수준, 보험료 산정방식 및 수준 등은 의회가 제정하는 법률로 결정되는 것이 아니라, 행정부의 위임입법에 의해서 혹은 심지어 국민건강보험공단의 정관에 의해서 결정된다. 이러한 건강보험법 구조는 법치국가적 민주주의 원칙을 훼손하는 것이다. 국민의 기본권을 보호하고 적극적으로 실현해야 하는 국회가 자신의 근본적인 책임과 의무를 다하고 있지 않기 때문이다. 국회의 직무 유기로 건강보험의 핵심 사항들은 행정부에 의해 통제된다. 절반밖에 안 되는 건강보험의 보장성 문제나, 건강보험 가입자가 건강보험공단에 이의를 신청한 항목 중에서 가장 높은 비율을 차지하고 있는 보험료 문제에 대해 국회는 직접적인 영향을 미치는 기관이 아니라 간접적인 영향을 미치는 기관일 뿐이다.

사회적 기본권을 보호하고 적극적으로 구현해야 할 입법 활동이 의회 안에서 결여되고, 위임입법을 근거로 하여 행정부가 중요하고 본질적인 사항을 결정하게 되면, 정치 과정이 국회에서 생략되어 건강보험의 발전은 제약된다. 이러한 법 구조에서 정당은 유권자의 표를 확보하기 위해 건강보험제도를 정치도구로 활용하지 않기 때문이다. 아울러 행정부의 위임입법에 의해 중요하고 본질적인 사항이 결정되는 구조에서는 국회 내에서 사회적 합의 구조가 만들어질 수 없다. 따라서 이런 구조는 절반밖에 안 되는 건강보험의 보장성 문제가 국회 내에서 공론화될 수 있는 기회를 제공하지 않는다. 공론화 없이는 국민의 동의를 얻을 수 없고, 국민의 동의 없이는 건강보험의 보장성 확대를 위한 높은 보험료 인상은 가능하지 않게 된다.

법치국가적 민주주의 원칙에 근거하는 의회유보 원칙은 기본권 구현과 관련된 본질적이고 중요한 사항에 대해서 의회가 스스로 결정할 것을 요청하고 있다. 왜냐하면 국민을 대표하는 기관인 의회가 제정한 법률이 국민의 권리를 보호하고, 의무를 부과하는 것이 법치국가적 민주주의의 기본 원리이기 때문이다. 따라서 사회적 기본권을 실현하려고 하는 국민건강보험법의 핵심 사항들은 의회유보의 원칙을 따라서 국회에 의해서 통제되어야 하는 것이다. 이렇게 될 때 건강보험법과 건강보험제도는 정당성을 획득할 수 있다.

건강보험법의 본질적이고 중요한 사항을 국회가 스스로 결정할 때 발생하는 유익한 점은 건강보험제도에 대한 공론화가 다양하고 광범위하게 일어날 수 있다는 것이다. 이런 공론화는 건강보험에 대한 여론을 환기시키고 국민의 관심을 얻을 수 있다는 장점이 있다. 무엇보다 중요한 것은 국회 내에서 건강보험제도를 둘러싼 정치 과정이 생겨나고, 이 구조가 제도화된다는 것이다. 이것은 건강보험제도의 발전을 위한 메커니즘이 제도화된다는 것을 의미한다. 국회가 건강보험제도의 본질적이고 중요한 사항들을 스스로 결정한다면, 국회 안에서 정당들은 건강보험제도를 유권자를 확보하기 위한 정치 수단으로 사용하려고 하기 때문이다(이신용, 2007: 141). 민주주의 체제는 일정 연령에 달한 성인에게 선거권을 부여하기 때문에 정당들은 삶에 지대한 영향을 미치는 사회복지정책을 정치도구로 사용하는 경향을 띤다(Schmidt, 2004: 44). 따라서 유권자를 확보하기 위한 건강보험제도에 대한 정당 간의 경쟁은 건강보험제도의 발전 속도를 가속화한다. 그러므로 의회유보 원칙이 건강보험법에 적용되면, 국회 안에서 발생한 정치 과정을 통해 건강보험제도가 현재보다 빠르게 발전할 것이다.

더욱이 의회유보 원칙의 준수는 사회적 합의 구조를 만드는 계기를 제공한다. 국민건강보험의 문제 중 하나는 보장성의 확대 방안이다. 그런데 보장성 확대를 위해서 가장 필수적인 것은 충분한 재정을 확보하는 일이다. 일시적이고 단기적인 재정원이 아니라 건강보험의 보장성을 지속적으로 높게 유지시켜줄 수 있는 항구적인 재정원이 필요한 것이다. 결국 이런 재정원은 보험료를 부담하는 국민일 수밖에 없다. 의회유보 원칙이 건강보험법에 충실히 적용된다면, 건강보험제도를 이용해서 유권자의 표를 얻으려는 정치 과정이 국회 내에 제도화될 것이다. 이런 정치 과정에서 건강보험의 보장성을 확대하기 위해서는 국민의 부담이 증가하는 것의 불가피성이 공론화되고, 해결 방안에 대

〈표 5-6〉 2004년 개인 의료비 규모 및 재원 구성

	개인 의료비 규모	구성비
계	39.3조 원	100.0%
공공 재원	19.8조 원	50.3%
정부 재원	2.9조 원	7.3%
사회보장 재원	19.9조 원	43.0%
민간 재원	19.5조 원	49.7%
가계 부담	17.0조 원	43.3%
민영보험	1.7조 원	4.3%
기타	0.8조 원	2.1%

주: 공공 재원에는 의료급여에 대한 정부 부담, 공중 위생 및 예방 사업, 보건행정 비용을 포함함(단, 건강보험에 대한 정부 지원은 사회보장 재원에 포함). 사회보장 재원에는 건강보험, 의료급여, 산재 등의 급여 및 보험행정관리 비용이 포함되며, 민영 보험에는 민영 보험회사 이외에 자동차보험도 포함. 기타에는 기업 내의 직업보건, 병원 시설자본투자 등을 포함함.
자료: 정형선·신봉구(2006: 40).

한 사회적 합의가 국민의 동의를 기반으로 생겨날 것이다.

국민의 동의를 기반으로 하는 사회적 합의가 도출될 수만 있다면 건강보험의 보장성을 향상시킬 수 있는 막대한 재원 마련이 불가능한 것은 아니다. 왜냐하면 2003년 지출한 의료비 총액을 살펴보면 49.4%만이 공적제도를 통해 지출되었고, 50.6%는 사적제도나 본인의 호주머니에서 지출되었기 때문이다(OECD, 2005: 144, 145). 이것은 현재 본인 호주머니에서 지출되고 있는 의료비를 건강보험제도로 끌어들일 수만 있다면, 전체 의료비 지출의 큰 변화 없이 건강보험의 보장성 향상을 위한 재원 확보가 가능할 수 있다는 것을 시사한다. 〈표 5-6〉은 이러한 저자의 주장을 뒷받침한다. 즉, 2004년 개인 의료비 규모 및 재원 구성을 보면 민간 재원으로 가계는 무려 17조 원을 부담했는데, 이 재원이 건강보험의 보장성 확대를 위해서 지속적으로 사용될 수 있다면 당장은 이 액수 외에 추가적인 부담은 없어도 된다는 것을 의미한다. 다만 이것을 누가 어떻게 할 수 있는가가 관건이다. 사회적 합의를 전제하는 이러한 시도

는 행정부가 주도하는 현재와 같은 건강보험제도 운영 체계에서는 가능하지 않다. 행정부는 법을 집행하는 기관이지, 국민에게 동의를 구하고 이를 반영하여 법률을 제정하는 기관이 아니기 때문이다. 이러한 활동은 국민의 대표기관인 국회가 해야 할 몫이다. 막대한 민간 재원을 공공 재원으로 사용할 수 있기 위해서는 사회 각 집단의 이해를 대표하는 국회에서 많은 토론 과정을 거쳐서 합의를 도출해야 한다. 건강보험의 보장성 향상을 위해 민간에서 지출하고 있는 막대한 재원을 공적 분야로 끌어들일 방안을 어떻게 마련할 것인가는 국회가 감당해야 할 몫이다. 국민의 동의를 반드시 필요로 하는 이런 방안이 현실화되기 위해서는 국회가 국회 내에서 정치 과정을 통해 공론화를 시작해야 하고, 사회적 합의를 이루어 법률에 반영해야 한다. 따라서 현재 의회유보 원칙이 결여된 국민건강보험법에 의회유보 원칙을 적용하는 것은 건강보험의 보장성 문제를 해결하기 위한 과제이기도 하다.

3. 국민연금법

국민연금제도는 시민이 노령, 장애, 사망과 같은 위험에 처하게 될 때 발생하는 소득 상실을 대비하는 대표적인 사회보장제도이다. 국민연금제도가 제공하는 연금급여는 소득 상실에 의한 생활의 불안정성을 감소시킬 뿐만 아니라 복지를 증진하는 기능도 한다〔국민연금법(법률 제11511호) 제1조〕. 국민연금법에 의한 소득보장은 헌법이 보장하는 사회적 기본권을 구현하는 핵심적인 역할을 한다. 따라서 의회유보 원칙을 적용할 수 있는가를 판단하기 위한 첫째 조건인 기본권과 국민연금법의 연관성이 명확해진다. 다음으로 고려해야 할 사항은 이 연관성이 본질적인 것인가에 관한 것이다. 앞서 살펴보았듯이 어떤 사항이 기본권과 연관성이 있을 때 모두 의회가 직접 규율해야 한다는 것이 의회유보가 의도하는 것이 아니기 때문이다. 수많은 법률을 다루어야 하고,

수시로 변하는 사회 상황에 맞추어 시의적절하게 법률을 제정하고 개정해야 하는 의회의 업무 능력에는 한계가 있기 때문에 기본권과의 관련성만으로 모든 사항을 의회가 직접 통제할 수는 없다. 따라서 의회유보 원칙의 적용에 필요한 두 번째 조건인 기본권의 구현과 본질적인 관계를 충족시키는 사항만 의회의 직접적인 통제가 필요할 것이다. 국민연금법에서 이러한 조건을 충족시키는 사항들은 대상자에 관한 사항, 조건에 관한 사항, 연금급여의 범위와 수준에 관한 사항, 연금 재정과 관련된 사항 등이다. 따라서 다음에서는 이와 관련된 사항을 집중적으로 분석할 것이다.

1) 노동자의 범위와 당연적용사업장

한국에 거주하는 모든 사람이 국민연금제도에서 제공하는 연금급여를 받을 수 있는 것은 아니다. 법으로 규정된 대상자만이 급여를 받을 수 있는데, 국민연금법에서는 18세 이상 60세 이하의 사람을 가입 대상으로 하고 있다. 이 연령에 해당하는 가입자들은 다시 사업장가입자와 지역가입자로 구분된다. 노령연금, 장애연금, 유족연금 등 국민연금에서 제공하는 각종 연금급여를 받기 위한 수급 조건이나 급여의 범위와 수준 등에서는 사업장가입자나 지역가입자 사이에 차별 같은 것은 없다. 다만 보험료를 산정하는 경우에 두 집단 사이에 차이가 발생한다. 사업장가입자의 경우에는 보험료를 가입자와 사용자가 절반씩 내고 있다. 반면에 지역가입자는 보험료를 가입자 혼자서 전부 지불해야 한다. 사업장가입자나 지역가입자가 동일한 소득일 경우에 지역가입자의 보험료 부담이 사업장가입자보다 두 배 더 늘게 된다. 따라서 노동자들은 사업장가입자로 분류되는 것이 경제적으로 더 유리하다. 노동자의 입장에서 보면 자신이 사업장가입자로 분류되느냐 혹은 지역가입자로 분류되느냐는 본질적인 문제이다. 그러나 국민연금법에서는 모든 노동자를 사업장가입자로 분류하지 않는다. 국민연금법(법률 제11511호) 제3조 제1항 제1호에서는 노동자에서 제외되는 자를 대통령이 결정하도록 위임하고 있다.

시행령(대통령령 제24647호) 제2조에서는 법의 위임을 받아서 노동자에서 제외되는 자를 규정한다. 일용 노동자나 1개월 미만의 기한을 정해 사용되는 노동자, 소재지가 일정하지 아니한 사업장에 종사하는 노동자, 1개월 동안의 노동시간이 60시간 미만인 단시간노동자 등은 노동을 하지만 노동자로 분류되지 못한다. 이 부류에 속하는 노동자들은 지역가입자로 분류되어 사업장가입자로 분류되는 것보다 두 배로 보험료를 내야 한다. 그러므로 이들에게는 적지 않은 경제적 불이익이 발생한다. 따라서 이 집단에 속하는 노동자들에게 이 노동자 제외 규정은 매우 중요한 의미가 있다. 문제는 이렇게 중요하고 본질적인 의미를 갖는 사항의 결정권한을 시행령에 위임하는 데 있다. 사업의 특성상 사업장을 자주 이동할 수밖에 없는 특성 때문에 사업장가입자로 분류할 수 없다든지 하는 불가피한 사정이 있다 하더라도 이러한 사정이 노동자에서 제외되는 집단을 결정하는 권한을 시행령으로 위임하는 정당한 근거가 될 수 없다. 왜냐하면 의회유보 원칙은 기본권과 본질적인 관련을 맺고 있는 사항에 대해서는 의회가 직접 법률로 규율할 것을 요청하고 있기 때문이다. 사업장가입자냐 지역가입자냐는 보험료 부담의 정도에서 차이가 나기 때문에 재산권과 밀접한 관계를 맺고 있다. 따라서 노동자에서 제외하는 규정은 국회가 직접 규율하는 것이 의회유보의 원칙을 실현하는 것이다.

노동자의 범위 외에도 의회유보 원칙이 적용되어야 할 사항이 있다. 제8조는 국민연금이 적용될 사업장가입자의 범위에 관한 규정이다. 그런데 그 범위에 대한 결정권한을 시행령으로 위임하고 있다. 시행령 제19조에서는 당연적용사업장으로 한 명 이상의 노동자를 사용하는 사업장을 규정한다. 따라서 현재는 모든 사업장에 국민연금이 적용된다. 국민연금제도가 처음 시행되기 시작한 1988년에는 시행령으로 10명 이상의 노동자를 사용하는 사업장을 사업장으로 규정했고, 나중에 다섯 명으로 그 범위를 넓혔다. 시행령을 통해서 당연적용사업장의 범위를 넓혀온 것이다. 이는 앞에서 살펴본 '노동자의 범위에서 제외되는 노동자'의 문제와 동일한 문제가 과거에 있었다는 것을 의미한다. 그러나 현재는 모든 사업장에 국민연금제도가 적용되기 때문에 시행령으로 적용이 제외되는 사업장은 없다. 그렇다면 굳이 당연적용사업장에 대한 결정 권한을 시행령에 위임할 필요는 더 이상 없다. 법률로 당연적용사업장을 노동자 한 명 이상을 사용하는 사업장으로 규정해도 큰 문제는 없기 때문이다.

또한 법 제6조에서는 국민연금 가입 연령에 해당하나 가입 대상을 제한하는 단서 조항이 있는데 이 또한 시행령으로 결정하도록 위임하고 있다. 시행령 제18조에서는 노령연금의 수급권을 취득한 자 중 60세 미만의 특수 직종 근로자와 조기노령연금의 수급권을 취득한 자를 가입 대상에서 제외시키고 있다. 이 사항이 갖고 있는 중요한 의미를 고려할 때 법률로 규율하는 것이 바람직해 보인다.

2) 유족연금과 장애연금의 수급 조건

국민연금보험의 가입자가 자동으로 연금을 받게 되는 것은 아니다. 국민연금법은 연금을 수급할 수 있는 조건을 규정하고 있다. 기본연금은 최소 가입 기간인 20년을 채워야 수급이 가능하다(국민연금법 제51조). 퇴직 후 노령으로 인해 소득활동을 하지 못하게 될 때 받게 되는 노령연금은 최소 10년의 가입 기간을 채워야 수급이 가능하다(국민연금법 제61조). 가입 중에 생긴 질병이나 부상으로 생긴 장애가 있는 경우에 받는 장애연금은 장애나 부상에 대한 초진일初診日부터 1년 6개월이 지나도 장애가 남은 경우에 수급이 가능하다(국민연금법 제67조). 유족연금은 노령연금 수급권자나 가입자, 가입 기간이 10년 이상인 가입자였던 자 혹은 장애등급이 2급 이상인 장애연금 수급권자가 사망하면 유족에게 연금이 지급된다(국민연금법 제72조). 이와 같이 국민연금에서 제공하는 각종 연금에 대한 수급 조건은 대체로 법률로 규율하고 있어서 의회유보의 원칙이 적용되고 있는 듯하다. 그러나 모든 사항이 법률로 통제되고 있는 것은 아니다. 특히 유족연금과 장애연금 같은 경우에는 중요한 사항의 결정권한이 시행령에 위임되고 있다.

장애연금은 장애가 남았다고 해서 조건 없이 지급되는 것은 아니다. 앞에서 언급했듯 초진일부터 1년 6개월이 지나고 나서 여전히 남아 있는 장애 정도에 대해서 심사를 한 후 지급 여부가 결정된다. 국민연금법 제67조 제5항에 따르면 장애연금은 장애등급이 1등급부터 4등급일 경우에만 제공된다. 따라서 장애의 등급을 정하는 기준과 장애 정도에 대한 심사가 장애연금의 수급을 결정하는 본질적인 사항이 된다. 그런데 국민연금법에서는 이 사항들에 대한 결정권한을 시행령에 위임하고 있다(제67조 제5항). 시행령 제46조에서는 장애를 1등급에서 4등급까지 구분하는 기준을 제시하고 있다. 두 팔이나 두 다리를 전혀 쓸 수 없는 장애가 남은 경우 등은 1등급으로, 음식물을 먹는 기능이나 말하는 기능을 상실한 경우 등을 2등급으로, 한 팔이나 다리의 3대 관절 중 두 관절을 쓸 수 없도록 장애가 남은 경우 등은 3등급으로, 척추에 기능장애가 남은 경우 등은 4등급으로 구분하고 있다. 장애연금을 신청하는 자에게는 이러한 구분기준이 매우 중요할 수밖에 없다. 이 구분기준에 따라서 장애연금을 받을 수도 있고, 받지 못할 수도 있기 때문이다.

시행령으로 규정되어 있는 장애등급 구분 기준은 의학적 관점에 초점을 맞추고 있다. 그러나 장애등급 구분 기준을 의학적 관점으로 결정하게 되면 장애연금의 목적을 충분히 달성하지 못하는 경우가 발생할 수 있다. 장애연금의 목적은 장애로 발생하는 소득 상실을 보전하는 것이다. 장애가 경미해도 소득 활동이 어려워 장애를 얻기 이전에 벌었던 소득보다 훨씬 적은 소득을 버는 경우가 있을 수 있고, 반면에 장애가 비교적 심각해도 소득 활동에 큰 지장이 없어서 장애를 얻기 이전에 벌었던 소득과 비교했을 때 변화가 크게 없을 수도 있기 때문이다(강동욱, 2008: 67, 381). 따라서 시행령에 규정된 것과 같이 장애등급 구분 기준을 의학적 관점에 초점을 맞출 경우 실제 소득 상실의 정도를 충분히 반영하지 못하는 문제가 발생한다. 또한 장애등급 구분 기준을 규정하는 주체는 행정부이기 때문에 구분기준을 엄격하게 만들어서 장애연금 수급자를 줄일 수도 있다는 문제가 있다. 따라서 이와 같이 중요한 의미를 갖는 장애등급 구분 기준은 민주적인 정당성을 갖고 있는 국회에서 결정될 때 의회유보의 원칙을 구현할 수 있다.

유족연금의 수급 조건은 법률로 상당히 자세하게 통제하고 있다(국민연금법 제73조). 그러나 의회유보가 실현되어야 할 부분이 여전히 남아 있다. 국민연금법 제73조는 가입자 또는 가입자였던 자가 사망할 당시 생계를 유지하고 있던 배우자, 자녀, 부모, 손자녀, 조부모를 유족의 범위에 넣고 있다. 그런데 생계를 유지하고 있던 자에 대한 인정기준은 시행령으로 결정하도록 위임하고 있다(국민연금법 제73조 제1항). 시행령 제47조에서는 배우자나 자녀일지라도 가출이나 실종 등으로 명백하게 부양 관계가 없는 경우에는 유족연금의 지급을 거부하고 있다. 유족의 범위에 포함되더라도 부양 관계가 성립되지 않는 경우에는 배우자나 자녀일지라도 유족연금의 수급이 가능하지 않게 되는 것이다. 따라서 배우자나 자녀의 입장에서는 유족으로 인정되느냐 안 되느냐가 향후 삶에 지대한 영향을 미치게 된다.

아울러 유족연금은 배우자가 소득이 있는 업무에 종사하는 경우에 급여 지급을 제한한다. 국민연금법 제76조 제1항은 유족연금의 수급권자인 배우자에게 수급권이 발생하면 3년 동안 유족연금을 지급한 후에 55세가 될 때까지 지급을 정지시키고 있다. 다만 배우자에게 지급되는 유족연금의 지급이 지급 개시 후 일률적으로 3년 후에 정지되는 것은 아니다. 배우자가 일정한 소득 이하의 업무에 종사하는 경우에는 나이에 상관없이 지속적으로 지급된다. 국민연금법 제76조 제1항 제3호는 일정한 소득이 있는 업무에 관한 기준을 시행령이 정하도록 위임하고 있다. 시행령 제45조는 배우자의 사업소득이나 근로소득 등이 전체 연금 가입자의 평균소득 이하일 경우에 유족연금을 정지 없이 계속 받을 수 있다고 규정하고 있다. 2006년 3월 2일 시행령 개정 이전에는 소득이 있는 업무는 연간 500만 원(월 42만 원) 이상의 소득을 의미했다. 이 수준이 너무 엄격하고 비현실적이라고 판단하여 현재와 같은 기준으로 바뀌었다. 유족의 입장에서는 유족연금을 받으면서도 일할 수 있는 허용 범위가 늘어난 것이다. 이와 같이 소득이 있는 업무에 관한 기준은 유족에게 유족연금의 수급과 생계의 보장과 관련된 본질적인 사항이다. 이와 같은 중요한 사항은 법률로 직접 통제하여 의회유보 원칙을 구현하는 것이 바람직하게 보인다. 소득이 있는 업무에 대한 기준은 조기노령연금의 수급 여부를 결정할 때도 사용되는데, 이 결정권한도 시행령에 위임되고 있다(국민연금법 제66조 제1항). 소득이 있는 업무에 관한 기준은 법률로 직접 통제해야 할 것이다.

3) 보험료 산정 기준

다른 사회보장제도와 마찬가지로 국민연금제도를 운영하기 위해서는 재원이 필요하다. 국민연금제도는 사회보험 방식이기 때문에 가입자의 기여금과 사용자의 부담금으로 그 재원을 마련한다. 앞에서도 말했듯이 사업장가입자의 경우에는 가입자인 노동자가 보험료의 절반을 부담하고, 나머지 절반은 사용자가 부담한다. 지역가입자의 경우에는 가입자 혼자서 모든 보험료를 지불한다. 이와 같이 보험료가 국민연금의 재원을 마련하는 주요한 원천이기 때문에 보험료를 어떻게 산정하느냐는 매우 중요한 문제이다.

국민연금법 제3조 제1항 제3호부터 제5호와 제88조에서는 보험료를 산정하는 기준으로 소득과 보험료율을 제시하고 있다. 제88조 제3항은 소득에 대한 9%를 국민연금 보험료로 내도록 규정하고 있다. 사업장가입자의 경우에는 가입자가 소득의 4.5%를 내고 나머지 4.5%는 사용자가 지불한다. 지역가입자의 경우에는 혼자서 소득의 9%를 지불한다.

앞서 살펴보았듯이 보험료는 보험료율과 소득에 따라서 결정된다. 따라서 한 가입자의 보험료가 결정되려면 이 두 가지 사항이 결정되어야 한다. 보험료율은 국민연금법으로 직접 규율되고 있어서 의회유보의 원칙이 구현되고 있지만, 소득은 법률로 규율되는 부분이 제한적이다. 사업장가입자인 노동자의 경우에는 노동을 제공하여 얻은 수입이 소득이 된다. 다만 비과세소득은 소득에서 제외되는데 이 결정은 시행령에 위임하고 있다. 지역가입자의 경우에는 사업 및 자산을 운영하여 얻는 수입에서 필요한 경비를 제외한 금액이 소득이 된다(국민연금법 제3조 제1항 제3호). 이와 같이 법에서는 소득에 대한 대강의 내용만을 규정하고 있고, 구체적인 소득 범위에 대한 결정은 시행령으로 결정하도록 위임하고 있다.

시행령 제3조에 따르면 농업소득, 임업소득, 어업소득, 사업소득이 사용자와 지역가입자의 소득이다. 노동자의 경우에는 근로소득이 소득이다. 다만 노동자와 사용자의 소득 범위는 소득세법의 규정에 따라서 결정되어야 한다(시행령 제3조 제1항 제2호, 제2항 제5호). 그런데 소득세법에서도 소득의 범위에 대한 결정권한은 시행령에 위임하고 있다. 소득세법(법률 제12169호) 제20조 제1항은 봉급, 급료, 보수, 세비, 임금, 상여, 수당과 이와 유사한 성질의 급여를 근로소득으로 규정한다. 그러나 구체적인 근로소득의 범위는 소득세법 시행령으로 위임하고 있다(국민연금법 제20조 제3항). 사업소득의 경우도 유사하다. 국민연금법 제19조 제1항에서는 농업, 광업, 제조업 등에서 발생하는 소득을 사업소득으로 규정하고 있으나, 사업소득의 범위는 시행령으로 위임하고 있다(국민연금법 제19조 제3항).

보험료는 국민연금의 재정을 마련하는 기본적인 수단이기 때문에 매우 중요한 의미가 있다. 아울러 재산권과도 본질적인 관계를 맺고 있다. 헌법이 재산권에 대한 보장을 선언하고 있기 때문에 하위법령에서는 시민의 재산권적 기본권이 보호되도록 규정이 마련되어야 한다. 그런데 국민연금법에서는 보험료를 결정하는 중요한 사항인 소득의 범위를 결정하는 권한을 시행령에 위임한다. 이와 같은 위임 행태는 의회유보의 원칙에서 벗어나 있는 것이다. 소득의 범위를 국민연금법으로 직접 규율할 필요가 있다.

4) 급여 수준 및 범위

국민연금급여는 기본적으로 가입자의 소득 수준과 가입 기간에 따라서 그 수준이 결정된다. 따라서 보험료와 관련된 사항에서 살펴본 바와 같이 가입자의 소득에 관한 사항은 가입자의 생활보장에 매우 본질적인 사항임을 알 수 있다. 가입자의 연금 수준은 전체 가입자의 소득과 가입자 본인의 소득에 따라 결정되기 때문에 전체 가입자의 소득과 가입자 본인의 소득이 어떻게, 어떤 기준으로 산정되느냐에 따라서 달라진다. 평균소득월액은 사업장가입자와 지역가입자 전원의 소득월액을 평균한 금액이다. 국민연금법은 평균소득월액이 어떻게 산정되는가를 법률로 명확히 밝히고 있다(국민연금법 제3조 제1항 제4호). 반면에 가입자 본인의 소득월액을 기준으로 결정되는 기준소득월액은 시행령으로 결정된다(국민연금법 제3조 제1항 5호).

시행령 제5조는 기준소득월액의 하한액과 상한액을 규정하고 있다. 기준소득의 하한액은 해당 연도의 평균소득월액을 전년도 평균소득월액으로 나눈 금액에 직전 적용 기간의 기준소득월액 하한액을 곱한 금액이다. 상한액은 해당 연도의 평균소득월액을 전년도 평균소득월액으로 나눈 금액에 직전 적용 기간의 기준소득월액 상한액을 곱한 금액이다. 기준소득월액의 하한액이 높을수록 더 많은 저소득 가입자들이 자신의 소득에 비해 상대적으로 높은 연금을 수령하게 된다. 상한액이 높아지면 연금 수준이 높은 수급자가 많아지게 된다. 2009년 12월 30일에 이 시행령 조항이 신설되었다. 이전에는 하한액을 22만 원으로, 상한액을 360만 원으로 고정시켰다. 이렇게 상한액과 하한액이 고정되면 물가 변동이나 임금 변동을 반영할 수 없게 된다. 그래서 지금과 같이 소득과 물가의 변동에 연동하는 상한액과 하한액 산식이 마련되었다. 그런데 이러한 사항은 가입자의 생활보장의 수준과도 중요한 관계를 맺고 있을 뿐만 아니라 연금 재정에도 중요한 영향을 미치기 때문에 이런 사항이 시행령에 의해서 결정되는 것보다는 법률로 규정하는 것이 의회유보의 원칙에 조응한다.

국민연금의 연금급여는 노령연금, 장애연금, 유족연금으로 이루어져 있는데 연금 수준을 결정할 때 일반적으로 기본연금액이 사용된다. 기본연금액은 20년의 가입 기간을 전제로 평균소득월액과 기준소득월액을 합한 금액에 1.2배를 곱한 금액이다(국민연금법 제51조). 평균소득월액은 연금 수급 전 3년간의 평균소득월액을 전국소비자물가변동률에 따라서 환산하여 합한 금액을 3으로 나눈 금액이다(국민연금법 제51조 제1항 제1호). 기준소득월액은 가입자의 가입기간 중의 소득이기 때문에 과거의 소득을 현재의 가치로 환산하는 것이 중요하다. 만일 과거의 소득을 그대로 계산할 경우에는 화폐가치의 하락으로 연금 수준이 낮아진다. 따라서 국민연금법에서는 과거의 소득을 현재의 가치로 환산하여 연금 수준을 결정한다. 그런데 과거의 소득을 어떤 기준으로 현재의 가치로 환산하느냐에 따라서 연금 수준과 연금 재정에 중요한 영향을 미치게 된다. 과거의 소득을 과도하게 평가할 경우에는 너무 많은 연금을 지급해야 하는 문제가 발생할 수 있기 때문이다. 그런데 국민연금법은 이렇게 중요한 역할을 하는 과거 소득의 재평가를 시행령에 위임하고 있다(제51조 제1항 제2호). 시행령 제36조에서는 전국소비자물가변동률을 반영한 평균소득월액을 이용하여 과거 소득을 현재 가치로 환산하는 방식을 규정하고 있다. 시행령에서는 2001년 전까지는 과거 소득을 현재 가치로 환산할 때 임금변동률을 사용했는데, 이후에는 소비자물가변동률을 사용하고 있다. 일반적으로 임금상승률이 소비자물가 상승률보다 높기 때문에 임금상승률로 과거 소득을 현재 가치화 하면 연금수급자는 소비자물가 상승률을 사용할 때보다 더 많은 연금을 수급할 수 있다. 따라서 과거의 소득을 어떤 기준으로 어떻게 산정하느냐는 가입자에게는 매우 본질적인 문제이다. 이런 사항을 시행령에 위임하는 것은 의회유보의 원칙에서 벗어난 것이다.

2011년 12월 31일에 신설된 국민연금법 제100조의 제3조항은 연금 보험료의 지원에 관한 내용을 담고 있다. 규정에 따라서 한 명 이상의 노동자를 사용하는 모든 사업장은 국민연금제도의 당연적용사업장이다. 따라서 다섯 명 이하의 노동자를 고용하고 있는 영세사업장도 당연적용사업장에 포함된다. 그런데 이 사업장 중에는 영세한 사업 규모 때문에 노동자의 보험금에 대한 사측 부담금을 지불하기 어려운 상황에 처한 경우도 있다. 이러한 사업장들은 생산비용의 절감이라는 이유로 국민연금 가입을 회피하기도 한다. 또한 이런 사업장에 종사하는 노동자는 임금 수준이 낮아서 연금 보험료를 지불할 여유가 없는 경우가 대부분이다. 상황이 이렇다 보니 영세사업장에 종사하는 많은 노동자가 국민연금의 사각지대에 놓여 있게 된다. 특히 비정규직 노동자의 경우는 더욱 심각하다. 이런 영세사업장의 상황을 고려하여 국민연금법에 보험료를 지원하는 조항이 신설되었다. 그런데 제100조 제3항은 보험료를 지원하는 사업장의 규모와 지원 수준에 대한 결정권한을 시행령으로 위임하여 법 조항만으로는 어떤 사업장이 어느 정도의 지원을 받는지 알 수 없다. 영세사업장이나 그곳에서 종사하는 노동자의 입장에서는 이 지원에 따라서 연금의 가입 여부가 결정될 수 있기 때문에 매우 중요한 사항이 아닐 수 없다. 그런데 법에서는 이런 중요한 사항에 대해서 스스로 결정하지 않고 행정부로 결정권한을 위임하여 보험료의 지원을 재량 급여로 만들고 있다. 시행령 제73조의 제2항은 노동자의 수가 10명 미만인 사업장이 지원금을 보조받을 수 있는 사업장이라 규정하고 있다. 그리고 기준소득월액이 보건복지부 장관과 고용노동부 장관이 고시하는 금액 이하를 받고 있는 노동자가 보험료 지원의 대상이 된다. 지원금은 보험료의 절반 안에서 지급된다(시행령 제73조의 3). 결국 시행령과 시행규칙을 보지 않고는 어떤 사업장에서 종사하는 어느 정도의 임금을 받는 노동자가 어느 정도의 보험료에 대한 지원을 받는지 법만으로는 알 수 없다. 이렇게 행정부에 모든 권한을 위임하는 법 조항으로는 해당 노동자가 자신의 생활에 대한 계획을 할 수 없다. 어느 순간에 시행령이나 시행규칙이 변경되어 보험료를 지속적으로 낼 수 없는 상황이 발생할 수 있기 때문이다. 따라서 보험료 지원에 관한 사항은 법률로 구체적으로 규정하여 해당 노동자들이 자신의 삶을 안정적으로 계획할 수 있게 해야 한다.

5) 소결

헌법이 보장하는 사회보장에 대한 권리를 실현하려면 국민연금의 역할이 절대적이다. 국민연금은 근로 활동 중에 발생한 장애로 인한 소득 상실이나 퇴직으로 인한 소득 상실을 대비하는 대표적인 사회보장제도이기 때문이다. 이런 의미에서 국민연금법에 대한 의회유보의 적용 가능성 여부를 논의하는 것은 무의미하다. 이를 반영하듯이 국민연금제도의 중요한 사항은 법률로 직접 통제되고 있다. 예를 들면 보험급여를 결정하는 연금급여산식은 법률로 직접 통제된다. 아울러 연금 수준에 영향을 미치는 전체 가입자의 소득인 평균소득월액의 산출 방식도 법률로 직접 통제된다. 직장가입자와 지역가입자의 보험료율도 법률로 통제하고 있다.

그런데 국민연금제도에서 중요한 사항인데도 여전히 결정권한을 행정부에 위임하는 경향도 있다. 앞서 언급했듯이 직장가입자로 분류되지 못하는 노동자의 범위, 장애등급을 구분하는 기준이나 유족연금이나 조기노령연금의 수급에 제한을 둘 수 있는 근로소득의 기준 등이 여전히 시행령에 의해 마련된다. 이러한 사항은 직장가입자로 분류되지 못한 노동자, 장애를 얻은 사람, 유족 혹은 조기노령연금 신청자에게 매우 본질적인 영향을 미치는 것들인데도 여전히 시행령으로 규율되고 있다. 또한 보험료의 크기를 결정하는 데 영향을 미치는 소득의 범위, 연금 수준에 영향을 미치는 과거 소득을 현재 가치로 재평가하는 기준, 연금의 크기에 영향을 미치는 기준소득월액의 하한과 상한을 결정하는 권한 등도 시행령으로 통제되고 있다. 이러한 사항도 가입자나 연금수급자에게는 적지 않은 영향을 미치는 사항이다. 그러므로 법률로 직접 규율하여 국민연금법에 실현된 의회유보의 정도를 더 강화할 필요성이 있다.

4. 고용보험법

고용보험법(법률 제12323호)[27]은 제1조에서 고용보험의 목적은 "실업의 예방, 고용의 촉진 및 근로자의 직업능력의 개발과 향상을 꾀하고, 국가의 직업 지도와 직업소개 기능을 강화하며, 근로자가 실업한 경우에 생활에 필요한 급여를 실시하여 근로자의 생활안정과 구직활동을 촉진함으로써 경제·사회발전에 이바지하는 것"이라고 밝히고 있다. 고용보험의 목적에서 제시되고 있는 바와 같이 고용보험은 시장자본주의적 산업사회에서 노동자를 보호하는 매우 중요한 기능을 하는 제도이다. 노동자는 시장자본주의적 산업사회에서 항상 실업의 위험에 놓여 있다. 따라서 고용보험은 이들을 실업으로부터 보호하는 기능을 해야 한다. 그래서 고용보험은 실업 예방과 고용 촉진을 위한 급여와 실업 시 생계를 돕는 급여를 제공하고 있다.

1) 적용 대상

고용보험의 적용 범위는 노동자를 사용하는 모든 사업 또는 사업장이다. 다만 산업별 특성 및 규모 등을 고려하여 대통령령으로 정하는 사업은 적용 대상이 아니다(법 제8조). 시행령 제2조에 따르면 농업·임업·어업 또는 수렵업 중 법인이 아닌 자가 상시 네 명 이하의 노동자를 사용하는 사업은 적용 대상에서 제외된다. 아울러 가사서비스업과 총공사금액이 2000만 원 미만인 공사나 연면적이 100m^2 이하인 건축물의 건축 또는 연면적이 200m^2 이하인 건축물의 대수선에 관한 공사도 적용이 제외된다.

고용보험법 제10조에 따르면 적용제외자도 있다. 65세 이후에 고용된 자나 자영업자는 실업급여에서 제외된다. 국가공무원법이나 지방공무원법에 따

27) 특별한 언급이 없으면 이 절에서 '법'은 '고용보험법'을 가리킨다.

른 공무원과 사립학교교직원 연금법의 적용을 받는 자도 적용제외자이다. 또한 법 제10조 제2호 및 제5호에서는 대통령령으로 적용제외자를 규정한다. 별정우체국법에 따른 별정우체국 직원과 1주간의 소정근로시간이 15시간 미만인 자를 포함하여, 1개월간 노동시간이 60시간 미만인 노동자는 적용이 제외된다.[28] 출입국관리법 시행령에 따른 일정한 체류자격 요건을 갖추지 못한 외국인 노동자도 일반적으로 적용이 제외된다(시행령 제3조).

앞서 언급한 법률과 시행령에 의해 고용보험 적용에서 배제된 노동자는 286만 명으로 전체 노동자에서 차지하는 비율은 16%에 달한다(김동헌, 2014: 523). 물론 법률로 적용을 제외하고 있는 집단인 공무원이나 사립학교교직원의 수를 빼면 시행령으로 적용이 제외되는 노동자의 비율은 이보다는 훨씬 적을 것이다. 하지만 적지 않은 숫자의 노동자가 시행령에 의해 적용 제외 대상자가 되고 있는 사실은 변하지 않는다. 적용 제외자 규모의 크고 작음을 떠나서 적용이 제외되는 노동자 한 명에게 본인이 적용제외 대상자라는 사실은 매우 본질적인 문제이다. 고용보험에서 제공하는 각종 급여를 받을 수 있는 권리가 처음부터 주어지지 않기 때문이다. 따라서 그 규모를 떠나서 적용 제외 대상자에 대한 규율을 법률로 정하는 것이 민주적인 정당성을 확보하는 방법이다.

2) 급여 수급 조건

고용보험은 실업의 예방, 고용의 촉진 및 근로자의 직업능력의 개발과 향상을 위해 고용안정 및 직업능력개발 사업을 실시하고 있다. 그런데 이 사업은 근로자의 수, 고용안정·직업능력개발을 위해 취한 조치 및 실적 등에 따라

28) 다만 생업을 목적으로 근로를 제공하는 자 중 3개월 이상 계속하여 노동을 제공하는 자와 법 제2조 제6호에 따른 일용근로자는 제외한다(시행령 제3조 제1항).

서 대통령령으로 정하는 기준에 해당하는 기업이 우선적으로 고려된다(법 제19조 제2항). 시행령 제12조 제1항에 따르면 우선 지원 대상 기업의 규모를 보면 제조업은 상시 사용하는 노동자의 수가 500명 이하, 광업, 건설업, 운수업 등은 300명 이하, 도매 및 소매업, 음식점업 및 숙박업 등은 200명 이하, 그 밖의 업종은 100명 이하로 규정하고 있다. 즉, 행정부가 우선 지원 기업을 자의적으로 결정할 수도 있다.

시행령 제17조는 고용창출의 실적이 있는 사업주가 어떤 경우에 임금 지원을 받을 수 있는지를 규정하고 있다. 사업주가 근로시간 단축, 교대근로 개편, 정기적인 교육훈련 또는 안식휴가 부여 등을 통해서 실업자를 고용해 노동자 수를 증가시킨 경우, 고용노동부 장관이 정하는 시설을 설치·운영하여 고용환경을 개선하고 실업자를 고용하여 노동자 수를 증가시킨 경우, 직무의 분할, 근무체계 개편 또는 시간제 직무 개발 등을 통해 실업자를 근로계약기간을 정하지 않고 시간제로 근무하는 형태로 새로 고용하는 경우 등이 지원 대상이다. 그런데 지원 대상 사업주의 범위, 지원 수준, 지원 기간 등은 고용노동부 장관이 정하도록 시행규칙에 재위임하고 있다(시행령 제17조 제2항).

경기의 변동, 산업 구조의 변화 등에 따른 사업 규모의 축소, 사업의 폐업 또는 전환으로 고용조정이 불가피하게 된 사업주가 노동자에 대한 휴업, 휴직, 직업전환에 필요한 직업능력개발 훈련, 인력의 재배치 등 노동자의 고용안정을 위한 조치를 취하면 대통령령에 정하는 바에 따라서 지원금을 받을 수 있다(법 제21조 제1항). 사업주가 법 제21조 제1항에 따라서 그 사업에서 고용한 피보험자[29]에게 고용유지조치를 취한 경우에 고용노동부 장관은 그 고용유지조치 기간과 이후 1개월 동안 고용조정으로 피보험자를 이직시키지 않은 경우에 지원금을 지급한다(시행령 제19조 제1항). 고용유지조치는 근로시간 조정, 교

29) 일용근로자, 근로기준법 제26조에 따라 해고가 예고된 자와 경영상 이유에 따른 사업주의 권고에 따라 퇴직이 예정된 자는 제외한다(시행령 제19조 제1항).

대제 개편 또는 휴업 등을 통해 역曆에 따른 1개월 단위의 전체 피보험자 총근로시간의 20/100을 초과하여 근로시간을 단축하고, 그 단축된 근로시간에 대한 임금을 보전하기 위해 금품을 지급하는 경우, 고용노동부령으로 정하는 바에 따라 고용유지를 위한 훈련을 실시하는 경우, 1개월 이상 휴직을 부여하는 경우를 포함한다(시행령 제19조 제1항). 또한 고용유지조치 기간에 사업주가 노동자를 새로 고용하는 경우와 3년 이상 연속하여 같은 달에 고용유지조치를 실시하는 경우에는 지원금의 지급이 제한된다(시행령 제19조).

사업주가 휴업이나 휴직 등 고용안정을 위한 조치로 노동자의 임금이 대통령령으로 정하는 수준으로 감소할 때 대통령령으로 정하는 바에 따라 노동자도 지원금을 받을 수 있다(법 제21조 제1항). 여기서 대통령령으로 정하는 임금수준은 평균임금의 50%이다(시행령 제21조의 2).

사업주가 30일 이상 휴업을 실시하고, 그동안 근로기준법 제46조 제2항에 따라 노동위원회의 승인을 받아 휴업수당을 지급하지 않거나 평균임금의 50% 미만에 해당하는 액수의 휴업수당을 지급하는 경우 피보험자인 노동자는 지원금을 받을 수 있다. 다만 사업주의 해당 조치가 적용되는 전체 피보험자의 수에 따라 지원금이 제한된다(시행령 제21조의 3 제1호). 전체 피보험자의 수가 19명 이하인 경우에는 전체 피보험자의 수의 50%가 사업주의 해당 조치에 적용되어야 한다. 전체 피보험자 수가 20명 이상 99명 이하인 경우에는 10명 이상의 피보험자가 조치 대상이어야 한다. 전체 피보험자 수가 100명 이상 999명 이하인 경우에는 전체 피보험자 수의 10%가 조치 대상이어야 한다. 전체 피보험자 수가 1000명 이상인 경우에는 조치 대상인 피보험자가 100명 이상이어야 한다.

이와 같은 규정들에서 알 수 있듯이 고용유지지원금을 수급할 수 있는 조건과 수급하지 못하는 조건들은 시행령이나 시행규칙으로 규정되고 있어서 급여의 수급은 행정부의 권한에 있다. 따라서 법적 안정성이 보장된 급여가 아니다. 이와 같이 급여 수급 조건을 대통령령이나 고용노동부령으로 위임한 조항들은 고용안정·직업능력개발 사업에서 제공하는 급여와 관련된 사항들에서 전반적으로 나타나고 있다. 고용 사정이 악화되는 지역에 사업을 이전하거나 신설하여 고용을 촉진한 사업주에게 제공되는 지원금, 고령자·장애인·여성가장 등 취업이 곤란한 집단을 고용한 사업주에게 제공되는 지원금, 피보험자 등의 직업능력을 개발·향상시키기 위해 직업능력개발훈련을 실시하는 사업주에게 제공되는 지원금 등 포함하여 각종 지원금에 대한 수급 조건들은 시행령이나 시행규칙으로 규정되고 있다. 고용안정·직업능력개발 사업에서 제공하는 급여에 대한 수급 조건이 이렇게 광범위하게 위임입법으로 통제되는 현상은 제고되어야 한다.

앞서 살펴보았듯이 고용안정 및 직업능력개발 사업에서는 다양한 급여를 제공하고 있다. 그런데 이 급여의 수급 조건들은 시행령이나 시행규칙으로 결정되는 것을 알 수 있다. 고용보험법에서는 수급 조건을 규정하지 않고 행정부가 정하도록 위임하고 있기 때문이다. 고용안정 및 직업능력개발 사업에서 제공하는 급여의 수급 조건을 행정부가 통제하고 있는 상황에서 이 사업의 지출은 매우 제한되어 있다. 1995년 고용보험제도가 시행된 이후 김대중 정부 시기를 제외하고는 국내총생산GDP 대비 고용안정 및 직업능력개발 사업 분야의 지출은 0.13%를 넘지 못하고 있다(고용노동부, 2014: 206, 474; 민효상 외, 2012: 53). 한국 총사회복지비 지출이 국제비교를 할 때 매우 낮은 수준인 것과 같이 고용안정 및 직업능력개발 사업의 지출도 매우 낮은 수준이다. 행정부가 계속해서 이 급여들에 대한 수급 조건을 통제한다면 이런 경향은 지속될 것으로 보인다. 고용안정 및 직업능력개발 사업의 활성화를 위해 이 급여들의 수급 조건에 대한 국회의 책임 있는 규율 행태가 필요해 보인다.

고용보험법 제40조는 이직일 이전 18개월 동안 피보험 단위 기간이 통산하여 180일 이상이어야 할 것을 실업급여를 받는 첫 번째 조건으로 규정하고 있다. 두 번째 조건은 근로의 의사와 능력이 있으나 취업을 못 한 상태이다. 아울러 중대한 귀책사유나 사업에 막대한 지장을 초래한 자 혹은 자기 사정으로 이직한 자는 일반적으로 실업급여를 신청할 수 없다. 다만 구체적인 사항은 고용노동부령에 따른다(법 제58조).

시행규칙 제101조 제1항은 사업에 막대한 지장을 초래하거나 재산상 손해를 끼친 경우를 규정하고 있다. 시행규칙에는 납품업체로부터 금품이나 향응을 받고 불량품을 납품받아 생산에 차질을 가져온 경우, 사업의 기밀이나 그 밖의 정보를 경쟁관계에 있는 다른 사업자 등에게 제공한 경우, 거짓 사실을 날조·유포하거나 불법 집단행동을 주도하여 사업에 막대한 지장을 초래하거나 재산상 손해를 끼친 경우, 제품이나 원료 등을 절취하거나 불법 반출한 경우 등이 규정되어 있다. 사업에 막대한 지장을 초래하거나 재산상의 손해의 범위를 막연하게 규정하는 조항이 여전히 있다.

자발적 이직이라도 수급 자격이 제한되지 않는 경우들이 시행규칙에 규정되어 있다. 이직일 전 1년 이내에 2개월 이상 실제 근로 조건이 채용 시 제시된 근로 조건이나 채용 후 일반적으로 적용받던 근로 조건보다 낮아진 경우, 임금 체불이 있는 경우, 소정근로에 대해 지급받은 임금이 최저임금법에 따른 최저임금에 미달하게 된 경우, 근로기준법 제53조에 따른 연장 근로의 제한을 위반한 경우, 사업장의 휴업으로 휴업 전 평균임금의 70% 미만을 지급받은 경우에는 자발적 이직이라도 수급 자격을 제한하지 않는다(시행규칙 제101조 제2항). 시행규칙은 이외에도 성별, 종교 등의 이유로 차별 대우를 받은 경우, 성희롱이나 성폭력 등의 성적인 괴롭힘을 당한 경우, 사업의 양도·인수·합병 등의 사정으로 사업주로부터 퇴직을 권고받은 경우 등 13가지 조건을 규정하여 자발적 이직이라도 수급 자격을 제한하지 않고 있다.

시행규칙으로 규정한 이런 경우를 제외하면 자발적 이직자는 실업급여 수급 자격이 제한된다는 의미이다. 자발적 이직자라도 시행규칙으로 실업급여를 허용할 수도 있고, 제한할 수도 있다는 의미이다. 2008년 한국노동패널을 이용한 연구 결과를 보면 실직한 임금노동자들이 실업급여를 받지 못하는 가장 큰 이유는 고용보험 미가입(53.9%) 때문이었고, 그다음은 자발적 이직

(21.7%) 때문이었다(이병희, 2013: 134). 자발적 이직의 사유로 실업급여를 받지 못하는 실직한 노동자가 적지 않다는 것을 알 수 있다.

조기재취업수당은 수급 자격자가 안정된 직업에 재취직하거나 스스로 영리를 목적으로 하는 사업을 영위하는 경우에 대통령령으로 정한 기준에 해당하면 지급된다(법 제64조 제1항). 대통령령으로 정한 기준이란 재취직이나 사업을 영위하기 전 2년 동안 조기재취업수당을 받지 않았으며, 구직급여의 급여일수를 1/2 이상을 남기고, 12개월 이상 고용된 경우나 사업을 영위한 경우를 말한다(시행령 제84조). 그런데 이 수급 기준은 1995년 고용보험이 시행될 때의 조건과 비교해보면 더 엄격하게 개정되었다. 1995년 제정된 시행령(대통령령 제14570호) 제61조에서는 구직급여의 급여일수를 남기는 조건은 없었다. 또한 고용될 것이 확실한 경우에도 지급을 허용했으나 현재는 고용된 경우로 한정되어 있다. 이런 변화는 지난 정부들에서도 나타난다. 김대중 정부 시기인 2000년에는 고용될 것이 확실한 기간을 1년에서 6개월로 완화시키는 시행령의 개정이 있었다(시행령 제61조 제1항, 대통령령 제16705호). 노무현 정부 기간인 2004년에는 6개월 이상 계속하여 스스로 영리를 목적으로 사업을 영위할 것이 확실하다고 인정되는 경우에도 조기재취업수당을 지급하도록 시행령이 개정되었다(시행령 제61조, 대통령령 제18555호). 김대중 정부와 노무현 정부에서의 시행령 개정은 수급자의 증가를 가져왔다는 평가를 받았다(안태현, 2014: 4). 이에 대한 조처로 이명박 정부에서 수급 기준이 강화된다. 2010년 시행령(제84조, 대통령령 제22026호)의 개정으로 구직급여의 소정급여일수를 30일 이상 남겼을 경우에만 수당을 지급하도록 조건이 강화되었다. 아울러 지금까지는 고용될 것이 확실한 경우이나 사업을 영위할 것이 확실한 경우에 수당을 지급해왔지만 시행령의 개정 이후 고용된 경우나 사업을 영위한 경우로 변경되었다. 고용과 사업 조건이 엄격해진 것이다. 이 수급 조건은 박근혜 정부에서 더 엄격해졌다. 2014년 시행령(제84조, 대통령령 제25955호)의 개정으로 구직급여의 소정급여일수를 1/2 이상 남긴 경우에 수당을 지급하도록 조건이 강화되었다.

또한 고용 기간과 사업을 영위한 기간도 6개월에서 12개월로 늘어났다. 수급 조건이 더욱 강화된 것이다. 이와 같이 조기재취업수당의 수급 조건은 시행령으로 통제되면서 정권에 따라서 완화되거나 엄격하게 규정되고 있다. 이와 같이 수급 조건이 시행령으로 통제되는 상황에서 수급자는 수당의 수급 여부를 예측할 수 없게 된다.

자영업자인 피보험자도 구직급여를 받을 수 있다. 하지만 법률과 위임입법으로 규정되고 있는 구직급여의 수급 조건은 까다로워 보인다(법 제69조의 7). 특히 시행규칙으로 규정되고 있는 조건들은 수급 조건을 엄격하게 만들고 있다. 시행규칙 제115조의 2는 자영업자인 피보험자가 본인의 사업이나 사업장과 관련하여 형법 제13장의 죄를 범하여 금고 이상의 형을 선고받고 폐업한 경우, 형법 제347조, 제351조, 제355조, 제356조 또는 '특정경제범죄 가중처벌 등에 관한 법률' 제3조에 따라 징역형을 선고받고 폐업한 경우에 급여를 지급하지 않는다고 규정하고 있다.

아울러 시행규칙 제115조의 3은 더 많은 제한 규정을 제시하고 있다. 폐업 직전 6개월 동안 연속하여 적자를 낸 경우, 폐업 직전 3개월(기준월)의 월평균 매출액이 기준월이 속하는 연도 직전 연도 중 같은 기간의 월평균 매출액 또는 기준월이 속하는 연도 직전 연도의 월평균 매출액 중 어느 하나에 비해 20/100 이상 감소한 경우, 기준월의 월평균 매출액과 기준월 직전 2분기의 분기별 월평균 매출액이 계속 감소 추세에 있는 경우, 자연재해에 의한 폐업, 친족의 질병·부상 등으로 자영업자인 피보험자가 직접 간호해야 하는 경우 등 시행규칙이 정하는 경우에 한해 구직급여의 신청이 가능하다.

또한 법 제69조의 8은 자영업자인 피보험자가 보험료를 체납했을 경우에 실업급여의 지급을 제한하는데, 체납 횟수에 관한 사항은 고용노동부령으로 정하도록 위임하고 있다. 시행규칙 제115조의 4는 실업급여의 지급을 제한하는 보험료 체납 횟수를 규정한다. 체납 기간은 피보험 기간이 1년 이상 2년 미만이면 1회, 2년 이상 3년 미만이면 2회, 3년 이상이면 3회로 제한된다.

3) 보험료 산정 기준

고용보험의 운영을 위해 가입자인 노동자와 사업주는 보험료를 지불한다. 사업에 따라서 보험료를 지불하는 주체가 다르다. 고용안정·직업능력개발 사업에 필요한 재원은 사업주가 지불하는 보험료만으로 충당되고, 실업급여에 필요한 재원은 노동자와 사업주가 공동으로 부담하여 충당된다.

실업급여에 대한 보험료는 해당 노동자의 보수총액에 보험료율을 곱해 결정된다. 따라서 노동자의 보수총액과 보험료율이 정해져야 보험료를 산출할 수 있다. 노동자의 보수총액은 보수의 범위를 어떻게 규정하느냐에 달려 있다. 예를 들면 보수의 범위를 급여나 임금만으로 정하면 수당이나 상여금 등이 빠져서 보험료는 그만큼 적어진다. 반대로 수당이나 상여금 등을 보수의 범위에 포함시키게 되면 보험료는 그만큼 커진다. 그러므로 보수의 범위는 보험료를 결정할 때 매우 중요한 영향을 미친다. '고용보험 및 산업재해보상보험의 보험료징수 등에 관한 법률(법률 제12526호)' 제2조 제3호에 따르면 보수의 범위는 소득세법이 규정하는 근로소득의 범위와 같다. 소득세법 제20조에서 규정하는 근로소득에는 노동을 제공하고 받는 봉급·급료·보수·임금·상여·수당과 이와 유사한 성질의 급여, 법인의 주주총회·사원총회 또는 이에 준하는 의결기관의 결의에 따라 상여로 받는 소득, 법인세법에 따라 상여로 처분된 금액, 퇴직함으로써 받는 소득으로서 퇴직소득에 속하지 않는 소득이 포함된다.

그런데 소득세법 제20조에서 규정하는 근로소득의 범위는 아직 구체적이지 않다. 어떤 급여가 노동을 제공하고 받는 급여인가에 대한 판단이 필요하기 때문이다. 그래서 소득세법 제20조 제3항에서는 구체적인 근로소득에 범위에 관한 필요한 사항은 대통령령으로 정하도록 위임하고 있다.

현재와 같이 소득세법 시행령 제38조가 근로소득의 범위를 규정하도록 개정된 1996년을 기준으로 했을 때, 근로소득의 범위를 규정하는 시행령의 내용은 몇 가지 사항이 추가되거나 삭제된 것 이외에는 지난 20년 가까이 크게 변한 것이 없다. 예를 들면 1996년 시행령에는 대학이나 연구 기관에서 제공하는 연구 활동비는 근로소득의 범위에서 제외되었으나 현재 시행령에는 이 사항이 삭제되어 있다. 노동자의 입장에서는 그만큼 보험료가 올라가기 때문에 재정적인 부담이 늘어난다. 또한 이 당시에는 없었지만 현재는 종업원에게 귀속되는 단체환급부보장성보험의 환급금이나 주식매수선택권의 행사로 얻은 이익은 근로소득의 범위에 포함된다. 이런 사항 역시 노동자의 보험료 부담을 증가시키는 요인이다. 이 외에는 근로소득의 범위를 규정하는 시행령의 내용은 과거와 비교했을 때 크게 달라진 것이 없다. 그런데 근로소득이나 보험료는 재산권과 관련된 중요한 사항이므로 법률로 근로소득의 범위를 규정하는 것이 기본권 보호의 차원에서 더 바람직하다.

소득세법 시행령에 근거해서 해당 노동자의 보수총액이 정해지면 보험료율을 곱해서 보험료를 산출한다. 고용보험 및 산업재해보상보험의 보험료징수 등에 관한 법률 제13조 제2항은 해당 노동자가 자신의 보험료율의 50%에 자신의 보수총액을 곱하여 보험료를 산출한다고 규정하고 있다. 사업주가 지불해야 하는 보험료도 같은 방식에 의해 산정된다. 해당 사업장의 전체 노동자의 보수총액에 실업급여보험료율의 50%를 곱해 실업급여 보험료를 산출한다. 고용안정·직업능력개발 사업 보험료는 노동자의 보수총액에 해당 보험료율을 곱해 산정한다. '고용보험 및 산업재해보상보험의 보험료징수 등에 관한 법률' 제14조 제1항에서는 3%의 범위 내에서 시행령으로 실업급여와 고용안정·직업능력개발 사업의 보험료율을 결정하도록 행정부에 위임하고 있다. 물론 제2항에서 보험료율의 수정은 고용보험위원회의 심의를 거치도록 제한을 두어 행정부의 자의적 결정을 견제하고 있다. 하지만 고용보험위원회는 고용노동부에 속한 위원회이므로 민주적인 대표성을 갖고 있다고 보기 어렵다. 보험료율을 법률로 결정하는 것이 민주적 정당성을 확보하는 방안이다.

4) 급여 수준 및 범위

실업급여는 구직급여와 취업촉진수당으로 구분된다(법 제37조). 취업촉진수당의 종류에는 조기재취업 수당, 직업능력개발 수당, 광역 구직활동비, 이주비가 있다.

구직급여는 근로기준법 제2조 제1항 제6호에 따라 산정된 평균임금으로 계산된 임금일액(이하 기초일액)으로 산정된다(법 제45조). 그리고 산정된 기초일액이 당시의 최저임금보다 낮은 경우에는 최저임금을 기초일액으로 한다. 그런데 이 기초일액은 "보험의 취지 및 일반 근로자의 임금 수준 등을 고려하여 대통령으로 정하는 금액을 초과하는 경우에는 대통령령으로 정하는 금액을 기초일액으로 한다"라는 법 조항(법 제45조 제5항) 때문에 시행령으로 그 수준이 결정된다. 그리고 법 제46조에 따라서 구직급여일액은 앞서 산정된 기초일액의 50%로 결정된다. 다만 최저임금으로 산정된 최저기초일액은 90%가 지급된다.

시행령 제68조에 따라서 최고 기초일액은 8만 원이다. 따라서 최고 구직급여일액은 4만 원으로 제한된다. 그런데 최고 구직급여일액은 1995년 고용보험제도가 시행된 이후로 아직까지 4만 원을 초과한 경우가 없다. 그동안 물가나 임금이 꾸준히 상승했음에도 불구하고 최고 구직급여일액은 4만 원으로 동결되어 있다. 최고 구직급여일액을 변경할 수 있는 권한은 고용노동부 장관에게 있다(시행령 제68조 제2항). 실업자의 삶에 중요한 영향을 미치는 구직급여의 수준이 고용노동부 장관의 권한에 놓여 있는 것은 민주주의 원리에 부합하지 않는다. 반면에 최저임금으로 산정되는 최저기초일액은 90%로 지급되도록 법률이 직접 규율하고 있기 때문에 고용노동부 장관이 결정할 수 없다. 또한 최저임금이 매년 상승 조정되고 있기 때문에 최저기초일액도 자동적으로 매년 상승하게 된다. 따라서 최저기초일액이 법률로 규율되는 것과 같이 기초일액의 상한도 법률로 규율되는 것이 민주주의 원리에 부합하는 것이다.

〈그림 5-1〉 고용안정사업 수혜 인원 및 지원금 추이

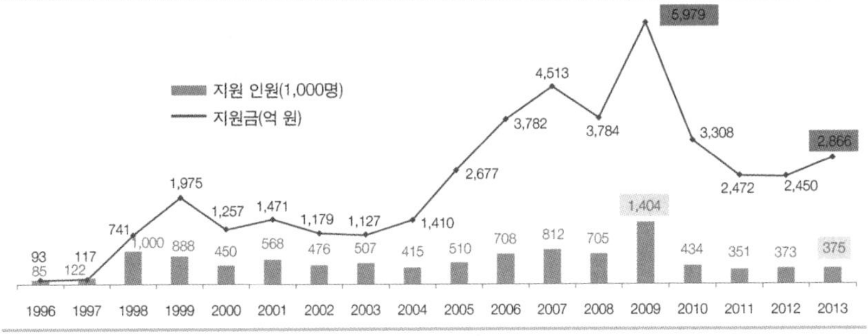

자료: 고용노동부(2014: 206).

〈표 5-7〉 연도별 직업능력개발 재정 투자 추이 (단위: 억 원)

구분	2005년	2006년	2007년	2008년	2009년	2010년	2011년	2012년	2013년
전체	8,584	9,752	11,583	13,971	14,494	15,209	15,576	16,167	16,837
고용보험기금 (근로자복지진흥 기금포함)	6,424	7,268	9,269	11,406	11,788	12,086	12,589	12,713	13,427
일반회계 (농특, 광특 포함)	2,361	2,484	2,314	2,565	2,707	3,123	2,987	3,454	3,410

자료: 고용노동부(2014: 475).

최고 구직급여일액에 대한 결정권한이 고용노동부 장관에게 위임되어 있는 것과 같이 고용안정·직업능력개발 사업에서 제공하고 있는 급여의 수준을 결정하는 권한도 고용노동부 장관에게 위임되어 있다. 또한 법 제20조는 고용을 창출하는 사업주에게 지원금을 제공할 수 있다고 규정하고 있는데, 지원금의 규모는 고용노동부 장관이 결정하도록 위임한다. 사업이 어려운 상황에서도 고용을 조정하여 실업을 방지한 사업주에게 제공되는 지원금, 고령자나 장애인과 같이 통상적으로 취업이 곤란한 사람을 고용한 고용주에게 지원되는 지원금, 직업능력개발 훈련에 참여한 노동자에게 제공되는 지원금 등 법 제20조부터 제32조에 규정된 고용안정·직업능력개발 사업에서 제공하는 모든 지

원금의 수준을 고용노동부 장관이 결정한다. 결국 고용안정·직업능력개발 사업에서 사업주나 노동자에게 제공하는 지원금의 수준은 고용노동부 장관이 임의적으로 결정할 수 있다는 의미이다. 이렇게 고용노동부 장관이 지원금의 수준을 임의로 통제할 수 있게 되면 예산 상황에 따라서 지원금의 수준이 결정되기 때문에 사업주나 노동자는 지원금의 수준을 예측할 수 없는 문제가 발생한다.

〈그림 5-1〉에서 볼 수 있는 것과 같이 고용안정사업의 수혜 인원 및 지원금은 2005년부터 2009년까지 상승하다가 이후 다시 과거 수준으로 회귀하는 경향을 보여준다. 〈표 5-7〉에서는 연도별 직업능력개발 재정 추이를 보여주고 있다. 매년 재정은 10%씩 증가하고 있지만, 국내총생산 대비 직업능력개발 사업의 예산은 0.13%를 넘고 있지 않다. 고용안정사업과 직업능력개발사업은 실업을 줄이거나 예방하기 위한 매우 중요한 수단이다. 따라서 재직 중인 노동자나 실직한 노동자에게 본질적인 영향을 미치는 정책 분야이다. 지금과 같이 행정부가 시행령이나 시행규칙으로 이 사업을 통제하는 상황이 지속되면 그림과 표에서 볼 수 있는 것과 같이 이 사업이 노동자의 삶에 미치는 영향에는 큰 변화가 없을 것으로 보인다.

5) 소결

고용보험법은 노동자의 노동의 권리를 구현하는 중요한 역할을 하는 법이다. 고용보험은 노동자가 재직하고 있는 동안에는 근로 능력을 지속적으로 향상시켜서 실업자가 되는 것을 예방하는 기능을 하고, 실업 중에 있는 때는 생활을 유지할 수 있도록 급여를 제공하고 있기 때문이다. 따라서 고용보험법은 노동자의 노동의 권리와 사회보장의 권리의 실현과 본질적인 관계를 맺고 있다. 이런 의미에서 의회유보는 고용보험법에도 적용되어야 한다.

그런데 앞서 살펴본 것과 같이 노동자의 기본권을 구현하는 데 본질적인 역할을 하고 있는 고용보험의 많은 사항이 의회유보의 적용을 받고 있지 않다. 고용보험을 구성하는 핵심 사항이며 노동자의 기본권의 구현과 본질적인 관계를 맺고 있는 사항들은 적용 대상자, 급여 수급 조건, 급여 수준 및 범위, 재원 방식이다. 이 사항들을 규정하는 법 조항을 보면 법률로 직접 규율하는 경우도 있지만 많은 경우 행정부에 규율권한을 위임하고 있다. 법이 제정될 때와 같이 적용 대상자를 규정하는 권한은 행정부에 위임되어 있었다. 그동안 제도를 운영하면서 행정부는 시행령을 통해서 적용 범위를 넓혀왔다. 그래서 현재는 1인 사업장까지 적용을 받고 있다. 다만 여전히 고용보험이 적용되지 않는 사업이나 사업장은 시행령으로 정하도록 위임되어 있다. 미적용 사업장에 종사하는 노동자의 숫자가 많지 않더라도 고용보험의 적용 대상자냐 아니냐는 해당 노동자에게는 매우 중요한 사항이므로 이 사항을 법률로 직접 규율하는 것이 필요하다.

무엇보다도 급여 수급 조건과 급여 범위와 수준에 대한 통제권한을 위임하고 있는 법 조항의 개정이 시급해 보인다. 고용안정·직업능력개발 사업에서는 다양한 급여를 제공하고 있다. 그런데 이 급여의 수급 조건과 범위, 수준은 대부분 시행령으로 통제되고 있다. 법률만으로는 어떤 조건에서 어느 정도의 급여를 받을 수 있는지 알 수 없다. 1995년 고용보험이 시행된 이후 노동환경은 수시로 변했지만 고용안정·직업능력개발 사업에서 제공하는 급여 지출은 국내총생산 대비 0.13% 정도를 유지해왔다. 이런 결과는 행정부가 시행령으로 수급 조건과 범위를 통제하고 있는 것과 무관하지 않을 것이다. 최고구직급여일액이 제도의 시행 때부터 지금까지 4만 원을 넘지 않고 있는 것도 행정부가 최고구직급여일액을 시행령으로 통제하고 있는 상황에서 벌어지는 현상이다. 최고구직급여일액이 지난 20년 동안 동결되어 있다는 것은 노동자의 삶을 반영하지 않은 매우 비현실적인 조치이다.

고용보험이 노동자의 노동 권리를 실현하는 것과 본질적인 관계를 맺고 있다면 노동자의 권리 실현에 본질적인 영향을 미치는 고용보험법의 핵심 사항들에 대한 의회의 책임 있는 입법행위가 필요하다. 의회유보는 노동자의 노동의 권리의 구현과 본질적인 관계를 맺고 있는 사항을 의회가 직접 규율하라고 요청한다. 이 사항들에 대해서 의회가 스스로 규율할 때 변화하는 노동환경을 반영한 법 조항이 마련될 것이다.

5. 산업재해보상보험법[30)]

업무와 관련되어 발생한 재해에 대한 보상을 노동자에게 제공하는 산재보험은 노동자의 노동권 보장과 사회보장의 기능을 동시에 하고 있다. 산재보험은 재해를 당한 노동자에게 적절한 치료와 그 기간 중에 발생한 소득의 상실을 보상해주기 때문이다. 이런 의미에서 산재보험법은 노동자의 사회적 기본권 구현에 중요한 역할을 하고 있다고 볼 수 있다. 다른 사회보험과 마찬가지로 산재보험도 적용 대상자, 급여 수급 조건, 급여의 범위와 수준, 재원이 가장 핵심적인 사항이다.

1) 적용 대상자

법 제6조는 산재보험의 적용 범위를 규정한다. 법에서는 노동자를 사용하는 모든 사업 또는 사업장을 산재보험의 적용 범위로 규정한다. 다만 위험률·규모 및 장소 등을 고려하여 대통령령으로 정하는 사업은 적용 범위에서 제외시키고 있다.

시행령(대통령령 제25840호) 제2조는 적용이 제외되는 사업을 규정하고 있

30) 별도의 특별한 언급이 없으면 이 절에서 '법'은 '산업재해보상보험법'(법률 제11569호)을 가리킨다.

다. 공무원연금법이나 군인연금법, 선원법, 어선원 및 어선 재해보상법, 사립학교교직원 연금법에 의해 재해가 보상되는 사업이 이에 해당된다. 아울러 주택법에 따른 주택건설업자, 건설산업기본법에 따른 정보통신공사업자, 소방시설공사업법에 따른 소방시설업자 또는 문화재보호법에 따른 문화재수리업자가 아닌 자가 시공하는 총공사금액[31]이 2000만 원 미만인 공사나 연면적이 $100m^2$ 이하인 건축물의 건축 또는 연면적이 $200m^2$ 이하인 건축물의 대수선에 관한 공사는 적용이 제외된다. 그리고 앞서 기술한 사업 외의 사업으로서 상시근로자[32] 수가 한 명 미만인 사업, 농업과 벌목업을 제외한 임업, 어업, 수렵업 중 법인이 아닌 자의 사업으로 상시근로자 수가 다섯 명 미만인 사업도 적용이 제외된다. 고용 활동이 가구 내로 제한된 가사노동자도 제외된다.

공무원연금법이나 군인연금법 등에 적용되는 사업장은 별도의 재해보상제도를 운영하고 있기 때문에 엄격하게 말하면 이 법들에 적용받는 공무원, 군인, 노동자는 적용제외자가 아니다. 최근에는 보험모집인, 레미콘 운전자, 학습지 교사, 골프장 캐디, 퀵서비스나 택배기사 같은 특수 형태 근로종사자도 적용을 받고 있다.

반면에 가사노동자는 여전히 제외되어 있다. 한국 가사노동자의 규모는 통계청 추산 16만 명, 노사정위원회 추산 29만 명이다. 이러한 차이는 조사 과정에서 과소 집계나 과대 집계 때문에 발생한 것으로 추측한다(김영순 외, 2014). 어쨌든 적지 않은 숫자의 가사노동자가 재해보상에서 제외되어 있다.

이와 같은 적용 제외 노동자는 시행령의 적용 제외 조항 때문에 재해보상제도의 바깥에 있게 된다. 그래서 이들에게 재해가 발생할 때 이들은 산재보험으로부터 결과적으로 보상을 받지 못한다. 따라서 이들에게 보험 적용 제외

31) 고용보험 및 산업재해보상보험의 보험료징수 등에 관한 법률 시행령 제2조 제1항 제2호로 규정한 사항이다.

32) 상시근로자 수는 사업을 시작한 후 최초로 근로자를 사용한 날부터 그 사업의 가동일수 14일 동안 사용한 근로자 연인원을 14로 나누어 산정한다(시행령 제2조의 2 제1항).

는 매우 중요한 사항이다. 이런 중요한 사항이 시행령으로 규정되고 있는 상황은 의회유보 원칙에 어긋난다.

2) 급여 수급 조건

사업장에서 재해가 발생했다고 해서 모든 노동자가 산재보험으로부터 재해보상을 받을 수 있는 것은 아니다. 제37조는 재해보상을 받을 수 있는 조건을 규정하고 있다. 노동자에게 발생한 부상·질병 또는 장해가 업무상의 재해일 경우에 보상을 받을 수 있다. 법은 업무상 사고와 업무상 질병을 구분한다.

업무상 사고는 노동자가 근로계약에 따른 업무나 그에 따르는 행위를 하던 중에 발생한 사고, 사업주가 제공한 시설물 등을 이용하던 중 그 시설물 등의 결함이나 관리소홀로 발생한 사고, 사업주가 제공한 교통수단이나 그에 준하는 교통수단을 이용하는 등 사업주의 지배관리 아래에서 출퇴근 중 발생한 사고를 가리킨다(법 제37조 제1항 제1호). 업무상 질병은 업무수행 과정에서 물리적 인자, 화학물질, 분진, 병원체, 신체에 부담을 주는 업무 등 근로자의 건강에 장해를 일으킬 수 있는 요인을 취급하거나 그에 노출되어 발생한 질병, 업무상 부상이 원인이 되어 발생한 질병, 그 밖에 업무와 관련하여 발생한 질병을 가리킨다(법 제37조 제1항 제2호).

업무상 사고와 질병의 범위를 법률 조항으로 규정하는 이와 같은 법 조항은 재해를 당한 노동자의 기본권을 법으로 보호한다는 긍정적인 면을 보여준다. 과거에는 이와 같은 내용이 고용노동부령으로 규정되고 있었기 때문에 포괄위임 논란이 지속되었다. 이와 같은 논란을 없애기 위해서 2008년 7월 1일 시행된 법(법률 제8694호)부터 업무상 재해 인정기준이 법률 조항에 의해 규율되고 있다. 이런 법 개정의 의미는 재해를 당한 노동자의 권리를 법률로 더욱 많이 보호할 수 있게 되었다는 데에 있다. 그렇지만 법 제37조는 여전히 업무상 재해에 관한 상세한 기준을 제시하고 있지는 않고 큰 틀만 제시하고 있다.

그래서 법 제37조 제3항은 업무상 재해의 구체적인 인정기준을 대통령령으로 규정하도록 다시 위임하고 있다.

시행령(제25840호) 제27조에서는 근로계약에 따른 업무수행 행위, 업무수행 과정에서 하는 용변 등 생리적 필요 행위, 업무를 준비하거나 마무리하는 행위 및 업무에 따르는 필요적 부수 행위, 천재지변이나 화재 등 사업장 내 발생한 돌발적인 사고에 따른 긴급피난·구조 행위 등 사회통념에 따른 행위를 업무수행 중의 사고로 규정한다. 아울러 업무수행 중의 사고에는 노동자가 사업주의 지시를 받아 사업장 밖에서 업무를 수행하던 중에 발생한 사고나 업무의 성질상 업무수행 장소가 정해져 있지 않은 노동자가 최초로 업무수행 장소에 도착하여 업무를 시작한 때부터 최후로 업무를 완수한 후 퇴근하기 전까지 업무와 관련하여 발생한 사고도 포함된다.

노동자가 출퇴근하던 중에 발생한 사고가 업무상 재해로 인정받기 위해서는 사업주가 출퇴근용으로 제공한 교통수단이나 사업주가 제공한 것으로 볼 수 있는 교통수단을 이용하던 중에 사고가 발생했어야 하고, 출퇴근용으로 이용한 교통수단의 관리 또는 이용권이 노동자의 전속적 권한에 속하지 않아야 한다는 조건을 충족시켜야 한다(시행령 제29조). 이 시행령 조항은 법 제37조가 규정하는 출퇴근 중의 업무상 재해를 구체화하면서 업무상 재해 인정 기준을 엄격하게 하고 있다. 결국 이 시행령 조항에 따르면 노동자 소유의 차량으로 출퇴근하던 중에 발생한 사고는 업무상 재해로 규정하지 않는다는 의미이다. 자가용으로 출퇴근하다가 사고를 당한 노동자의 입장에서는 재해 보상을 받을 수 없다는 의미가 된다.

시행령이 항상 급여 수급권을 엄격하게만 제한하는 것은 아니다. 시행령 제30조는 노무 관리 또는 사업 운영상 필요하다고 인정되는 운동경기·야유회·등산대회 등 각종 행사에 노동자가 참여하거나 준비 혹은 연습하는 행위는 업무상 재해와 관련되어 있다고 본다. 다만 사업주가 행사에 참여한 노동자의 참가 시간을 근무 시간으로 인정해야 하거나, 사업주가 행사에 참여를 지시했거나 승인한 경우 혹은 참여를 통상적으로 인정한 경우여야 한다.

재해의 업무 연관성을 판정할 때 가장 어려운 경우 중에 하나는 업무상의 질병에 관한 사항일 것이다. 오늘날 생산 현장에서 취급하는 화학물질의 숫자가 점점 많아지고 있고 이에 따라 노동자에게 해를 끼칠 수 있는 직업병의 발생 가능성도 점점 높아지고 있다. 이런 상황에서 직업병의 발병 원인이 매번 의학적으로 명쾌하게 규명되지 않는다는 것이 질병을 얻은 노동자에게 피해를 줄 수 있다.

시행령 제34조에서는 업무상 질병의 인정기준을 구체화하고 있다. 제1항은 업무상 질병으로 인정받기 위해서는 해당 질병이 근로기준법 시행령이 규정하는 업무상 질병의 범위에 속해야 한다고 규정한다. 근로기준법 시행령(대통령령 제25840호) 제44조 제1항에서 규정하는 업무상 질병의 범위에는 업무상 부상으로 인한 질병, 유해방사선이나 기온과 같은 물리적 요인으로 인한 질병, 분진이나 화학물질과 같은 화학적 요인으로 인한 질병, 병원체 같은 생물학적 요인으로 인한 질병, 직업성 암, 무리한 힘을 가해야 하는 업무로 내장탈장, 영상표시단말기VDT 취급 등 부적절한 자세를 유지하거나 반복동작이 많은 업무 등 근골격계에 부담을 주는 업무로 인한 근골격계 질병, 업무상 과로 등으로 인한 뇌혈관 질병 또는 심장 발병, 업무와 관련해 정신적 충격을 유발할 수 있는 사건으로 인한 외상 후 스트레스 장애, 앞서 언급한 질병 외에 산재보험법이 규정한 산업재해보상보험 및 예방심의위원회의 심의를 거쳐 고용노동부장관이 지정한 질병, 그리고 이 외에도 업무로 인한 것이 명확한 질병이 포함된다. 산재보험법 시행령 제34조 제3항은 별표를 통해서 앞서 언급된 업무상 질병의 종류와 증상을 구체화하고 있다.

이와 같은 조건이 충족되었다고 하더라도 산재보험법 시행령 제34조가 규정하는 세 가지 조건이 더 충족되어야 업무상 질병으로 인정받을 수 있다. 첫째는 노동자가 업무수행 과정에서 유해·위험 요인을 취급하거나 유해·위험 요인에 노출된 경력이 있어야 한다고 규정한다. 둘째는 유해 및 위험 요인을

〈표 5-8〉 행정소송 판결 현황

급여별		접수 건수	판결 내용					계류 중	취소율
			계	승소	패소	일부 승소	취하 등		
2012년	합계	3,814	1,547	881	251	40	375	2,267	16.2
	요양급여	2,031	814	498	119	30	167	1217	14.6
	휴업급여	43	14	6	1	-	7	29	7.1
	장해급여	413	161	62	17	-	82	252	10.5
	유족급여	948	389	259	87	2	41	559	22.4
	기타급여	224	106	17	18	6	65	118	17.0
	보험료 기타	155	63	39	9	2	13	92	4.1

자료: 고용노동부(2013: 198).

취급하거나 유해·위험 요인에 노출되는 업무 시간, 그 업무에 종사한 기간 및 업무 환경 등에 비추어볼 때 해당 노동자가 갖고 있는 질병을 유발할 수 있다고 인정되어야 한다는 것이다. 셋째는 노동자가 유해·위험 요인에 노출되거나 유해·위험 요인을 취급한 것이 원인이 되어 그 질병이 발생했다고 의학적으로 인정되어야 한다는 것이다. 그런데 세 번째 조건은 질병이 노동자가 유해·위험 요인에 노출되거나 유해·위험 요인을 취급한 것이 원인이 되어야 한다고 규정하면서 이것을 의학적으로 인정받아야 한다는 내용을 더하고 있다. 이런 조건은 업무상 질병을 규정하고 있는 법 제37조 제1항에는 없는 조건으로 시행령에 의해 더해진 것이다. 이 규정 때문에 업무상의 질병에 대한 의학적인 인정이 명확하지 않은 경우에는 증명의 책임이 질병을 얻은 노동자에게 돌아가게 된다. 이와 같은 문제는 업무상 부상과 질병 사이의 인과관계가 의학적으로 인정되어야만 업무상 질병으로 인정하는 시행령 제34조 제2항에서도 동일하게 나타날 수 있다. 업무상 질병에 관한 본질적인 사항이 근로기준법이나 산재보험법 시행령으로 구체적으로 규정되는 것은 재해를 당한 노동자의 기본권이 행정부에 의해 임의로 침해당할 수 있는 가능성이 있다는 것을 의미한다.

〈표 5-8〉은 보험료 부과 처분이나 보험급여 결정 처분 등에 이의가 있는

경우에 심사·재심사, 행정심판 이외에 행정소송법에 의한 행정소송의 판결 현황이다. 2012년 전체 급여와 보험료 등에 대한 소송에서 근로복지공단의 패소율은 16.2%에 달한다. 적지 않은 신청자들이 고용노동부(근로복지공단)의 엄격한 판단에 의해 권리를 박탈당하고 있음을 알 수 있다. 특히 유족급여와 관련된 고용노동부의 패소율은 22.4%로 가장 높다. 이것은 유족급여에 대한 고용노동부의 기준이 가장 엄격하게 적용되고 있다는 것을 의미한다. 그다음으로 기타급여, 요양급여에 대한 패소율이 높게 나타난다. 산재보험에서 제공하는 급여에 대한 수급기준을 행정입법을 근거로 행정부가 통제하는 것이 반드시 급여 신청자에게 불이익을 가져온다고 볼 수는 없다. 하지만 〈표 5-8〉에서 볼 수 있는 것과 같이 행정소송을 통해 적지 않은 신청자들의 권리가 구제되고 있는 현실을 볼 때, 법률로 좀 더 구체적인 급여 수급 기준을 마련하는 것이 민주적인 정당성을 확보하는 방법으로 판단된다.

3) 보험료 산정 기준

산재보험의 가입자는 사업주로 보험료는 국민연금보험료과 건강보험료와 달리 사업주가 전적으로 부담한다(고용보험 및 산업재해보상보험의 보험료징수 등에 관한 법률 제13조 제5항, 법률 제12526호).[33] 사업주가 부담하는 산재보험료는 그 사업주가 경영하는 사업에 종사하는 노동자의 개인별 보수총액[34]에 같은 종류의 사업에 적용되는 산재보험료율을 곱한 금액을 합해 산출한다(법 제13조 제5항). 따라서 산재보험료는 사업의 종류에 따라서 보험료율이 다르다는 것을 알 수 있다. 법 제14조 제3항의 위임에 근거해서 고용노동부는 동질의 업종을 분

---

33) 특별한 언급이 없는 한 이 항에서의 '법'은 '고용보험 및 산업재해보상보험의 보험료징수 등에 관한 법률'을 가리킨다.

34) 보수의 범위에 대한 문제는 고용보험의 보험료에서 다루었던 내용과 같다. 따라서 보수의 범위에 대한 문제는 고용보험의 보험료 부분을 참조하라.

류하고, 같은 업종에 동일한 보험료율을 적용한다. 이때 동일한 업종으로 분류되는 사업장은 동질적인 위험성을 갖는 사업장으로 묶여야 한다. 그런데 현재 고용노동부는 62개의 업종으로만 분류하고 있어서 사업장의 다양성을 반영하지 못한다. 그래서 경제활동의 동질성이 떨어지고 이질적인 위험성을 갖는 사업장이 포함되어 있는 경우가 발생하고 있다(김상호, 2010: 39).

법 제14조 제3항은 산재보험료율은 매년 6월 30일 현재 과거 3년 동안의 보수총액에 대한 산재보험급여총액의 비율을 기초하여 산업재해보상보험법에 따른 연금 등 산재보험급여에 드는 금액, 재해예방 및 재해근로자의 복지증진에 드는 비용 등을 고려해 사업의 종류별로 구분하고 고용노동부령으로 정하도록 위임한다. 또한 산재보험의 보험관계가 성립한 후 3년이 지나지 않은 사업에 대한 산재보험료율은 고용노동부령으로 정하도록 위임하고 있다(법 제14조 제4항).

제3항과 같이 각 사업의 보험료율을 산정할 때 고려해야 할 사항들을 법률로 나열하고 있는 것은 의회유보 원칙의 실현을 위해 바람직한 현상이라고 판단된다. 그러나 보험료율이 법률로 충분히 구체적으로 정해진다고 볼 수는 없다. 사업주가 자기 사업의 보험료율을 알려고 했을 때 법률만을 보고는 알 수 없기 때문이다. 제3항은 보수총액에 대한 산재보험급여총액의 비율을 기초로 하여 보험료율이 정해진다고 규정하고 있는데 이 비율이 어느 정도인지는 제시하고 있지 않는다. 고용보험 및 산업재해보상보험의 보험료징수 등에 관한 법률 시행규칙(제117호)에서는 각 사업의 산재보험의 보험료율은 해당 사업의 산재보험급여지급률과 추가지출율을 합산한 수치를 85% 반영하고 부가보험료율을 15% 반영 후 합산해서 산정한다. 물론 법 제14조 제6항은 보험료율의 변동폭을 직전 연도 산재보험료율의 30% 범위 내에서 조정되어야 한다고 규정하고 있어서 행정부의 재량권은 제한된다. 그럼에도 불구하고 보수총액에 대한 산재보험급여총액의 비율의 범위를 법률로 정하는 것이 의회유보 원칙에 더욱 조응하는 것이라고 판단된다.

한편 법에서는 산업재해의 발생 빈도에 따라서 사업주의 보험료율을 낮추거나 높이는 제도도 운영하고 있다. 대통령령으로 정하는 사업으로서 매년 6월 30일 현재 산재보험의 보험관계가 성립한 후 3년이 지난 사업의 경우와, 그 해 6월 30일 이전 3년 동안의 산재보험료에 대한 산재보험급여 금액의 비율이 대통령령으로 정하는 비율에 해당하는 경우에는 그 사업에 정해진 보험료율의 50% 범위에서 사업규모를 고려하여 대통령령으로 정하는 바에 따라 인상하거나 인하한 비율을 그 사업에 대한 다음 보험연도의 산재보험료율로 할 수 있다(법 제15조 제2항). 보험료율의 인하와 인상의 조건은 대통령령으로 정하는 사업과 산재보험급여를 지불한 보험료 총액에 비해 얼마를 받았느냐이다. 이 비율과 적용 대상의 사업이 대통령령으로 규정되기 때문에 법률로는 알 수 없다. 또한 적용 대상인 사업규모도 대통령령으로 규정하고 있기 때문에 더욱 예측 가능성은 낮아진다. 보험료율의 특례는 건설업 중 해당보험연도의 2년 전 보험연도의 총공사실적이 20억 원 이상인 사업과 건설업 및 벌목업을 제외한 사업으로서 상시근로자 수가 10명 이상인 사업에 적용된다(시행령 제15조 제1항, 대통령령 제25840호).

다른 한편 대통령령으로 정하는 사업으로서 산재보험의 보험관계가 성립한 사업의 사업주가 해당 사업 노동자의 안전보건을 위해 재해예방활동을 실시하고 이에 대해 고용노동부 장관의 인정을 받은 때에는 그 사업에 적용되는 산재보험료율의 30% 범위에서 대통령령으로 정하는 바에 따라 인하한 비율을 그 사업에 대한 다음 보험연도의 산재보험료율로 할 수 있다(법 제15조 제3항). 그런데 산재보험료율을 적용할 때 재해예방활동의 내용 및 인정기간, 산재예방요율의 적용기간 등 그 밖에 필요한 사항은 사업주가 실시하는 재해예방활동별로 구분해 대통령령으로 정한다(법 제15조 제4항). 결국 이런 위임 때문에 재해예방활동에 따른 보험료율의 인하는 행정부의 재량권에 속하게 된다.

4) 급여 수준 및 범위

산업재해보상보험법 제36조는 산재보험이 제공하는 급여로 요양급여, 휴업급여, 장해급여, 간병급여, 유족급여, 상병보상연금, 장의비, 직업재활급여를 규정한다.

휴업급여나 장해급여와 같이 현금으로 지급되는 급여는 정기적으로 급여수준을 조정해야 한다. 왜냐하면 최초의 급여가 조정되지 않으면 임금이나 물가상승 때문에 급여의 가치가 지속적으로 하락하기 때문이다. 이런 이유 때문에 현금 급여의 가치 유지를 위한 지속적인 조정이 필요하다. 문제는 조정 기준이다. 법에서는 조정 기준으로 임금과 물가를 모두 사용한다. 현금으로 지급되는 급여를 산정할 때 해당 노동자의 평균임금이 사용되는 경우가 있다. 이때부터 1년이 지난 이후에는 매년 전체 노동자의 임금 평균액의 증감률에 따라서 해당 노동자의 평균임금을 증감한다. 다만 노동자가 60세에 도달한 이후에는 소비자물가변동률에 따라 평균임금을 증감한다(법 제36조 제3항).

이와 같이 법률조항으로 현금 급여의 조정 기준을 제시하고 있기 때문에 행정부가 임의로 조정 기준을 바꿀 수 없다. 다만 법 제36조 제4항은 노동자의 임금 평균액의 증감률 및 소비자물가변동률의 선정 기준과 방법은 대통령이, 산정된 증감률 및 변동률은 매년 고용노동부 장관이 고시하도록 위임한다.

전체 노동자의 임금 평균액 증감률은 평균임금 증감 사유 발생일이 속하는 연도의 전전 보험연도 7월부터 직전 보험연도 6월까지의 노동자 한 명당 월별 월평균 임금총액의 합계를 평균임금 증감 사유 발생일이 속하는 연도의 3년 전 보험연도 7월부터 전전 보험연도 6월까지 노동자 한 명당 월별 월평균 임금총액의 합계로 나눈 값이다(시행령 제22조 제1항). 소비자물가변동률은 통계법에 따른 지정통계로 통계청장이 작성하는 소비자물가조사의 내용 중 전도시의 소비자물가지수를 기준으로 산정한다. 그래서 소비자물가변동률은 평균임금 증감사유 발생일이 속하는 연도의 전전 보험연도 7월부터 직전 보험연도

6월까지의 월별 소비자물가지수 변동률의 합계를 12로 나눈 값이다(시행령 제22조 제1항). 시행령으로 정하고 있는 노동자의 임금 평균액의 증감률 및 소비자물가변동률의 선정 기준과 방법은 법률로도 충분히 규율이 가능하다. 이럴 때 의회유보의 원칙이 더 실현될 것이다.

또한 보험급여를 산정할 때 진폐 등 대통령령으로 정하는 직업병으로 보험급여를 받게 되는 노동자에게 그 평균임금을 적용하는 것이 해당 노동자의 보호에 적당하지 않다고 인정되면 대통령령으로 정하는 산정방법으로 해당 노동자의 평균임금을 산정한다(법 제36조제6항).

장해급여는 현금으로 지급되는 급여로 노동자가 업무상의 사유로 부상을 당하거나 질병에 걸려 치유된 후 신체 등에 장해가 남아 있는 경우에 해당 노동자에게 지급된다(법 제57조). 장해급여는 해당 노동자의 장해등급과 등급별 지급 수준으로 산정된다. 법 제57조 제2항은 장해등급에 따른 급여 수준을 평균임금을 기준으로 제시한다. 반면에 장해등급은 대통령령으로 결정하도록 위임한다. 시행령 제53조는 장해등급 기준을 별표로 제시하고 있다. 예를 들면 두 눈이 실명된 경우, 말하거나 씹는 기능을 완전히 상실한 경우 등은 1급 장해에 해당된다. 한쪽 눈이 실명되고 다른 쪽 눈의 시력이 0.02 이하가 된 경우 등은 2급 장해에 해당된다. 장해급여가 이와 같은 방식으로 결정되면 법률로 정해져 있는 장해등급별 급여 수준은 변하지 않아도, 시행령으로 정해지는 장해등급 기준의 개정으로 장해급여가 달라질 수 있다. 아울러 시행령으로 규정하고 있는 장해등급 구분 기준은 의학적인 관점에 맞추어져 있기 때문에 장해로 인한 근로소득의 감소 정도를 반영하고 있지 못한다.

요양급여를 받는 노동자가 요양을 시작한 지 2년이 지난 날 이후도 부상이나 질병이 치유되지 않은 상태인 경우에 지급되는 상병보상연금의 경우도 같다. 법률로 폐질등급에 따른 상병보상연금 수준을 정하고 있지만, 폐질등급 기준은 대통령령으로 정하도록 위임하고 있다(법 제66조 제1항 제2호). 따라서 장해급여나 상병보상연금 신청자나 수급자에게 매우 본질적인 문제인 장해급여나 상병보상연금을 산정하는 절차를 모두 법률로 정해야만 의회유보의 원칙에 상응하는 것이다.

현물급여인 요양급여는 노동자가 업무상의 사유로 부상을 당하거나 질병에 걸린 경우에 지급된다. 진찰 및 검사, 약제 또는 진료재료와 의지義肢 그 밖의 보조기 지급, 처치와 수술 및 그 밖의 치료, 재활치료, 입원, 간호 및 간병, 이송, 그 밖에 고용노동부령으로 정하는 사항이 요양급여의 범위에 속한다(법 제40조 제4항). 하지만 이런 요양급여가 무한대로 제공되는 것은 아니다. 이 요양급여의 범위나 비용 등의 산정 기준은 고용노동부령으로 정해진다(법 제40조 제5항).

산업재해보상보험법 시행규칙(고용노동부령 제117호) 제10조는 산재보험의 요양급여의 범위에 대해 규정하고 있다. 법 제40조 제5항에 따른 요양급여의 범위나 비용 등 요양급여의 산정 기준은 국민건강보험법 제39조 제2항 및 국민건강보험 요양급여의 기준에 관한 규칙, 건강보험 법 제42조 제4항, 건강보험법 제44조 및 건강보험법 시행규칙 제15조 제4항에 따라 보건복지부 장관이 고시하는 요양급여 비용의 기준, 건강보험법 제46조 제2항 및 건강보험법 시행규칙 제18조에 의한 기준에 따른다. 그런데 건강보험에서 제공하는 요양급여의 범위는 광범위한 비급여 항목 때문에 제한되어 있고, 또한 건강보험에서는 본인부담금이 있기 때문에 건강보험에서 제공하는 요양급여가 재해를 당한 노동자에게 충분하지 않은 경우가 발생할 수 있다. 그래서 산업재해보상보험법 시행규칙에서는 건강보험에서는 제공하지 않는 요양급여를 규정하고 있다. 이런 경우는 산업재해보상보험 및 예방심의위원회의 심의를 거쳐 기준에 따로 정하여 고시되는 경우에 해당되어야 한다.

이와 같은 규정을 통해서 알 수 있는 것은 법률로는 요양급여의 종류만 나열되어 있을 뿐 본질적인 사항인 요양급여의 수준과 범위는 행정부에 의해 결정되고 있다는 것이다. 재해를 당한 노동자의 입장에서는 요양급여의 수준과 범위가 어느 정도인지는 매우 본질적인 사항이다. 그런데 이런 사항이 법률로는 전혀 드러나 있지 않고, 행정입법으로 규정되고 있다. 요양급여의 세세한 사항이 모두 법률로 규율될 수 없다 하더라도 요양급여의 수준과 범위를 어느 정도까지 제공할 것인가에 대한 대강의 수준은 법률로 정하는 것이 의회유보의 원칙에 부합하는 것이다.

간병급여를 규정한 법 조항도 요양급여의 경우와 유사하다. 법 제61조는 요양급여를 받은 자 중 치유 후 의학적으로 상시 또는 수시로 간병이 필요한 경우에 요양급여를 지급한다고 규정하고 있다. 그런데 이 간병급여의 지급기준과 지급방법은 대통령령으로 정하도록 위임하고 있다. 간병급여를 받을 수 있는 조건에 대해 법률은 너무 추상적 기준만 제시하고 있다. 더욱이 간병급여의 수준에 대해서는 전혀 언급이 없고, 시행령 제59조 제3항에서 고용노동부 장관이 고시하도록 규정하고 있다. 이는 법률에서 위임하지 않은 사항을 시행령이 규정하고 있는 경우이다.

5) 소결

산재보험법은 다른 사회보험법과 비교했을 때 의회유보의 적용이 가장 많이 되어 있는 법으로 보인다. 특히 법 제37조에서 볼 수 있는 것과 같이 급여의 수급과 밀접한 연관을 맺고 있는 사항인 업무상 재해의 인정기준이 법률로 규정되어 있다. 이 인정기준은 과거에는 고용노동부령으로 규정되고 있었다. 법률로는 형식적인 기준만을 제시하고 구체적인 기준은 행정부에 위임하고 있었던 것이다. 다행히 이 조항이 포괄위임에 해당한다는 법원의 판결 이후에 지금과 같이 법률로 규정하도록 개정되었다. 그런데 현재의 조항도 업무상 재해의 인정기준을 충분히 구체적으로 제시하는 것은 아니다. 여전히 시행령에 구체적인 인정기준을 마련하도록 위임하고 있다. 시행령에 규정되어 있는 구체적인 인정기준을 법률로 규율하지 못할 이유가 없다.

〈표 5-8〉에서 볼 수 있는 것과 같이 행정소송을 통해서 권리가 구제되는

신청자가 적지 않은 것을 볼 때 행정부가 업무상 재해 인정기준의 구체적인 사항들을 결정하는 현재의 규율 방식은 바뀌어야 한다. 특히 업무상 질병에 대한 의학적인 인과관계의 증명을 노동자에게 요구하는 시행령 조항의 정당성에 대해 국회가 깊이 논의해야 한다고 본다.

보험료율과 관련해서도 법률로 규율해야 할 사항이 있다. 보험료율이 결정되는 구체적인 산식이 법률로 규율되어야 한다. 가입자인 사업주의 재산권과 관련된 사항이므로 법률로 보험료의 산출 방식을 규율해야 한다. 아울러 동질적인 위험성을 갖는 사업장들을 동종 업종으로 묶는 규정도 보험료율의 부과와 관련되어 있기 때문에 법률로 마련할 필요가 있다.

장해등급 구분 기준과 폐질등급기준은 국민연금에서와 같이 시행령으로 규정되고 있다. 급여 수급 조건과 급여의 범위와 수준에 중요한 영향을 미치는 사항이므로 법률로 규율할 필요가 있다. 고용노동부령으로 정하고 있는 요양급여의 범위도 어느 정도까지 제공되어야 하는지를 법률로 밝혀야 한다.

6. 사회복지서비스법과 의회유보의 연관성: 영유아보육법을 중심으로

1) 의회유보와 영유아보육법

의회유보와 관련해서 앞서 살펴본 사회보장법들은 사회보험법과 공공부조법에 속하는 법이었다. 이는 소득보장과 의료보장을 위한 근거가 되는 법으로 헌법 제34조에서 사회적 기본권으로 천명하는 사회보장의 권리를 구현하는 핵심적인 법이다. 따라서 이 법들에 대한 의회유보의 적용 당위성은 논쟁의 여지가 없어 보인다.

그런데 사회적 기본권의 범위에 사회복지서비스 분야가 포함될 수 있는가는 논란의 여지가 있다. 왜냐하면 사회복지서비스의 기능은 시민이 생활을 유지하는 데 필수적인 소득이나 의료보장의 기능과는 차이가 있기 때문이다. 사회복지서비스는 스스로 정상적인 일상생활을 영위하기 어려운 사람들에게 상담, 재활, 돌봄, 정보의 제공, 시설의 이용, 사회참여 지원, 역량 개발과 같은 급여를 제공하면서 정상적으로 일상생활을 영위할 수 있도록 돕는 기능을 한다(전광석, 2007: 503). 이러한 급여의 본질적인 목적은 생존을 위해 반드시 필요한 소득이나 의료보장이 아니다. 따라서 의회유보 원칙을 사회복지서비스에 적용할 수 있는가에 대한 논란이 있을 수 있다.

그러나 시간이 흐를수록 사회복지서비스의 기능이 시민의 삶에서 점점 더 중요해지고 예산도 점점 더 많이 사용되는 것을 볼 때, 사회복지서비스의 기능이 사회적 기본권의 구현에 적지 않은 역할을 하고 있다는 것을 알 수 있다. 시간이 흐를수록 다양한 가족유형이 출현하고 저출산·노령화가 빠르게 진행되는 상황에서 사회복지서비스가 시민의 삶에 점점 더 중요한 역할을 할 것이라는 것은 어렵지 않게 예측할 수 있다. 따라서 사회복지서비스가 사회보험이나 공공부조의 기능과 본질적으로 다르다고 할 수는 없다. 그러므로 의회유보 원칙도 사회복지서비스법들에 적용되어야 한다는 주장의 타당성을 진지하게 고려해야 할 시점에 와 있다고 판단된다.

특히 영유아보육법에 의회유보 원칙을 적용할 수 있는가는 논쟁의 여지가 없어 보인다. 노인복지법, 아동복지법, 장애인복지법, 영유아보육법 등 많은 사회복지서비스법 중에서 영유아보육법에 우선적으로 의회유보 원칙의 적용을 시도하는 이유는 이 분야에 매년 막대한 정부 예산이 사용되고 있기 때문이다. 보육 및 저출산 분야의 지출은 2013년 보건복지부 총지출의 10% 정도인 4조 1778억 원에 달했다(보건복지부, 2013: 908). 아울러 영유아보육은 출산율이 낮고 고령화되어가는 한국 사회와 본질적인 관련이 있기 때문이다. 무엇보다도 영유아보육은 여성 혹은 엄마와 영유아의 사회적 기본권의 구현과 본질적인 관계에 놓여 있기 때문이다.

헌법 제32조 제1항은 사회적 기본권의 하나로 모든 국민은 노동의 권리를 갖는다고 천명하고 있다. 아울러 제4항에서는 여자의 근로는 특별한 보호를 받는다고 천명하고 있다. 따라서 여성 혹은 엄마의 노동권은 헌법이 보장하는 사회적 기본권 중의 하나이다. 이 권리의 구현을 위해서 무엇보다 중요한 것은 영유아보육문제의 해결이다. 산업화 전이나 산업화 과정에서 영유아보육은 여성 혹은 엄마에게 전가되었다. 그러나 오늘날과 같이 핵가족이 확대된 사회에서 영유아보육이 여전히 엄마에게 전가된다면 헌법이 보장하는 여성 혹은 엄마의 노동권 구현은 비현실적인 권리가 된다. 여성 혹은 엄마의 노동권 구현과 영유아보육의 문제를 해결할 수 있는 주요한 방안 중 하나는 국가가 영유아보육의 문제를 떠안는 것이다. 오늘날 많은 국가가 이와 같은 역할을 하고 있다. 앞서 보육 분야의 지출에서 살펴봤듯이 한국도 여성 혹은 엄마의 노동권을 구현하기 위해서 영유아보육의 상당 부분을 국가가 맡고 있다. 아울러 헌법 제36조 제1항은 국가는 혼인과 가족생활의 유지를 위해 양성평등을 보장할 의무가 있다고 천명하고 있다. 또한 제2항은 모성의 보호를 위해서도 국가는 의무를 다해야 한다고 천명한다. 양성평등과 모성의 보호를 위해서는 영유아보육에서 국가의 역할이 필수적인 것이다. 즉, 영유아보육은 사회적 기본권인 여성의 노동권을 보장하는 본질적인 역할을 하고 있기 때문에 영유아보육법에 의회유보의 원칙은 적용되어야 한다.

영유아보육에 대한 국가의 역할은 여성의 노동권 구현에만 본질적 영향을 미치는 것이 아니다. 영유아에게도 영유아보육의 공공성은 본질적인 사항이다. 헌법 제34조 제4항은 국가는 청소년의 복지향상을 위한 정책을 실시할 의무를 다해야 한다고 천명하고 있다. 영유아가 청소년의 범위에 포함되는 것은 당연하다. 따라서 국가는 영유아에게 복지를 제공할 의무가 있으며, 영유아는 국가로부터 복지를 제공받을 기본권적인 권리가 있다. 따라서 여성이나 엄마의 노동권 구현뿐만 아니라 영유아의 사회보장권 구현에 있어서도 영유아보육법은 이들의 기본권 실현과 본질적인 관계를 맺고 있다고 보아야 한다. 따라서 의회유보 원칙이 영유아보육법에 적용되어야 할 당위성은 충분하다.

2) 영유아보육법

영유아보육에서 서비스 제공 기관, 서비스를 실제로 제공하는 자, 서비스의 질, 서비스의 수급 대상자, 서비스의 수준과 범위, 재원과 같은 사항이 헌법이 보장하는 엄마와 영유아의 사회적 기본권 구현과 매우 본질적인 관계를 맺고 있다는 것은 자명하다. 그러므로 영유아보육법을 분석할 때 앞에서 언급한 본질적인 사항들에 초점을 맞출 것이다.

(1) 서비스 제공 기관

어린이집에 맡겨지는 영유아는 어린이집에서 보육서비스를 제공받는다. 따라서 어린이집은 보육의 대상인 영유아의 입장에서 매우 본질적인 사항이다. 영유아보육법(법 제12619호)[35] 제10조에서는 보육서비스를 제공하는 기관으로 국공립어린이집, 사회복지법인어린이집, 법인·단체 등 어린이집, 직장어린이집, 가정어린이집, 부모협동어린이집, 민간어린이집으로 구분하고 있다.

국공립어린이집은 국가나 지방자치단체가 설치·운영해야 한다(법 제10조 제1호, 제12조). 국공립어린이집은 법 제11조의 보육계획에 따라 도시 저소득주민 밀집 주거지역 및 농어촌지역 등 취약지역, 건축법에 따른 공동주택 중 대통령령으로 정하는 일정한 세대 이상의 공동주택을 건설하는 주택단지에 우선적으로 설치하도록 규정하고 있다(법 제12조). 그런데 국공립어린이집의 설치 장소를 규정하고 있는 법 제12조만으로는 국공립어린이집이 어느 곳에 설치되어야 하는가를 알 수 없다. 법 제11조에서 규정한 보육계획과 대통령령을 봐야 알 수 있다. 법 제11조에서 규정한 보육계획이라는 것은 보육사업을 원

---

35) 특별한 언급이 없으면 이 글에서 '법'은 '영유아보육법'을 가리킨다.

활하게 추진하기 위해 필요한 조치가 담긴 계획을 의미한다. 이 계획에 국공립어린이집의 공급에 관한 계획 및 목표가 포함되도록 법 제11조가 규정하고 있다. 그런데 법 제11조는 이 보육계획의 내용, 수립 시기 및 절차 등에 필요한 사항을 대통령령으로 정하도록 위임하고 있다. 결국 제11조에서도 국공립어린이집이 어느 곳에 설치되는지는 알 수 없다. 국공립어린이집을 설치해야 할 공동주택의 규모도 대통령령으로 정하도록 위임하고 있다(법 제12조). 따라서 법률로는 어느 지역에 국공립어린이집이 설치되는지 알 수 없고, 행정부가 만드는 보육계획을 봐야 알 수 있다. 국공립어린이집은 영리를 추구하는 기관이 아니다. 반면에 민간어립이집은 영리를 추구하는 기관이다. 따라서 많은 부모들은 시장논리에 의해 운영되는 민간어린이집보다는 국공립어린이집을 선호한다. 그런데 국공립어린이집의 공급은 수요를 충족시키지 못하고 있다. 이런 상황이지만 법률은 여기에 대해서 책임 있는 규율을 하지 않고 있다. 결국 영유아와 엄마를 대표하는 국회가 이 문제에 대한 책임 있는 자세를 보이고 있지 않은 것이다. 의회유보의 원칙에 따라서 법률로 이 사항을 규율해야 한다.

국공립어린이집 외의 어린이집의 설치와 운영에 관한 사항도 행정부에 위임되어 있다. 국공립어린이집 외의 어린이집을 설치·운영하려는 사람은 특별자치도지지·시장·군수·구청장의 인가를 받아야 한다(법 제13조 제1항). 그런데 법 제13조 제3항은 인가에 필요한 사항을 보건복지부령으로 정하도록 위임하고 있다. 아울러 어린이집을 설치·운영하려는 자는 보건복지부령으로 정하는 설치기준을 갖추어야 한다(법 제15조, 제15조의 2, 제15조의 3). 국공립어린이집뿐만 아니라 민간 어린이집에 대한 공급도 결국 행정부에 의해서 통제되고 있는 현실이다.

게다가 전체 어린이집 중에서 국공립어린이집이 차지하는 비율이 낮고, 영리를 추구하는 어린이집의 비율이 절대적으로 높아서 행정부가 영유아보육을 통제할 수 있는 상황이 아니다. 2013년 현재 전체 어린이집에서 국공립어린이집의 비율은 5.3% 정도이고, 어린이집에 다니는 전체 영유아 중에서 국공립어린이집에 다니는 영유아가 차지하는 비율은 10% 정도밖에 안 된다. 앞서 살펴본 법 규정을 보면 어린이집 공급에 관한 사항에 대해서 국회는 행정부에 위임한 상태이다. 지난 20년 동안 국공립어린이집은 2.8배 증가한 반면에 영리를 추구하는 가정과 민간어린이집은 무려 10배 정도 증가했다(보육통계, 2013: 2). 이 결과는 그동안 행정부의 어린이집 공급 정책이 국공립어린이집의 확대보다는 민간어린이집의 확대에 더 치우쳐 있었다는 것을 의미한다. 국공립어린이집이 영유아보육에 미치는 영향을 고려했을 때 국회는 국공립어린이집 공급에 대한 책임을 스스로 져야 한다.

(2) 보육교직원과 서비스의 질

영유아에게 제공되는 보육서비스는 영유아의 심리적·정신적·신체적 발달에 결정적인 영향을 미친다. 따라서 보육서비스를 제공하는 보육교직원과 보육서비스에 관련된 사항은 영유아에게는 매우 본질적인 사항이다. 그럼에도 불구하고 법 제17조 제2항은 보육교직원의 배치기준 등에 필요한 사항을 보건복지부령으로 정하도록 위임하고 있다. 보건복지부령 제10조는 영유아의 숫자에 따라서 어린이집에 두어야 하는 보육교직원의 종류와 숫자, 보육교직원의 복무에 관한 사항들을 규율한다. 또한 법 제21조, 제23조, 제23조의 2는 어린이집의 원장과 보육교사의 자격, 보수교육에 관한 사항도 대통령령이나 보건복지부령으로 위임하고 있다. 법 제24조에서는 보건복지부령으로 어린이집의 운영기준을 정하도록 위임하고 있다. 어린이집의 운영기준에는 영유아의 연령에 따라 반을 어떻게 구성할 것인가, 어린이집의 운영일 및 운영시간, 우선적으로 어린이집을 이용할 수 있는 영유아, 안전과 급식 및 위생관리, 차량안전관리 등과 같은 중요한 내용이 포함되어 있다(보건복지부령 제23조, 제34조). 법 제25조의 2는 어린이집 보육환경을 모니터링하고 개선을 위한 컨설팅을 위해 부모모니터링단을 구성하여 운영할 수 있다고 규정하고 있다. 그런데 부모모니터링단은 10명 이내로 구성되며 시·도지사 또는 시장·군수·구청장이 위촉하기는 하지만 부모모니터링단의 구성·운영, 교육, 비용 및 직무 수행 등에 필요한 세부사항은 보건복지부령으로 정하도록 위임하고 있다(법 제25조의 2 제9항).

앞서 살펴본 사항들은 영유아에게 제공되는 서비스의 질에 본질적인 영향을 미치는 사항들이다. 그런데도 영유아의 정신적·신체적 발달에 본질적인 영향을 미치는 서비스 제공자나 서비스의 질에 관한 사항들에 대해서 법률이 책임 있는 규율을 하지 않고 규율권한을 행정부에 위임하는 것은 의회유보의 원칙에 위배되는 것이다.

(3) 적용 대상

법 제2조의 1호는 영유아를 6세 미만의 취학 전 아동이라고 정의한다. 따라서 영유아보육법에서 제공하는 급여는 6세 미만의 영유아를 대상으로 한다는 것을 법률로 규정하고 있다. 영유아보육법에서 제공하는 급여는 보육서비스와 양육수당으로 구분된다. 보육서비스의 대상자를 규정하는 법 제27조에서는 어린이집의 이용 대상은 보육이 필요한 영유아를 원칙으로 한다고 규정하고 있다.[36] 또한 양육수당의 대상자를 규정하는 법 제34조의 2에서는 어린이집이나 유치원을 이용하지 않는 영유아의 양육에 필요한 비용을 지원할 수 있다고 규정한다. 살펴본 바와 같이 영유아보유법은 법률로 수급 대상자를 규정하고 있다. 이런 규율 행태는 적용 대상자와 관련된 사항들 중에 일부분을 대통령령에 위임하고 있는 사회보험법이나 공공부조법과는 다르다. 이 부분은 의회유보의 원칙이 적용되고 있다는 것을 알 수 있다.

36) 필요한 경우 어린이집의 원장은 만 12세까지 연장하여 보육할 수 있다(법 제27조).

(4) 비용

영유아에 대한 보육은 무상으로 제공된다. 따라서 무상보육은 세금으로 운영된다. 무상보육 실시에 드는 비용(법 제34조 제3항)과 어린이집의 설치, 보육교사의 인건비, 운영경비 등(법 제36조)은 대통령령으로 정하는 바에 따라 국가와 지방자치단체가 부담하거나 보조하도록 규정하고 있다. 따라서 법률로는 국가와 지방자치단체의 비용 부담 비율을 알 수 없다. 문제는 이와 같은 위임 조항 때문에 비용 부담 비율을 두고 중앙행정부와 지방자치단체 간의 갈등이 끊이지 않고 있다는 데에 있다. 중앙정부는 늘어나는 복지비용, 특히 사회복지 서비스 비용에 대한 부담을 계속해서 지방정부에 전가하려는 행태를 보이고 있다. 반면에 지방정부는 중앙정부가 계속해서 내려보내는 사회복지서비스 프로그램들의 운영에 필요한 비용을 어려운 재정 상황에도 불구하고 부담해야 하는 어려움에 처해 있다. 무상보육의 비용은 영유아에게 제공되는 무상보육의 본질적인 사항 중에서도 본질적인 것이다. 그런데도 비용에 관한 구체적인 사항이 법률로 정해져 있지 않다는 것은 국회의 직무 유기라고 볼 수 있다.

(5) 급여

영유아보육법에서 제공하는 급여는 현금으로 제공되는 양육수당과 현물로 제공되는 보육서비스이다(법 제34조, 제34조의 2). 영유아보육은 무상으로 제공된다. 다만 무상보육의 내용과 범위는 대통령령으로 정하도록 위임되어 있기 때문에 법률로는 무상보육의 내용과 범위를 알 수 없다(법 제34조 제1항). 이런 위임 때문에 무상보육의 내용과 범위는 언제든지 행정부에 의해 확대될 수도 있고, 축소될 수도 있다. 그러므로 부모의 입장에서는 보육급여의 내용과 범위를 전혀 예측할 수 없다. 어린이집을 이용하지 않는 영유아에게 제공되는 양육수당에 관한 사항도 법률은 구체적인 규정을 하고 있지 않다. 법 제34조의 2에서는 국가와 지방자치단체는 어린이집을 이용하지 않는 영유아에 대해 영유아의 연령과 보호자의 경제적 수준을 고려하여 양육수당을 지원할 수 있다고 규정하고 있다. 하지만 비용의 지원 대상·기준 등에 대한 필요한 사항은 대통령령으로 정하도록 위임하고 있다(법 제34조의 2 제3항). 시행령 제21조의 8에서는 다시 양육수당의 수준에 관한 사항을 보건복지부령으로 정하도록 위임한다. 이와 같이 양육서비스와 양육수당의 범위를 행정부가 결정하도록 위임하고 있기 때문에 이 급여들은 행정부의 결정에 의해 제공되는 시혜적 성격이 짙다. 무상보육이나 양육수당은 헌법이 보장하는 영유아의 복지권과 엄마의 노동권을 구현하는 본질적인 수단이다. 그런데도 지금과 같이 행정부에 의해서 급여 범위가 통제되는 것은 이 급여들의 권리적 성격을 희석시킨다. 법률로 구체적인 범위를 정하는 것이 헌법이 보장하는 이 급여들의 권리적 성격을 보다 명확하게 부각하는 방법일 것이다.

3) 결론

일하는 엄마나 일하는 예비 엄마의 노동권이 지속적으로 보장되려면 노동과 아이를 돌보는 일이 동시에 가능한 환경이 조성되어야 한다. 보육제도는 이들에게 노동과 아이의 돌봄을 가능하게 하는 기회를 제공한다. 또한 보육제도는 일하는 엄마의 아이들이 엄마가 일하는 동안 안전하고 건강하게 성장할 수 있는 기회를 제공한다. 따라서 보육제도는 일하는 엄마와 그들의 아이가 인간다운 삶을 구현할 수 있도록 하는 중요한 역할을 하고 있다.

보육제도가 헌법이 보장하는 사회적 기본권의 구현과 본질적인 관계를 형성하고 있지만 보육제도의 법적 근거를 제공하고 있는 영유아보육법에서는 많은 사항에 대한 결정권한을 행정부로 위임하고 있는 것을 볼 수 있다. 보육제도의 핵심적인 사항이며 일하는 엄마와 그들의 아이들의 기본권의 구현과 본질적인 관계를 맺고 있는 사항들은 서비스를 실제로 제공하는 기관과 종사자, 서비스의 질, 서비스의 수급 대상자, 서비스의 수준과 범위, 재원과 같은 사항들이다. 영유아보육법은 이 사항들에 대해 규정은 하고 있지만 형식적인 수준에서 규율하고, 구체적인 내용들은 행정부가 결정하도록 권한을 위임하고 있다.

부모들은 민간어린이집보다는 상대적으로 비용이 저렴한 국공립어린이집을 선호한다. 그런데 국공립어린집의 설치는 행정부가 결정하도록 법률로 위임하고 있어서 행정부가 전적으로 국공립어린이집의 공급에 대한 권한을 행사한다. 보육시설의 설치기준이나 보육교직원의 배치기준 등 보육서비스에 관한 사항도 행정부가 결정하도록 되어 있다. 무상보육이나 육아수당의 범위와 수준, 보육정책에 필요한 재원에 관한 결정권한도 행정부에 위임되어 있다. 결국 보육서비스급여는 행정부의 결정에 의해서 제공되는 시혜적 성격이 강하다. 다르게 표현하면 일하는 엄마와 이들의 아이들의 기본권의 구현은 행정부에 종속되어 있다는 의미이다.

의회유보는 기본권의 구현과 관련된 본질적인 사항들은 법률로 규율하도록 요청하고 있다. 법률은 의회가 제정하는 것이므로 국민을 대표하는 의원들이 국민의 기본권의 구현과 본질적인 관련을 맺고 있는 사항에 대해 책임 있는 규율을 해야 하는 것이 의회유보가 요청하는 내용이라고 다시 표현할 수 있다. 이와 같은 의회유보의 의미에 맞게 영유아보육법은 개정되어야 한다. 일하는 엄마와 그 아이들, 그리고 양육수당을 받는 부모와 아이들의 기본권 구현에 본질적인 영향을 미치는 상항인 서비스 제공 기관과 종사자, 서비스의 질, 서비스의 수급 대상자, 서비스의 수준과 범위, 재원 등은 영유아보육법으로 직접 통제해야 한다.

지금까지 사회복지서비스법을 대표하는 법으로 영유아보육법과 의회유보의 관계를 살펴보았다. 그런데 사회복지서비스법에는 매우 다양한 종류의 법들이 포함되어 있다. 이 법을 모두 의회유보와 관련해서 분석하지 않은 이유는 영유아보육법과 같이 이 법들도 대부분의 사항을 행정부가 결정하도록 위임하는 구조를 보이고 있기 때문이다. 다른 사회복지서비스법들도 의회유보가 적용되도록 개정되어야 할 필요성이 있다.

제6장

헌법재판소와 사회보장법에서의 위임입법 제한[1)]

자유권과 재산권 같은 고전적인 기본권과 관련된 사항을 다루는 권한이 행정부에 위임될 때, 헌법재판소는 엄격한 위임 요건을 요구하는 경향을 보여준다. 반면에 사회보장행정을 포함한 급부행정 분야에서는 위임 요건이 완화되어도 헌법에 위배되지 않는다는 입장이다. 이와 같이 규율 대상에 따라서 위임 요건을 달리 보고 있는 헌법재판소의 입장을 판례를 통해 살펴보고자 한다.

1. 침해유보 영역에서의 위임입법 제한

텔레비전 수신료의 부과 근거인 한국방송공사법(법률 제4264호) 제36조 제1항은 "수신료 금액은 이사회가 심의·결정하고, 공사가 공보처장관의 승인을

1) 제6장은 이신용, 「헌법재판소의 판례로 본 위임입법의 한계: 자유권과 사회권 영역을 중심으로」〔≪법학연구≫, 20(3), 2012, 297~323쪽〕을 중심으로 기술한 것이다.

얻어 이를 부과·징수한다"라고 규정한다. 헌법재판소는 이 법률조항이 법률유보원칙을 위배했다고 판시했다. 헌법재판소는 "오늘날 법률유보원칙은 단순히 행정작용이 법률에 근거를 두기만 하면 충분한 것이 아니라, 국가공동체와 그 구성원에게 기본적이고도 중요한 의미를 갖는 영역, 특히 국민의 기본권 실현에 관련된 영역에 있어서는 행정에 맡길 것이 아니라 국민의 대표자인 입법자 스스로 그 본질적 사항에 대해 결정하여야 한다"라고 본다. 따라서 입법자의 이러한 규율 행위는 의회민주주의 원리에 상응하는 것이라고 주장한다.

한편 헌법재판소는 한국방송공사는 설립 목적, 조직, 업무 등에 비추어 독자적인 행정주체의 하나에 해당하며, 수신료는 국민에게 금전납부의무를 부과하는 것으로 본다. 따라서 공사가 수신료를 부과·징수하는 것은 국민의 재산권에 제한을 가하는 행정작용이기 때문에 법률유보원칙에 근거해 수신료는 입법자가 스스로 결정해야 할 사항이라고 판시한다(헌재 1999.5.27. 98헌바70, ≪헌법재판소 판례집≫, 제11권 제1집).

이 판례에서 헌법재판소는, 헌법이 보장하는 기본권인 재산권을 행정 기관이 침해하는 경우에 법률로 더욱 엄격하게 해당 사항을 통제하도록 요구하고 있다. 특히 금액의 크기에 상관없이 재산권과 같은 기본권을 규율할 때 위임입법을 엄격하게 제한해야 한다는 헌법재판소의 입장을 이 판례를 통해서 알 수 있다.

구 의료법(법률 제6157호) 제61조 제4항은 "안마사의 자격인정, 그 업무한계 및 안마시술소 또는 안마원의 시설기준 등에 관하여 필요한 사항은 보건복지부령으로 정한다"라고 규정했다. 이 모법의 위임에 근거하여 '안마사에 관한 규칙(2000.6.16. 보건복지부령 제153호로 개정된 것)' 제3조는 안마사로 자격인정을 받을 수 있는 자격 조건으로 "앞을 보지 못하는 사람"을 규정한다.

이 판례에서 과반수의 헌법재판관들은 해당 규칙이 국민의 직업 선택의 자유를 제한한다고 보고, 이와 같이 기본권의 제한과 관련된 중요하고 본질적인 사항은 마땅히 법률로 정해야 한다고 주장한다. 또한 동일한 재판관들은 안마사의 자격인정에 필요한 사항을 보건복지부령에 위임한 해당 법 조항이 포괄위임을 금지한 헌법 제75조를 위반해 위헌이라고 주장한다(헌재 2003.06.26. 2002헌가16, ≪헌법재판소 판례집≫, 제15권 제1집). 왜냐하면 해당 법 조항은 위임사항에 대해 구체적인 범위를 전혀 정하지 않고 보건복지부령에 위임하고 있기 때문이다. 또한 해당 법 조항만으로는 하위법령에서 안마사의 자격인정 요건이 어떻게 정해질 것인지 전혀 예측할 수 없고, 의료법의 다른 규정 전체를 유기적 체계적으로 살펴보아도 안마사의 자격인정 요건의 기본적 윤곽을 짐작할 수 있는 아무런 단서도 발견할 수 없다고 본다. 그리고 해당 판례와 연관된 후속 판례(헌재 2006.05.25. 2003헌마715, ≪헌법재판소 판례집≫, 제18권 제1집(하), 112쪽 이하)에서 이 규칙은 위헌으로 판정된다. 이후 안마사 자격에 관한 사항은 의료법 제82조(법률 제11005호)로 직접 규율된다.

해당 판례에서도 알 수 있는 것과 같이 재산권이나 자유권과 같은 고전적인 기본권과 관련된 사항에서 헌법재판소는 법률유보원칙과 위임입법의 한계를 엄격하게 적용하는 경향을 보여준다.

2. 사회보장 영역에서의 위임입법 제한

1) 적용제외 규정에 대한 입장

한국의 대표적인 사회보험인 국민연금보험, 건강보험, 고용보험, 산재보험은 가입 대상자의 기준에 대해 보편적인 성격을 갖고 있다. 97%의 국민이 건강보험에 가입되어 있고,[2] 18세 이상 60세 미만의 국민은 국민연금에 가입해야 한다. 또한 모든 노동자는 고용보험과 산재보험에 가입해야 한다. 다만 예

2) 나머지 3%는 공공부조 제도의 하나인 의료급여제도를 통해 의료서비스를 제공받고 있다.

외적으로 보험의 적용이 제외되는 경우가 있다. 산재보험법과 고용보험법은 적용제외를 결정하는 권한을 행정부에 위임하고 있다. 입법부는 사업의 위험률·규모 및 사업장소 등(산재보험법 제6조 법률 제10305호)과, 산업별 특성 및 규모 등(고용보험법 제8조 법률 제9999호)을 고려하여 행정부가 산재보험과 고용보험의 적용이 제외되는 사업장을 결정하도록 권한을 위임한다.

구 산재보험법(법률 제6100호) 제5조는 이와 같이 적용이 제외되는 사업장을 결정하는 권한을 행정부에 위임하는 내용을 담고 있다.[3] 헌법재판소는 이 법 조항이 위임입법의 명확성이라는 요건을 위배하지 않았다고 판시했다(헌재 2003.7.24. 2002헌바51, ≪헌법재판소 판례집≫, 제15권 제2집, 103쪽 이하). 헌법재판소는 산재보험 시행의 현실 여건과 해당 법 조항의 예측 가능성을 판단의 근거로 든다. 산재보험의 시행 여건은 사회경제적 상황에 따라서 수시로 변하기 때문에, 여러 가지 사회경제적 상황과 보험 기술적 측면을 고려하여 변화하는 상황에 맞추어 적용사업장이 결정되어야 한다고 보는 것이다. 그런데 입법자는 전문적·기술적 대응력을 갖추고 있지 못하기 때문에 행정부가 더 적임자라고 본다. 아울러 해당 법 조항은 행정부가 적용제외사업장을 결정할 때 위험률, 규모 및 사업장소 등을 참작하도록 제시하고 있기 때문에 대통령령으로 정해질 적용제외사업장의 대강을 예측할 수 있다고 본다.

이 법 조항이 위임입법의 한계를 규정하고 있는 헌법 제75조를 위반하지 않았다고 보는 헌법재판소의 시각은 이와 유사한 규정을 하고 있는 다른 사회보험법의 법 조항도 합헌으로 볼 것이다. 그러나 헌법재판소의 논리는 좀 더 면밀히 살펴볼 필요가 있다. 헌법재판소는 해당 사항이 수시로 변하는 경우에 입법 기술적인 문제 때문에 위임입법이 불가피하다고 본다. 그런데 산업보험의 적용제외를 규정하고 있는 산업재해보상보험법 시행령은 1995년부터 2011

3) "법 제5조(적용 범위) 이 법은 근로자를 사용하는 모든 사업에 적용한다. 다만, 사업의 위험률·규모 및 사업장소 등을 참작하여 대통령령이 정하는 사업은 그러하지 아니하다."

년까지 총 13차례의 개정이 있었다. 개정 횟수로는 적지 않다고 할 수 있으나, 그중에서 크게 개정한 경우는 2000년 6월 27일에 있었던 개정뿐이다(대통령령 제16871호). 나머지 개정들에서는 적용제외 범위가 크게 바뀌지 않았다. 따라서 수시로 변하는 사항이기 때문에 법규명령으로 규정해야 한다는 주장은 설득력이 없다. 더욱이 산재보험으로부터 적용이 제외된다는 것의 의미를 고려할 때, 이를 결정하는 권한이 행정부에 위임되는 것은 헌법에 합치된다고 볼 수 없다. 왜냐하면 이는 산재보험제도에서 적용이 제외된 사업장에서 일하고 있는 노동자들에게 적지 않은 문제를 발생시킬 것이기 때문이다. 이 노동자들의 삶에 본질적인 영향을 미치는 이 사항을 법규명령으로 규정하도록 위임하는 입법자의 행태는 민주주의 원리에 맞지 않는다.

2) 보험료에 대한 입장

구 국민연금법(법률 제4909호) 제3조 제1항 제3호는 국민연금 가입자의 소득 범위에 관해 규정하고 있다. 소득은 국민연금제도의 유지에 필요한 보험료의 산정 기준이 되며, 아울러 연금급여의 산정 기준이 되기 때문에, 어느 주체가 소득의 범위를 결정해야 하는가는 중요하다. 그런데 해당 법률 조항에서는 국민연금 가입자의 종별(직장가입자와 지역가입자)에 따른 소득 범위를 대통령령에 위임한다. 또한 헌법재판소는 이 조항이 포괄위임금지의 원칙을 위배하지 않는다고 본다. 왜냐하면 규율 대상의 종류와 성격에 따라서 위임의 구체성과 명확성의 요구 정도가 달라야 한다고 보기 때문이다〔헌재 2007.4.26. 2004헌가29, 2007헌바(병합), ≪헌법재판소 판례집≫, 제19권 제1집, 366쪽〕. 조세법규나 처벌법규 등과 같은 침해행정과는 달리 일반적인 급부행정에서는 덜 엄격한 위임 요건이 요구될 수 있다고 보기 때문이다.

이와 같은 근거를 바탕으로 헌법재판소는 국민연금보험료는 조세와는 성격이 다르기 때문에 조세법규에서의 심사기준보다는 완화된 위임 요건이 요구될 수 있다고 보고 있다. 아울러 소득 형태나 발생주기 등이 매우 다양하고 수시고 변하는 성질을 가지는 지역가입자의 소득을 일일이 법률로 정할 수 없기 때문에 법규에 위임할 필요성이 있다고 본다〔헌재 2007.4.26. 2004헌가29, 2007헌바(병합), ≪헌법재판소 판례집≫, 제19권 제1집〕.

그런데 헌법재판소는 군인연금에서 지급되는 퇴직연금의 성격을 다룬 최근의 판례에서 연금의 기여금 중 가입자가 지불한 부분에 대한 재산권적 성격을 인정했다. 따라서 이 부분에 대한 재산권적인 보호가 필요하다고 보았다〔헌재 2010.7.29. 2009헌가4, ≪헌법재판소 판례집≫, 제22권 제2집(상)〕. 헌법재판소의 이와 같은 입장을 따른다면 국민연금의 보험료 중에서 가입자가 지불한 부분에 대해서도 재산권적인 보호가 필요하다. 군인연금이나 국민연금은 모두 사회보험에 속하기 때문이다. 특히 지역가입자의 보험료는 본인이 전부 부담하기 때문에 보험료의 재산권적 성격은 더욱 두드러진다. 따라서 군인연금에서와 같이 사회보험 가입자들이 지불하는 보험료의 재산권적 성격을 인정할 수 있다면, 이와 관련된 사항은 법률로 좀 더 구체적으로 규율되어야 할 것이다. 헌법재판소도 앞서 살펴본 텔레비전 수신료와 관련된 판례에서, 금액의 크기에 상관없이 재산권과 관련된 사항에 대해서는 입법자가 좀 더 책임 있는 규율 행위를 해야 한다고 보고 있기 때문이다.

한편 헌법재판소는 소득의 범위를 결정하는 사항들이 수시로 변하기 때문에 위임 요건을 완화할 수밖에 없다고 본다. 그러나 자영업자의 보험료를 산정하기 위해 필요한 소득의 범위를 결정하는 소득세법 시행령은 지난 20년 동안 거의 변하지 않았다. 따라서 소득의 범위를 결정하는 것이 수시로 변하는 사항이기 때문에 법률로 규율할 수 없다는 주장은 설득력이 없다. 따라서 보험료와 관련된 가입자의 재산권을 보호하기 위해 소득의 범위가 법률로 규율되어야 한다.

3) 급여 수급 조건에 대한 입장

사회보장급여를 받기 위해서 충족시켜야 할 급여 수급 조건은 제도마다 다양하고 상이하다. 산재보험의 대표적인 급여 수급 조건은 재해가 업무상의 재해로 인정되는 것이고, 고용보험에서는 실직이 실업으로 인정되어야 한다. 국민기초생활보장제도에서는 급여 신청자가 소득과 부양의무자 기준을 충족시켜야 급여를 받을 수 있다. 그런데 이러한 급여 수급 조건은 입법부의 위임을 통해 대부분 행정부에 의해서 결정되고 있다. 입법부는 산재보험법 제37조(법률 제10305호)에서 업무상 재해의 구체적인 인정 기준을, 국민기초생활보장법 제5조(법률 제10782호)에서는 부양의무자의 부양능력을 판정할 권한을 대통령령으로 정하도록 위임하고 있다.

배에서 일하는 노동자를 재해로부터 보호하려는 목적으로 제정된 어선원 및 어선 재해보상보험법에서도 급여 수급 조건을 결정하는 권한이 대부분 행정부에 위임되어 있다. 해당 법(법률 제10339호) 제27조에서는 어선원 등이 직무상으로 사망할 경우에 대통령령으로 정하는 유족이 급여를 수급할 수 있다고만 규정하고 있다. 헌법재판소는 해당 법률조항이 헌법 제75조의 포괄위임입법금지원칙에 위배되지 않는다고 판시했다. 헌법재판소는 합헌의 근거로 관련 법 조항 전체를 유기적·체계적으로 종합하여 판단해야 하고, 특히 급부행정(또는 사회보장행정)에서는 입법자는 법률에서 예측 가능한 기준을 제시하면 족하고, 특히 규율 대상이 지극히 다양하거나 수시로 변하는 성질의 것일 때에는 위임의 구체성 및 명확성의 요건이 완화될 수 있다는 주장을 제시했다. 아울러 유족의 범위를 규정할 전문적인 능력은 행정부에 있다고 보았다〔헌재 2009.12.29. 2008헌바, ≪헌법재판소 판례집≫, 제21권 제2집(하)〕.

그러나 헌법재판소의 주장은 설득력이 떨어진다. 이 재판에 참여해 소수의견을 제시한 한 재판관의 주장과 같이 관련 법 조항 전체를 유기적·체계적으로 종합해서 판단해도 대통령령에 규정될 유족의 범위 및 순위와 관련된 기본적 사항을 예측할 수 없다. 또한 유족급여의 수급자가 누가 되어야 할 것인가는 유족에게 있어서 생계와 관련된 본질적인 문제이다. 그런데 이러한 중요한 사항을 법률로 규정하지 않고 행정부에 위임하는 것은 법률유보와 포괄위임입법금지의 원칙을 위반한 것이다.

4) 급여의 범위 및 수준에 대한 입장

헌법재판소는 국가유공자 등 예우 및 지원에 관한 법률(법률 제7873호) 제12조 제4항과 제5항이 포괄위임금지의 원칙에 위배되는지의 여부를 다루는 판례〔헌재 2009.3.26. 2008헌바 105, ≪헌법재판소 판례집≫, 제21권 제1집(상), 457쪽 이하〕에서 해당 법률 조항들이 위임입법의 한계를 벗어나지 않았다고 판시했다. 해당 법률 조항들에서는 국가유공자의 보상금의 지급 수준이 "통계법 제3조 제2호의 규정에 의해 통계청장이 지정하여 고시하는 통계 중 가계조사통계의 전국가구 가계 소비지출액 등을 고려하여" 결정되어야 한다고 규정하고 있다(제4항). 또한 "보상금은 월액으로 하고, 그 지급액·지급방법 및 그 밖의 지급에 관하여 필요한 상항은 대통령령으로 정한다"라고 규정하고 있다(제5항).

논란의 대상은 국가유공자 예우법이 정하고 있는 보상금의 수준을 구체적으로 결정하는 권한을 대통령령에 위임하고 있는 부분이다. 헌법소원을 청구한 청구인은 본법이 규정하고 있는 "순직군경 유족들의 보상금수급권은 사회적 기본권이면서 재산권의 성격을 갖기 때문에, 보상금수급권의 내용과 수급권자의 범위 등에 관하여는 법률에서 구체적으로 명확하게 그 내용을 규정하여야 한다"라고 주장한다. 그러나 헌법재판소는 해당 급여의 사회보장적 성격은 인정하지만 급부행정에서는 위임의 구체성과 명확성이 완화될 수 있다고 본다. 더욱이 다양한 종류의 보상금에 관한 내용을 담고 있는 국가유공자예우법에서 보상금의 산정 기준을 구체적으로 명시하는 것은 용이하지 않다고 여긴다. 특히 국가유공자에 대한 보상금의 재원은 세금이므로 국가의 재정 상황에 따라서 탄력적으로 결정할 필요가 있다고 본다. 따라서 헌법재판소는 해당 법률조항들이 "사회보장수급권으로서의 보상금수급권의 본질적인 내용을 하위 법령에 백지위임했다"라고 판단하지 않는다(헌재 2009.3.26. 2008헌바105, 판례집 21권 1집 상).

또한 헌법재판소(헌재 1997.12.24. 95헌마390, ≪헌법재판소 판례집≫, 제9권 제2집, 817쪽 이하)]는 분만급여의 범위 및 상한 기준을 보건복지부 장관이 정하도록 위임한 의료보험법(법률 제4728호) 제31조 제2항의 규정을 위임입법의 한계를 벗어난 포괄위임으로 볼 수 없다고 판시했다. 헌법재판소는 위임의 구체성과 명확성의 요구는 규율 대상의 종류와 성격에 따라서 달라진다고 보고 있다. 다음의 내용이 급부행정 분야에서 헌법재판소가 갖고 있는 위임 요건에 대한 일반적인 시각이다.

즉, 급부행정 영역에서는 기본권침해 영역보다는 구체성의 요구가 다소 약화되어도 무방하다고 해석되며, 다양한 사실관계를 규율하거나 사실관계가 수시로 변화될 것이 예상될 때에는 위임의 명확성의 요건이 완화되어야 하는 것이다. 뿐만 아니라 위임조항에서 위임의 구체적 범위를 명확히 규정하고 있지 않다고 하더라도 당해 법률의 전반적인 체계와 관련 규정에 비추어 위임조항의 내재적인 위임의 범위나 한계를 객관적으로 분명히 확정할 수 있다면 이를 일반적이고 포괄적인 백지위임에 해당하는 것으로 볼 수는 없다(헌재 1997.12.24. 95헌마390, ≪헌법재판소 판례집≫, 제9권 제2집, 829쪽).

또한 해당 사항의 규율이 사회적·경제적 여건을 고려해야 하는 경우에 법률로 상세히 규정하는 것은 입법 기술상 어렵다는 입장이다. 이 판례를 통해 헌법재판소는 사회보장행정과 같은 급부행정에서는 완화된 위임 요건이 헌법에 위배되지 않는다는 입장을 분명히 했다.

그러나 이 판례에서 반대 의견을 낸 소수의 재판관은 해당 법률조항이 위임입법의 한계를 벗어난 포괄위임이라고 본다. 왜냐하면 해당 법률조항은 분만급여청구권을 인정하면서도 본질적인 내용인 분만급여의 범위, 상한 기준에 대해서는 아무것도 정하지 않고 전적으로 보건복지부 장관에게 위임하고 있기 때문이다(헌재 1997.12.24. 95헌마390, ≪헌법재판소 판례집≫, 제9권 제2집, 833쪽 이하). 아울러 분만급여의 범위나 상한 기준 등의 대강을 법률로 규정하는 것은 입법 기술상 어려운 일도 아니라는 것이다. 더욱이 이 의료보험법의 체계나 구체적인 규정을 검토해보아도 분만급여의 범위나 상한 기준에 대한 한계를 확정할 수 있는 근거는 없다고 본다.

3. 소결

지금까지 살펴본 판례들은 헌법재판소가 규율 대상에 따라서 위임입법의 한계를 어떻게 규정하고 있는지에 대한 시각을 제공해준다. 헌법재판소는 침해유보 영역에 속하는 자유권 및 재산권과 관련된 사항에 대한 위임입법은 대체로 엄격하게 제한하고 있다. 반면에 사회보장과 같은 급부행정과 관련된 사항에 대한 위임입법은 상대적으로 엄격하지 않게 제한하는 것을 알 수 있다. 따라서 헌법재판소는 적용 대상자, 급여 수급 조건, 보험료, 급여 수준 및 범위와 같은 사회보장제도를 구성하고 있는 핵심 사항에 대한 규정 권한을 행정부에 위임하고 있는 법률조항들을 합헌으로 보고 있다. 비록 헌법재판소가 사회보장제도가 사회적 기본권을 구현하는 핵심제도라는 것을 인정할지라도(헌재 2003.12.18. 2002헌바1, ≪헌법재판소 판례집≫, 제15권 제2집, 449쪽 이하), 기본권과 관련된 본질적인 사항에 대해서는 의회 스스로 규정해야 한다는 의회유보 원칙을 사회보장법에는 적용하고 있지 않다. 헌법재판소의 이러한 입장은 민주주의와 사회보장제도가 아직 충분히 발달하지 않은 한국의 현실을 반영한 결과라고 볼 수 있다. 그렇다면 한국의 민주주의와 사회보장제도가 발전할수록 헌법재판소의 입장이 변화될 가능성도 커질 것이다. 이런 가능성이 민주주의와 사회보장제도의 발전을 통해서 어떻게 생겨나는지에 대해 다음 단락에서 살펴보겠다.

4. 사회보장법에서 엄격한 위임 요건의 필요성

앞 판례들에서 살펴본 바와 같이 헌법재판소는 규율 대상 및 종류에 따라서 위임 요건이 달라야 한다고 보고 있다. 헌법재판소는 자유권과 재산권 같은 고전적인 기본권 영역과 관련된 사항에 있어서는 엄격한 위임 요건을 요구한다. 반면에 20세기의 새로운 기본권인 사회권과 관련된 영역에서는 위임 요건이 완화될 수 있다고 본다. 이번 절에서는 헌법재판소의 입장과는 다르게, 사회권을 실현하는 중요한 영역인 사회보장 영역에서도 위임 요건이 강화되어야 하는 이유들을 다룰 것이다.

1) 침해유보의 기원과 위임입법의 제한

로크와 같은 근대 계몽주의 사상가들은 인간은 생명, 자유, 재산의 권리를 갖고 태어났다고 주장한다. 이런 자연권 사상은 근대 자유주의자들이 국가의 지배로부터 개인의 자유를 주장하기 위한 이론적 근거를 제공했다(김성옥, 2006: 194 이하). 그렇지만 18세기 절대왕정 시대만 하더라도 신분제적 헌법에는 국가로부터 시민의 자유와 권리를 보호하는 규정은 없었다. 비로소 개인의 고유한 영역을 보호하는 조항이 헌법에 수용되기까지 시민계급은 절대왕정에 대항해야 했다(Clement, 1987: 4; Mrozynski, 2010: 479). 이러한 노력의 첫 번째 성과는 식민지 모국인 영국의 왕정에 대항하여 작성된 1776년의 버지니아 권리장전이다. 이 권리장전에는 로크의 자연권 주장과 같이 모든 인간의 자유권이 타고난 권리라 선언되었고(Sec.1), 세금은 시민이나 시민을 대표하는 집단의 동의 없이는 부과될 수 없다고 선언되어 있다(Sec.6). 이와 유사한 주장을 펜실베이니아 헌법(1776, Art.I, Art.VIII), 메사추세츠 헌법(1780, Part.I, Art.I, Art.X), 뉴햄프셔 헌법(1784, Art.I, Art.XII)에서도 찾아볼 수 있다. 로크의 자연권 사상과 일련의 미국 인권선언에 영향을 받은 프랑스 혁명의 인권선언문(1789)에도 국가로부터 자유권과 재산권과 같은 개인의 영역을 보호하는 조항이 포함된다(Art.2, Art.17). 1801년 독일에서도 시민이 유사한 요구를 했고, 대부분 독일 지역헌법들에 자유권과 재산권을 보호하는 조항이 포함되었다. 1850년 프로이센 헌법 제5항과 제9항에도 자유권과 재산권을 보호하는 조항이 포함되었다. 1871년 독일지역에서 가장 강력한 영향력을 행사하던 프로이센 중심으로 독일제국이 탄생한 이후에 이 보호조항이 제국헌법에 포함되었다.

독일제국 탄생 이전의 대부분 독일 지역국가들의 헌법에도 재산권과 자유권을 보호하는 조항이 있었지만 시민의 권리를 보호하는 표현양식die Freiheit-und-Eigentum-Fromel이 통일적이지는 않았다. 각 국가의 헌법에 따라 자유권과 재산권이 결합된 형태도 있었고, 둘 중 하나만 언급한 형태도 있었으며, 심지어 이 둘을 전혀 언급하지 않는 헌법도 있었다. 이와 같은 다양성은 자유권과 재산권을 기본권의 본질로 간주하는 현대 헌법과는 달랐다. 민주주의와 자본주의의 발전이 현대 헌법에서 자유권과 재산권을 기본권의 불가결한 요소로 만들었다.

개인의 자유die Freiheit der Person와 재산권의 개념도 현재보다는 좁은 의미로 해석되었다. 먼저 '개인의 자유'라는 개념은 원래 신체적 움직임의 자유를 뜻했다. 좀 더 정확히 말하면 행정부의 임의적인 체포에서 보호받는 것을 의미했다. 그러나 얼마 지나지 않아 판례와 여러 법학자들에 의해 광범위한 행동의 자유로 해석되기 시작했다. 시간이 흐르면서 이 개념은 법에 의해 금지되지 않은 것을 할 수 있는 권리로 받아들여졌다. 재산권 개념도 유사한 발전 과정을 경험했다. 19세기 재산권의 개념은 사물과 관련된 사적인 권리로, 특히 모든 사적인 재산권만을 의미했다. 그런데 바이마르 헌법에 와서는 특허권과 같은 것을 포함하는 총체적이고 사적인 소유 상태der gesamte privte Besitzstand로 해석된다(Jesch, 1968).

오늘날 침해유보는 당연한 것으로 인식된다. 즉, 자유권과 재산권에 관련된 사항에 대해 국가나 타인이 함부로 침해해서는 안 된다는 인식이 보편화되어 있다. 그러나 앞서 살펴보았듯이 오늘날 침해유보의 보편성은 역사적 발전 과정을 거쳐서 나타난 결과이다. 침해유보의 등장 시기, 내용, 장소는 달랐으나 시간이 흐르면서 보편성을 획득하게 되었다.

그런데 침해유보조항이 헌법에 등장했다고 해서 의회가 시민의 자유권과 재산권과 관련된 사항을 엄격하게 통제하기 시작했다는 의미는 아니었다. 자유권과 재산권에 관련된 사항을 의회가 어느 정도 통제해야 하고, 행정부에 어느 정도 권한을 위임해야 하는가 하는 논의는 입헌군주제 이후에 본격적으로 나타났다. 19세기 독일 남쪽과 북쪽 지역에서 침해유보와 관련된 사항에 대해 위임의 정도가 다르게 나타났다. 남쪽 지역에서는 법률로 상세하게 규율하면서 위임입법을 제한하는 경향이 있었지만 북쪽 지역에서는 포괄위임을 허용하는 경향이 있었다. 침해유보에 해당하는 사항일지라도 포괄위임을 인정하는 경향은 독일제국과 바이마르 공화국에서도 이어졌다.

그런데 독일의 경우, 제2차 세계대전이 끝난 후 기본법에 위임입법을 제한하는 규정을 삽입하면서 침해유보와 관련된 사항에 대한 포괄위임을 엄격히 제한하는 전기가 마련되었다. 기본법 제80조 제1항은 의회가 행정부에 위임을 할 경우 법률에 위임의 내용, 목적, 범위를 구체화해야 한다고 규정하고 있다. 이 조항을 근거로 침해유보와 관련된 과도한 위임에 대한 연방헌법재판소의 위헌 판결이 이어졌다. 그러나 1960년대까지만 해도 사회권과 관련된 영역도 위임입법은 엄격하게 제한되어야 한다는 사법부의 판결은 나오지 않았다.

2) 자유권과 사회보장 수급권

앞서 살펴본 침해유보의 발상은 군주에 대항해 시민의 고유한 영역을 지키려는 동기에서 시작되었다. 이런 노력은 헌법에 자유권과 재산권을 보호하는 조항의 신설로 결실을 맺게 된다. 이때부터는 국민을 대표하는 의회가 이 영역에 대한 일차적인 통제권한을 갖는다. 이런 보호조치를 통해 개인은 국가의 임의적인 간섭으로부터 보호받는 자유 영역을 갖게 되었다.

그러나 현대 복지국가의 등장과 성장은 자유의 의미를 다르게 해석해야만 하는 환경을 조성했다. 현대 복지국가가 제공하는 여러 가지 급여가 개인을 국가에 종속시키는 결과를 초래했기 때문이다. 이제 개인은 국가가 제공하는 급여 없이는 자신의 삶을 유지하고 자유를 실현하기에 어려운 상황에 처하게 된 것이다(Bundesverfassungsgericht, 1976: 249). 이런 상황은 과거에 국가에 대항해서 확보한 자유가 다시 국가에 반납되었다는 것을 의미한다(Rupp, 1959: 84). 이런 종속적인 상황에서 개인은 자신의 자유를 지킬 방안을 새롭게 모색해야만 한다. 루프는 생존에 필수적인 사회보장급여들에 대한 헌법과 법률에 의한 보장을, 국가에 종속된 개인을 지켜낼 수 있는 대안적인 방안으로 제시하고 있다. 왜냐하면 법률은 개인에게 사회보장급여에 대한 확고한 법적인 소유권을 제공할 수 있기 때문이다. 따라서 사회보장급여에 대한 법률의 통제는 개인의 자유를 보호하기 위한 중요한 의미를 담고 있다.

그런데 사회보장급여를 법률이 통제해야 한다면 '통제의 정도'가 풀어야 할 과제로 나타난다. 일반적으로 사회보장 영역에서는 자유권 영역보다 덜 엄격한 위임 요건을 허용해왔다. 그래서 이 영역에서 행정부의 결정권한은 상대적으로 크다. 그러나 루프의 주장을 따르면 사회보장은 고전적인 자유권과 결코 별개의 영역이 아니라는 결론에 이르게 된다. 그의 논리를 수용한다면 개인의 자유가 국가가 제공하는 사회보장급여에 종속되지 않을 정도로 사회보장법이 급여에 대한 통제를 행해야 한다. 행정부가 임의로 급여를 통제할 권한을 주어서는 안 되는 것이다. 법률에서 권한을 위임하는 경우에는 위임의 권한이 너무 크면 안 된다. 위임입법으로 행정부가 급여를 통제할 권한을 소유하게 된다면 그의 주장과 같이 개인이 국가에 종속되는 결과에 이르게 되고, 개인의 자유의 실현을 국가에 의존하게 된다. 따라서 사회보장급여와 관련된 영역에서도 침해유보 사항에 적용되는 수준으로 위임입법이 제한되어야 하는 것이다.

한국에서는 1964년에 사회보험으로는 처음으로 산재보험이 도입되었다. 그 후 1977년에 의료보험이 시행되었고, 1988년에는 국민연금이, 1995년에는 고용보험이, 2000년에는 국민기초생활보호제도가, 2007년에는 노인장기요양보험이 시행되었다. 비록 사회보장의 역사가 길지는 않아도 이미 많은 사회보장제도가 한국에도 시행되고 있다. 특히 국민연금과 건강보험은 전 국민을 대상으로 시행되고 있다. 앞으로 사회보장급여가 개인의 삶에 미치는 영향력은 더욱 확대될 것이 명약관화하다. 그런데 앞서 제5장에서 살펴보았듯이 한국의 사회보장법은 적용 대상자, 보험료, 급여 조건, 급여 범위 및 수준 등 급여와 관련된 핵심 사항에 대한 통제권한을 행정부에 광범위하게 위임하고 있다. 이런 과도한 위임은 급여에 대한 법적 권리성을 약화시키고, 행정부에 의한 시혜성을 강화한다(이신용, 2010: 167). 이런 법 구조 속에서 사회보장이 지속적으로 확대된다면 한국 국민의 자유의 실현은 국가가 제공하는 급여에 더욱 종속될 것이다. 즉, 국가에 개인의 자유를 종속시키고 있다는 의미이다. 따라서 자유권을 보호할 수 없을 만큼 광범위하게 급여에 대한 결정권한을 위임하는 현상은 극복해야 한다. 이를 위해서는 법률로 급여와 관련된 핵심 사항을 통제해야 한다.

3) 의회와 사회보장법

절대주의 국가에서와 같이 입헌군주제에서도 국가권력은 왕에게 혹은 행정부에 속해 있었다. 따라서 헌법이 규정하지 않는 사항에 대한 통제권한은 왕에게 있었다. 사회권은 20세기에 들어와서야 헌법에 포함되었기 때문에 입헌군주제에서 사회권이라는 개념은 존재하지 않았다. 다만 도로나 상하수도 건설, 보조금의 교부 같은 급부행정이 존재할 뿐이었다. 헌법에서 규정하지 않았던 급부행정에 대한 관할권은 행정부에 있었다.

민주제는 국가권력의 주체를 왕에서 시민으로 바꾸었다. 따라서 헌법이 규정하지 않는 사항에 대한 해석 권한도 시민이 갖는다(Jesch, 1968: 58). 그러므로 입헌군주제에서 급부행정의 관할권이 행정부에 있었다면 민주제에서는 시민에게 있다. 더욱이 오늘날 민주제 국가 헌법에서는 사회권을 대부분 보장하고 있기 때문에 헌법이 보장하는 사회권에 대한 규율은 시민이 스스로 해야 한다. 대의민주제 국가에서는 시민을 대표하는 의회가 이 역할을 해야 한다.

그런데 의회가 사회권을 어느 정도로 구체적으로 규율해야 하는가에 대한 논란이 있다. 최근까지는 자유권이나 재산권보다는 덜 엄격하게 사회권을 규율해야 한다는 입장이 다수였다. 그러나 독일에서는 이런 입장이 1970년대 들어서면서 바뀌기 시작했다. 독일 연방헌법재판소는 자유권과 사회권의 위임입법 제한 기준을 동일하게 보기 시작했다. 의회는 시민의 삶에 본질적인 영향을 미치는 사항에 대해 책임 있는 규율 행위를 해야 한다는 의미이다.

4) 위임 내용의 예측 가능성

기본권의 보호와 실현을 위해 독일 기본법 제80조뿐 아니라 한국 헌법 제75조와 제95조에서는 위임입법의 범위와 한계를 설정하고 있다. 헌법 제75조에 따르면 위임입법은 "법률에서 구체적으로 범위를 정하여 위임받은 사항"만을 규율할 수 있다. 이런 제한은 해당 사항을 규율할 행정부의 권한은 반드시 법률의 위임에 근거해야 함을 의미한다(홍준형, 1996: 26). 아울러 이 조항은 위임의 포괄성을 금지한다. 따라서 위임의 범위는 한정적(대상의 한정성)이고, 위임의 내용은 구체적(위임의 구체성)이어야 한다(홍준형, 1996: 35).

그런데 헌법이 위임입법의 한계에 관한 이런 일반적인 원칙을 제시했다고 해서 입법 과정에서 발생할 위임의 정도를 결정하는 문제가 모두 해결된 것은 아니다. 위임 범위가 제한되어야 하고 구체적이어야 한다는 것은 여전히 하나의 원칙으로만 남아 있기 때문이다. 이러한 문제를 해결하기 위해 사법부에서는 법률에 이미 "위임입법으로 통제할 내용과 범위의 기본 사항이 구체적으로 규정되어 있어서, 누구라도 당해 법률로부터 규정될 내용의 대강을 예측할 수 있어야 한다"라는 기준을 제시하고 있다(헌재 1996.8.29. 95헌바36, ≪헌법재판소 판례집≫, 제8권 제2집, 99쪽). 그러나 예측 가능성은 단순히 수권법률의 특정 조항에 의해서만 제공되는 것은 아니다. 당해 법률의 전반적인 체계와 관련 규정에 비추어 위임조항의 내재적인 위임의 범위나 한계를 객관적으로 분명히 확정할 수 있는 경우에도 예측 가능성은 제공된다고 본다(헌재 1997.12.24. 95헌마390, ≪헌법재판소 판례집≫, 제9권 제2집, 829쪽).

헌법재판소는 앞서 살펴본 분만급여의 범위와 관련된 판례에서 볼 수 있듯이 예측 가능성의 기준을 사회보장법 영역에도 적용한다. 해당 판례에서 다수의 헌법재판관은 비록 해당 조항이 분만급여와 관련하여 자녀 수를 직접제한하지 않더라도, 의료보험법과 관련 규정을 살펴보면 위임입법으로 규정될 내용을 예측 가능하다고 보고 있다. 그러나 소수의 재판관과 전광석(1998: 242)이 지적하는 것과 같이, 분만급여의 제한과 관련해서 의료보험법의 어느 곳에서도 전혀 위임 내용을 예측할 어떤 암시도 주지 않는다. 이와 같은 예측 불가능함은 제5장에서 분석한 사회보장법의 사항들에도 동일하게 나타난다. 사회보장제도를 형성하는 핵심 사항인 적용 (제외) 대상자, 급여 수급 조건, 보험료, 급여 범위 및 수준을 결정하는 권한은 대부분 행정부에 위임되어 있으나, 일부분을 제외하고는 수권법률 조항을 통해 위임입법에 의해 결정될 내용은 전혀 예측할 수 없다. 더욱이 해당 법률을 전반적으로 살펴보더라도 위임조항의 위임의 범위나 한계를 객관적으로 분명히 확정할 수 있는 경우는 거의 없다. 따라서 이런 위임 행태는 헌법이 제한하는 위임입법의 한계를 넘어선 것이다.

5) 위임 요건과 규율 대상

사법부나 학계는 사실관계가 수시로 변화되거나, 해당 사항을 규율하는 데 전문적이고 기술적인 능력이 요구되거나, 해당 사항이 어떤 기본권과 관련되어 있는지, 국민에 미치는 영향이 어느 정도인지, 수임 기관이 누구인지, 이해관계인의 참가 가능성 등에 따라서 위임 요건이 완화될 수 있다고 본다(김남진, 2007: 356; 김동희, 2007: 252; 박윤흔, 1998: 218; 정극원, 2009: 465; 홍준형, 1996: 36; 헌재 1997.12.24. 95헌마390, ≪헌법재판소 판례집≫, 제9권 제2집, 817쪽 이하).

이를 제5장에서 분석한 사회보장법에 적용해본다면, 많은 경우에 법률로 해당 사항을 규율하지 않을 이유가 없다는 것을 알 수 있다. 오히려 법률로 규율해야만 하는 당위성이 더 드러난다. 근로소득의 범위는 직장가입자의 보험료를 결정할 때 중요한 사항이다. 국민연금법(법률 제10783호 제3조 제1항)이나 건강보험법(법률 제11041호 제63조 제3항)은 대통령령에 이에 대한 결정권한을 위임하고, 다시 국민연금법 시행령(대통령령 제22906호 제3조)과 건강보험법 시행령(대통령령 제22997호 제33조)은 결정권한을 소득세법에 위임한다. 다시 소득세법은 소득세법 시행령에 위임한다. 그런데 이 사항을 결정하는 소득세법 시행령은 지난 20년 넘게 거의 바뀌지 않았다. 따라서 근로소득의 범위를 결정하는 것은 수시로 변하는 사항이기 때문에 시행령으로 결정해야 한다는 주장은 할 수 없다. 더욱이 보험료는 재산권과 밀접한 관계가 있는 사항인 만큼 법률로 규율해서 국민의 기본권을 보호해야 할 것이다.

아울러 적용제외 대상자를 규정하는 사회보험법의 시행령 조항들도 제정 후 자주 개정되지 않았고, 핵심 사항은 큰 변동 없이 유지되고 있다. 해당 급여의 향유는 적용 대상자가 아닌 경우에는 원천적으로 제한된다. 이런 중요한 의미를 갖고 있는 사항이, 수시로 바뀌는 사항이 아닌데도 시행령으로 규정되는 것은 법률로 기본권을 보호하려는 법률유보의 원칙에 위배되는 것이다. 현재 건강보험의 모태인 1963년에 제정된 의료보험법(법률 제1623호 제8조)에서는 법률로 적용제외자를 직접 규율하기도 했다. 따라서 적용 대상자나 제외자를 법률로 규율 못 할 이유는 없다.

건강보험이나 산재보험의 요양급여 범위를 일일이 법률로 규율하는 것이 현실적으로 불가능한 것은 사실이다. 그러나 독일 질병보험법SGB V[4](제2조 제1항, 제12조 제1항)에서와 같이, 요양급여 수준이 의학발전에 맞추어 충분히 제공되어야 한다는 규정은 둘 수 있을 것이다(이신용, 2010: 178). 그래서 이 법 조항이 행정부가 임의로 급여 수준을 통제하지 못하게 하는 역할을 해야 할 것이다. 아울러 이 조항을 근거로 수급자가 급여 수준에 대해 청구권을 행사할 수 있는 길을 열어주어야 할 것이다.

무엇보다도 사회보장수급권은 사회권을 구현하는 핵심적인 수단이다(헌재 2003.12.18. 2002헌바1, ≪헌법재판소 판례집≫, 제15권 제2집, 449쪽). 독일의 경우에서 볼 수 있는 것과 같이 자유권과 사회권의 차별적 구분은 점차 사라지고 있는 상황이다. 침해이든 급부이든 국민의 기본권과 관련된 사항은 동일하게 중요하다고 인정받는 추세이다. 따라서 사회적 기본권을 구현하는 중요한 수단인 사회보장제도에 대한 법률의 통제는 현재보다는 더욱 강화되어야 한다. 특히, 적용 대상자, 수급 조건, 보험료, 급여의 범위 및 수준과 같은 사회보장제도의 핵심 사항들은 법률에 의해 구체적으로 통제되어야 한다. 또한 수임 기관에 따라서 위임 요건이 달라져야 한다면, 영유아보육급여, 국민기초생활보장급여, 노인장기요양급여와 같은 중요한 사회보장급여의 수급권을 보건복지부령이 결정하도록 위임하는 수권법률의 조항들은 더욱 엄격하게 통제되어야 한다. 그래서 보건복지부의 재량권에 의해 국민의 사회보장급여의 권리 행사가 제한되는 상황이 발생하지 않아야 한다.

4) SGB는 독일 사회법전의 명칭인 Sozialgesetzbuch의 약자이다.

5. 결론

한국 사법부와 학계는 일반적으로 규율 대상이나 종류에 따라서 위임 요건이 다를 수 있다고 본다. 헌법재판소는 고전적인 기본권이라고 볼 수 있는 자유권이나 재산권과 관련된 사항에 대해서는 위임입법이 엄격하게 제한되어야 한다는 입장을 보여주고 있다. 반면에 20세기의 새로운 기본권이라고 할 수 있는 사회권 영역에서는, 특히 사회보장 영역에서는 위임 요건이 엄격하지 않아도 된다고 여긴다.

그러나 규율 대상에 따른 위임 요건의 구별은 고전적인 기본권이라고 할 수 있는 자유권과 재산권의 역사적인 발달 과정을 본다면 정당성을 상실한다. 고전적인 기본권으로 분류되는 자유권과 재산권도 처음부터 헌법이 보장하는 기본권은 아니었다. 군주에, 혹은 행정부에 대항하는 시민 세력의 요구를 통해서 보호받아야만 되는 개인의 영역이 된 것이다. 이런 요구가 헌법에 반영되어 비로소 기본권으로 자리 잡을 수 있게 되었다. 그러나 이 권리들이 헌법에 반영된 이후에도 의회가 이 권리들을 보호하기 위해 처음부터 엄격하게 법률을 통제한 것은 아니었다. 엄격하게 통제되지 않은 위임입법이 기본권을 침해할 수 있다는 경험을 하고 나서야 위임입법이 엄격하게 통제되어야 한다는 것을 알게 되었다. 그 결과물이 독일 기본법 제80조 제1항이다. 이러한 역사적 발전 과정을 통해 자유권과 재산권과 관련된 영역에서의 위임 요건은 엄격하게 제한되고 있다.

20세기에 들어서면서 기본권의 한 종류로 헌법에 등장한 사회권은 이제 서구 복지국가에서는 고전적인 기본권인 자유권과 동일한 무게를 갖는 기본권으로 인정받고 있다. 그 결과로 침해나 급부의 구분 없이 개인의 영역은 법률로 엄격하게 보호받아야 된다고 본다(Clement, 1987: 52). 그러나 한국에서는 사회권이 기본권으로서 실질적으로 수용되고 있지 않는 듯하다. 헌법에서는 명시적으로 사회권이 기본권으로 선언되고 있기는 하지만, 실현 과정을 볼 때 사회권은 법률에 의해서 보호되고 구현되기보다는 행정부에 의해 제공되는 시혜적 급여의 성격을 보여주고 있다. 이와 같은 시각은 사회보장법에 반영되어 있고, 헌법재판소의 판시에 의해 정당화되고, 행정부의 위임입법 제정 권한 속에서 유지되고 있다.

사회적 기본권은 고전적인 기본권인 자유권을 실현하기 위한 전제 조건이라는 의미에서, 그리고 확대된 사회보장급여가 개인의 자유권을 국가에 다시 종속시킬 수 있다는 위험성 때문에, 법률로 사회보장급여를 통제할 필요성은 한국에서도 점점 더 커지고 있다. 아울러 한국의 민주주의가 성숙되면서 혹은 성숙되기 위해서는 사회권에 대해 국회가 더욱 엄격히 통제해야 할 것이다. 민주주의는 국민의 삶과 관련된 영역에서 국민을 대표하는 기관인 의회의 적극적인 역할을 요구하기 때문이다. 민주주의의 요구에 따라서 국회는 국민의 기본권인 사회권을 보호하고 구현하는 역할을 적극적으로 수행해야 한다.

다른 한편 정치권이 사회보장제도를 수단으로 국민에게 다가가려고 한다면 사회보장법 구조의 개혁은 필수적이다. 지금과 같은 사회보장법 구조에서는 국회가 다룰 수 있는 사회보장제도의 구성 요소는 없다. 국민의 삶에 본질적인 영향을 미치는 적용 대상자, 급여 수급 조건, 보험료, 급여 범위 및 수준 등을 결정할 권한을 행정부에 넘겨준 상태에서 정치인들이 다룰 수 있는 사항은 별로 없기 때문이다. 사회보장제도를 형성하는 핵심 사항과 관련해서 국회는 행정부에 위임한 권한을 회수하여, 회수한 권한을 바탕으로 국민에게 다가갈 수 있는 길을 닦아야 할 것이다.

제7장

한국과 독일의 사회보장법 비교[1)]

1. 서론

비민주적인 체제인 군주제나 권위주의 체제와는 다르게 민주주의 체제에서 의회는 국가 기관 중 가장 상위 기관이다. 의회가 국민을 대표하는 기관이기 때문이다. 이에 상응하여 의회는 국민의 삶에 영향을 미치는 중요한 사항들에 대한 규율권한을 갖고 있으며, 동시에 규율해야 할 의무가 있다. 특히 헌법이 보장하는 기본권과 관련된 사항들에 대한 규율은 의회의 몫이다. 민주주의 원리가 의회에 이러한 규율 책임을 부과하기 때문이다. 민주주의 원리에 근거해서 독일 연방헌법재판소는 1970년대를 거치면서 여러 판례를 통해 기본권과 관련된 사항에 대한 의회의 규율 책임을 확립했다.[2)] 한국 헌법재판소

---

1) 제7장은 이신용, 「민주주의, 법치국가, 복지국가의 친화성: 사회보장법에 의회유보의 원칙의 적용과 사회보장제도 발달과의 관계: 한국과 독일비교」〔≪한국사회정책≫, 17(3), 2010, 153~189쪽〕를 수정·보완한 것이다.

2) 1972년에 독일 연방헌법재판소는 주(州)의사협회의 정관으로 의사의 직업수행의 자유를 규

도 최근 몇 개의 판례를 통해 기본권과 관련된 사항에 대한 의회의 규율 의무를 명확하게 했다.[3)]

그런데 이 판례들은 대부분 재산권, 직업수행의 자유, 수형자의 권리, 종교의 자유 등과 같은 고전적 기본권인 자유권과 관련된 판례들이다. 19세기 유럽의 입헌군주 시대부터 헌법으로 보장하던 자유권이나 재산권과 관련된 사항을 의회가 더 책임 있게 규율해야 한다는 것은 그동안의 민주주의의 발전을 반영한 결과로 보인다. 하지만 20세기의 기본권이라고 불리는 근로의 권리, 노동삼권, 교육권, 혼인과 가족생활의 보호, 건강권, 인간다운 생활을 할 권리와 같은 사회적 기본권의 구현과 본질적이고 중요한 관계를 맺고 있는 사항에 대해서 의회가 책임 있게 규율해야 한다는 주장은 현재 광범위하게 지지를 받고 있지 않는 듯하다. 특히 복지의 발달이 아직 미약한 한국에서는 이와 같은 주장이 더욱 설득력 없게 보인다. 왜냐하면 이와 같은 국가에서는 국가가 제공하는 공적급여의 규모가 작아서 이것이 국가 구성원의 생활 유지에 미치는 영향력이 크지 않기 때문이다. 반면에 독일과 같은 선진 복지국가에서는 공적

율하는 것은 위헌이며, 의사의 직업수행과 관련된 사항은 의회가 규율해야 한다고 판시했다(Bundesverfassungsgericht, 1973: 125~171). 또한 독일 연방헌법재판소는 학칙으로 학생을 퇴학시키는 것은 향후 해당 학생의 직업 선택의 자유에 결정적인 영향을 미칠 수 있기 때문에, 기본권 구현에 본질적인 영향을 미치는 이와 같은 사항은 의회가 스스로 규율해야 한다고 판시했다(Bundesverfassungsgericht, 1982: 257~283). 이외에도 독일 연방헌법재판소는 여러 판례를 통해 기본권 구현과 본질적인 관계를 맺고 있는 사항은 의회가 스스로 규율해야 한다고 판시했다.

3) 한국 헌법재판소 역시 판례를 통해서 기본권 구현과 본질적으로 관계를 맺고 있는 사항에 대해 국회가 스스로 규율해야 한다고 판시했다. 예를 들면 텔레비전 방송수신료의 결정은 국민의 재산권과 관련된 사항이므로 한국방송공사 정관으로 결정해서는 안 되고, 국회가 스스로 결정해야 한다는 판례가 있다(헌재 1999.5.27. 98헌바70, 633쪽). 안마사 규칙에 관한 판례에서도 헌법재판소는 동일한 근거로 국회의 규율 의무를 강조했다. 해당 판례에서 헌법재판소는 안마사라는 직업을 선택할 수 있는 기본권과 관련된 사항이 보건복지부령으로 규율되어서는 안 되고, 법률로 규율되어야 한다고 판시했다(헌재 2006.5.25. 2003헌마715, 112~133쪽).

급여가 국가 구성원의 삶의 유지에 미치는 영향력이 매우 크기 때문에, 사회적 기본권과 관련된 사항을 의회가 스스로 규율해야 한다는 주장이 한국보다는 쉽게 지지를 얻을 수 있는 것으로 보인다.

제7장에서는 왜 사회적 기본권의 구현과 본질적으로 관련된 사회보장법의 사항에 대해 의회가 책임 있는 규율 행위를 해야 하는가를 법치국가적 민주주의 원리를 바탕으로 규명할 것이다. 다음으로 독일의회와 한국국회가 사회(보장)법[4]에서 국민의 삶에 근본적인 영향을 미치는 사항을 법치국가적 민주주의 원리에 따라서 어느 정도 책임 있게 규율하고 있는지 두 국가의 사회(보장)법을 비교해서 분석할 것이다. 독일은 입헌군주제에서 혹은 국가사회주의라는 전체주의 체제에서 민주주의 체제로 전환된 국가이며, 한국 역시 권위주의 체제에서 민주주의 체제로 전환된 국가라는 점에서 공통점이 있다. 반면 독일은 한국보다 발전된 사회보장제도를 갖고 있는 나라라는 점에서 차이가 있다. 이런 차이는 한국과 독일 국민의 자유 실현에 미치는 사회보장제도의 영향이 다르다는 것을 의미한다. 따라서 이 장에서는 비민주주의 체제에서 민주주의 체제로 전환을 경험한 두 국가에서 사회적 기본권의 구현과 관련된 사항에 대한 의회의 책임성 정도가 얼마나 다른지를 비교해볼 것이다. 이와 같은 비교가 유의미한 이유는 사회(보장)법에 민주주의 원리가 어느 정도 구현되어 있는가를 판단할 수 있기 때문이다. 또한 이 장에서는 민주주의와 복지국가 사이의 친화성이 사회(보장)법에서의 의회의 역할 정도에 따라 한국과 독일에서 어떻게 다르게 나타나는지, 그 결과는 어떻게 다른지 분석해볼 것이다.

2절에서는 왜 사회보장법에 의회유보가 적용되어야 하는지를 이론적으로 살펴볼 것이다. 그리고 3절에서는 독일과 한국의 사회(보장)법에 의회유보 원칙이 어느 정도 구현되어 있는지 분석할 것이다. 특히 사회보장법 중에서 두

---

4) 사회(보장)법이라는 용어는 두 나라의 실정법에 근거한 것이다. 사회법은 독일의 사회법전을 따른 것이고, 사회보장법은 한국의 사회보장법을 따른 것이다.

국가의 사회보장의 근간이 되는 사회보험법과 공공부조법을 비교할 것이다. 사회 서비스법은 이 장에서 제외했다. 왜냐하면 독일과 비교했을 때 한국의 사회 서비스법에는 법적인 권리성이 있는 급여가 아직 많이 없기 때문이다. 4절에서는 의회유보와 사회보장제도와의 관계에 대해 분석해볼 것이다. 마지막으로 결론에서는 한국과 독일의 사회(보장)법에서 의회유보 원칙의 구현 정도를 비교한 결과와 의미를 제시할 것이다.

2. 의회유보와 사회보장법의 관계[5)]

1) 의회유보의 정립

19세기 유럽 입헌군주 시대의 헌법은 군주가 시민의 재산과 자유를 제한하기 위해서는 시민을 대표하는 의회의 동의를 얻어야 한다는 것을 규정했다. 이 규정은 군주로 대표되는 국가가 시민의 재산권이나 자유권을 임의로 침해하지 못하게 하려는 보호장치였다. 반면에 당시 헌법은 도로건설, 학교설립, 공원조성, 보조금지급, 사회보장과 같은 급부행정 영역에 대해서는 어떤 규율조항도 마련해놓고 있지 않았다. 이런 급부행정 영역에 대한 결정권한은 군주나 행정부에 있었다. 당시 군주나 행정부가 절대왕정의 전통에 따라서 의회보다 상위 기관으로 인식되었기 때문이다.

그러나 입헌군주제가 민주주의 체제로 전환되고 국가의 역할이 확대되면서 재산권과 자유권에 대한 국가의 침해를 제한한 헌법규정의 적용 범위의 수정이 불가피해졌다. 왜냐하면 민주주의 체제에서 행정부는 의회보다 상위 기

5) 이 절에서는 의회유보를 다룬 저자의 다른 논문 일부분(이신용, 2008a: 204~211; 2008b: 37~43)을 보완하고, 의회유보와 사회보장법 간의 관계를 더 체계화했다.

관이 아니기 때문이다. 따라서 헌법에 규정을 마련해놓지 않은 사항에 대한 행정부의 해석권한은 더 이상 인정되지 않는다(Jesch, 1968: 171). 반면에 의회는 국민을 대표하는 기관으로 최고의 국가 기관이다. 따라서 헌법에 규정조항이 없는 사항일지라도 의회는 해당 사항을 해석할 수 있는 권한을 갖는다. 특히 이 사항이 국민의 삶에 중요한 영향을 미치는 사항이라면 의회는 더욱 책임 있는 결정을 내려야 한다. 또한 오늘날 국가의 역할은 입헌군주 시대의 '경찰국가'로 표현되는 소극적인 국가에서 국민의 삶을 보장하는 적극적인 국가로 바뀌었다. 서구의 선진 복지국가 사례에서 잘 알 수 있는 것과 같이, 국가가 제공하는 공적인 급부는 헌법이 규정한 자유권을 실현하는 중요한 수단이 되었다. 따라서 현대 국가에서 개인은 국가가 제공하는 공적인 급부 없이는 헌법이 보장하는 자유를 온전히 누릴 수 없게 되었다(Häberle, 1972: 729; Rupp, 1959: 84f). 따라서 개인의 삶에 미치는 공적인 급부의 큰 영향 때문에 이 영역에 대한 민주적인 통제가 요구된다. 결국 민주주의 체제에서 의회는 이 영역을 통제할 최고 국가 기관인 것이다.

민주주의 체제로 국가 형태의 전환과 현대 국가의 적극적 역할이 의회의 역할을 입헌군주 시대보다 확대시켰지만, 의회는 어떤 영역을 어느 정도로 통제해야만 하느냐는 의문이 남는다. 현대사회와 같이 변화가 빠르고, 다양한 사회에서 의회가 모든 영역을 통제한다는 것은 현실적으로 불가능하다. 이런 상황을 반영해서 독일 연방헌법재판소는 1970년대를 거치면서 여러 판례를 통해 의회가 통제해야 하는 영역과 통제 수준을 제시했다.[6] 독일 연방헌법재판소는 어떤 사항이 헌법이 규정하는 기본권의 구현과 밀접한 연관성을 갖는 경우, 의회가 스스로 해당 사항을 규율해야 한다고 판시한다(Bundesverfassungsgericht, 1973: 257~283; 1982: 257~283). 즉, 직업교육장소선택의 자유, 종교의 자유, 직업수행의 자유 등과 같은 헌법이 보장하는 기본권의 구현과 관련된 사항이면 의

6) 각주 3) 및 저자의 다른 논문을 참조하라(이신용, 2008a: 204~209).

회가 책임 있게 규율해야 한다고 본 것이다. 이런 의회유보 원칙은 해당 사항에 대해서는 의회가 스스로 결정해야 하며, 행정부로 결정권한을 위임해서는 안 된다는 지침을 제공한다.

또한 의회가 규율한 사항이 너무 허술해서 행정부의 임의적인 결정을 허용할 수 있는 경우는 실제로 의회유보 원칙이 적용되었다고 볼 수 없다(Staupe, 1982: 137). 만일 어떤 사항에 의회유보 원칙이 적용되었다면, 의회는 이 사항에 대한 행정부의 임의적인 결정권한을 허용하지 않거나, 행정부의 권한을 통제할 수 있는 수준으로 규율해야 한다. 법률조항이 구체적이어야 한다는 의회유보 원칙의 요구는 목적에 있어서 법치국가원칙과 동일 선상에 있다. 의회유보의 목적은 기본권의 보호와 구현이다. 마찬가지로 법치국가적 법률유보원칙도 기본권의 보호와 구현에 있다. 어떤 사항이 행정부로 위임될 때 법률유보원칙은 위임의 내용, 목적, 범위를 법률에 구체화하도록 요구한다. 법률의 구체화를 통해 기본권을 보호하려 하기 때문이다. 이는 법률의 구체성을 요구하는 의회유보 원칙과 동일한 목적이다. 따라서 의회유보 원칙의 정당성은 민주주의뿐만 아니라 법치국가원칙에도 있다.

2) 의회유보 적용 범위와 사회보장법[7)]

어떤 사항이 의회유보의 적용 대상인가를 판단하기 위해서는 두 단계의 검증을 거쳐야 한다. 첫째, 해당 사항이 헌법이 보장하는 기본권과 관련이 있는가에 대한 검증이다. 오늘날 사회가 복잡하고 다양해지면서 시민의 삶에 영향을 미치는 사항도 많아졌다. 그렇지만 이 모든 것을 의회가 직접 규율하는 것은 현실적으로 불가능하다. 따라서 시민의 삶에 영향을 미치는 사항일지라도 해당 사항이 기본권과 관련이 없다면 의회는 규율 책임에서 어느 정도 자유로

---

7) 사회보장법에 의회유보의 적용 가능성에 대한 자세한 이론적 논의는 제4장을 참조하라.

울 수 있다.

둘째, 기본권과 관련이 있는 사항을 의회가 규율하는 것도 여전히 쉽지 않은 일이다. 왜냐하면 현대 헌법에서는 광범위하게 기본권을 보장하고 있기 때문에 기본권과 관련을 맺고 있는 사항도 그만큼 많다. 의회가 직접 규율할 수 있는 한계를 넘어선다. 따라서 기본권과 관련이 있는 사항이라 할지라도 이 사항이 기본권 구현에 본질적인 영향을 미치는가에 대한 검증을 해야 한다. 이 판단은 의회의 몫이다.

그러므로 사회보장법에 의회유보가 적용되기 위해서는 사회보장법이 기본권과 관련을 맺고 있는지, 맺고 있다면 관련성이 어느 정도인지를 검증해야 한다. 독일의 기본법이나 한국의 헌법은 사회권을 보장하고 있다. 비록 독일의 기본법에서는 한국의 헌법과는 다르게 명시적으로 사회보장에 관한 조항을 두고 있지 않지만 독일이 사회국가라고 선언한다. 사회국가의 시민은 국가에 의해 사회적 위험으로부터 보호받을 권리가 있다고 해석할 수 있다. 한국의 헌법 제34조는 모든 국민이 인간다운 생활을 할 권리가 있음을 천명하고 있다.

그렇지만 독일의 기본법이나 한국의 헌법은 어떻게 사회권을 구현할 것인가에 대한 구체적인 방안을 제시하고 있지 않다. 두 국가 모두 헌법이 보장하는 사회권 실현 방안에 대해 의회가 구체적인 방안을 마련하도록 위임한다. 결국 의회는 사회보장법을 제정하여 사회권을 실현해야 할 책무가 있다. 따라서 사회보장법은 사회적 기본권과 관련을 맺고 있음을 알 수 있다.

그런데 사회보장제도가 사회권을 구현하는 중요한 도구이기 때문에 사회보장제도를 구성하고 있는 모든 사항을 의회가 직접 규율해야 하는 것은 아니다. 사회보장제도를 구성하는 사항들 중 사회권 구현에 본질적인 사항에만 의회유보가 적용되어야 한다. 모든 사회보장제도의 적용 대상자, 급여 수급 조건, 급여의 범위 및 수준, 보험료 혹은 세금과 같은 사항은 사회권을 구현하는 본질적인 사항이다. 이 사항들 중에서 어느 하나라도 의회가 행정부에 통제권한을 포괄적으로 위임하면 사회권의 구현이 행정부에 의해 영향을 받게 된다.

3. 한국과 독일 사회보장법에 구현된 의회유보 원칙

1) 한국 사례

(1) 적용 대상자

1964년에 산재보험이 처음 시행되었을 때, 적용 범위는 산재보험법의 위임을 근거로 행정부의 시행령으로 규율되었다(산재보험법 제4조, 법률 제1438호). 처음에는 500명 이상의 노동자를 고용하는 광업·제조업 분야에 종사하는 노동자가 적용 대상자가 되었다(산재보험법 시행령 제2조, 대통령령 제1837호). 그리고 시행령의 개정을 통해 적용 범위가 점차 넓어졌다. 1977년에 강제보험 형태의 의료보험제도가 시행되었을 때나 1988년에 국민연금제도가 시행되었을 때도(의료보험법 제7조, 법률 제2942호; 국민연금법 제8조 법률 제3902호), 산재보험제도의 시행 때처럼 똑같은 규율 행태로 적용 범위는 행정부에 의해 통제되었다.

사회보장제도의 정당성은 사회적 위험에 노출된 시민을 보호할 때 확보될 수 있는 것이다. 그런데 과거 한국의 사회보험 제도 적용 범위를 통제한 시행령들은 스스로를 보호할 능력이 상대적으로 적은 노동자집단보다는 더 능력이 있는 노동자집단을 먼저 보호하는 특징을 보인다. 사회정의에 어긋나는 이런 규율 행태는 국회로부터 위임받은 권한을 근거로 정당화되었다.

그런데 현재 시행 중인 사회보장제도의 적용 범위를 규율하는 행태도 본질적으로 변한 것이 없다. 가장 최근에 제정된 사회보장법 중의 하나인 노인장기요양보험법을 보면 규율 행태가 변하지 않았음을 알 수 있다. 가입자는 건강보험의 가입자로 전체 국민이 가입자가 되어 보험료를 지불한다(법률 제9693호, 노인장기요양보험법 제7조 제3항). 그러나 실제 노인장기요양보험의 급여를 받을 수 있는 가입자는 노인으로 제한되어 있다. 노인장기요양보험법 제2조 제1호는 노인을 65세 이상의 노인으로 규정하고, 65세 미만자도 급여를 받을 수 있으나 치매, 뇌혈관성 질환 등의 노인성 질병을 가져야 한다고 제한을 둔다.

〈표 7-1〉 한국 사회보장법 적용 대상자

법	법 조항
산재보험법	제6조(적용 범위) 이 법은 근로자를 사용하는 모든 사업 또는 사업장(이하 "사업"이라 한다)에 적용한다. 다만, 위험률·규모 및 장소 등을 고려하여 **대통령령**으로 정하는 사업에 대하여는 이 법을 **적용하지 아니한다.**
국민연금법	제6조(가입대상) 국내에 거주하는 국민으로서 18세 이상 60세 미만인 자는 국민연금 가입대상이 된다. 다만, 「공무원연금법」, 「군인연금법」 및 「사립학교교직원연금법」을 적용받는 공무원, 군인 및 사립학교 교직원, **그 밖에 대통령령으로 정하는 자는 제외**한다.
	제8조(사업장가입자) ① 사업의 종류, 근로자의 수 등을 고려하여 **대통령령으로 정하는 사업장**(이하 "당연적용사업장"이라 한다)의 18세 이상 60세 미만인 근로자와 사용자는 당연히 사업장가입자가 된다. 다만, 다음 각 호의 어느 하나에 해당하는 자는 **제외**한다.
고용보험법	제7조(적용 범위) 이 법은 근로자를 사용하는 모든 사업 또는 사업장(이하"사업"이라 한다)에 적용한다. 다만, 산업별 특성 및 규모 등을 고려하여 **대통령령으로 정하는 사업**에 대하여는 **적용하지 아니**한다.
	제8조(적용제외 근로자) 2. 소정의 근로시간이 **대통령**으로 정하는 시간 미만인 자 5. 그 밖에 **대통령령**으로 정하는 자

자료: 산재보험법(법률 제9338호), 국민연금법(법률 제9431호), 고용보험법(법률 제9792호).

해당 조항은 노인성 질병의 범위는 행정부가 결정하도록 위임하면서 실제 적용 대상자를 행정부가 결정하도록 한다. 사회보장제도의 급여를 받을 수 있는 첫 번째 관문인 적용 대상자의 범위가 과거나 현재 모두 행정부에 의해 결정된다는 것을 보여주는 예이다.

그런데 현재 행정부가 적용 대상자를 결정하기 위해서 위임명령을 사용하는 횟수는 상당히 줄었다. 사회보장제도, 특히 사회보험 제도의 적용 범위가 보편화되었기 때문이다. 국민연금, 건강보험, 노인장기요양보험의 적용 대상은 국민이고, 고용보험과 산재보험은 전 사업장이다. 하지만 〈표 7-1〉에서 볼 수 있는 것과 같이 여전히 행정부의 위임명령 때문에 제외되는 자들이 사회보장제도에 존재한다. 고용보험법시행령(대통령령 제21590호) 제2조 및 제3조는 농업·임업·어업 또는 수렵업 중 법인이 아닌 자가 상시 네 명 이하의 근로자를 사용하는 사업, 2000만 원 미만인 공사, 가사서비스업, 소정근로시간이 60시간 미만인 자[8] 등을 적용 범위에서 제외한다. 고용보험법 시행령에서 제외되는 사업장은 산재보험법 시행령(제2조, 대통령령 제21263호)에서도 대부분 제외되고 있다. 국민연금법 시행령(대통령령 제21645호) 제2조도 일용근로자나 1개월 미만만 근로하는 노동자,[9] 1개월 동안 근로시간이 80시간 미만인 시간제 노동자와 같이 상시 근로를 목적으로 근로하지 않는 노동자 등을 대상에서 제외하고 있다.

적용 대상자 범위와 관련해서 과거에는 시행령이 누가 인간다운 생활을 할 기본권을 소유할 수 있는가를 결정했다면, 오늘날에는 누가 그 기본권을 소유할 수 없는가를 결정한다. 헌법이 보장하고 있는 기본권을 향유하기 위한 첫 번째 관문인 사회보장제도의 적용 대상자 범위를 지금과 같이 행정입법이 결정하는 것은 의회유보 원칙에 어긋나는 규율 행태이다. 의회유보 원칙에 따르면 시민의 삶에 본질적인 영향을 미치는 사항인 적용 대상자 사항은 국회가 스스로 규율해야 할 사항이기 때문이다.

(2) 급여 수급 조건

한국 사회보장법에서 급여 수급 조건을 결정하는 형태는 두 가지 정도이다. 첫 번째 형태는 법률로 수급 조건의 일부를 규정해놓고 대부분을 행정부가 결정하도록 위임하는 형태이다. 두 번째 형태는 법률로는 거의 규정하지 않고, 행정부가 전적으로 결정하도록 위임하는 형태이다. 첫 번째 형태에는 산재보험법에서 업무상 재해의 인정기준, 유족보상연금의 수급 자격자 범위,

---

8) 다만 생업을 목적으로 근로를 제공하는 자 중 3개월 이상 계속하여 근로를 제공하는 자와 법 제2조 제6호에 따른 일용근로자는 제외한다(고용보험법 시행령 제3조 제1항, 대통령령 제21590호).

9) 1개월 이상 근로하는 자는 적용 대상자에 포함된다(국민연금법 시행령 제2조 제1호, 대통령령 제21645호).

고용보험법의 실업인정 및 구직급여 수급 자격의 제한기준, 국민기초생활보장법의 부양의무자 부양능력 판단기준 등이 속한다. 두 번째 형태에는 국민연금법의 재직자 노령연금의 수급기준, 장애연금수급을 위한 장애등급기준, 노인장기요양보험의 장기요양급여를 받기 위한 등급판정기준 등이 속한다(〈표 7-2〉).

첫 번째 형태는 법률로 일부를 규정한다는 점에서 두 번째 형태보다 국회의 책임성이 크다고 볼 수 있다. 업무상의 재해로 인정하는 기준으로 산재보험법은 업무상 사고와 업무상 질병을 제시하면서, 각각에 해당하는 경우를 들고 있다(산재보험법 제37조, 법률 제9338호). 이와 같이 어떤 사항을 법률이 직접 규율하는 경우에는 해당 사항에 대한 행정부의 재량권이 그만큼 줄어들게 된다.[10] 그러나 최종적으로 구체적인 기준은 행정부가 마련한다는 점에서 두 번째 형태와 본질적으로 다르지 않다(〈표 7-2〉).

고용보험법에서도 유사한 경향을 볼 수 있다. 구직급여를 수급하기 위한 조건(기준기간과 피보험기간)은 법률로 규정하고 있으나(법률 제9792호 제40조), 실업인정을 받기 위해서는 재취업 활동이 전제되어야 한다(법률 제9792호 제44조 제2항). 그런데 이 재취업 활동에 대한 인정기준이 노동부령에 위임되어 있다(대통령령 제22026호 제63조). 실업에 대한 인정은 구직급여를 수급하기 위한 중요한 사항임에도 불구하고 행정부가 결정하도록 되어 있다. 또한 직업능력개발훈련 등을 받고 있는 자에 관한 실업인정, 천재지변이나 대량실업 상황과 같은 예외적인 상황에서 실업인정에 대한 판단을 행정부에 위임하고 있다. 이때 대량실업의 기준을 시행령으로 규정하고 있다(시행령 제64조 제2호).

국민기초생활보장법의 부양의무자 범위도 같은 경우이다. 국민기초생활보장법(제2조 제5호, 법률 제9617호)은 부양의무자의 범위를 수급권자의 1촌의 직계

---

10) 이 법 조항은 2008년 7월 1일(법률 제8694호)에 신설되었는데, 실제로는 당시까지 시행령이 해당 내용을 규율하고 있었다.

〈표 7-2〉 급여 수급 조건

법	법 조항
산재보험법	제37조(업무상의 재해의 인정 기준) ③ 업무상의 재해의 **구체적인 인정 기준**은 **대통령령**으로 정한다.
	제63조(유족보상연금 수급 자격자의 범위) ① 유족보상연금을 받을 수 있는 자격이 있는 자(이하 "유족보상연금수급 자격자"라 한다)는 근로자가 사망할 당시 그 근로자와 생계를 같이 하고 있던 유족(그 근로자가 사망할 당시 대한민국 국민이 아닌 자로서 외국에서 거주하고 있던 유족은 제외한다) 중 처(사실상 혼인 관계에 있는 자를 포함한다. 이하 같다)와 다음 각 호의 어느 하나에 해당하는 자로 한다. 이 경우 **근로자와 생계를 같이 하고 있던 유족의 판단 기준은 대통령령**으로 정한다.
고용보험법	제44조(실업의 인정) ② 실업의 인정을 받으려는 수급 자격자는 제42조에 따라 실업의 신고를 한 날부터 계산하기 시작하여 1주부터 4주의 범위에서 직업안정기관의 장이 지정한 날에 출석하여 **재취업을 위한 노력**을 했음을 신고하여야 하고, **직업안정기관의 장은** 직전 실업인정일의 다음 날부터 그 실업인정일까지의 각각의 날에 대해 **실업의 인정**을 한다. 다만, **다음 각 호에 해당하는 자에 대한 실업의 인정 방법은 노동부령**으로 정하는 기준에 따른다.
	제58조(이직 사유에 따른 수급 자격자의 제한) 제40조에도 불구하고 피보험자가 다음 각 호의 어느 하나에 해당한다고 **직업안정기관의 장이 인정하는 경우**에는 **수급 자격이 없는 것**으로 본다. 2. 자기 사정으로 이직한 피보험자로서 다음 각 목의 어느 하나에 해당하는 경우다. 그 밖에 **노동부령**으로 정하는 정당한 사유에 해당하지 아니하는 사유로 이직한 경우.
국민연금법	제61조(노령연금 수급권자) ⑤ 제3항과 제4항에 따른 **소득이 있는 업무의 범위는 대통령령**으로 정한다. 제67조(장애연금수급권자) ⑤ **장애 정도**에 관한 장애등급은 1급, 2급, 3급 및 4급으로 구분하되, **등급 구분의 기준과 장애 정도의 심사에 관한 사항은 대통령령**으로 정한다.
노인장기요양보험법	제14조(장기요양인정 신청의 조사) ① 공단은 제13조제1항에 따라 신청서를 접수한 때 **보건복지부령**으로 정하는 바에 따라 소속 직원으로 하여금 다음 각 호의 사항을 조사하게 하여야 한다. 다만, 지리적 사정 등으로 직접 조사하기 어려운 경우 또는 조사에 필요하다고 인정하는 경우 시·군·구에 대해 조사를 의뢰하거나 공동으로 조사할 것을 요청할 수 있다. 1. 신청인의 심신상태 2. 신청인에게 필요한 장기요양급여의 종류 및 내용 3. 그 밖에 장기요양에 관하여 필요한 사항으로서 보건복지부령이 정하는 사항
	제15조(등급판정 등) ② 등급판정위원회는 신청인이 제12조의 신청자격요건을 충족하고 6개월 이상 동안 혼자서 일상생활을 수행하기 어렵다고 인정하는 경우 심신상태 및 장기요양이 필요한 정도 등 **대통령령**으로 정하는 **등급판정**기준에 따라 장기요양급여를 받을 자로 판정한다.
국민기초생활보장법	제5조(부양의무자) ③ 제1항의 부양의무자가 있어도 **부양능력이 없거나 부양을 받을 수 없는 경우는 대통령령**으로 정한다.

자료: 산재보험법(법률 제9338호), 고용보험법(법률 제9792호), 국민연금법(법률제9431호), 노인장기요양보험법(법률 제9693호), 국민기초생활보장법(법률 제9617호).

혈족과 그 배우자로 규율하고 있지만, 부양의무자의 부양능력 평가는 시행령으로 규율되기 때문에 궁극적으로 행정부가 이 사항을 통제할 수 있다. 결국 첫 번째 형태도 최종적인 것은 행정부가 결정하는 형태라는 점에서 두 번째 형태와는 본질적으로 다른 형태라고 볼 수 없다.

〈표 7-2〉에서 볼 수 있는 것과 같이 한국 사회보장법에서는 급여 수급 조건을 궁극적으로 행정부가 통제하기 때문에 여전히 사회보장급여가 시혜적인 성격을 갖고 있는 것처럼 보인다. 의회가 수급 조건을 스스로 규율해야 할 이유가 여기에 있다. 사회보장급여가 국가가 제공하는 시혜가 아닌 개인의 법적인 권리가 되려면 지금과 같이 행정부가 행정입법으로 급여 수급 조건을 최종적으로 규율하는 형태는 바뀌어야 한다. 의회유보 원칙은 이런 경우에 의회가 법률로 급여 수급 조건과 관련된 사항들을 규율할 것을 요구한다.

(3) 보험료

사회보험 제도의 운영을 위해 가입자가 지불하는 보험료의 크기는 두 가지 항목에 의해 결정된다. 첫째는 보험료율이고, 둘째는 가입자의 소득 크기이다. 따라서 보험료가 어떻게 결정되는가를 보기 위해서는 보험료율과 가입자의 소득 크기가 어떻게 결정되는가를 모두 봐야 한다.

〈표 7-3〉에서 볼 수 있는 것과 같이 한국 사회보험법은 세 가지 형태로 보험료율을 규정하고 있다. 첫 번째는 법률로 보험료율을 직접 규율하는 형태로, 국민연금법이 여기에 속한다. 국민연금법은 가입자가 기준소득월액의 4.5%를 지불해야 하고, 고용주도 해당가입자의 기준소득월액의 4.5%를 지불해야 하는 것을 직접 규율한다. 이런 규율 행태에서는 보험료율의 크기를 결정할 수 있는 행정부의 재량권이 없다. 두 번째 형태는 일정한 범위만을 법률로 정하고, 정확한 요율은 행정부가 결정하도록 위임하는 형태이다. 건강보험법과 고용보험법이 여기에 속한다. 〈표 7-3〉에서 볼 수 있는 것과 같이 건강보험법은 직장가입자의 경우 소득의 8% 범위 안에서, 고용보험법은 3% 범위 안에서

〈표 7-3〉 보험료

법	법 조항
국민연금법	제3조(정의 등) ①항 3. "소득"이란 일정한 기간 근로를 제공하여 얻은 수입에서 **대통령령으로 정하는 비과세소득을 제외**한 금액 또는 사업 및 자산을 운영하여 얻는 수입에서 필요경비를 제외한 금액을 말한다. 이 경우 국민연금가입자(이하 "가입자"라 한다)의 종류에 따른 **소득 범위는 대통령령**으로 정한다. 4. **"평균소득월액"**이란 매년 사업장가입자 및 지역가입자 전원(전원)의 기준소득월액을 평균한 금액을 말하며, 그 **산정방법은 대통령령**으로 정한다. 5. **"기준소득월액"**이란 연금보험료와 급여를 산정하기 위하여 가입자의 소득월액을 기준으로 하여 **대통령령으로 정하는 금액**을 말하며, 그 **결정방법 및 적용기간** 등에 관하여는 **대통령령**으로 정한다.
	제88조(연금보험료의 징수) ② 사업장가입자의 연금보험료 중 기여금은 사업장가입자 본인이, 부담금은 사용자가 각각 부담하되, 그 금액은 각각 **기준소득월액의 1천분의 45**에 해당하는 금액으로 한다. ③ 지역가입자, 임의가입자 및 임의계속가입자의 연금보험료는 지역가입자, 임의가입자 또는 임의계속가입자 본인이 부담하되, 그 금액은 **기준소득월액의 1천분의 90**으로 한다.
건강보험법	제63조(보수월액) ③ 제1항의 규정에 의한 보수는 근로자, 공무원 및 교직원이 근로의 제공으로 인하여 사용자, 국가 또는 지방자치단체로부터 지급받는 금품(실비변상적인 성격의 것을 제외한다)으로서 **대통령령**이 정하는 것을 말한다.
	제64조(보험료부과점수) ③ 보험료부과점수의 산정방법, 기준 그 밖에 필요한 사항은 **대통령령**으로 정한다.
	제65조(보험료율등) ① 직장가입자의 보험료율은 1천분의 80의 범위 안에서 심의위원회의 의결을 거쳐 **대통령령**으로 정한다.
고용보험법*	제14조(보험료율의 결정) ① 고용보험료율은 보험수지의 동향과 경제성장 등을 고려하여 1000분의 30의 범위 안에서 고용안정·직업능력개발사업의 보험료율 및 실업급여의 보험료율로 구분하여 **대통령령**으로 정한다.
산재보험법*	제14조(보험료율의 결정) ③ 산재보험료율은 매년 6월 30일 현재 과거 3년 동안의 임금총액에 대한 산재보험급여총액의 비율을 기초로 하여, 「산업재해보상보험법」에 의한 연금 등 산재보험급여에 드는 금액, 재해예방 및 재해근로자의 복지증진에 드는 비용 등을 고려하여 사업의 종류별로 구분하여 **노동부령**으로 정한다.
노인장기요양보험법	제9조(장기요양보험료의 산정) ② 제1항에 따른 장기요양보험료율은 제45조에 따른 장기요양위원회의 심의를 거쳐 **대통령령**으로 정한다.

* 산재보험과 고용보험의 보험료율에 관한 사항은 고용보험 및 산업재해보상보험의 보험료징수 등에 관한 법률(법률 제9617호)에서 인용.

자료: 건강보험법(법률 제9079호), 국민연금법(법률 제9431호), 노인장기요양보험법(법률 제9693호).

행정부가 결정하도록 위임하고 있다. 법률이 정한 범위 안에서 행정부는 보험료율을 결정할 수 있는 재량권을 행사할 수 있는 형태이다. 세 번째 형태는 행정부가 일방적으로 보험료율을 정하도록 위임하는 형태이다. 〈표 7-3〉에서 볼 수 있는 것과 같이 산재보험법, 노인장기요양보험법, 건강보험 지역가입자의 보험료 산정방식이 이 형태에 속한다. 다른 두 형태에 비해 행정부가 상대적으로 재량권을 많이 행사할 수 있는 형태이다.

보험료율이 결정되었다면, 보험료의 크기가 결정되기 위해서 필요한 두 번째 항목은 가입자의 소득 크기이다. 한국 사회보험법에는 가입자의 소득 크기를 결정하는 두 가지 형태가 존재한다. 첫 번째 형태는 법률로 가입자의 소득 범위를 규율하는 형태이다. 산재보험법과 고용보험법이 이 형태에 속한다. 산재보험과 고용보험의 보험료에 관한 사항은 고용보험 및 산업재해보상보험의 보험료징수 등에 관한 법률에 의해 규율된다. 해당 법 제2조(법률 제9617호)는 근로기준법이 정하는 임금을 보험료 산정에 필요한 가입자의 소득의 크기로 규정한다. 근로기준법(법률 제9699호) 제2조 제5호에서는 임금을 사용자가 근로의 대가로 노동자에게 임금, 봉급, 그 밖에 어떠한 명칭으로든지 지급하는 일체의 금품으로 본다. 따라서 이 형태에서 행정부는 노동자 보수의 범위를 결정할 재량권이 없다.

두 번째 형태는 행정부가 가입자의 소득 범위를 결정하도록 위임하는 형태이다. 국민연금법, 건강보험법, 노인장기요양법이 여기에 속한다. 이 형태에서는 행정부가 보험료의 크기에 영향을 미치는 소득의 범위를 결정할 상당한 재량권이 있다.

분석을 통해 본 것과 같이 한국 사회보험법의 보험료 크기는 법률과 행정입법으로 결정된다는 것을 알 수 있다. 그렇지만 한국 사회보험 제도에서 보험료의 크기가 법률만으로 결정되는 경우는 없다. 보험료율이 법률로 결정되는 경우에는 행정입법으로 소득의 범위가 결정되고, 법률로 소득의 범위가 결정되는 경우에는 행정입법으로 보험료율이 결정되기 때문이다. 결국 한국 행정부는 어떤 방식으로든지 보험료의 크기를 결정하는 데에 영향력을 행사할 권한을 갖고 있는 것이다. 이런 경우에 상반된 효과를 생각해볼 수 있다. 지금과 같은 규율 행태에서는 각 사회보험의 재정 상태 변화에 행정부가 유연하게 대처할 수 있다는 장점이 있다. 건강보험이나 노인장기요양보험 및 산재보험은 이런 경우에 속하는 제도일 것이다. 예를 들면 시행령으로 소득의 범위를 결정하는 건강보험은 시행령의 개정으로 소득의 범위를 확대해서 보험료를 증가시키는 데에 기여했다.[11] 이렇게 하면 건강보험의 보험료율을 올리지 않고도 건강보험의 재정을 증가시키는 효과가 있다. 행정부 입장에서는 건강보험의 재정을 늘릴 목적으로 보험료율을 올리는 번거로운 절차를 생략해도 되는 장점이 있다. 반면에 이런 규율 행태는 가입자의 입장에서는 헌법 제23조가 보장하는 재산권을 침해당하는 경우에 해당한다. 행정부가 법률로부터 위임받은 '합법적인' 권한으로 가입자의 소득 범위를 결정한다 할지라도 침해의 정도를 예측할 수 없다면 헌법의 재산권보호조항과 양립할 수 없다. 따라서 이런 규율 행태는 의회유보 원칙에 충실하다고 볼 수 없다. 헌법이 보장하는 재산권의 구현과 본질적으로 관계하는 보험료와 관련된 사항은 국회가 더 적극적으로 직접 규율해야 의회유보 원칙에 충실하다고 할 것이다.

(4) 급여 수준 및 범위

〈표 7-4〉에서 알 수 있는 것과 같이 한국 사회보장제도의 급여 범위 및 수준을 결정하는 형태는 대략 두 종류이다. 첫 번째 형태는 법률로 급여 범위 및 수준을 일부 규율하고, 나머지 일부는 행정부가 결정하도록 위임하는 형태이다. 고용보험법[12]과 국민연금법이 이 형태에 속한다. 고용보험법은 실직자의

---

11) 1977년에 개정된 의료보험법시행령 제2조(대통령령 제8487호)에서는 보험료 산정에 포함되지 않았던 상여금, 법령의 규정에 의해 지급받는 보상금, 시간외근무수당과 휴일근무수당, 노동자의 근무지역 또는 근무부서의 특수성으로 인한 불이익이나 위협의 보상으로 특별히 지급받는 수당, 법령 또는 조례의 규정에 의해 지급받는 상금 또는 보조금, 판공비 기타 임시로 지급받는 금품은 현행 시행령 제33조(대통령령 제21414호)의 규정에 의해서 보험료를 산정할 때 포함된다. 더욱이 이 조항은 직급보조비나 이와 유사한 성질의 금품도 보험료 산정을 위한 항목으로 새롭게 추가하고 있다(이신용, 2009: 41).

12) 고용보험법에는 고용안정과 직업능력개발사업과 같은 적극적 노동시장정책이 포함되어 있

생계유지 기능을 하는 구직급여액을 해당 실직자의 하루 평균임금의 50% 수준으로 직접 규율하고 있다. 반면에 고용보험법은 구직급여액의 최고한계를 행정부가 결정하도록 위임한다(제45조, 법률 제9792호). 고용보험법시행령 제68조(대통령령 제21590호)는 하루에 4만 원을 일일 구직급여의 최고액으로 규정한다. 1995년 고용보험이 시행되었을 때, 최고 일일 구직급여액은 3만 5000원이었다. 따라서 1995년부터 2009년까지 일일 최고구직급여액은 14% 정도 증가한 것이다. 그동안 소비자물가가 매년 3.6%씩 증가한 것을 고려한다면(통계청, 2009), 이 기간 행정부가 결정한 일일 최고구직급여액의 상승은 적다고 볼 수 있다.[13] 국민연금법도 급여의 범위 및 수준과 관련해서 부분적으로는 법률로, 부분적으로는 시행령으로 규율하고 있다. 연금조정의 기준인 소비자물가변동률은 법률로 규율되고, 기본연금을 산출하기 위해서 과거의 기준소득을 현재가치로 바꿀 때의 기준은 시행령으로 규정하고 있다. 1988년 국민연금제도 시행 후 2001년 국민연금법시행령의 개정으로 이 기준이 전국소비자물가변동률로 바뀔 때까지는 평균보수월액의 변동률이었다. 그동안 평균보수월액의 변동률이 더 높았기 때문에 이 기준의 변경으로 연금 수준이 낮아지는 결과가 만들어졌다.[14]

급여의 범위 및 수준을 규율하는 두 번째 형태는 법률은 형식적으로만 급여 범위 및 수준을 결정하고, 행정부가 전적으로 결정하도록 위임하는 형태이다. 〈표 7-4〉에서 볼 수 있는 것과 같이 산재보험법, 건강보험법, 노인장기요양보험법, 국민기초생활보장법이 이 형태에 속한다. 법률에서는 급여의 종류

으나, 이 장에서는 실직자의 소득보장과 직접관련 있는 구직급여에 관한 것만 다룬다.

13) 물론 일일 구직급여는 소비자물가 상승률만을 반영하는 것은 아니다. 임금 수준과 경기변동도 고려한다.

14) 이 기준은 당시 외환위기 후 낮아진 임금상승률이 연금 수준에 부정적인 영향을 미치는 것을 방지하기 위해서 소비자물가 상승률로 변경되었다는 주장도 있다. 그러나 1988년부터 2001년까지의 기간을 봤을 때, 평균보수월액 상승률이 소비자물가 상승률보다 높기 때문에 이 기준의 변경은 연금 수준의 하락을 의미한다.

〈표 7-4〉 급여 범위 및 수준

법	법 조항
국민연금법	제51조(기본연금액) ① 2. 가입자 개인의 가입기간 중 매년 **기준소득월액**을 **대통령령**으로 정하는 바에 따라 **보건복지가족부장관이 고시하는 연도별 재평가율에** 의해 연금 수급 전년도의 현재가치로 환산한 후 이를 합산한 금액을 총 가입기간으로 나눈 금액. 다만, 다음 각 목에 따라 산정하여야 하는 금액은 그 금액으로 한다. ② 제1항 각 호의 금액을 수급권자에게 적용할 때에는 연금 수급 2년 전 연도와 대비한 전년도의 **전국소비자물가변동률**을 기준으로 매년 3월 말까지 그 변동률에 해당하는 금액을 더하거나 빼되, 미리 제5조에 따른 국민연금심의위원회의 심의를 거쳐야 한다.
	제52조(부양가족연금액) ① 부양가족연금액은 수급권자가 그 권리를 취득할 당시 그(유족연금의 경우에는 가입자 또는 가입자였던 자를 말한다)에 의해 생계를 유지하고 있거나 노령연금 또는 장애연금의 수급권자가 그 권리를 취득한 후 그 자에 의해 생계를 유지하고 있는 다음 각 호의 자에 대해 해당 호에 규정된 각각의 금액으로 한다. 이 경우 **생계유지에 관한 대상자별 인정기준은 대통령령**으로 정한다.
건강보험법	제39조(요양급여) ② 제1항의 규정에 의한 **요양급여의 방법, 절차, 범위**, 상한 등 **요양급여의 기준은 보건복지부령**으로 정한다.
	제41조(비용의 일부 부담) 제39조 제1항의 규정에 의한 요양급여를 받는 자는 **대통령령**이 정하는 바에 의해 그 비용의 일부를 본인이 부담한다.
고용보험법	제45조(급여의 기초가 되는 임금일액) ⑤ 제1항부터 제3항까지의 규정에도 불구하고 이들 규정에 따라 산정된 **기초일액**이 보험의 취지 및 일반 근로자의 임금 수준 등을 고려하여 **대통령령으로 정하는 금액을 초과**하는 경우에는 대통령령으로 정하는 금액을 기초일액으로 한다.
산재보험법	제40조(요양급여) ⑤ 제2항 및 제4항에 따른 **요양급여의 범위나 비용 등 요양급여의 산정 기준은 노동부령**으로 정한다.
	제61조(간병급여) ① 간병급여는 제40조에 따른 요양급여를 받은 자 중 치유 후 의학적으로 상시 또는 수시로 간병이 필요하여 실제로 간병을 받는 자에게 지급한다. ② 제1항에 따른 **간병급여의 지급 기준과 지급 방법 등에 관하여 필요한 사항은 대통령령**으로 정한다.
노인장기요양보험법	제23조(장기요양급여의 종류) ③ **장기요양급여의 제공기준·절차·방법·범위**, 그 밖에 필요한 사항은 **보건복지부령**으로 정한다.
	제28조(장기요양급여의 월 한도액) ① 장기요양급여는 월 한도액 범위 안에서 제공한다. 이 경우 월 한도액은 장기요양등급 및 장기요양급여의 종류 등을 고려하여 산정한다. ② 제1항에 따른 **월 한도액의 산정 기준 및 방법**, 그 밖에 필요한 사항은 **보건복지부령**으로 정한다.

국민기초 생활보장법	제2조(정의) 6. "**최저생계비**"라 함은 국민이 건강하고 문화적인 생활을 유지하기 위하여 소요되는 최소한의 비용으로서 제6조의 규정에 의해 **보건복지가족부장관이 공표**하는 금액을 말한다.	
	제6조(최저생계비) ① **보건복지가족부장관**은 국민의 소득·지출수준과 수급권자의 가구유형 등 생활실태, 물가상승률 등을 고려하여 **최저생계비를 결정**하여야 한다. ③ 보건복지가족부장관은 최저생계비를 결정하기 위하여 필요한 **계측조사**를 3년마다 실시하며, 이에 **필요한 사항은 보건복지가족부령**으로 정한다	

자료: 산재보험법(법률 제9338호), 건강보험법(법률 제9079호), 국민연금법(법률 제9431호), 국민기초생활보장법(법률 제9617호), 고용보험법(법률 제9792호), 노인장기요양보험법(법률 제9693호).

만을 나열하는 정도에 그치고, 급여의 범위와 수준은 행정부가 결정하도록 위임한다. 법률만으로는 가입자가 전혀 급여의 규모를 예측할 수 없다. 첫 번째 형태에서도 행정부가 급여의 범위 및 수준을 결정할 수 있는 어느 정도의 재량권을 갖고 있다고 고려했을 때, 한국 사회보장제도의 급여와 관련된 사항도 행정부가 규율권한을 갖고 있다고 평가할 수 있다. 헌법 제34조가 천명하는 인간다운 삶의 보장은 행정부의 재량권에 달려 있는 것이다. 인간다운 생활을 할 권리와 같은 기본권의 구현과 본질적으로 관련된, 급여의 범위 및 수준과 같은 사항은 국회가 스스로 규율해야 의회유보 원칙에 충실한 규율 형태라고 할 것이다. 즉, 국회는 자신의 의무를 소홀히 하고 있는 것이다.

2) 독일 사례

대체로 독일 사회법에서는 법률이 사회보장제도의 핵심 사항을 규율한다. 물론 한국 사회보장법에 나타나는 위임 현상은 독일 사회법에서도 나타난다. 그러나 위임 빈도나 범위는 상당히 다른데, 위임 빈도는 낮고, 범위는 제한되어 있다. 또한 해당 사항의 통제를 위임하는 경우에는 법규명령의 자의성을 통제할 수 있는 엄격한 규제조항engmaschige Vorgaben들이 법률에 이미 마련되어 있다(Hänlein, 2000: 92, 109).

(1) 적용 대상자

적용 대상자 범위의 규율과 관련해서 독일 사회보험법들은 거의 유사한 규율 행태를 보여준다. 각 사회보험법은 사회보험이 적용되는 집단을 법률로 직접 규율하고 있을 뿐만 아니라, 적용이 제외되는 집단도 법률로 자세하게 규율하고 있다.

고용촉진법SGB III 제25조부터 제28조까지는 실업보험의 적용 대상자와 적용제외자를 규정하고 있다. 임금근로자와 직업훈련을 받는 자는 보험을 가입할 의무가 있다(제25조 제1항). 또한 법령에 따라 복무기간에 임금이 지급되는 군인과 공익근무요원의 고용관계는 이 기간에도 지속되어 적용 대상자가 된다(제25조 제2항). SGB IX 제35조에 따라서 직업재활시설에서 급여를 받고 있는 청소년과 청소년에게 도움을 주는 시설에서 직업훈련을 받고 있는 자도 적용 대상자가 된다(제26조 제1항). 출산수당이나 상병수당 등을 받고 있는 자도 적용 대상자가 된다(제26조 제2항 제1호). 반면에 공무원, 판사, 직업군인 및 공무원법에 따라서 질병이 걸렸을 때 급여를 받을 수 있는 자는 적용제외자이다(제27조 제1항). 노령연금수급자나 근로능력의 상실로 지속적으로 근로활동을 할 수 없는 자도 적용제외자이다(제28조). 또한 한 달 보수가 400유로 이하인 직업에 종사하는 자는 적용이 제외된다(제27조 제2항 및 SGB IV 제8조 제1항).

공적연금법SGB VI에서도 적용 대상자(제1조부터 제3조)와 적용제외자(제5조)에 관해 상세하게 규정하고 있다. 이와 같이 법률로 대상자에 관해 규정하는 행태는 다른 사회보험법에서도 동일하게 나타난다. 예를 들면 건강보험제도에서 연소득이 일정 기준을 넘는 노동자는 보험에 가입할 의무가 없다. 그런데 건강보험법 제6조 제6항은 이 소득한계를 2003년 기준으로 4만 5900유로로 명확히 하고 있다. 또한 해당 법 조항은 이 소득한계가 전년도와 전전년도 임금변동률에 비례해서 조정된다고 밝히고 있다. 행정부는 이 법 조항에 따라서 산출된 소득한계치만을 법규명령으로 확정하는 단순한 기능만을 하도록 위임받는다. 2009년 이 소득한계치는 4만 8600유로이다.

따라서 적용 대상자 범위를 규정하는 독일 사회보험법은 적용 대상자를 규율하는 권한을 행정부에 위임하지 않는다. 이런 규율 행태는 앞에서 살펴본 것처럼 적용 범위와 적용제외자를 시행령으로 규율하도록 위임하는 한국 사회보험법의 규율 행태와는 다른 것이다. 독일 의회는 사회보험의 적용 범위와 같이 개인의 삶에 중요한 영향을 미치는 사항에 대해 스스로 규율하고 있는 것이다. 이것은 독일 의회가 민주주의 원리에 따라서 사회보험의 적용 대상자와 관련된 분야를 스스로 규율하고 있다는 것을 의미한다. 아울러 법률로 적용 대상자를 규율하는 이와 같은 규율구조는 의회유보 원칙에 충실한 행태라고 볼 수 있다.

(2) 급여 수급 조건

독일에서 사회보장제도의 급여를 수급하는 조건은 대부분 법률로 규율되고 있다. 몇 가지 사항들에 관한 규율권한이 법규명령으로 규정되도록 위임되어 있으나, 이 사항들은 대부분 수급권에 본질적인 영향을 미치는 사항이 아니다. 또한 대개 이런 위임조항에서는 해당 사항에 대한 상원Bundesrat의 동의를 요구한다.

예를 들면 독일에서도 한국의 고용보험법과 같이 기본적인 수급 조건(기준기간과 피보험기간)은 법률로 규정하고 있다(SGB III 제123조, 제124조). 그러나 실업인정에 대한 최종판단 권한이 어디에 있느냐가 다르다. 독일에서도 한국과 같이 실업인정을 받기 위해서는 재취업 활동이 전제되어야 한다(SGB III 제119조 제1항 제2호). 그런데 한국에서는 이 재취업 활동에 대한 인정기준이 노동부령에 위임되어 있는 반면에, 독일에서는 위임 없이 법률로 직접 규율하고 있다. 실업에 대한 인정은 구직급여(실업급여)를 받기 위한 중요한 사항이기 때문에 법률로 직접 규율하는 것이 민주주의 원리에 상응하는 규율 행태이다.

다른 예로 재해보험법에서는 재해로 인한 신체의 손상을 의미하는 산업재해Arbeitsunfall의 개념을 법률로 규정한다(SGB VII 제8조). 한국에서는 산업재해에 대한 구체적인 인정기준을 시행령에 위임하나 독일에서는 위임하지 않는다. 반면에 직업병 종류의 확정에 관해서는 연방정부에 위임하고 있다(SGB VII 제9조 제1항). 그러나 이 경우에도 상원의 동의는 필수적이다.

사회부조를 수급하는 조건은 한국의 국민기초생활보장제도와 같이 수급권자의 소득, 재산, 부양의무자의 부양능력이 고려된다. 소득 개념은 법률로 규정하나(SGB XII 제82조), 재산은 팔릴 수 있는 것verwertbar으로만 표현할 뿐 법률로는 구체적으로 규정하지 않는다(SGB XII 제90조 제1항). 따라서 욕구를 충족시키기 위해 즉시 지출되지 않는 상품이나 대상물을 재산으로 규정하는 일반적인 재산개념이 사회부조법SGB XII에서 사용하는 재산 개념이라고 볼 수 있다(Bundesministerium für Arbeit und Soziales, 2009: 757).

한국과 비교했을 때 뚜렷한 차이는 소득과 재산에서 제외되는 사항이 법률로 규정된다는 점이다. 실업급여 II Arbeitslosengeld II의 수급자가 제한적인 기간에 받는 수당, 연방부양법Bundesversorgungsgesetz에 따른 기본연금Grundrente, 세금, 사회보험 기여금 등이 사회부조 수급권자나 수급자의 소득에서 제외된다(SGB XII 제82조). 재산에서 제외되는 항목도 법률로 규정된다. 보충성의 원칙에 따라서 모든 재산이 사회부조의 제공에 앞서서 우선적으로 사용되어야 하지만(SGB XII 제90조 제1항), 가족의 형성, 삶의 토대의 유지나 향상을 위해 공적인 재원으로 마련된 재산, 추가적인 노후보장Altersvorsorge을 위한 자본, 장애인이나 요양이 필요한 자에게 즉시 필요한 재산, 직업훈련이나 생업활동 유지에 필수적으로 필요한 재산 등은 재산 항목에서 제외된다(SGB XII 제90조 제2항).

그러나 재산 중 수급자에게 필요한 정도와 자영자 및 농어민의 소득파악 산정 기준은 행정부에 위임한다. 하지만 행정부의 결정 사항에 대한 상원의 동의가 필수적이다(SGB XII 제96조).

부양의무자 범위는 간접적이지만 법률로 규율한다. 즉, 부양의무자 범위는 직계 1촌, 배우자, 생계를 같이하는 동거인이다(SGB XII 제94조 제1항). 그러나 부양의무자의 부양능력 산정에 관한 사항은 법률로 규율하지 않는다. 행정재량에 맡기고 있다. 따라서 부양의무자의 부양능력판정에 관한 행정소송이 끊이지 않는다(Bundesministerium für Arbeit und Soziales, 2009: 762). 사회부조 급여를 받기 위해서는 부양의무자의 부양능력 판정이 중요한데 이것이 법률로 구체적으로 마련되지 않은 것은 독일 사회법 안에서는 예외적인 현상이다. 이런 사항도 법률로 명확하게 규율되어야 할 것이다.

(3) 보험료

독일 사회보험법에 나타나는 보험료율을 결정하는 형태는 세 가지이다. 첫 번째는 실업보험법에서와 같이 법률로 직접 보험료율을 결정하는 형태이다(SGB III 제341조 제2항). 두 번째는 건강보험법과 공적연금법에서와 같이 법률로 간접적으로 규율하는 형태이다. 건강보험법의 개정으로 2009년부터 연방정부가 법률의 위임을 근거(SGB V 제241조 제1항)로 보험료율을 결정한다. 한국 건강보험법에서보다 행정부에 보험료율에 관한 결정권한을 더 주고 있는 것처럼 보인다. 더욱이 보험료율이 조정될 때도 상원의 동의가 필수적이 아니다(SGB V 제241 제2항). 현재까지 살펴본 독일 사회법에 나타나는 규율구조 행태와는 다른 경향이다. 그러나 연방정부의 보험료율 결정권한은 건강보험의 재정을 규율하는 건강보험법의 다른 조항들에 의해서 제한된다. 2009년 연방정부가 처음으로 결정한 보험료율은 예상 수입과 예상 지출이 균형을 유지하는 수준에서 결정되어야 했다(SGB V 제220조 제1항). 아울러 연방정부는 보험료율을 예상 수입이 예상 지출의 95%를 넘지 않을 경우에만 올릴 수 있고, 수입이 지출의 100%를 넘을 경우나 보험료율을 0.2% 내려도 수입이 지출의 95% 이하로 떨어지지 않을 경우에만 내릴 수 있다(SGB V 제220조 제2항). 결국 명확하고 구체적인 내용을 포함한 이런 법률 조항들은 연방정부가 보험료율을 임의로 결정할 수 없도록 연방정부의 권한을 통제하는 기능을 한다. 공적연금법에도 비슷한 통제 행태가 있다. 공적연금법에서는 법규명령이 보험료율을 결정하도록 위임하고 있으나(SGB VI 제160조), 행정부가 임의로 보험료율을 결정할 수 없다. 왜냐하면 연금법은 적립금이 연금지출의 0.2배에 미달하거나 1.5배를 초과할 때만 보험료율이 변경될 수 있다고 제한하고 있기 때문이다(SGB VI 제158조). 세 번째는 재해보험법에 나타나는 형태이다. 재해보험법에서는 보험료율 결정권한을 자치행정조직인 재해보험단체에 위임한다(SGB VII 제167조 제3항). 자치행정조직에 결정권한을 주는 이러한 규율 행태는 다른 어떤 형태보다 민주주의 원리를 충실하게 실현하는 형태라고 볼 수 있다.

보험료는 보험료율과 보수의 크기에 의해 결정된다. 따라서 보수의 크기를 규정하는 조항들이 중요하다. 사회보험에 관한 일반규정들을 담고 있는 SGB IV에서는 노동자의 보수와 자영업자의 소득 범위를 법률로 규정하고 있다(SGB IV 제14조). 고용으로부터 발생하는 일회적 혹은 지속적인 수입은 모두 근로보수로 간주한다(SGB IV 제14조 제1항). 세금을 공제한 금액으로 보수를 받기로 했더라고 세전 보수가 실질적인 보수가 된다(SGB IV 제14조 제2항). 소득세법의 수익조사 규정Gewinnermittlungsvorschiften에 따라서 산출된 수익이 자영업자의 소득이다(SGB IV 제15조 제1항).

물론 한국과 같이 법규명령에 위임하는 사항도 있다. 그러나 한국에서는 보수의 범위를 결정하는 권한을 행정부에 위임하지만, 독일에서는 임금이나 소득의 범위에 들어가지 않는 사항들을 결정하는 권한을 행정부에 위임하고 있다(SGB IV 제17조 제1항). 이런 차이는 보험료를 결정할 때 한국에서는 행정부에 의한 재산권의 침해가 일어날 수 있지만, 독일에서는 이런 가능성이 없다는 뜻이다. 그런데도 독일에서는 이 법규명령에 의한 결정에 대해 상원Bundesrat의 동의가 있어야 함을 규정하고 있다(SGB IV 제17조 제1항).

그러므로 독일에서는 건강보험료를 제외하고는 보험료와 관련된 사항에 대해서 의회나 자치행정조직이 국민의 재산권과 관련된 사항을 법치국가적 민주주의 원리에 맞게 규율하고 있다고 평가할 수 있다.

(4) 급여 수준 및 범위

독일사회법에 나타나는 급여와 관련된 규율 형태는 네 가지 정도이다. 법률로 급여와 관련된 사항을 직접 규율하는 형태, 법률로 급여 수준 및 범위를 규범적으로만 제시하고 행정부나 사회보험 자치행정조직에 구체적인 사항을 위임하는 형태, 자치행정조직이 위임을 받아 규율하는 형태, 행정부가 위임을 받으나 상원의 동의가 필요한 형태이다.

법률로 급여와 관련된 사항을 직접 규율하는 경우는 건강보험에서 인공수정, 치과급여, 치아교정, 의약품 등의 급여에 관한 사항을 규율하는 경우이다(SGB V 제27a조~제31조). 또한 고용보험에서는 실업급여의 지속 기간(SGB III 제127조), 실업급여가 줄어드는 기간(SGB III 제128조), 급여 수준(SGB III 제129조), 평균보수의 계산(SGB III 제131조)을 법률로 규율하고 있다. 연금법에서는 근로기간 동안 받았던 임금이 연금 수준을 결정하는 기준이라고 법률로 규율하고 있다(SGB VI 제63조 제1항·제2항, 제64조, 제66조, 제67조, 제70조, 제72조). 또한 연금 산정 시 임금 수준의 변화를 반영하는 평균연금가aktueller Rentenwert를 결정하는 방식이 법률로 규율된다(SGB VI 제68조). 이 평균연금가가 결정이 되면 연금이 조정되는 것도 법률로 규율된다(SGB VI 제65조).

법률로 급여 범위 및 수준을 규범적으로만 제시하는 경우는 건강보험법에서 볼 수 있다. 건강보험법에서는 제공되는 급여 수준이 의학발전에 맞추어 충분해야 함을 규정하고 있다(SGB V 제2조 제1항, 제12조 제1항). 요양급여의 수준이 어느 정도이어야 하는가에 대한 대강의 기준을 제시하고 있다고 볼 수 있다. 한국에서는 이 사항이 법률이 아니라 보건복지부령에[15] 마련되어 있다.

자치행정조직이 위임을 받아 규율하는 형태는 자치행정을 인정하는 독일

---

15) 국민건강보험 요양급여의 기준에 관한 규칙(보건복지부령 제9호, 2010년 4월 30일 시행)의 제5조 제1항과 관련된 요양급여의 적용기준 및 방법에 관한 사항에서 요양급여는 의학적으로 인정되는 범위 안에서 경제적으로 비용효과적인 방법으로 실시해야 한다고 규정한다. 독일 건강보험법에서는 이런 규범적 목표를 법률에서 제시하고 있다.

사회보험조직의 오랜 전통에 뿌리를 두고 있다. 재해보험에서는 재해보험단체Unfallversicherungsträger가 위임을 받아서 급여의 종류, 범위 등을 결정한다(SGB VII 제26조 제5항, 제31조 제2항, 제34조 제3항). 또한 건강보험조직에는 보험조합대표, 보험의대표, 공익대표로 구성된 연방위원회Gemeinsammer Bundesausschus für Ärzte und Krankenkasse가 위임을 근거로 하여 지침Richtlinien으로 예방급여에 대해 규율한다(SGB V 제25조, 제26조).

또한 급여의 범위 및 수준을 결정하는 사항들에서도 다른 곳에서와 같이 해당 사항에 대한 규정을 법규명령에 위임할 경우에 상원의 동의가 필요함을 법률로 규정한다. 연금법에서 행정부가 평균연금가aktueller Rentenwert를 매년 발표할 때 상원의 동의가 있어야 한다(SGB VI 제69조). 사회부조법에서도 기본욕구Regelsätze 산정에 관한 규정을 행정부가 위임을 받아 제정한다. 그러나 이 경우에도 상원의 동의가 필수적이다(SGB XII 제40조).

이 예들에서 볼 수 있는 것과 같이 독일에서는 한국에서보다 급여의 범위 및 수준과 관련된 사항을 법률로 많이 규율하고 있다. 또한 급여와 관련된 법조항이 한국보다는 구체적인 것을 알 수 있다. 독일에서는 급여 범위 및 수준을 결정하는 사항에도 민주주의 원리가 충분히 실현되고 있다. 즉, 의회의 역할이 한국보다 크다는 것을 알 수 있다. 물론 독일에서도 급여와 관련된 위임 현상을 보인다. 그러나 이런 경우에는 대부분 법률에서 충분한 제한 조건이 주어지기도 하고, 위임되는 경우에는 상원의 동의가 필수적인 경우가 대부분이다. 따라서 급여와 관련된 영역에서도 독일에서는 의회유보 원칙이 지켜지고 있음을 알 수 있다.

4. 의회유보와 사회보장제도의 관계

법치국가적 민주주의 원리는 의회유보 원칙이 사회보장법에도 구현되어야 한다는 당위성의 근거이다. 그런데 이런 당위적인 이유 외에도 의회유보 원칙이 사회보장법에 구현되어야 할 이유는 의회유보와 사회보장제도 발전과의 관련성에 있다. 민주주의와 복지국가 혹은 민주주의와 사회보장제도 발달 사이의 친화성은 여러 학자들에 의해 주장된다(Berg-Schlosser and Kersting, 1997: 119; Krück and Merkel, 2004: 97; Luhmann, 1981: 27; Marshall, 1992; Zacher, 2001: 416ff; Schmidt, 2004: 44ff). 이들 주장의 핵심은 민주주의 체제에서 사회정책은 정치 과정의 결과로 나타난다는 것이다(Böckenferde, 1987: 949). 민주주의는 국민에 의한 국가권력의 지배를 의미한다. 이런 체제에서 모든 국민은 국가권력을 행사할 수 있는 권리가 있을 뿐만 아니라, 일정한 연령에 달하면 국민을 대표해서 국가권력을 행사하는 자를 선출할 권리도 있다. 따라서 국민의 대표로 활동하기를 원하는 개인이나 조직은 대표자를 선출할 권리를 갖고 있는 국민을 자신의 편으로 끌어들여야 한다. 이때 유권자의 지지를 얻기 위한 모든 가능한 수단이 동원된다. 사회보장제도도 이 수단들 중의 하나이다. 왜냐하면 사회보장제도는 국민의 삶에 큰 영향을 미치는 공공정책 중의 하나이기 때문이다. 과거보다는 증가했지만 아직 한국 사회에서는 사회보장제도가 국민의 삶에 영향을 미치는 정도가 크지 않다. 그러나 사회보장제도가 발달한 선진 복지국가에서는 사회보장제도가 개인의 삶에 미치는 영향이 매우 크다. 특히 연금생활자에게 연금제도는 그들의 생존을 보장하는 제도로 기능한다. 이런 이유 때문에 민주주의 체제에서 사회보장제도는 유권자를 확보하려는 개인이나 조직에게 중요한 정치 수단이 된다. 따라서 민주주의 체제는 사회보장제도를 발달시키는 메커니즘을 갖고 있다.

그리고 민주주의 체제와 사회보장제도 발달과의 이런 친화적인 관계는 사회보장법에 구현된 의회유보와도 연속선상에 있다. 왜냐하면 의회유보의 정당성은 민주주의 원리에 뿌리를 두고 있기 때문이다. 국민의 삶에 본질적인 영향을 미치는 사항에 대해 의회의 책임 있는 규율 행위를 요구하는 의회유보 원칙이 사회보장법에 많이 구현될수록 민주주의 원리가 충실히 실현되는 것이다. 그리고 이런 상태에서는 사회보장제도를 수단으로 유권자를 확보하려는 정당 간의 경쟁이 나타난다. 사회보장법에 적용된 의회유보 덕에 발생한 정치적 경쟁의 결과는 사회보장제도의 발전으로 나타난다.

독일에서 사회정책이 선거수단으로 이용된 대표적인 사례는 1957년의 연금제도 개혁이다. 1957년 2월 26일에 새로운 독일연금법Gesetz zur Neuregelung des Rechts der Rentenversicherung der Arbeiter이 공포되었다. 이 법에는 이전의 연금법과 비교했을 때 여러 가지 새로운 사항이 포함되었다. 그것들 중에서 가장 중요한 의미를 갖고 있던 것은 연금수급연령에 도달한 연금수급자가 받을 최초의 연금을 산정하는 기준의 변화였다. 이전에는 최초 연금은 소득활동 중에 지불한 보험료의 명목가치를 기준으로 결정되었다. 그런데 개정된 법 제1255조 제1항과 제2항에서는 이 기준이 세금이 공제되기 전의 임금Bruttoarbeitsentgeld으로 바뀌었다. 아울러 이 개혁을 통해 연금을 조정하는 기준도 세금 공제 전의 임금변동과 경기변동에 기초하는 것으로 바뀌었다(제1272조 제2항). 이 개혁은 독일에서 연금 역할의 전환을 의미했다(Hockerts, 1980, 423; Schmidt, 1998: 83). 보험료의 명목가치로 결정된 연금 수준은 낮았기 때문에 개혁 전 독일에서 연금은 부수입Zubrot으로 간주되었다. 그러나 연금산식의 기준이 퇴직 전 임금으로 바뀌면서 연금은 노후의 삶을 보장하는 주수입이 된 것이다. 이 기준의 변화로 육체노동자연금은 65.3%가 상승했고, 사무직노동자의 연금은 71.9%나 상승했다(Hockerts, 1980: 422).[16] 따라서 이 개혁이 연금생활자들의 삶에 미치는 결과는 엄청난 것이었다.

당시 개혁은 기독교민주당 당수이며 수상인 콘라트 아데나워Konrad Adenauer가 이끌었다. 그가 이런 의미 있는 개혁을 추진한 이유는 여러 가지이다. 첫

16) 이 개혁으로 당시 연금 수준이 어느 정도 향상되었는지는 연구자마다 차이를 보인다. 그러나 연구 결과의 차이는 크지 않다. 어떤 연구 결과도 당시 개혁으로 연금 수준이 향상되었다는 것을 부인하지 않는다.

번째로 언급할 수 있는 이유는 라인강의 기적으로 불리는 당시 독일경제발전의 성과분배와 관련된 것이다. 경제발전의 성과를 임금에 반영할 수 있었던 노동자의 삶은 점점 풍요해졌던 반면에, 그렇지 못했던 연금생활자들의 생활수준은 상대적으로 점점 나빠지고 있었던 것이다. 이와 같은 상황이 지속되면 사회적 갈등이 커질 수 있었기 때문에 아데나워는 연금제도를 개혁할 필요성을 느꼈다. 아울러 사회보장제도의 개혁을 통해서 동독체제를 지지하는 국민들이 없게 하려는 의도도 있었다. 그런데 그가 경제부처 장관들의 강력한 반대에도 불구하고 이와 같은 개혁을 추진한 배경에는 좀 더 실질적인 이유가 있었다.[17] 1957년에 있을 총선에서 승리하기 위해서는 연금개혁이 필수적이라고 확신하고 있었기 때문이다(Hockerts, 1980: 342~347; Schmidt, 1998: 85). 아데나워는 기독교민주당이 연금생활자의 삶의 수준을 향상시키는 연금개혁을 추진하지 않는다면 사회민주당에게 연금개혁의 주도권을 빼앗길 것이라고 보았다(Hockerts, 1980: 348).[18] 연금개혁의 실패는 선거의 패배로 끝날 것으로 확신했다. 이와 같은 확신으로 추진된 연금개혁법은 기독교민주당의 의견이 반영되어 의회에서 긴 토론 끝에 통과되었다. 그리고 기독교민주당은 다시 한 번 정권을 획득할 수 있었다.

당시 아데나워가 연금제도의 개혁을 적극적으로 추진한 것은 그의 개인적인 가치관 때문이라기보다는 민주주의 체제에서 사회정책이 갖고 있는 정치적 기능에 기인하는 것이라고 보아야 한다. 민주주의 체제에서 정권의 창출은 선거를 통해 이루어지기 때문에 유권자를 확보할 수 있는 모든 수단이 동원되어야 한다. 그에게 연금개혁은 노년층 유권자를 확보하기 위한 수단이었던 것이다. 이런 그의 정치적 동기가 독일 연금제도의 발전을 가져온 것이다.

---

17) 정부 안에서 연금제도 개정이 논의되었을 때 재정부와 경제부 장관은 연금 수준을 결정하는 기준으로 임금을 사용하는 것을 강력하게 반대했다. 그들은 임금 기준은 경제에 부정적인 영향을 미치고, 국가 재정에 부담을 줄 것이라고 주장했다(Hockerts, 1980: 340~341).

18) 실제로 사회민주당은 자체적인 대안을 준비하고 있었고, 의회에 제출하기도 했다.

여기서 주목해야 할 것은 연금 수준을 결정하는 기준이 법률 조항에 의해 결정되고 있다는 사실이다. 1957년 새롭게 제정된 연금법Gesetz zur Neuregelung des Rechts der Rentenversicherung der Arbeiter에서는 연금 수준을 결정하는 기준을 법률로 명확하게 나타내고 있다(제1255조 제1항 및 제2항). 아울러 제1272조 제1항에서는 연금 수준을 결정하는 산식의 변경은 법률에 의한다고 밝히고 있다. 이와 같은 법 조항 때문에 당시 연금개혁은 공론화될 수밖에 없었다. 노동조합, 사용자단체, 언론들은 당시 연금개혁에 대한 입장을 공개 표명했다(Hockerts, 1980: 362~399). 또한 당시 제1야당이었던 사회민주당도 자체 대안뿐만 아니라 의회의 질의를 통해 연금개혁에 적극 참여했다. 결국 연금 수준을 결정하는 기준이 법률로 규율되면서 유권자를 확보하기 위한 정치 과정이 활성화된 것이다. 그 결과는 독일 연금생활자의 생활 수준을 향상시키는 연금제도의 탄생으로 나타났다.[19)]

물론 사회보장제도의 핵심 사항을 법률로 직접 규율하는 것이 반드시 제도의 발전으로 나타난다고 주장할 수는 없다. 사회보장제도를 발전시키는 요소는 민주주의와 같은 정치적 요소 이외에도 경제적 요소, 사회적 요소 등도 있기 때문이다. 하지만 분명한 것은 공론화의 가능성은 사회보장제도의 핵심 사항들이 행정입법으로 결정될 때보다 법률로 직접 규율될 때 더 크다는 것이다. 그리고 이 사항이 국민의 삶과 밀접하게 연관된 것일수록 공론화는 국민의 삶을 향상시키는 사회보장제도의 탄생에 긍정적인 역할을 할 것이다. 따라서 사회보장제도의 핵심 사항들이 법률로 직접 규율된다면 해당 사항에 대한

19) 사회보장제도의 핵심 사항을 법률로 직접 규율하는 것이 반드시 제도의 발전으로 이어진다고 주장할 수는 없을 것이다. 그러나 분명한 것은 이 사항이 행정입법으로 결정될 때보다 법률로 규율될 때 공론화될 수 있는 가능성이 크다는 사실이다. 그리고 이 사항이 유권자의 삶과 긴밀한 관계를 맺고 있는 것이라면 공론화는 유권자의 삶을 향상시키는 사회보장제도의 탄생에 긍정적인 역할을 할 것이다. 따라서 어떤 사항을 법률로 직접 규율한다면 해당 사항에 대한 공론화의 가능성이 커지고, 해당 (사회보장)제도가 발전할 수 있는 좋은 기회를 얻게 될 것이다.

공론화의 가능성은 커질 것이고, 해당 사회보장제도는 발전할 수 있는 좋은 기회를 얻게 될 것이다.

한편 한국과 같이 사회보장제도를 구성하는 사항이 대부분 행정입법으로 결정되는 경우에는 이중적인 경향이 나타난다. 먼저 사회보장제도의 도입과 확장이 상대적으로 수월하게 이루어지는 것이 하나의 경향이다. 한국 사회보장제도의 도입과 확장 과정에서 볼 수 있듯이 사회보장제도와 관련된 의제는 행정부에 의해 주도되었다. 과거 권위주의정권에서 현재까지 한국 행정부는 사회정책과 관련된 주제를 의제화할 수 있는 능력을 갖고 있다. 국가복지의 선구자인 독일도 최초 사회보험인 의료보험이 1883년에 도입되고, 네 번째 사회보험인 실업보험이 1927년에 도입되기까지 44년이 걸렸지만 후진 복지국가인 한국에서는 1964년에 도입된 산재보험부터 1995년 도입된 네 번째 사회보험인 고용보험까지 41년만 걸렸다. 그리고 이렇게 행정부 주도로 도입된 사회보장제도의 적용 대상자 범위는 국회로부터 위임받은 법규명령을 기반으로 단시간 안에 빠르게 확장되었다. 한국에 도입된 모든 사회보험의 확장을 통해서 이런 경향을 확인할 수 있다. 즉, 한국과 같이 강력한 행정부가 존재하고, 행정입법으로 사회보장제도의 핵심 사항을 결정하는 나라에서는 제도의 도입과 확장이 신속하게 이루어지는 경향을 보인다.

그러나 한국과 같이 행정입법으로 사회보장제도의 핵심 사항이 결정되는 경우에는 제도 발전에 한계를 보이는 다른 하나의 경향이 있다. 경제협력개발기구Organization for Economic Co-operation and Development의 회원국 중에서 한국이 사회복지비 지출을 가장 적게 하는 나라에 속한다는 것은 누구나 아는 사실이다. 이와 같은 결과의 근본적인 원인 중의 하나는 사회보장제도의 보장성이 충분하지 않다는 것이다. 이 문제를 해결하기 위해서는 사회보장제도의 보장성을 향상시켜야 한다. 그런데 재정의 확충 없이는 보장성의 향상이 이루어질 수 없다. 현재와 같이 행정입법으로 사회보장제도의 핵심 사항들이 결정되는 구조의 문제점은 이 문제를 공론화할 수 있는 환경을 조성하기 어렵다는 것에 있다. 아데나워와 같이 사회정책의 개혁에 적극적인 지도자가 나타난다 해도 현재와 같이 행정입법이 사회보장제도를 주도하는 구조에서는 제도의 질적 발전은 어렵다. 제도의 발전을 위해서 필수적인 재정 확보는 국민의 동의 없이 가능하지 않기 때문이다. 그리고 주의해야 할 것은 아데나워가 추진했던 개혁은 법률의 개정을 통해서 달성되었다는 사실이다. 법률의 개정을 통한 공론화 과정이 있었기 때문에 그의 개혁이 성공할 수 있었던 것이다. 따라서 한국 사회보장제도의 질적인 성장을 위해서는 공론화를 방해하는 사회보장법에 나타나는 과도한 위임 현상은 개혁되어야 한다. 그리고 국회가 사회보장법 분야에서 더욱 책임 있는 역할을 해야 한다.

5. 결론

의회유보는 기본권의 구현과 본질적인 관련이 있는 사항들에 대해서는 의회가 스스로 규율해야 한다는 의미이다. 따라서 한국과 독일의 사법부에서는 재산권이나 자유권과 같은 전통적인 기본권의 구현과 관련된 사항에 대해 의회유보 원칙을 판례에서 적용하고 있다. 그런데 20세기의 기본권이라고 불리는 사회권의 구현과 관련된 사항에 대해서는 두 국가에서 의회유보의 적용이 다르게 나타난다.

독일 기본법은 사회적 기본권을 구체적으로 언급하기보다는 사회국가를 지향하는 정도에서 추상적으로만 제시한다. 이것은 입법부에 사회국가의 구현에 관한 권한을 위임한다는 의미를 갖는다. 기본법으로부터 사회국가 구현의 의무를 위임받은 독일의회는 기본법에 사회권에 대한 상세한 규율조항을 마련해놓지 않았어도 법률로 구체적으로 사회보장제도의 핵심 사항들을 규율한다. 이것은 사회법에 법치국가적 민주주의 원리의 구현이 자신의 책무라는 것을 명확히 하는 것이다. 독일 의회는 사회법 I 제31조에서 이러한 자신의 책무를 다시 한 번 확인한다. 따라서 독일 사회법에는 상당한 정도로 의회유보 원칙이 구현되고 있음을 볼 수 있다.

한국의 경우는 독일과 다르다. 헌법은 사회적 기본권들을 개별적으로 언급한다. 그리고 그것이 국민의 권리임을 명시적으로 밝히고 있다. 그런데도 헌법이 보장하는 사회적 기본권을 구현해야 할 국회는 입법 과정에서 추상적인 수준으로 사회보장제도의 핵심 사항들을 규율할 뿐이다. 구체적인 사항에 대한 규율권한은 행정부에 위임되고, 최종결정은 행정입법에 의해 내려진다. 이런 규율 행태는 법치국가적 민주주의 원리에 맞지 않는 행태이다. 신생 한국 민주주의가 공고화되려면 여러 분야에서 법치국가적 민주주의가 구현되어야 한다. 특히 사회적 기본권을 구현하는 사회보장법에도 법치국가적 민주주의가 구현되어야 할 것이다. 이를 위해서는 대한민국 국회의 역할이 현재보다 더욱 활성화되어야 할 것이다. 법치국가적 민주주의를 기반으로 하는 의회유보는 국민의 삶에 본질적인 영향을 미치는 사항에 대해 국회의 책임 있는 규율 행위를 요청한다.

또한 한국 사회보장제도의 발전을 위해서라도 국회가 사회적 기본권의 구현과 관련된 사회보장제도의 핵심 사항들을 스스로 규율해야 한다. 이 사항들이 국회에서 논의되는 동안 유권자를 확보하기 위한 동기로 각 정당이 유권자에게 도움이 되는 사회보장제도를 지속적으로 제시하기 때문이다. 비록 한국 민주주의 역사는 길지 않지만 이미 한국에서도 선거는 정권 창출을 위한 필수적인 절차가 되었다. 이런 선거 과정에 지금보다 더 자주 사회보장제도가 정치 수단으로 등장한다면 사회보장제도는 더 빨리 발전할 것이다. 사회보장법에 의회유보의 적용은 사회보장제도의 정치 수단화를 가능하게 하는 장치 중의 하나이다. 아울러 사회보장제도에 관한 국회 안에서의 공론화는 사회보장제도의 발전을 위해서는 복지 재정의 확충이 필수적이라는 것을 국민에게 알리고 동의를 얻는 과정이라는 점에서도 중요한 의미가 있다.

제8장

한국 사회보장법의 형성과 변화[1)]

1. 서론: 민주화와 사회보장법에 대한 의회의 통제의무

유럽 입헌군주 시대의 헌법은 군주나 행정부가 시민의 자유권이나 재산권을 침해할 경우에는 반드시 의회의 동의를 얻어야 한다고 규정했다. 반면에 당시 헌법은 급부나 보조금행정 혹은 학교나 교도소와 관련된 특별관계 영역에 관해서는 어떤 규정도 마련해놓지 않았다. 일반적으로 이 영역은 군주나 행정부에 의해 통제되었다. 이와 같이 어떤 영역에 대해서 헌법에 특별한 제한 규정이 마련되어 있지 않은 경우에는 군주나 행정부가 절대왕정 시대의 전통에 따라서 해당 영역을 해석할 권한을 갖는다고 보았기 때문이다(Jesch, 1968: 204). 이것은 입헌군주 시대의 군주나 행정부는 의회보다 상위 기관이라는 것을 인정한 결과였다.

1) 제8장은 이신용, 「민주화와 사회보장규율구조와의 관계」〔≪사회복지정책≫, 36(3), 2009, 31~53쪽, 201~230쪽〕을 수정·보완한 것이다.

그러나 입헌군주 시대의 헌법과는 다르게 민주제[2]를 국가 형태와 통치 형태로 밝히고 있는 헌법에서는 행정부가 헌법이 규율하지 않는 영역에 대한 해석권한을 갖지 못한다. 왜냐하면 민주적인 헌법에서 행정부는 더 이상 의회보다 우월한 국가 기관이 아니며, 단순히 법을 집행하는 기관이기 때문이다. 행정부는 헌법이 허락한 영역과 의회가 위임한 영역에서만 규율권한을 갖는다(전광석, 2007: 487; Jesch, 1968: 171; Maurer, 2009: 117). 반면에 민주적인 헌법에서 의회는 국가 최고 기관이 된다. 왜냐하면 국가권력의 원천인 국민이 선출한 이들로 구성된 기관이 의회이기 때문이다. 그러므로 헌법이 규율을 마련하지 않은 영역에 대해 의회는 해당 영역을 해석할 권한이 있다(Jesch, 1968: 171; Kloepfer, 1984: 686; 권영성, 2009: 863).

또한 입헌군주제의 의회는 국가(군주와 행정부)에 대항하여 사회의 이해를 대변하는 역할을 했으나, 민주제의 의회는 더 이상 국가에 대항하는 역할을 하지 않는다. 오히려 의회는 사회의 다양한 집단이해를 조정하는 조정자의 역할을 한다. 여기에는 국가자원을 배분하는 조정 역할도 포함된다. 이것은 공적인 급부나 보조금과 같은 영역들에서도 의회가 규율할 의무가 있음을 의미한다(Jesch, 1968: 205). 따라서 행정부가 공적급부와 보조금 영역을 통제하기 위해서는 의회의 위임이 필요하다.

이와 같은 논리에 따라서 입헌군주적 국가 형태와 통치 형태에서 민주적 국가 형태와 통치 형태로 전환은 의회에게 공적급부 영역에 속하는 사회보장법도 규율해야 할 의무를 지운다. 다시 말하면 민주제에서 국가 최고 기관인 의회는 국민의 삶에 중요한 영향을 미치는 사회보장법을 규율해야 할 의무가 있는 것이다. 그러나 의회가 모든 사항을 직접 규율해야만 민주주의 원칙을 실현하는 것은 아니다. 경우에 따라서 의회는 행정부에 규율권한을 위임할 수

2) 민주주의는 이념을 가리킬 때, 민주제는 국가 형태와 통치 형태를 가리킬 때 사용한다(김효전·정태호, 2003: 209). 그러나 두 용어의 핵심 내용은 '국민주권'이다.

있다. 이때 위임 사항과 위임 형식이 중요하다. 민주주의 원칙에 따르면 국민의 대표 기관인 의회는 국민의 삶과 중요한 연관성이 있는 사항은 스스로 결정해야 한다. 또한 위임을 할 경우에도 의회는 기본권을 보호하기 위해서 위임의 내용과 범위를 법률로 가능한 한 구체화해야 한다. 왜냐하면 위임의 내용이 불명확하거나 위임의 범위가 너무 광범위한 경우에 의회는 형식적인 규율 역할만 할 뿐이고, 행정부가 실질적인 규율 역할을 하게 되기 때문이다. 이런 경우에 국민은 위임의 내용을 예측할 수 없게 된다. 어떤 경우에는 행정부의 임의적인 결정이 국민의 삶에 중대한 영향을 미칠 수도 있다. 따라서 민주적인 헌법 아래에서 의회는 사회보장법의 핵심 사항을 스스로 규율해야 할 의무가 있다. 위임이 불가피한 경우라면 위임의 내용이 구체적이어야 하고, 위임의 범위는 한정적이어야 한다.

1987년 한국은 권위주의 체제[3]에서 민주주의 체제로 바뀌었다. 헌법도 국가 형태와 통치 형태의 변화를 반영하여 개정되었다. 현행 민주적인 헌법에는 대통령에게 국회를 해산할 권리를 주었던 과거 권위주의 시대의 헌법 조항은 없다. 마침내 국회는 헌법상으로 대한민국 국가 기관 중에서 최고 기관이 된 것이며, 국민의 삶과 관련된 영역을 통제하는 실질적인 주체가 된 것이다. 국민의 삶과 관련된 영역에는 대한민국 헌법이 천명하는 사회적 기본권의 보장

---

3) 만프레드 슈미트(Manfred Schmidt, 1998)와 후안 린츠(Juan Linz, 2001)의 정의에 따르면 권위주의 체제는 전체주의적이고, 권위적인 국가를 포함하는 비민주적인 체제이다. 이런 권위주의 체제의 대표적인 특징은 집권층의 정치적 지배가 경쟁 없이 혹은 형식적인 경쟁을 통해서 지속된다는 것이다. 또한 집권층과 시민사회는 상호 소통이 없거나, 제한되어 있다. 정치·경제·사회적 분야에서 구성원의 다양한 이해가 표출될 수 있는 다원주의가 허용되지 않거나 제한되어 있는 체제이다. 집권층이 영향력을 미칠 수 있는 범위가 넓고, 이런 영향력이 헌법적으로 통제되지 않는 경우가 대부분이다. 권위주의 체제의 이런 폐쇄적인 성격들은 체제를 위협하는 대중 동원을 유발시킬 가능성이 높기 때문에, 집권층은 상시적으로 비정치화를 추구한다. 체제의 정당성을 얻기 위해서 애국심이나 국수주의가 선전되고, 근대화, 질서, 안정이라는 가치가 과도하게 강조된다.

의무가 포함된다. 국가는 모든 국민의 인간다운 삶의 보장을 위해서 생활능력이 없는 국민을 보호해야 하며, 사회보장과 사회복지를 증진해야 한다. 이런 국가의무를 일차적으로 이행해야 할 국가 기관이 국회이다. 따라서 국회는 사회적 기본권 실현을 목적으로 하는 사회보장법의 규율 주체가 되어야 한다.

한국 사회보장법[4] 중에서 다수의 주요한 법은 권위주의 시대에 제정되었다. 현재 국민의 최저생계를 보장하는 국민기초생활보장법의 전신인 생활보호법은 1961년에 군사쿠데타를 감행한 군사정부에 의해 같은 해에 제정되었다. 또한 이 정권은 1963년에 노동자를 산업재해로부터 보호하려는 목적의 산업재해보상보험법과 국민의 건강을 보호하려는 의료보험법을 제정했다. 이 의료보험법은 1976년에 유신정부에 의해 강제보험조항을 추가해서 개정되었다. 1980년에 등장한 신군부정권은 1986년에 국민연금법을 제정했다. 권위주의정권 아래에서 제정된 이 사회보장법들은 적용 대상자, 급여 수급 조건, 보험료, 급여 범위 및 수준 등과 같은 제도의 핵심 사항이 행정부에 의해서 통제되는 구조적인 특징이 있었다. 국회가 법을 제정했지만 핵심 사항을 규율하는 권한은 행정부로 위임했다. 따라서 권위주의정권에서 국회는 사회보장법을 규율하는 실질적인 역할을 하지 못했다.

이 글에서는 권위주의 시대에 제도의 핵심 사항을 결정하는 권한을 행정부에 위임했던 사회보장법의 규율구조가 민주화 이후 민주주의 원칙에 따라서

---

4) 이 글에서 사용되는 사회보장 개념은 사회보장법(법률 제9767호) 제3항 제1호에 규정된 정의에 따른다. 즉, 사회보장이란 질병, 장애, 노령, 실업, 사망 등의 사회적 위험으로부터 모든 국민을 보호하고 빈곤을 해소하며 국민생활의 질을 향상시키는 개입을 의미한다. 이 목적을 달성하기 위한 수단으로 해당 조항은 사회보험, 공공부조, 사회복지서비스 및 관련 복지제도를 규정한다. 그런데 이 글에서는 사회보험 및 공공부조(특히, 국민기초생활보장법)만을 분석의 대상으로 한다. 왜냐하면 한국의 사회복지서비스와 관련 복지제도는 이제 막 새로운 급여가 생겨나고 확충되는 단계에 있기 때문에 권위주의 시기의 동일한 법과 비교할 때 그 내용에 큰 차이가 없기 때문이다. 더욱이 권리성을 갖는 급여의 성격이 아직 두드러지지 않기에 사회복지서비스와 관련 복지제도는 분석 대상에서 제외했다.

변화되었는가를 분석할 것이다. 즉, 민주화에 의한 국가 형태와 통치 형태의 변화, 이를 반영한 헌법의 개정에 따라서 국민의 삶과 밀접하게 연관된 사회보장법의 핵심 사항들을 국회가 스스로 규율하고 있는가를 분석할 것이다. 이런 비교·분석을 위해서 권위주의 시대와 민주화 이후의 사회보장법을 비교하려 한다. 구체적으로 동일한 법의 동일한 법 조항에 대한 규율 행태가 권위주의 체제에서 민주주의 체제로 전환된 후에 어느 정도 변화되었는지 살필 것이다. 민주화 이후의 한국 의회가 민주주의 원칙에 맞게 국민의 삶과 중요한 연관을 맺고 있는 사회보장법의 핵심 사항들을 스스로 규율하고 있는지를 평가할 것이다.

제8장의 2절에서는 앞에 언급된 사회보장법들이 제정된 시기에 속하는 헌법을 중심으로 민주화 과정을 기술한다. 3절에서는 권위주의 시대와 민주화 이후의 사회보장법의 규율구조를 비교·분석한다. 4절에서는 비교·분석 결과와 의미를 제시한다.

2. 헌법 개정과 민주화

1948년 7월 17일에 처음으로 대한민국 헌법이 제정되어 공포된 후 1987년 10월 29일에 마지막으로 개정된 현행 헌법까지 헌법 개정은 총 9회 있었다. 여기에서는 9회에 걸쳐 개정된 각각의 헌법을 모두 다루지는 않는다. 다만 국민의 삶에 중요한 영향을 미치는 사회보험법과 생활보호법의 제정과 시행이 있었던 시기의 헌법들만을 다룰 것이다. 1961년부터 1963년은 산재보험법, 임의 형태의 의료보험 시행을 명시한 의료보험법, 생활보호법이 제정되었지만 군사정권에 의해서 2공화국 헌법의 효력이 무력화된 시기이기 때문에, 이 시기의 헌법은 분석하지 않는다. 그러나 또한 여러 중요한 사회보장법이 제정된 시기이기 때문에 이 시기의 사회보장법들은 연구 대상에 포함된다. 따라서 이 단락에서는 1972년 12월 27에 공포된 유신헌법, 1980년 10월 27에 공포된 헌법, 1987년 10월 29일에 공포된 현행 헌법만이 다루어질 것이다.

유신헌법이나 신군부정권 아래에서 개정된 5공화국 헌법이나 현재의 민주적인 헌법에는 공통적으로 국민주권을 명시적으로 천명한다. 따라서 대한민국은 민주공화국이고, 대한민국의 주권은 국민에게 있으며, 모든 권력은 국민으로부터 나온다는 조항이 존재했다. 그런데 헌법의 어느 조항이 국민주권을 천명한다고 해서 이 헌법이 실질적인 국민주권을 보장하는 헌법이라고 말하기는 이르다. 실직적인 국민주권을 인정하는 헌법이 되려면, 헌법의 전체적인 내용이 일관되게 국민주권을 보장해야 한다. 헌법이 국민주권을 실질적으로 보장하기 위해서는 무엇보다도 표현의 자유, 사상의 자유, 집회 및 결사의 자유로 표현되는 자유권적 기본권과 선거권, 피선거권 등으로 표현되는 참정권이 보장되어야 한다. 아울러 국민을 대표하는 의회의 권한을 행정부나 기타 국가 기관이 부당하게 침해할 수 있는 규정을 두어서는 안 된다. 국민의 자유권과 국민을 대표하는 의회의 권한을 제한하고, 행정부에 과도한 권한을 부여하는 조항이 포함된 헌법은 국민주권을 명시적으로 천명할지라도 현실에서는 행정부가 국민주권을 인정하지 않는 결과를 초래하기 때문이다.

명시적으로 국민주권을 선언했지만 실질적으로 국민주권을 침해한 유신헌법이 이런 헌법에 속한다. 유신헌법은 국민의 정치적 의사를 표현할 기본권을 제한했다. 아울러 유신헌법은 국회의 회기를 제한하여 국회는 1년에 150일만 열릴 수 있었다. 이 회기는 유신헌법 이전의 헌법이 보장했던 기간보다 단축된 것이었다. 또한 대통령은 국회의원의 1/3을 추천할 권리가 있었다.[5] 심지어 유신헌법은 대통령에게 국회를 해산할 수 있는 권한을 주었다. 반면에 대

5) 추천된 국회의원 후보자들은 통일주체국민회의의 승인 후에 국회의원이 될 수 있었다. 통일주체국민회의는 국민이 직접 선출했으나, 대통령의 통제하에 있던 국가 기관이었다. 그리고 대통령의 추천으로 국회의원이 된 이들은 국회 안에서 행정부의 정책을 지지하는 주요 세력이었다.

통령을 탄핵할 수 있는 권한은 국회에 주지 않았다. 유신헌법에 따르면 통일주체국민회의는 대통령을 선출한다. 그러나 통일주체국민회의가 박정희 정부의 통제 아래 있었기 때문에 다른 후보자가 대통령이 될 가능성은 없었다. 실제로 1972년 12월 23일과 1978년 7월 6일에 있었던 대통령 선거에서 후보 박정희는 통일주체국민회의의 99.9%의 지지를 얻었다. 결국 유신헌법은 국민의 자유권과 의회의 권한을 제한하고, 대통령의 권한을 확대한 비민주적인 헌법이었다. 이 시기에 국민의 건강과 밀접하게 연관된 의료보험법이 개정되었다.

유신헌법의 제정을 주도한 대통령 박정희가 1979년 10월 26일에 살해된 후, 새로운 군부가 정권을 탈취했다. 이 군사정부의 주도로 개정된 헌법이 1980년 10월 27일에 유신헌법을 대치했다. 개정된 헌법은 유신헌법보다는 국민주권을 보장하는 내용을 많이 담고 있었다. 국민의 정치적 의사표현의 자유를 유신헌법 이전 상태로 돌려놓았고, 국회에 국정조사권을 주었으며, 대통령의 중임을 허락하지 않았다. 그러나 개정된 헌법에서도 유신헌법에서와 같이 국회의 회기는 제한되었고, 대통령은 여전히 국회를 해산할 권한을 갖고 있었다. 국민을 대표해서 국민주권을 행사하는 국회의 권한이 헌법으로 제한된 상황에서 국민주권 행사의 보장은 실질적으로 어려웠다. 실제로 신군부정권은 개정된 헌법 조항과는 다르게 국민의 자유로운 정치적 표현과 행동을 힘으로 억눌렀고, 정당의 발전을 억압했다. 따라서 유신헌법의 뒤를 이어 1980년에 개정된 헌법도 국민주권을 실질적으로 보장하지 않는 비민주적인 헌법이었다. 이 헌법은 1987년까지 지속되었다. 이 시기에 국민연금법이 제정되었고 의료보험법이 개정되었다.

이런 비민주적인 헌법 아래에서 정권을 연장하려 했던 신군부정권은 헌법 개정을 요구하는 국민의 저항에 의해 1987년에 권력에서 물러나야 했다. 1987년에 새롭게 개정된 헌법은 국민이 직접 대통령을 선출하도록 규정했다. 아울러 국민의 자유권을 이전 헌법보다 많이 보장했다. 국회의 권한도 향상되었다. 국정조사 및 국정감사권이 국회에 주어졌다. 또한 국회의 회기는 더 이상

제한이 없어졌다. 또한 대통령은 더 이상 국회를 해산할 권한이 없었다. 대통령의 임기도 7년에서 5년으로 축소되었고, 중임은 이전과 같이 불가했다. 개정된 헌법이 헌법재판소의 설치를 규정한 것에서 알 수 있듯이 사법부의 권한도 향상되었다. 헌법재판소의 설치는 사회구성원의 생활을 규율하는 헌법의 최고규범성의 이념을 현실화할 수 있는 계기를 마련했다는 의의를 갖는다(전광석, 2007: 55). 이와 같은 내용을 토대로 판단하면, 1987년에 국민의 요구에 의해 개정된 현행 헌법은 과거의 권위주의 시대의 헌법보다는 국민주권을 실질적으로 보장하는 민주적인 헌법이라고 평가할 수 있다. 이와 같은 민주적인 헌법은 하위법들을 지도하는 최고규범이 되어야 한다. 따라서 하위법 중에 하나인 사회보장법은 헌법이 지시하는 민주주의 원칙에 상응하게 구조화되어야 한다. 민주화 이후에도 과거 권위주의 시대에 제정된 사회보장법들이 존속하고 있고, 지속적으로 개정되고 있다.

3. 권위주의 시대와 민주화 이후의 사회보장법 규율구조 비교

현재 한국의 국가 형태와 통치 형태는 민주제이며, 헌법은 국민주권을 보장한다. 이 절에서는 헌법이 천명하는 민주주의 원칙이 하위법인 사회보장법에 어느 정도 구현되어 있는지를 살펴볼 것이다.[6] 특히 한국 사회와 현행 헌법에 구현된 민주주의 성과가 사회보장법에서는 어느 정도 구현되어 있는지 평가할 것이다. 이것을 위해서 권위주의 시기와 민주화 이후의 사회보장법이 비교될 것이다. 그러나 사회보장법과 사회보장법을 구성하고 있는 모든 사항이 비교되지는 않는다. 다만 국민의 삶에 지대한 영향을 미치는 사회보험법과 생

---

6) 분석의 대상인 사회보장법들은 국가법령정보센터(http://www.law.go.kr)에서 검색할 수 있다.

활보호법(민주화 이후, 국민기초생활보장법)과 이 제도들을 구성하는 핵심 사항인 적용 대상자, 보험료, 급여 수급 조건, 급여 범위 및 수준만이 비교될 것이다.[7] 민주제에서 의회는 사회적 기본권을 구현하는 사회보장제도의 핵심 사항이며, 국민의 삶에 지대한 영향을 미치는 이 사항들을 스스로 규율해야 할 의무가 있다. 이런 의회의 규율 의무가 권위주의 시대에서 민주주의 시대로 전환되면서 법적으로 강화되었는지 분석할 것이다.

1) 적용 대상자

1964년에 산재보험이 시행된 이래 사회보장법에서 국회가 행정부에 규율 권한을 위임하는 현상이 가장 줄어든 곳은 적용 대상과 관련된 부분이다. 국민연금과 건강보험 같은 사회보험의 적용 대상은 국민이기 때문에, 현재와 같이 대상이 보편화된 상태에서는 행정부가 위임입법을 사용할 영역이 사라졌기 때문이다. 산재보험도 원칙적으로 모든 사업장에 적용된다. 따라서 적용 대상에 관해서 권위주의 시기의 사회보장법과 민주화 이후 사회보장법의 위임 현상을 비교하는 것은 현재는 큰 의미가 없다.

그러나 여전히 산재보험과 국민연금의 적용이 제외되는 사업장이나 근로

7) 운영 방식이 다른 사회보험법과 국민기초생활보장법이 함께 분석되는 이유는 헌법 제34조가 보장하는 사회적 기본권의 구현은 사회보험과 국민기초생활보장제도에 밀접한 연관성이 있기 때문이다. 더욱이 민주주의(복지) 국가에서는 개인의 삶에 직접으로 영향을 미치는 중요한 결정들은 국민기초생활보장제도와 같이 세금으로 운영되는 제도라 할지라도 법에 근거해야 하기 때문이다(Wertenbruch, 1978: 362). 민주화 이후 제정된 고용보험법과 노인장기요양보험법은 권위주의 시대에는 없었기 때문에 분석에서 제외했다. 이 글에서는 사회보험과 국민기초생활보장제도를 구성하는 요소인 적용 대상자, 보험료, 급여 수급 조건, 급여 범위 및 수준만을 분석 대상으로 한다. 분석 대상을 제한하는 이유는 본 항목들이 사회적 기본권을 구현하는 데 핵심적인 항목이기 때문이다. 민주주의 원리는 (사회적) 기본권의 구현과 밀접한 연관성을 갖고 있는 항목에 대한 의회의 책임 있는 규율을 요구한다. (사회적) 기본권의 보장이든 제한이든 의회의 결정은 정당성을 갖기 때문이다.

〈표 8-1〉 적용 대상자

제도	권위주의 시대	민주화 이후
산재보험법	제4조(적용 범위) 이 법은 근로기준법의 적용을 받는 사업 및 사업장(이하 "사업"이라 한다)에 대해 이를 적용한다. 그러나 위험률·사업의 규모 등을 참작하여 **각령**으로 정하는 사업은 예외로 한다.	제6조(적용 범위) 이 법은 근로자를 사용하는 모든 사업 또는 사업장(이하 "사업"이라 한다)에 적용한다. 다만, 위험률·규모 및 장소 등을 고려하여 **대통령령**으로 정하는 사업에 대하여는 이 법을 적용하지 아니한다
국민연금법	제6조(가입대상) 국내에 거주하는 18세이상 60세미만의 국민은 국민연금의 가입대상이 된다. 다만, 공무원연금법, 군인연금법 및 사립학교교원연금법의 적용을 받는 공무원·군인 및 사립학교 교직원 기타 대통령령이 정하는 자를 제외한다.	제6조(가입대상) 국내에 거주하는 국민으로서 18세 이상 60세 미만인 자는 국민연금 가입대상이 된다. 다만, 「공무원연금법」, 「군인연금법」 및 「사립학교교직원 연금법」을 적용받는 공무원, 군인 및 사립학교 교직원, **그 밖에 대통령령으로 정하는 자는 제외**한다.
	제8조(사업장가입자) ① 사업의 종류, 근로자의 수 등을 고려하여 **대통령령이 정하는 사업장**(이하 "당연적용사업장"이라 한다)의 18세이상 60세미만의 근로자와 사용자는 당연히 사업장가입자가 된다.	제8조(사업장가입자) ① 사업의 종류, 근로자의 수 등을 고려하여 **대통령령으로 정하는 사업장**(이하 "당연적용사업장"이라 한다)의 18세 이상 60세 미만인 근로자와 사용자는 당연히 사업장가입자가 된다. 다만, 다음 각 호의 어느 하나에 해당하는 자는 제외한다.

주: 산재보험법 - 1963년 11월 5일에 제정된 산재법(법률 제1438호)과 2009.1.7에 개정된 산재법(법률 제9338호)이 비교됨.
국민연금법 - 1986년 12월 31일에 제정된 연금법(법률 제3902호)과 2009.2.6에 개정된 연금법(법률 제9431호)이 비교됨.

자가 있는데, 이 사항을 규율하는 행태는 과거와 동일하다. 〈표 8-1〉은 이와 같은 경향을 보여주고 있다. 권위주의 시기의 행정부는 적용 대상을 결정하는 위임받은 권한을 산재보험이나 건강보험의 적용 범위를 넓히기 위해 사용했다. 그런데 민주화 이후의 행정부는 이 위임받은 권한을 산재보험이나 국민연금의 적용이 제외되는 사업장이나 근로자 등을 규율하는 경우에 사용한다. 행정부가 위임받은 적용 범위를 결정할 수 있는 권한은 권위주의 시기에는 어떤 국민에게 사회보장을 제공할 것인가를 결정하는 의미를 갖고 있었고, 민주화 이후에는 어떤 국민을 사회보장제도에서 배제할 것인가를 결정하는 의미를 갖고 있다.

국민을 사회보장제도에서 배제하는 행정부의 권한은 건강보험에도 나타난다. 1977년에 의료보험이라는 이름으로 도입된 건강보험은 그 후 지속적으로 적용 범위를 확대했다. 현재는 국민의 대부분이 건강보험에 가입되어 있다. 여기에는 직장가입자의 피부양자도 포함된다. 이들은 별도로 보험료를 지불하지 않고 건강보험에서 제공하는 다양한 급여를 받을 수 있다. 그런데 이들의 자격을 인정하는 권한은 행정부에 있다. 건강보험법 제5조 제3항(법률 제9079호)은 피부양자의 자격의 인정기준, 취득, 상실시기에 관한 결정권한을 보건복지가족부에 위임한다. 현행 건강보험법의 이런 위임 행태는 과거 의료보험법과 비교해보았을 때 오히려 퇴보한 경우이다. 1976년 개정된 의료보험법 제3조 제5호(법률 제2942호)에서는 피부양자의 인정기준으로 "피보험자의 배우자, 직계존속 및 직계비속으로서 그 피보험자에 의해 생계를 유지하는 자"를 명시하고 있기 때문이다. 물론 이 조항만으로 다양한 피부양자의 상황을 모두 파악할 수 없는 것은 사실이다. 그래서 좀 더 상세한 자격인정기준을 마련할 필요성이 있었을 것이다. 그렇지만 상세한 자격인정기준이 굳이 행정입법으로 마련될 필요는 없다. 더욱이 피부양자의 자격을 획득하는 것과 같은 사회보장과 관련된 중요한 항목이 행정부의 임의적인 권한에 의해 규율되는 것은 민주주의 원칙에 조응하는 것이라고 보기 어렵다.

사회보험의 적용 범위가 보편화되면서 행정부는 적용 대상을 결정하는 위임받은 권한을 더 이상 자주 사용할 필요가 없어졌다. 그러나 산재보험이나 국민연금에는 여전히 적용이 제외되는 사업장이나 국민이 남아 있다. 이것을 결정하는 주체는 법률에서 위임권한을 넘겨받은 행정부이다. 따라서 적용 대상을 결정하는 행정부의 권한 행사의 횟수는 줄었지만 권위주의 시기와 비교할 때 위임 행태가 변했다고 보기는 어렵다. 민주화 이후 제정된 고용보험법 제7조(법률 제4644호)나 노인장기요양보험법 제2조 제1호(법률 제8403호)에서도 적용 범위를 결정하는 권한을 국회는 행정부에 여전히 위임하고 있다. 따라서 현재 사회보험의 적용 대상을 결정하는 위임받은 권한을 행정부가 덜 사용하는 이유는 민주화의 결과라기보다는 사회보험의 적용이 보편화되었기 때문이다. 그리고 사회보장제도의 적용이 제외되는 사업장이나 국민에 대한 결정권한은 여전히 행정부에 있기 때문에 권위주의 시기의 위임 행태가 본질적으로 변했다고 볼 수도 없다.

개인이 사회적 기본권을 향유하기 위한 첫 단계는 사회보장제도의 적용 대상에 포함되는 것이다. 따라서 적용 범위를 결정하는 것과 같은 개인의 삶에 중요한 영향을 미치는 사항은 민주제에서는 의회가 스스로 결정해야 한다. 민주제에서 의회는 개인의 삶을 대표하여 책임 있는 결정을 내리도록 시민으로부터 권한을 위임받은 국가 기관이기 때문이다. 이때 비로소 적용 범위에 대한 의회의 결정이 민주적 정당성을 갖는다. 적용 범위에 대한 결정이 갖는 이와 같은 중요한 의미 때문에 국회는 이 사항을 법률로 책임 있게 규율해야 한다.

2) 보험료

국민연금의 보험료율은 권위주의 시대나 민주화 이후나 법률로 결정한다. 1986년에 국민연금법이 제정되었을 때 가입자가 1.5%, 고용주가 1.5%의 보험료를 내도록 법률이 규정했다(법 제75조 제2항 및 부칙 제4조). 현재도 국민연금법 제88조 제2항(법률 제9431호)의 규정에 따라서 가입자가 4.5%, 고용주가 4.5%의 보험료를 지불해야 한다. 건강보험의 보험료율도 이와 유사한 경향을 보이지만 국민연금의 보험료율이 법률로 정확하게 규정되어 있는 것과는 다르게 일정한 범위 안에서 행정부가 결정하도록 재량권을 위임한다. 〈표 8-2〉에서 볼 수 있는 것과 같이 행정부는 8% 안에서 건강보험의 보험료율을 결정할 수 있다.[8]

그러나 보험료율이 법률로 규율된다고 해서 가입자인 노동자가 실제로 지불해야 하는 보험료의 규모를 알 수 있는 것은 아니다. 왜냐하면 실제로 지불해야 하는 보험료는 보험료율이 적용되어야 할 노동자의 소득 규모가 결정된 후에 알 수 있기 때문이다. 그런데 〈표 8-2〉에서 볼 수 있는 것과 같이 1976년의 의료보험법과 1986년의 국민연금법은 제1종 가입자인 노동자 보수의 범위를 대통령령으로 결정하도록 위임한다.[9] 결국 근로소득의 범위는 행정부에 의해 결정되는 것이다. 이런 경향은 현행 국민연금법과 건강보험법에서도 동일하게 나타난다. 권위주의 시기나 민주화 이후나 노동자 보수의 범위를 행정부가 결정하여, 보험료의 크기가 결정되는 행태는 큰 변화 없이 유지되고 있다.

지금과 같이 법률의 위임을 근거로 하여 행정부가 근로소득의 범위를 결정하는 경우에는 시행령을 보지 않고서는 가입자는 실제로 지불해야 할 보험료의 규모를 알 수 없다. 현행 국민연금법 시행령 제3조(대통령령 제21331호)는 국민연금법 제3조의 위임을 근거(〈표 8-2〉)로 해서 노동자의 소득 범위를 규정하고 있다. 그런데 이 조항은 소득세법에서 규정하는 근로소득의 범위를 따르도록 지시한다. 그런데 소득세법의 해당 사항을 보면, 소득세법 역시 이 사항을 규정하는 권한을 소득세법 시행령에 위임한다. 결국 실질적인 근로소득의 범위는 소득세법 시행령에 의해 결정되는 것이다(소득세법 시행령 제38조, 대통령령 제21301호). 건강보험법으로부터 가입자인 노동자의 소득을 결정할 권한을 위임받은 현행 건강보험법 시행령도 소득세법 시행령이 마련한 기준을 따르고 있다(건강보험법 시행령 제33조, 대통령령 제21414호). 현행 소득세법 시행령은 국민연금법이 제정된 이듬해인 1987년에 개정된 소득세법 시행령(대통령령 제12279호)에서는 노동자의 과세소득으로 보지 않았던 항목들을 과세소득 항목으로 포함하고 있다. 예를 들면 학자금, 장학금, 휴가비, 퇴직보험, 단체환급부

8) 2008년 기준으로 건강보험의 보험료율은 5.08%이다.

9) 각 시행령은 소득세법에 따라서 보수의 범위를 결정하도록 규정하고 있다. 그러나 소득세법도 근로소득의 범위를 소득세법 시행령이 구체적으로 결정하도록 위임하고 있다(소득세법 제20조 제4항, 법률 제9485호).

〈표 8-2〉 보험료

제도	권위주의 시대	민주화 이후
산재보험법	제21조(보험요율의 결정) 보험요율은 과거 5연간의 재해률을 기초로 하여 **보건사회부장관이** 이를 삭등급으로 구분하여 정한다.	제14조(보험료율의 결정) ③ 산재보험료율은 매년 6월 30일 현재 과거 3년 동안의 임금총액에 대한 산재보험급여총액의 비율을 기초로 하여, 「산업재해보상보험법」에 의한 연금 등 산재보험급여에 드는 금액, 재해예방 및 재해근로자의 복지증진에 드는 비용 등을 고려하여 사업의 종류별로 구분하여 **노동부령**으로 정한다.
건강보험법	제3조 제4호 **"보수"**라 함은 근로자가 근로의 대가로서 임금, 봉급, 수당 기타 어떠한 명목으로든지 지급 받는 일체의 금품을 말한다. 다만, **대통령령**이 정하는 것은 그러하지 아니하다.	제63조(보수월액) ③ 제1항의 규정에 의한 보수는 근로자, 공무원 및 교직원이 근로의 제공으로 인하여 사용자, 국가 또는 지방자치단체로부터 지급받는 금품(실비변상적인 성격의 것을 제외한다)으로서 **대통령령**이 정하는 것을 말한다.
	제12조(표준보수) ① 제1종피보험자의 보험료의 계산은 피보험자의 보수월액을 기준으로 하여 등급별 표준보수월액으로 산정한다. ② 제1항의 등급별 표준보수월액에 관하여 필요한 사항은 **대통령령**으로 정한다.	
	제49조(보험료) ③ 제2종조합의 보험료액은 피보험자와 피부양자의 수를 기준으로 **조합정관**에서 정하는 액으로 한다.	제64조(보험료부과점수) ③ 보험료부과점수의 산정방법, 기준 그 밖에 필요한 사항은 **대통령령**으로 정한다.
	제50조(보험료율) ① 제1종조합의 보험료율은 1,000분의 30 내지 1,000분의 80의 범위내에서 **조합정관**으로 정한다.	제65조(보험료율등) ① 직장가입자의 보험료율은 1천분의 80의 범위 안에서 심의위원회의 의결을 거쳐 **대통령령**으로 정한다.
국민연금법	제3조(정의 등) ①항 3. **"보수"**라 함은 근로자 및 사용자에게 임금, 봉급, 수당 기타 어떠한 명칭으로든지 노무의 대가로 지급되는 모든 금품을 말한다. 다만, **대통령령이 정하는 것을 제외**한다.	제3조(정의 등) ①항 3. "소득"이란 일정한 기간 근로를 제공하여 얻은 수입에서 **대통령령으로 정하는 비과세소득을 제외**한 금액 또는 사업 및 자산을 운영하여 얻는 수입에서 필요경비를 제외한 금액을 말한다. 이 경우 국민연금가입자(이하 "가입자"라 한다)의 종류에 따른 **소득 범위는 대통령령**으로 정한다. 4. **"평균소득월액"**이란 매년 사업장가입자 및 지역가입자 전원(전원)의 기준소득월액을 평균한 금액을 말하며, 그 **산정방법은 대통령령**으로 정한다. 5. **"기준소득월액"**이란 연금보험료와 급여를 산정하기 위하여 가입자의 소득월액을 기준으로 하여 **대통령령으로 정하는 금액**을 말하며, 그 **결정방법 및 적용기간** 등에 관하여는 **대통령령**으로 정한다.

주: 산재보험법 - 1963년 11월 5일에 제정된 산재법(법률 제1438호)과 2009년 4월 1일에 개정된 고용보험 및 산업재해보상보험의 보험료징수 등에 관한 법률(법률 제9617호)이 비교됨.
건강보험법 - 1976년 12월 22일에 제정된 의료보험법(법률 제2942호)과 2009년 3월 28일에 개정된 건보법(법률 제9079호)이 비교됨(1977년에 제정된 의료보험법은 1998년 제정된 건강보험법으로 대치됨).
국민연금법 - 1986년 12월 31일에 제정된 연금법(법률 제3902호)과 2009년 2월 6일에 개정된 연금법(법률 제9431호)이 비교됨.

보장성보험의 환급금, 주식매수선택권 행사로 발생한 이익 등(소득세법 시행령 제38조 제1항, 대통령령 제21301호)이 새로운 과세소득 항목으로 포함되었다. 유사한 현상을 건강보험법 시행령에서도 볼 수 있다. 1977년에 개정된 의료보험법 시행령 제2조(대통령령 제8487호)에서는 보험료 산정에 포함되지 않았던 상여금, 법령의 규정에 의해 지급받는 보상금, 시간외근무수당과 휴일근무수당, 노동자의 근무지역 또는 근무부서의 특수성으로 인한 불이익이나 위협의 보상으로 특별히 지급받는 수당, 법령 또는 조례 규정에 의해 지급받는 상금 또는 보조금, 판공비 기타 임시로 지급받는 금품은 현행 시행령 제33조(대통령령 제21414호)의 규정에 의해서 보험료를 산정할 때 포함된다. 더욱이 이 조항은 직급보조비나 이와 유사한 성질의 금품도 보험료 산정을 위한 항목으로 새롭게 추가하고 있다.

시행령으로 보험료를 결정하는 이와 같은 방식은 행정부의 입장에서는 보험 재정을 '조용히' 확대하는 효과를 낼 수 있다. 반면 가입자인 노동자는 자신의 어떤 소득 항목이 보험료를 산정하기 위해 어느 날 새롭게 추가된 사실을 모르게 된다. 보험료 산정에 기초가 되는 근로소득의 범위를 누가 결정하는가가 중요한 까닭은 이것이 보험 재정과 밀접한 연관성을 갖고 있기 때문이기도 하지만, 더 본질적인 이유는 이것이 헌법이 보장하는 가입자의 재산권과 관련되어 있다는 사실이다. 헌법이 보장하는 기본권과 관련된 사항을 행정입법으로 임의로 결정하는 것은 헌법을 위반하는 행위이다. 가입자는 지불해야 할 보험료의 규모를 알기 위해서 보험료 산정이 어떻게 이루어지는가를 알아야 한다. 그러나 가입자인 노동자는 권위주의 시기나 민주화 이후나 법률만으로는 어떻게 자신의 보험료가 산정되는지 알 수 없다. 재산권이 행정부에 의해 임의로 침해되고 있는 것이다.

가입자인 노동자의 보험료를 산정하기 위해서 권위주의 시기나 민주화 이후의 사회보험법이 이들의 소득 범위를 결정하는 권한을 시행령에 위임한 것과 같이, 또 다른 가입자 집단인 자영자의 보험료를 산정하기 위해서도 사회보험법은 행정부에 결정권한을 위임한다. 국민연금법과 의료보험법은 제정 때부터 자영업자를 가입 대상자로 규정하고 있었기 때문에, 이들의 보험료를 결정하기 위해서도 이들의 소득이 파악되어야 했다. 〈표 8-2〉에서 볼 수 있는 것과 같이 사회보험법은 노동자의 경우와 마찬가지로 자영업자의 소득 파악도 행정부에 위임했고, 위임하고 있다. 행정부가 위임받은 자영업자의 보험료를 결정하는 권한은 노동자의 경우보다 훨씬 컸고, 크다. 권위주의 시기의 의료보험법 제49조에 따르면 제2종 가입자인 자영업자의 보험료는 가입자 본인과 피부양자의 수를 기준으로 조합정관에 의해서 결정하도록 되어 있다. 보험료를 결정하는 상세한 기준은 조합이 결정할 수 있도록 전부 위임했다. 이런 경향은 보험료부과점수를 기준으로 보험료를 결정하는 현행 건강보험법에서도 크게 다르지 않다. 행정부가 보험료 산정에 포함되는 자동차, 전월세금 등과 같은 구체적인 항목과 보험료 산정방식을 결정할 수 있기 때문이다(건강보험법 시행령 제40조의 2, 대통령령 제21414호). 건강보험법(제64조 제1항, 법률 제9079호)은 자영업자의 보험료를 산정하기 위해서 재산도 고려할 것을 규정한다. 그런데 보험료 산정에 포함되어야 할 재산의 범위는 행정부에 의해 결정된다.[10] 국가 형태와 통치 형태의 민주화에도 불구하고 헌법이 보장하는 재산권과 관련된 자영업자의 보험료 산정은 과거 권위주의 시대와 같이 민주화 이후에도 여전히 행정부 주도로 결정되고 있다. 국회는 국민의 이해를 대표하는 국가 기관으로서 국민의 재산을 보호해야 할 의무를 소홀히 하고 있는 것이다.

보험료의 결정과 관련해서 한 가지 더 지적되어야 할 것은 국민연금과 건강보험의 보험료 산정에 포함되는 가입자의 소득(혹은 부과점수)의 상한과 하한의 범위에 관한 행정부의 결정권한이다. 이 사항도 재산권과 연관되어 있지만, 결정권한은 민주화 이후에도 여전히 행정부에 있다. 국민연금법 시행령

10) 이런 산정방식은 소득만을 고려하여 노동자의 보험료를 결정하는 방식과 비교했을 때 불평등한 것이다.

제5조(대통령령 제21331호)에 따르면 국민연금 보험료의 산정에 포함되는 기준 소득월액은 하한이 22만 원이고 상한이 360만 원이다. 한편 현행 건강보험법 시행령 제36조 제4항(대통령령 제21414호)은 사업장가입자의 보수월액 하한을 28만 원, 상한을 6579만 원으로 규정한다. 그런데 1977년에 개정된 의료보험법 시행령 제5조(대통령령 제8487호)에서는 하한이 2만 원, 상한이 40만 원으로 규정되어 있었다. 하한이 14배 증가한 반면에 상한은 16.4배나 증가했다. 즉, 중산층의 보험료 부담이 행정부의 임의적인 결정으로 더 늘어난 것이다. 물론 지불능력이 더 있는 중산층이 그렇지 못한 저소득층보다 건강보험 재정을 위해 더 부담하는 것은 사회정의에 부합하는 것이다. 그러나 아무리 사회정의의 구현에 기여한다고 해도 헌법이 보장하는 재산권의 행사와 관련된 사항이 행정부의 임의적인 결정에 의해 침해되어서는 안 된다. 이런 행정부의 임의적인 침해로부터 국민의 재산을 보호해야 할 의무는 국회에 있다. 그러나 보험료 결정과 관련해서 권위주의 시대나 민주화 이후나 행정부에 의해 규율되는 행태는 본질적으로 변한 것이 없다.

3) 급여 수급 조건

사회보험에서 수급권이 파생되는 대표적인 경우는 유족에게 가입자의 수급권이 주어지는 경우이다. 산재보험과 국민연금의 유족(보상)급여의 수급 조건과 관련된 법 조항을 보면, 행정부의 결정권한이 가입자 본인의 수급권과 관련된 권한보다 더 큰 것을 알 수 있다. 더욱이 권위주의 시대의 산재보험법은 유족급여의 지급기준, 수급 자격 및 지급정지 등과 같은 중요한 사항들에 대한 결정권한을 행정부에 위임했다(〈표 8-3〉). 권위주의 시대의 산재보험법 시행령 제17조 및 제18조(대통령령 제6740호)는 유족보상연금의 수급자 범위와 유족보상연금액까지 결정할 수 있었다. 그런데 민주화 이후에는 산재보험의 유족급여에 대한 행정부의 광범위한 결정권한은 축소되는 경향을 보인다. 현행 산재

〈표 8-3〉 급여 수급 조건

제도	권위주의 시대	민주화 이후
산재보험법	제9조의 6(**유족급여**) ① 유족급여는 유족보상연금 또는 유족보상일시금으로 하되 유족보상연금의 지급기준, 수급 자격 및 실격과 지급정지등에 관한 사항은 **대통령령**으로 정한다.	제63조(**유족보상연금 수급 자격자의 범위**) ① 유족보상연금을 받을 수 있는 자격이 있는 자(이하 "유족보상연금 수급 자격자"라 한다)는 근로자가 사망할 당시 그 근로자와 생계를 같이 하고 있던 유족(그 근로자가 사망할 당시 대한민국 국민이 아닌 자로서 외국에서 거주하고 있던 유족은 제외한다) 중 처(사실상 혼인 관계에 있는 자를 포함한다. 이하 같다)와 다음 각 호의 어느 하나에 해당하는 자로 한다. 이 경우 **근로자와 생계를 같이 하고 있던 유족의 판단 기준은 대통령령**으로 정한다.
국민연금법	제56조(노령연금의 수급권자) ⑤ 제3항 및 제4항의 규정에 의한 **보수 또는 소득이 있는 업무의 범위는 대통령령**으로 정한다.	제61조(노령연금 수급권자 ⑤ 제3항과 제4항에 따른 **소득이 있는 업무의 범위는 대통령령**으로 정한다.
	제58조(장해연금의 수급권자) ③ 제1항의 규정에 의한 **장해정도**에 관한 장해등급은 1급, 2급, 3급, 4급으로 구분하되, 그 **등급구분의 기준과 장해정도의 심사**에 관한 사항은 **대통령령**으로 정한다.	제67조(장애연금수급권자) ⑤ **장애정도**에 관한 장애등급은 1급, 2급, 3급 및 4급으로 구분하되, **등급 구분의 기준과 장애 정도의 심사에 관한 사항은 대통령령**으로 정한다.
국민기초 생활보장법	제3조(보호대상자의 범위) ① 이 법에 의한 보호대상자는 **부양의무자가 없거나 부양의무자가 있어도 부양능력이 없는** 다음 각 호의 1에 해당하는 자로서 이 법에 의한 보호를 필요로 하는 자를 말한다.	제5조(부양의무자) ③ 제1항의 부양의무자가 있어도 **부양능력이 없거나 부양을 받을 수 없는 경우는 대통령령**으로 정한다.

주: 산재보험법 - 1973년 1월 15일에 개정된 산재법(법률 제2437호)과 2009년 1월 7일에 개정된 산재법(법률 제9338호)이 비교됨.
국민연금법 - 1986년 12월 31일에 제정된 연금법(법률 제3902호)과 2009년 2월 6일에 개정된 연금법(법률 제9431호)이 비교됨.
국민기초생활보장법 - 1982년 12월 31일에 개정된 생활보호법(법률 제3623호)과 2007년 10월 17일에 개정된 국민기초생활보장법(법률 제9617호)이 비교됨(1961년에 제정된 생활보호법은 1999년에 제정된 국민기초생활보장법으로 대치됨).

보험법 제62조 및 제63조(법률 제9338호)는 유족보상연금의 수급자 범위와 유족보상연금액을 규율하고 있다. 이런 변화는 유족의 권리가 과거 권위주의 시대 때보다 법률에 의해서 보호된다는 것을 의미한다. 그러나 권위주의 시대에 유족급여를 통제하던 행정부의 영향력은 여전히 현행법에 의해 유지된다. 〈표 8-3〉에서 볼 수 있는 것과 같이 현행 산재보험법은 법률로 유족의 범위를 규정하지만, 유족으로 인정받기 위한 추가적인 조건은 시행령이 마련하도록 위임한다. 현재 산재보험법 제63조(법률 제9338호)에서는 유족으로 처 혹은 60세 이상인 남편, 18세 미만의 자녀 등으로 유족의 범위를 정해놓고 있다. 하지만 해당 법 조항은 이 유족이 사망한 가입자와 생계를 같이하고 있었어야 한다는 추가 조항을 마련해놓고, 생계를 같이하고 있었다는 판단기준은 시행령이 마련하도록 위임한다. 이와 같이 유족의 범위를 결정하는 실질적인 권한을 행정부에 위임하는 행태는 국민연금법에서도 나타난다(국민연금법 제73조, 법률 제9431호). 이런 경향은 유족의 범위를 결정하는 행정부의 권한이 민주화 이후에도 여전히 남아 있음을 보여주는 예이다.

권위주의 시대 때보다는 행정부의 결정권한이 줄었으나 여전히 남아 있는 부분이 또 있다. 권위주의 시대의 산재보험법에서는 업무상의 재해 인정기준에 대한 어떤 규정도 마련해놓지 않았다. 결국 재해가 업무상 관련되어 있느냐의 결정은 행정부의 권한에 속했던 것이다. 그런데 현행 산재보험법 제37조(법률 제9338호)는 업무상의 재해에 대한 인정기준을 제시하고 있다. 이와 같은 변화는 재해를 입은 노동자의 권리를 법률로 보호한다는 의미에서 바람직한 것이다. 그러나 산재보험법이 유족의 범위를 결정하는 최종권한을 행정부로 위임하고 있듯이, 이 경우에도 구체적인 인정기준은 행정부로 위임한다. 결국 법률로 규율하는 모양새만 갖추었을 뿐이지 실제로는 시행령이 결정하는 것이나 다름없다.

급여 수급 조건과 관련해서 전혀 변하지 않은 사항도 있다. 예를 들어 국민연금의 경우 장해연금을 수급하려면 장해등급심사를 받아야 한다. 장해를 입은 신청인에게 어떤 장해등급을 판정받느냐는 그의 생계와 관련된 매우 중요한 사항이다. 그러나 권위주의 시대에 제정된 국민연금법이나 현재의 국민연금법은 장해등급 구분기준에 관한 결정권한을 행정부에 위임한다(〈표 8-3〉). 이것은 장해를 입은 신청인의 생계가 민주화 이후에도 행정부의 처분에 달려 있다는 것을 의미한다.[11)]

민주화에도 불구하고 급여 수급 조건을 행정부에 위임하는 현상은 국민의 최저 생활 보장을 목적으로 하는 생활보호법과 국민기초생활보장법에서 더욱 광범위하게 나타난다. 심지어 권위주의 시대 때 제정된 생활보호법 시행령 제2조(대통령령 제11293호)는 생활보호법(법률 제3623호)으로부터 어떤 위임도 받지 않고, 부양의무자의 부양능력을 평가하는 기준을 제시하고 있었다. 부양의무자의 부양능력을 평가하는 행정부의 권한은 민주화 후에 제정된 국민기초생활보장법에서도 크게 변하지 않았다(〈표 8-3〉). 현행 국민기초생활보장법은 부양의무자의 부양능력뿐만 아니라, 최저생계비 이하의 소득인정액을 급여 수급 조건으로 규정하고 있다. 그런데 최저생계비와 소득인정액을 산출하는 방식이 모두 행정부에 위임되어 있다(국민기초생활보장법 제2조 9호, 10호 및 제6조, 법률 제9617호). 국민기초생활보장제도와 같은 대표적인 공공부조 분야에서 행정부의 결정권한이 국가 형태와 통치 형태의 민주화에도 불구하고 여전히 매우 광범위하다는 것을 알 수 있다.

사회보험의 수급권은 어느 정도 법률로 규율되어야만 하는 필연성이 있다. 왜냐하면 지불한 보험료에 대한 반대급부를 권리로 인정해야만 하는 법적인 관계가 성립되기 때문이다. 그래서 사회보험의 가입자 수급권을 시행령으로 통제하는 현상은 국민기초생활보장제도와 같은 공공부조 분야에서보다 훨씬

---

11) 물론 과거의 국민연금법 시행령 제41조(대통령령 제12227호)에 규정된 장해등급 구분기준과 현재 국민연금법 시행령 제46조(대통령령 제21331호)에 규정된 장해등급 구분기준은 거의 변하지 않았다. 따라서 행정부의 임의적인 장해등급 구분기준의 변경으로 인해 피해를 입은 신청인은 없었을 것이다. 그러나 장해를 입은 신청인에게 장해연금이 갖는 중요한 의미와 지난 20년 동안 시행령의 조항이 거의 변하지 않은 것을 고려할 때, 이 사항을 법률로 규율하지 못할 이유가 없다.

덜 나타난다. 그러나 이런 경우에도 가입자 본인이 아닌, 파생적인 권리를 갖는 피부양자의 수급권은 상대적으로 여전히 행정부에 의해 결정되는 경향을 볼 수 있다. 또한 공공부조와 같이 세금으로 운영되는 사회보장제도에서는 권위주의 시대나 민주화 이후나 급여 수급 자격을 결정하는 권한을 행정부에 위임하는 행태가 두드러진다.

그러나 현대 민주주의 국가에서는 사회보장제도를 운영하는 재원 형태가 세금이든지 사회보험료이든지 상관없이 개인의 삶에 본질적인 영향을 미치는 사항은 의회가 법률로 규율할 것을 요구한다(Henke, 1976: 591; Wertenbruch, 1978: 362). 따라서 공공부조 제도든 사회보험 제도든 상관없이 개인의 삶에 중요한 영향을 미치는 수급 조건을 국민의 대표 기관인 의회가 스스로 규율해야 하는 것은 민주주의의 요구 사항이다.

4) 급여 범위 및 수준

사회보장제도의 급여 범위 및 수준은 그 사회 구성원의 생계와 삶의 수준을 결정하는 중요한 요소 중 하나이다. 아울러 이 항목은 헌법 제34조가 보장하는 국민의 인간다운 삶을 실현하는 중요한 의미를 갖는다. 따라서 이 사항을 규율했던 권위주의 시대 사회보장법의 규율 행태와 민주화 이후 사회보장법의 규율 행태 비교를 통해 사회보장제도의 핵심 사항 중 하나인 급여 범위와 수준을 규율하는 행태에 변화가 있었는지를 분석하는 것은 규율주체의 변화가 있었는가를 알아볼 수 있는 척도가 될 것이다.

〈표 8-4〉는 산재보험, 건강보험, 국민연금, 생활보호제도(민주화 이후에는 국민기초생활보장제도)의 급여 범위 및 수준은 권위주의 시대나 민주화 이후에도 여전히 행정부가 대부분 통제하고 있다는 것을 보여준다. 산재보험법에서는 요양급여, 휴업급여, 장해급여, 유족급여 등 여러 가지 급여를 규정하고 있다. 그중에서 요양급여는 재해를 입은 노동자에게 다시 건강을 되찾게 해 직장으

〈표 8-4〉 급여 범위 및 수준

제도	권위주의 시대	민주화 이후
산재보험법	제10조(요양의 내용) 전조 제2항의 요양은 **보건사회부령**의 정하는 바에 의해 다음 각 호의 **전부 또는 일부**로 한다 1. 진찰 2. 약제 또는 치료재료의 지급 3.처치·수술 기타의 치료 4. 의료시설에의 수용	제40조(요양급여) ⑤ 제2항 및 제4항에 따른 **요양급여의 범위나 비용 등 요양급여의 산정 기준은 노동부령**으로 정한다.
		제61조(간병급여) ① 간병급여는 제40조에 따른 요양급여를 받은 자 중 치유 후 의학적으로 상시 또는 수시로 간병이 필요하여 실제로 간병을 받는 자에게 지급한다.② 제1항에 따른 **간병급여의 지급 기준과 지급 방법 등에 관하여 필요한 사항은 대통령령**으로 정한다.
건강보험법	제29조(요양급여) ③ 제1항의 규정에 의한 요양급여 기준은 **보건사회부장관**이 정한다.	제39조(요양급여) ② 제1항의 규정에 의한 요양급여의 방법, 절차, 범위, 상한 등 **요양급여의 기준은 보건복지부령**으로 정한다.
	제34조(비용의 일부 부담) 제29조 제1항의 규정에 의한 요양급여나 제31조 제1항의 규정에 의한 분만급여를 받는 자는 **대통령령**이 정하는 바에 의해 그 비용의 일부를 본인이 부담한다.	제41조(비용의 일부 부담) 제39조 제1항의 규정에 의한 요양급여를 받는 자는 **대통령령**이 정하는 바에 의해 그 비용의 일부를 본인이 부담한다.
국민연금법	제47조(기본연금액) ④ 제1항 제2호 및 제2항 제2호의 규정에 의한 **표준보수월액의 평균액 및 표준소득월액의 평균액은 대통령령**이 정하는 바에 의해 계산한다. ⑤ 제4항의 규정에 의해 계산된 표준보수월액의 평균액 및 표준소득월액의 평균액을 수급권자에게 적용함에 있어서는 **연금지급 개시후의 경제사정의 변동등을 감안하여 대통령령이** 정하는 바에 의해 이를 **조정**하여야 한다.	제51조(기본연금액) ① 2. 가입자 개인의 가입기간 중 매년 **기준소득월액을 대통령령**으로 정하는 바에 따라 **보건복지가족부장관이 고시하는 연도별 재평가율에** 의해 연금 수급 전년도의 현재가치로 환산한 후 이를 합산한 금액을 총 가입기간으로 나눈 금액. 다만, 다음 각 목에 따라 산정하여야 하는 금액은 그 금액으로 한다. ② 제1항 각 호의 금액을 수급권자에게 적용할 때에는 연금 수급 2년 전 연도와 대비한 전년도의 **전국소비자물가변동률**을 기준으로 매년 3월 말까지 그 변동률에 해당하는 금액을 더하거나 빼되, 미리 제5조에 따른 국민연금심의위원회의 심의를 거쳐야 한다.
	제48조(가급연금액) ① 가급연금액은 수급권자가 그 권리를 취득할 당시 그 자(유족연금에 있어서는 가입자이었던 자를 말한다)에 의해 생계를 유지하고 있던 다음의 자에 대해 **대통령령**이 정하는 바에 의해 계산한 액으로 한다	제52조(부양가족연금액) ① 부양가족연금액은 수급권자가 그 권리를 취득할 당시 그(유족연금의 경우에는 가입자 또는 가입자였던 자를 말한다)에 의해 생계를 유지하고 있거나 노령연금 또는 장애연금의 수급권자가 그 권리를 취득한 후 그 자에 의해 생계

		를 유지하고 있는 다음 각 호의 자에 대해 해당 호에 규정된 각각의 금액으로 한다. 이 경우 **생계유지에 관한 대상자별 인정기준은 대통령령**으로 정한다.
국민기초생활보장법	제5조(보호의 기준등) ② 이 법에 의한 **보호의 기준은 보건사회부장관**이 보호대상자의 연령, 세대구성, 거주지역 기타 생활여건등을 고려하여 보호의 종류별로 정한다.	제2조(정의) 6. **"최저생계비"**라 함은 국민이 건강하고 문화적인 생활을 유지하기 위하여 소요되는 최소한의 비용으로서 제6조의 규정에 의해 **보건복지가족부장관이 공표**하는 금액을 말한다.
	제6조(보호대상자의 구분등) ① 보호기관은 보호대상자의 사정을 고려하여 **대통령령**으로 정하는 보호대상자의 구분에 따라 **보호의 종류, 내용 및 방법**을 달리 할 수 있다.	제6조(최저생계비) ① **보건복지가족부장관**은 국민의 소득·지출수준과 수급권자의 가구유형 등 생활실태, 물가상승률 등을 고려하여 **최저생계비를 결정**하여야 한다. ③ 보건복지가족부장관은 최저생계비를 결정하기 위하여 필요한 **계측조사**를 3년마다 실시하며, 이에 **필요한 사항은 보건복지가족부령**으로 정한다

주: 산재보험법 - 1963년 11월 5일에 제정된 산재법(법률제1438호)과 2009년 1월 7일에 개정된 산재법(법률제9338호)이 비교됨.
건강보험법 - 1976년 12월 22일에 제정된 의보법(법률제2942호)과 2009년 3월 28일에 개정된 건보법(법률제9079호)이 비교됨.
국민연금법 - 1986년 12월 31일에 제정된 연금법(법률제3902호)과 2009년 2월 6일에 개정된 연금법(법률제9431호)이 비교됨.
국민기초생활보장법 - 1982년 12월 31일에 개정된 생활보호법(법률제3623호)과 2007년 10월 17일에 개정된 국민기초생활보장법(법률제9617호)이 비교됨.

로 복귀할 수 있도록 도와주는 중요한 급여이다. 군사정부가 1963년에 제정한 산재보험법 제10조(법률 제1438호)는 요양급여의 범위로 진찰, 약제 또는 치료재료의 지급, 처치·수술 기타의 치료, 의료시설의 수용, 간호, 이송을 규정했다. 그러나 〈표 8-4〉가 보여주는 것과 같이 권위주의 시대의 산재보험법에서 요양급여의 범위는 행정부에 의해 통제되었다. 이런 경향은 민주화 이후에도 변함이 없다. 현재 산재보험법은 요양급여의 범위를 행정부가 통제하도록 여전히 위임하고 있다. 법률로는 요양급여에 포함되는 항목만을 규정하고, 산재보험이 제공하는 실제적인 요양급여의 범위와 수준은 시행령이 결정한다.

행정부가 요양급여를 결정하는 행태는 건강보험에서도 동일하게 나타난다. 〈표 8-4〉에서 알 수 있듯 건강보험 요양급여의 범위와 수준은 권위주의 시대나 민주화 이후에도 행정부가 결정한다. 또한 요양급여 비용에 대한 본인부담금도 요양급여의 범위와 수준을 결정하는 중요한 요소이다. 그러나 이 사항도 국가 형태와 통치 형태의 민주화에도 불구하고 여전히 행정부에 의해서 통제된다.[12] 본인부담금의 기능은 요양급여의 남용을 억제하는 것이다. 그러나 본인부담금이 너무 높으면 저소득층의 요양급여에 대한 접근성이 떨어진다. 따라서 이와 같은 요양급여 접근성에 중요한 영향을 미치는 본인부담금에 대한 규율을 권위주의 시대와 같이 민주화 이후에도 행정부에 위임하고 있는 법률 구조는 아직도 사회보장법에 민주주의 원리가 올바로 구현되어 있지 못하다는 한 예가 된다. 2007년 4월 27일에 제정된 노인장기요양보험법 제40조(법률 제8403호)에서도 본인부담금이 규정되어 있다. 그러나 이곳에서는 법률로 직접 본인부담률을 규율한다. 따라서 건강보험법에서도 법률로 본인부담률을 규율하지 않을 이유가 없다.

국민의 최저 생활 보장을 목적으로 하는 생활보호제도나 국민기초생활보장제도에서도 행정부는 급여 범위와 수준을 결정하는 권한을 갖고 있다. 권위주의 시대에 제정된 생활보호법에서는 행정부가 수급 대상자와 급여기준을 법률에 의한 위임 근거 없이 시행령으로 정했다면, 1999년에 제정된 국민기초생활보장법에서는 수급 대상자 선발기준과 급여기준에 대해 법률에 위임 근거를 마련했다는 차이가 있을 뿐이다. 국민기초생활보장법은 생계급여액을 결정하는 요소 중 하나인 최저생계비의 산정방식을 행정부에 위임한다(〈표 8-4〉). 아울러 생계급여액을 결정하는 또 다른 요소는 신청자의 소득의 크기인데, 이것을 파악하는 권한도 국민기초생활보장법은 행정부에 위임하고 있다

12) 권위주의 시대 때는 피부양자의 본인부담률이 가입자의 본인부담률보다 높았다. 그러나 현행 건강보험법에서는 이런 차별은 없다. 결국 시행령이 의료보장성을 높이는 기능을 한 것이다. 그러나 본인부담금에 관한 사항이 법률로 규율되어야 하는 이유는 시행령의 변경에 의해 '조용히' 다시 과거 상태로 돌아갈 수 있기 때문이다.

(국민기초생활보장법 제2조 제9호, 제10호, 법률 제9617호). 결국 사회보험과 공공부조의 급여 범위와 수준을 행정부가 결정하게 하는 법률 구조는 권위주의 시대나 민주화 이후나 본질적으로 변하지 않았다. 헌법 제34조가 천명하는 한국 국민의 인간다운 삶의 보장은 행정부의 손에 달려 있었고, 현재도 여전히 행정부의 손에 달려 있다. 그러나 민주제에서 국민의 최저 생활 보장에 대해 책임 있는 결정을 내려야 하는 국가 기관은 행정부가 아니고 의회이다.

물론 권위주의 체제에서 민주제로 국가 형태와 통치 형태가 바뀐 후에 급여 범위 및 수준을 결정하는 규율 행태의 변화가 나타난 부분도 있다. 예를 들면 국민연금법에서 연금급여의 조정에 관한 사항이다. 권위주의 시대에는 연금급여의 조정이 시행령으로 규율되었으나(국민연금법 시행령 제34조, 대통령령 제12227호), 민주화 이후에는 법률로 규정되고 있다(국민연금법 제51조 제2항, 법률 제9431호). 그러나 이것도 부분적인 변화만 있을 뿐이다. 국민연금급여의 수준은 급여조정의 방법뿐만 아니라 가입자의 과거보수를 현재의 가치로 환산할 때 어떤 기준으로 재평가하느냐에 따라서도 영향을 받기 때문이다. 이 보수를 재평가하는 기준은 권위주의 시대나 민주화 이후나 시행령에 의해 결정된다. 더욱이 권위주의 시대의 국민연금법시행령 제34조(대통령령 제12227호)에서는 재평가의 기준이 평균보수월액의 변동률이었으나, 2001년에 개정된 국민연금법시행령 제36조(대통령령 제17188호)에서는 전국소비자물가변동률로 그 기준이 변경되었다.[13] 이 변경으로 연금 수준은 변경 전과 비교할 때 낮아지게 된다. 왜냐하면 국민연금제도가 시행된 1988년부터 2008년까지의 전국소비자물가변동률은 근로소득증가율보다 낮았기 때문이다. 연금생활자의 생계에 중요한 영향을 미치는 이런 사항이 시행령에 의해 임의적으로 변경되는 것은 법

13) 물론 현행 국민연금법시행령 제36조(대통령령 제21331호)에서는 직접적으로 전국소비자물가변동률을 연금재평가율의 기준으로 사용한다는 직접적인 언급은 없다. 그러나 각 조항의 내용을 분석하면 그 기준이 전국소비자물가변동률이라는 것을 알 수 있다.

치국가적 민주주의 원칙을 위배하는 것이다.

권위주의 체제에서 민주제로 국가 형태와 통치 형태의 이행 후에 사회보장제도의 급여 범위 및 수준과 관련된 행정부의 결정권한의 일부를 입법부가 되찾은 사례도 있지만, 사회보장제도의 급여 범위 및 수준은 대부분 행정부에 의해 여전히 통제되고 있다. 이런 행정부의 결정권한이 유지될 수 있는 근거는 행정부에게 '합법적인' 결정권한을 입법부가 지속적으로 위임하고 있기 때문이다. 따라서 입법부의 변화 없이는 급여 범위와 수준을 결정하는 행정부의 권한도 변하지 않을 것이다.

4. 결론: 바뀌지 않은 사회보장법 규율구조

권위주의 체제에서 민주제로 국가 형태와 통치 형태가 바뀐 후 사회보장법에서 나타난 긍정적인 변화 중의 하나는 민주화 후의 사회보장법이 권위주의 시대의 사회보장법보다 충실해졌다는 것이다. 예를 들면 권위주의 시대의 생활보호법에서는 법률의 위임도 없이 부양의무자의 부양능력을 평가하는 기준이 시행령으로 결정되었다. 그러나 1999년에 제정된 국민기초생활보장법에서는 부양의무자의 범위를 법률로 규율할 뿐 아니라, 부양의무자의 부양능력을 시행령으로 결정하도록 위임조항을 마련하고 있다. 더욱이 권위주의 시대에 시행령으로 규율하던 사항을 민주화 이후에는 법률로 규율하는 사항들도 있다. 예를 들면 국민연금의 기본급여의 조정과 산재보험의 업무상 재해 인정기준을 시행령으로 결정하던 것을 민주화 이후 법률로 규율하는 변화이다.

이런 변화된 사항들이 가입자의 권리를 보호하는 긍정적인 기능을 하는 것은 사실이다. 하지만 민주화 이후 법률 내용이 충실해지고, 시행령으로 규율되었던 일부 사항들이 법률로 규율되도록 변화되었다고 해서 사회보장법의 규율 행태가 권위주의 시대와 근본적으로 다른 행태를 보여주는 것은 아니다.

권위주의 시대의 생활보호법에서 위임 근거도 없이 부양의무자의 부양능력을 평가하는 기준이 시행령으로 규율되었던 것을 민주화 이후 제정된 국민기초생활보장법에서는 분명한 위임 근거를 두고 있기는 하다. 그러나 결국에는 국민기초생활보장법도 시행령으로 이 사항을 규율하도록 위임하는 행태는 사회보장법의 핵심 사항을 행정부가 결정하도록 위임했던 권위주의 시대의 입법부의 행태와 본질적으로 다르지 않다. 또한 국민연금 기본급여의 조정과 산재보험의 업무상 재해 인정기준이 권위주의 시대에는 시행령으로 규율되었던 것이 민주화 이후에는 법률로 규율되지만, 기본급여의 수준을 결정하는 또 다른 요소인 재평가율과 업무상의 재해에 대한 구체적인 인정기준을 시행령으로 결정하도록 위임하는 민주화 이후의 법률조항들도 과거 권위주의 시대의 행정부 중심의 규율 행태가 크게 바뀌지 않았다는 증거이다.

다시 말하면 권위주의 시대의 사회보장법에서 나타나는 입법불비立法不備 사항이 민주화 이후 내용적인 측면에서 충실해지는 경향을 보이지만, 입법부가 중요한 사항에 대한 결정권한을 행정부에 위임하는 권위주의 시대의 규율 행태는 민주화 이후에도 본질적으로 유지되고 있다는 것이다. 이것은 국민주권을 천명하는 헌법의 규범성이 하위법인 사회보장법에 올바로 구현되고 있지 않다는 것을 의미한다. 국가 형태와 통치 형태는 민주제로 변했으나, 국민의 실제적인 삶과 밀접한 관계를 맺고 있는 사회보장법에서는 민주주의 이념이 제대로 실현되고 있지 못한 것이다. 민주주의 이념에 따라서 사회보장법의 규율구조가 변화되어야 한다면, 입법부는 국민의 삶에 상당한 영향력을 미치는 사회보장법의 핵심 사항들을 스스로 규율해야 한다.

입법부가 어떤 사항을 규율하는 권한을 행정부에 위임하는 행태 자체가 헌법에 위배되는 것은 아니다. 현대사회의 다양성과 다변성은 입법부가 행정부에 어떤 사항을 규율하는 권한을 위임할 수밖에 없는 불가피한 상황을 만든다. 제2차 세계대전 이후 복지국가의 발전과 확대는 입법부가 입법권한을 행정부에 위임하는 행태를 더욱 촉진시켰다. 그러나 입법부가 결정권한을 위임한다고 해서, 헌법에 규정된 입법부와 행정부의 고유한 역할 자체가 바뀔 수 있는 것은 아니다. 여전히 입법부는 법을 제정하는 유일한 국가 기관이고, 행정부는 법을 집행하는 국가 기관일 뿐이다. 행정부가 입법부로부터 어떤 사항을 규율할 권한을 위임받았다고 해서 행정부가 입법부가 될 수 있는 것은 아니다. 그러나 입법부가 어떤 사항을 형식적으로만 규율하고, 실질적인 내용은 행정부가 결정하도록 위임한다면 행정부는 실질적으로 입법부의 역할을 하게 된다. 따라서 이런 과도한 위임 행태는 삼권분립을 핵심 내용으로 하는 법치국가원칙에 위배되는 것이다.

법치국가원칙이 입법부가 행정부에 어떤 사항에 대한 규율권한을 위임하는 행태를 금지하는 것은 아니다. 그러나 법치국가원칙은 위임의 범위, 내용, 목적이 법률에 구체적으로 명시되도록 요구한다. 이와 같이 법치국가원칙이 법률에서 위임 내용의 구체성을 요구하는 이유는 헌법이 보장하는 국민의 기본권을 보호하고 실현하는 것이 법치국가의 목적이기 때문이다. 법률에서 위임 내용의 구체성을 요구하는 법치국가원칙은 사회권을 실현하는 사회보장법에도 적용되어야 한다. 왜냐하면 현대 복지국가에서는 사회권도 헌법이 보장하는 기본권이기 때문이다. 복지국가가 발달한 오늘날, 개인의 삶은 국가가 제공하는 급부에 더욱 의존하게 되었다(Rupp, 1959: 84f). 입헌군주 시대에는 국가로부터의 자유가 중요했으나, 오늘날에는 국가에 의한 자유의 구현이 더 중요하다(Maurer, 2009: 125). 따라서 사회적 기본권에 대한 입법부의 통제는 더욱 필요하게 되었다. 사회적 기본권에 대한 행정부의 임의적인 통제로부터 국민을 보호해야 하는 의무가 입법부에 있기 때문이다. 그러므로 급여 대상, 보험료, 급여 수급 조건, 급여 범위 및 수준 등과 같은 제도의 핵심 사항을 행정부가 결정하도록 위임하는 한국 사회보장법은 법치국가원칙을 위배하는 것이다. 실제로 국민기초생활보장법에 있는 재산의 소득 환산 규정이 2003년 처음 시행되었을 때, 행정부는 기존 수급자들의 반발을 우려해서 신규 신청자보다 기존 수급자에게 완화된 규정을 임의로 적용했다. 이 규정은 기초생활수급 자격과 관련된 매우 중요한 사항이다. 그런데도 이런 사항을 행정부가 임의로 결정한 것이다. 헌법은 모든 국민이 법 앞에서 평등하다고 천명한다. 그러나 행정부는 국민의 기본권을 임의로 차별한다. 위임입법에 근거한 이런 행정부의 행위는 명백히 월권이다. 더욱이 현재와 같이 행정부에게 사회보장제도의 핵심 사항을 결정할 수 있는 권한을 법률로 보장하고 있기 때문에, 국민의 기본권을 행정부가 임의로 침해하는 상황은 언제든지 발생할 수 있다.

민주제에서 국민은 모든 국가권력의 주체이며 동시에 통치의 대상이다. 따라서 국민으로부터 나오지 않는 국가권력은 정당성이 없다. 의회는 국민을 대표하는 사람들로 구성된 대의 기관이므로 민주적인 정당성을 갖는다. 그러므로 이 대의 기관이 결정한 사항은 민주적인 정당성을 갖게 된다. 따라서 대의 기관이 결정한 사항에 대해 국민은 의무를 이행해야 한다. 결국 민주제에서 국민은 자기가 만든 법률에 자신을 복종시켜야 할 의무가 있다.

한국 사회보장법에 나타나는 과도한 위임 현상은 바로 이런 민주주의 원칙에 위배되는 것이다. 민주주의 원칙에 따르면, 국민의 삶에 중요한 영향을 미치는 사회보장법의 핵심 사항들은 의회가 스스로 규율해야 한다. 그러나 한국 의회는 사회보장법과 관련된 핵심 사항을 스스로 규율하지 않고, 행정부가 결정하도록 위임한다. 따라서 이런 핵심 사항에 대한 실질적인 결정 주체는 국민을 대표하는 의회가 아니고, 단순히 법을 집행하는 기관인 것이다. 국민의 입장에서 보면 제삼자인 행정부가 결정한 사항에 대해 복종할 의무만 있게 되는 것이다. 이것은 민주주의 원칙에 위배된다.

급여 대상, 보험료, 급여 수급 조건, 급여 범위 및 수준과 같은 사회보장제도의 핵심 사항은 오늘날 국민의 삶에 중요한 영향을 미친다. 이 사항들을 의회가 결정해야 하는 이유는 국민 스스로 자신을 구속하기 위한 정당성을 찾기 위해서이며, 또한 행정부가 임의로 사회권을 제한하지 못하게 하기 위해서다. 사회적 기본권을 보호하고 실현하려는 민주주의의 목표는 이런 의미에서 법치국가의 목표와 동일하다. 따라서 법치국가적 민주주의 원칙이 한국 사회보장법에 구현되어야 할 이유는 한국 국민의 사회권의 보호와 실현과 밀접한 연관성이 있기 때문이다. 이 법치국가적 민주주의 원칙을 한국 사회보장법에서 구현해야 할 의무를 일차적으로 이행해야 할 국가 기관은 국민을 대표하는 대한민국 국회이다.

III. 의회유보, 사회보장법
그리고 사회정책

제9장

사회보장법에 나타나는 과도한 위임의 원인[1)]

1. 서론

한국의 사회보장법에는 "…… 은 대통령령으로 정한다" 혹은 "…… 은 보건복지부령으로 정한다"라는 표현이 자주 나타난다. 이런 표현은 해당 사항에 대한 통제권한을 행정부에 위임한다는 입법부의 의지를 나타낸다. 이런 입법부의 위임 행태는 한국에서 사회보장법이 처음 제정될 때부터 이어져 오고 있다. 현재는 이런 입법 행태가 관행처럼 받아들여지고 있는 듯하다.[2)] 그러나 모든 국가의 사회보장법에서 이와 같이 위임이 일어나는 것은 아니다. 한국의

---

1) 제9장은 이신용, 「의회의원후보공천방식, 의회상임위원회제도 그리고 사회보장법 구조: 한국과 독일비교」〔≪한국사회정책≫, 20(3), 2013, 9~46쪽〕을 중심으로 기술했다.

2) 이런 과도한 위임 현상은 사회보장법에만 나타나는 것은 아니다. 한국의 각종 입법 영역에서 행정부에 결정권한이 위임된 상황을 흔히 볼 수 있다. 따라서 이 글의 대상이 사회보장법에 제한되어 있을지라도 글의 결론은 다른 입법 영역 혹은 국가정책 영역에도 적용이 가능할 것이다.

사회보장법과는 다르게 독일의 사회법에서는 위임이 드물게 나타나며,[3] 대부분의 사항이 사회법에 의해 직접 규율되고 있다. 물론 복잡하고 자주 변하는 사회의 상황을 반영해야 하기 때문에 사회보장법에서 위임이 없을 수는 없다. 그러나 한국 사회보장법에 나타나는 위임 빈도는 지나칠 정도로 높다. 입법부에서 행정부로의 위임 빈도가 높을수록 민주주의 원리가 훼손된다. 아울러 과도한 위임은 사회보장제도의 발전에도 장애물이 된다.

한국 사회보장법이나 독일 사회법은 모두 입법부에 의해 만들어지고 개정된다. 그렇지만 위임 빈도에는 차이가 있다. 이런 차이는 법을 만들고 개정할 권한이 있는 입법부의 차이, 즉 의원들의 행태에서 차이가 나기 때문이다. 한국 의원들은 사회보장법을 구성하는 사항, 예를 들면 적용 대상자, 보험료, 급여 수준 및 범위, 급여 수급 조건 등과 같은 중요한 사항들에 대한 통제권한조차 행정부에 위임한다. 반면에 독일 의원들은 사회법으로 이런 사항들을 직접 통제한다. 따라서 사회보장법에 대한 두 국가의 입법 행태 분석은 두 국가의 사회보장법에 나타나는 위임 빈도 차이의 원인을 알 수 있는 출발점이다.

일반적으로 입법행위를 포함한 의원들의 정치적 행위에는 목표가 있다. 주요한 목표는 재선, 의회 내 정치적 영향력의 확대, 좋은 공공정책의 수립 등이다(Fenno, 1973: 1). 이런 목표 중에서 재선은 다른 목표들에 우선한다고 볼 수 있다(Cox and McCubbins, 2007: 100; 길정아, 2011: 304). 왜냐하면 다른 목표를 달성하기 위해서는 정치적 활동이 지속적으로 보장되어야 하기 때문이다(Mayhew, 1974: 15). 따라서 재선은 정치적 행위의 중요한 혹은 본질적인 동기가 된다. 그러므로 의원의 입법 행태도 재선 목표와 밀접한 연관성을 갖는다.

그런데 재선은 공천을 받아야 가능하기 때문에 공천제도는 재선과 밀접한 연관성이 있다. 둘 사이의 이런 연관성은, 공천제도가 의원의 입법 행태에도

3) 한국과 독일의 사회보장법에 나타나는 위임 현상을 자세하게 다룬 저자의 기존 연구를 참조하라(이신용, 2010: 162~178).

영향을 미치게 한다. 레우벤 하잔과 기드온 라하트(Reuven Hazan and Gideon Rahat, 2006: 374~376)는 당원이나 유권자에 의해 의원 후보가 결정되는 방식일수록 의원들이 언론, 사회적 이해집단, 유권자에게 민감하게 반응하고, 의원 후보가 중앙당에 의해 결정되는 방식일수록 당의 영향력 있는 정치가들에게 민감하게 반응한다는 경험적 결과를 보여준다. 이런 결과는 제도가 개인의 행동에 영향을 미친다는 제도주의자의 주장을 뒷받침하는 것이기도 하다(Hall and Taylor, 1996: 939). 따라서 이 글에서는 의회의원 후보를 공천하는 방식으로 하향식 방식을 사용하는 한국과 상향식 방식을 사용하는 독일의 차이가 사회보장법을 규율하는 두 국가 의원들의 행태의 차이와 어떤 연관성을 맺고 있는가를 분석할 것이다.

또한 두 국가의 공천 방식과 의회상임위원회제도와의 관련성도 분석하는 것이 필요하다. 왜냐하면 의원의 원내 정치 행위는 주로 상임위원회에서 이루어지므로(Fenno, 1973: 1), 상임위원회 운영 방식은 공천 방식에 따라서 의원들에게 자신들의 정치적 목표들 달성하는 데에 더 유리할 수도 있고, 불리할 수도 있기 때문이다. 예를 들면, 상임위원회에서의 정치적 활동의 결과를 반영하는 공천 방식에서는 지속적으로 임기를 보장하는 상임위원회 운영 방식이 유리하다. 그런데 이런 상임위원회 운영 방식은 사회보장법에 나타나는 의원의 위임 행태에도 영향을 미친다. 왜냐하면 사회보장법을 제정하고 개정하기 위한 준비 작업은 한국이나 독일이나 모두 국회의 소관 상임위원회가 맡고 있기 때문이다. 따라서 두 나라의 상임위원회 운영 방식의 차이가 두 나라의 사회보장법에 나타나는 의원의 위임 행태 차이와 관련성이 있는지도 이 장에서 분석할 것이다.

그러므로 제9장의 목적은 한국과 독일의 의회의원 후보 공천 방식(이하 공천 방식)과 의회상임위원회제도가 두 국가의 사회보장법에 나타나는 의원의 위임 행태 차이와 어떤 관련성이 있는가를 분석하는 데에 있다.

2절에서는 의회의원 후보 공천 방식, 의회상임위원회제도, 사회보장법 구조의 친화성에 대한 논리적 연관성을 제시했다. 3절에서는 한국과 독일의 의회의원 후보 공천 방식, 의회상임위원회제도, 사회보장법을 분석하여 제도 간의 친화성이 실제로 존재함을 제시했다. 4절에서는 내용을 요약하고 함의를 제시했다.

2. 이론적 배경

1) 상향식 및 하향식 의회의원 후보 공천 방식

공직후보자를 선정하는 정당의 공천 방식은 국가마다 다르다. 따라서 국가 간 비교연구를 하기 위해서는 비교의 기준이 필요하다. 오스틴 래니(Austin Ranney, 1981: 82~89)는 중앙집권화, 포괄성, 당원의 참여 방식을 그 기준으로 제시한다. 중앙집권화는 공직후보자의 결정권한이 중앙에 있는지 아니면 지역구에 있는지와 관계한다. 포괄성은 공직후보자를 결정하는 과정에 참여하는 참여자의 자격에 관한 것이다. 참여 자격이 당원에만 국한하는지 혹은 모든 유권자에 주어지는지와 관계한다. 당원의 참여 방식은 표결에 의한 직접 방식이거나 혹은 대의원을 통한 간접 방식일 수 있다. 이와 같은 분류기준은 마이클 갤러거(Michael Gallagher, 1988a: 4~8; 1988b: 236~247)도 채택한다. 피파 노리스(Pippa Norris, 1996: 202~208)는 중앙집권화 이외에 관료화bureaucratic와 후원patronage 관계라는 용어를 도입해서 분류기준을 제시하지만 내용적인 면에서는 앞의 두 연구자와 유사한 내용을 담고 있다. 라하트와 하잔의 분류 기준은 기존의 연구자들이 제시한 분류기준을 간결하게 종합하고 있다는 평가를 얻고 있다(전용주, 2005: 219). 따라서 이 기준은 국가 간의 비교·분석을 가능하게 하는 장점이 있다(Rahat and Hazan, 2001: 298). 전용주(2005), 강원택(2004), 길정아(2009)와 같은 국내 연구자들이 하잔과 라하트의 기준을 적용하여 이미 한국의 공천 방식을 분류하는 연구를 수행하기도 했다. 이 글에서도 이들의 기준을 수용하여 한국과 독일의 공천 방식을 평가할 것이다.

첫 번째 기준은 한 정당의 공직후보자가 될 수 있는 후보 자격candidacy에 관한 기준이다. 후보 자격의 기준이 포괄적inclusive인가 아니면 배타적exclusive인가가 분류의 주요한 기준이다. 모든 유권자에게 후보 자격이 주어진다면 가장 포괄적인 기준이다. 반면에 엄격한 제한기준에 의해서 제한된 당원에게만 후보 자격이 주어진다면 가장 배타적인 기준이다. 예를 들면 당원으로서의 활동 기간을 요구한다든가, 가족 구성원을 당 조직에 참여시켰는가 하는 기준은 엄격한 제한기준에 해당한다(Gallagher, 1988b: 247; Rahat and Hazan, 2001).

두 번째 기준은 후보 선정 주체selectorate와 관련된 것이다. 이 주체는 정당의 유력한 지도자와 같은 개인일 수도 있고, 한 국가의 전체 유권자일 수도 있다(Gallagher, 1988b: 236~247; Norris, 1996: 204~206; Ranney, 1981: 85; Rahat and Hazan, 2001: 301). 가장 포괄적인 경우는 전체 유권자가 후보 선출의 권한을 갖는 경우이다. 반면에 가장 배타적인 경우는, 정당 지도자 한 사람이 일방적으로 후보를 결정하는 권한을 갖는 경우이다. 양극단의 사이에 완화된 다양한 후보 선정 주체가 존재한다. 포괄성의 기준으로 볼 때, 당원이 후보 선정 주체가 되는 경우는 전체 유권자가 후보 선정 주체인 경우보다 덜 포괄적인 경우이다. 그다음으로 덜 포괄적인 경우는 선출된 정당 조직이 후보 선정 주체가 되는 경우이다. 배타성의 기준으로 볼 때는, 선출되지 않은 정당 조직이 후보 선정 주체가 되는 경우가 정당 지도자가 후보 선정 주체인 경우보다 덜 배타적이다.

세 번째는 후보 선출 권한의 분권화decentralization 정도이다(Gallagher, 1988b: 236~247; Norris, 1996: 203; Ranney, 1981: 82; Rahat and Hazan, 2001: 304). 후보 선정이 중앙당의 지도자나 조직에 의해 배타적으로 결정되는 경우는 중앙집권화된 경우이다. 반면에 후보 선정이 지역적territorial 수준에서 혹은 여성, 노동조합, 소수자 같은 당내의 소수집단에 의해서 결정되는 경우는 분권화된 경우이다. 지역적 수준은 중간 단위의 지방당regional party과 가장 낮은 단위이자 최소 단위인 지역당local party으로 구분된다(전용주, 2010: 42).

네 번째는 표결voting system과 지명appointment system에 관한 기준이다(Rahat and Hazan, 2001: 306). 표결제도는 각각의 후보가 당원이나 유권자의 표결에 의해 선출되고, 결과가 공식적으로 공개되는 경우를 의미한다. 순수한 표결제도에서는 모든 후보자가 표결 절차에 의해 결정된다. 반면에 지명제도는 후보 선정 과정에서 표결 없이 지명으로 후보가 결정되는 경우를 의미한다. 순수한 지명제도에서는, 지명하는 주체는 당이나 타 조직의 승인 없이 후보를 지명할 수 있다. 이런 두 극단적인 제도 사이에 두 제도를 혼합한 형태가 존재한다. 예를 들면 후보들을 일괄적으로 묶어서 투표를 하는 경우이다. 아니면 후보를 선정하는 상이한 단계에서 표결과 지명이 각각 사용되는 경우가 있을 수 있다(Rahat and Hazan, 2001)

라하트와 하잔이 제시한 기준들은 의회의원 후보 선정 과정의 민주주의적 정당성을 평가하는 기준이라는 공통점을 갖고 있다. 후보 자격의 기준이 엄격하지 않은 경우,[4] 후보 선정 주체가 유권자나 당원일 경우, 후보 선정 과정에서 후보자가 투표에 의해 선출될 경우, 지역 수준에서 후보가 선정될 경우[5]에 해당 공천 방식은 민주주의적 정당성을 갖고 있다고 평가할 수 있다. 반면에 후보 자격 기준이 엄격한 경우, 후보 선정 주체가 정당의 지도자인 경우, 후보

---

4) 민주주의는 시민이 행사하는 선거권에 의해서만 실현되는 것은 아니다. 시민을 대표하는 이들에 의해서도 실현된다. 따라서 시민을 대표하는 이들에 대한 자격을 엄격하게 하는 것은 민주주의의 실현과 관련이 있다. 그러나 정당의 입장에서 보면 무턱대고 후보의 자격을 완화할 수도 없다. 후보의 자격을 완화하면 공천 방식의 민주주의적 정당성은 확보하겠지만, 해당 정당의 이념을 공유하지 않는 이질적인 후보가 선정될 위험성도 있기 때문이다.

5) 지역 수준이라도 지역의 당 지도부가 일방적으로 후보를 선출하는 경우는 민주주의적 정당성이 없는 공천 방식이다. 따라서 이 글에서 별도의 언급이 없는 한 지역 수준에서 후보자가 결정된다는 것은 지역의 당원이나 유권자에 의해 후보가 선정된다는 의미이다. 반면에 중앙당에서 후보자가 선출된다는 것은 중앙당에 의해 일방적으로 후보가 선출된다는 의미이다.

가 투표 없이 지명으로 결정되는 경우, 중앙당에서 후보가 선정될 경우에 해당 공천 방식은 민주주의적 정당성이 결여된 방식이라고 평가할 수 있다.

이 글에서는 민주주의적 정당성을 갖고 있는 방식을 상향식 공천 방식이라고 지칭할 것이다. 상향식 공천 방식은 후보의 자격 기준이 엄격하지 않고, 후보가 지역 수준에서 유권자나 당원의 투표에 의해 선출되는 방식을 의미한다. 후보 선출 과정이 중앙당에 의해서 진행되더라도 유권자나 당원의 후보 선출 권한이 제도적으로 보장되는 경우에는 상향식 공천 방식으로 분류한다. 반면에 민주주의적 정당성을 결여한 방식은 하향식 공천 방식으로 사용될 것이다. 하향식 공천 방식은 후보의 자격 기준이 엄격하고, 후보가 투표 없이 중앙당의 지명에 의해서 선출되는 방식을 의미한다. 이런 방식에서는 단수공천과 전략공천이 사용된다. 단수공천은 중앙당의 공천기구가 공천 신청자 중에서 한 사람을 공천하는 방식이다. 전략공천은 당의 전략적 이해관계가 걸려 있는 지역구에 공천 신청자가 있어도 그중에서 후보를 공천하지 않고 제3의 인물을 공천하는 방식이다. 후보 선출 전 과정이 지역 수준에서 진행되더라도 유권자나 당원의 후보 선출 권한이 제도적으로 보장되지 않는다면 하향식 공천 방식으로 분류한다.

2) 의회상임위원회제도

의회위원회제도는 오랜 역사를 갖고 있다. 고대 로마의 원로원뿐 아니라 영국과 프랑스 혁명기의 의회는 이미 오늘날의 의회위원회제도와 유사한 제도를 갖추고 있었다. 독일에서도 독일제국 의회의원들은 일곱 개의 분과로 나뉘어 활동했다. 이런 의회위원회제도는 규모와 시간이라는 이유 때문에 오래전부터 필요했다(Sybre, 1993). 모든 안건을 모든 의원이 모여서 다룰 수 없고, 또한 시간의 제약도 있기 때문에 의회는 효율성을 고려할 수밖에 없었다. 따라서 본회의의 논의를 효율적으로 하기 위해 의회의 하부조직으로 위원회가 필요했다(박찬표, 2004: 81).

그런데 의회위원회제도는 효율성만을 위해 기능하지는 않는다. 위원회는 전체 의회에 전문적인 정보를 제공하는 본회의의 대리인 역할을 하기도 한다. 전문적인 정보 제공을 위해 위원회에 권한과 자율성이 부여된다. 한편 의회의 다수당은 위원회를 당의 정책을 실현하는 하나의 수단으로 사용하기도 한다. 이런 의미에서 위원회의 권한과 자율성은 다수당의 정책을 실현하는 수단으로도 기능한다(박찬표, 2004: 81). 한편 현대 국가에서 역할이 점점 커지는 행정부를 견제하는 역할도 위원회에 부여되었다(Edinger, 1992: 187; Sybre, 1993: 73). 의원들의 개인적인 측면에서 보면, 위원회는 의원들이 대표하는 상이한 집단 이해의 상호거래를 보장하는 안정적인 장치이기도 하다(박찬표, 2004: 77). 이런 다양한 기능을 의회위원회가 할 수 있는 이유는 위원회가 갖고 있는 전문성 때문이다. 위원회는 전문성을 기반으로 자신에게 주어진 역할을 수행하게 된다. 그런데 위원회의 전문성은 위원회를 규제하는 의회규정에 영향을 받는다.

위원회를 규제하는 의회규정은 여러 가지이다. 예를 들면 법안 발의권이나 수정권과 같은 입법과 관련된 위원회의 규정이 있다. 그런데 이 글의 목적이 사회보장법을 통제할 수 있는 의원의 전문성과 관련되어 있기 때문에 여기에서는 의원의 전문성에 영향을 미칠 수 있는 규정들만을 다루기로 한다. 특히 일반적으로 위원의 임기가 장기간이며, 소관 영역이 구분되어 있는 상임위원회 체제가 의원의 전문성과 가장 밀접하게 연관되어 있으므로, 상임위원회제도와 관련된 규정만 살펴보기로 한다.[6]

의원의 전문성의 발휘와 축적은 상임위원회가 담당 영역별로 구분되어 있는지 여부와 밀접하게 연관되어 있다. 상임위원회가 영역별로 전문화되어 나

---

6) 위원회는 존속기간을 기준으로 임시위원회와 상설위원회로 구분된다. 상설위원회는 주로 법안을 심의하는 위원회, 입법 이외의 기능을 하는 기능별로 전문화된 위원회(운영위원회 등), 정책 분야별로 전문화되어 법안 외에 모든 의안을 다루는 위원회로 구분할 수 있다(박찬표, 2004: 86). 상임위원회는 상설위원회의 한 형태이다.

뉘어 있을 때, 의원들은 전문성을 습득하려는 동기를 갖게 되기 때문이다. 또한 각 상임위원회의 담당 영역이 정부 부처와 유사하게 구분되어 있을 때 의원의 전문성은 효과적으로 발휘될 수 있고 축적될 수 있다. 각 상임위원회의 담당 영역이 행정 부처와 유사하게 구분되어 있을 때 의원들이 전문성을 살려서 행정부를 감시하는 역할을 할 수 있기 때문이다(박찬표, 2004: 88). 동시에 행정부에 대한 견제 행위를 통해 위원들은 전문성을 더욱 축적할 수 있게 된다.

상임위원회의 활동을 통한 의원의 전문성 발휘와 축적은 위원에게 허용된 상임위원회 참여 숫자와도 관련이 있다. 포르투갈, 프랑스, 이탈리아, 스위스, 노르웨이 등 몇 나라에서는 각 의원이 오직 하나의 상임위원회에서만 활동하도록 제한하고 있다. 이런 제한 규정은 의원의 전문성을 강화하는 역할을 한다. 반면에 의원에게 하나 이상의 상임위원회에 참여할 수 있는 권리를 보장하는 규정은 전문성 향상에 부정적인 기능을 할 것이다. 물론 대부분의 국가에서 복수의 상임위원회 활동은 금지되지 않는다(박찬표, 2004: 88). 하지만 의회규정이 복수의 상임위원회에 참여를 허용하더라도 전문성 축적이 의원 활동과 재선에 중요한 요인이 된다면 하나 이상의 위원회에서 활동하는 의원은 드물 것이다.

전문성의 발휘와 축적에 관련된 또 다른 규정은 위원회에서의 임기 보장과 관련되어 있다. 한 상임위원회에서 활동할 수 있는 기간을 의원의 임기와 일치시키는 규정은 의원이 전문성을 가장 잘 발휘하고, 축적할 수 있는 구조를 만든다. 동일한 위원회에서의 활동 기간이 길수록 전문성이 축적될 수 있는 기반이 마련되기 때문이다. 반면에 한 상임위원회에서의 지속적인 활동을 제한하는 규정은 의원의 전문성의 발휘와 축적을 가로막는 구조를 만든다. 예를 들면 상임위원회의 의원 구성을 매년 바꾸도록 하는 의회규정이 있다면, 상임위원회 위원들은 매년 새롭게 구성되어야 한다. 이런 잦은 상임위원회 의원의 교체는 의원에게 전문성을 쌓거나 전문성을 발휘할 기회를 줄일 것이다.

3) 사회보장법 구조의 의미

한국 헌법 제75조와 독일 기본법 제80조는 위임입법을 제한하는 규정을 제시하고 있다. 한국 헌법 제75조는 위임할 때 법률에서 구체적으로 범위를 정해야 한다고 규정하고 있고, 독일 기본법 제80조는 법률에 위임의 범위, 내용, 목적이 미리 규정되어 있어야 한다고 밝히고 있다. 이 헌법 조항들에 근거해서 모든 위임입법은 제한을 받는다. 그런데 모든 위임입법이 동일하게 제한되는 것은 아니다. 그 정도는 국가마다 다르고, 한 국가 안에서도 시간의 흐름에 따라서 다르게 나타난다. 19세기 독일 입헌군주제의 헌법은 자유권과 재산권과 같은 영역에 군주나 행정부가 침해를 해야 할 경우에는 반드시 의회의 동의를 구하게 했다. 그런데 당시까지만 해도 의회의 동의가 중요했지 의회의 통제 정도는 중요하지 않았다. 그러나 제2차 세계대전이 끝난 후에는 상황이 바뀌었다. 자유권과 재산권과 관련된 영역에서 위임이 필요한 경우에 의회는 단순히 동의만 하면 안 되고, 법률로 위임의 내용, 범위, 목적을 명확히 규율한 후에야 위임이 가능하게 되었다. 그런데 이때까지만 해도 사회권과 관련된 영역에서는 위임입법이 까다롭게 제한되지 않았다. 왜냐하면 자유권이나 재산권과 같은 고전적 기본권과 20세기의 새로운 기본권으로 인식되는 사회권은 다른 성격의 기본권으로 인식되었기 때문이다. 그래서 사회권을 실현하는 사회보장법에서는 완화된 위임 조건이 허용되었다. 그러나 독일에서는 1970년대 이후 점차 이런 인식의 차이가 사라져가고 있다. 사회권과 관련된 영역에서도 자유권과 같이 엄격하게 위임 요건이 지켜져야 한다고 본다. 그 근거는 국가권력 구조의 변화와 사회보장급여가 시민의 자유에 미치는 영향의 변화 때문이다. 예슈(Jesch, 1968)는, 입헌군주제에서는 군주가 국가권력의 주인이었기 때문에 헌법에서 규율하지 않았던 사회보장과 같은 급부행정 영역은 행정부의 재량권에 놓여 있었지만, 민주주의 체제에서는 시민이 국가권력의 주인이므로 행정부가 임의로 사회사회보장 영역을 통제하면 안 된다고 주장한다.

그래서 그는 시민을 대표하는 의회가 사회보장법과 관련된 위임입법을 통제해야 한다고 본다. 아울러 루프(Rupp, 1959)는 오늘날 복지국가의 발전으로 시민은 국가가 제공하는 사회보장급여에 종속되었다고 보고, 이런 종속은 시민의 자유를 국가에 종속시키는 것이기 때문에 의회가 법률로 사회보장급여에 대한 통제를 하여 시민을 국가로부터 보호해야 한다고 주장한다. 이런 주장들에 근거해 독일 연방헌법재판소는 1970년대 이후 사회권 영역에서도 위임입법의 엄격한 제한을 요구하고 있다. 아울러 독일 의회도 사회법전 제1권 제31조에 사회보장과 관련된 사항들에 대한 자신의 규율책무를 밝히고 있다.

그러나 한국에서는 아직도 사회권과 관련된 사항들은 사실관계가 수시로 변하고, 전문성이 요구된다는 이유 등을 들어서 사회권 영역의 위임입법 제한은 자유권 영역과는 다르게 완화될 수 있다고 본다(김동희, 2007: 252; 박윤흔, 1998: 218; 정극원, 2009: 465; 홍준형, 1996: 36; 헌법재판소, 1997). 아직 사회보장제도가 충분히 발전하지 않았기 때문에 이런 경향이 나타나는 것일 수도 있다. 아울러 아직 민주주의 역사가 짧은 한국의 상황도 반영되어 있는 듯하다. 한국 헌법에서도 사회권을 시민의 기본권으로 천명하고 있지만 시민이나 국회가 여전히 사회보장은 행정부가 해야 할 일로 보고 있기 때문이다. 이런 현실을 반영하여 한국 사회보장법에는 많은 위임이 나타나고 있다.

이 글에서 사회보장법 구조의 의미는 사회보장법에 나타나는 위임의 정도와 관련이 있다. 두 극단적인 구조는 위임이 전혀 없는 사회보장법 구조와 모든 사항에 대해서 위임하는 사회보장법 구조이다. 위임이 전혀 없는 구조는 사회보장법으로 모든 사항에 대해서 직접 규율하기 때문에 행정부는 법률이 정해놓은 사항을 집행만 하는 경우이다. 이런 구조에서는 법률로 모든 사항을 규율하기 때문에 행정부에 자율성이 주어지지 않는다. 반면에 모든 사항에 대해서 위임하는 구조는, 사회보장법은 추상적인 수준에서 해당 사항을 규율하고 실제적인 규율은 권한을 위임받은 행정부에 의해 통제되는 경우이다. 이런 구조에서는 행정부가 해당 사회보장제도의 주요한 내용을 통제하는 실제적인 주체가 된다. 그러나 현실에서는 이런 극단적인 형태를 찾아보기 어렵다. 다만 국가마다 위임의 정도가 다르게 나타날 수 있다.

사회보장법에 나타나는 위임의 정도에 따라서 장점과 단점이 존재한다. 위임이 적을수록 정책 결정 과정이 투명해 공론화의 가능성이 높고, 사회적 합의가 형성될 가능성이 높다. 따라서 이런 구조는 민주주의를 구현하고 있는 구조이다. 그러나 의회가 주요한 사항을 직접 통제해야 하기 때문에 위임이 적을수록 의회의 업무 부담은 커지는 구조이다. 위임이 많은 사회보장법 구조는 이런 의회의 부담을 행정부에 전가하기 때문에 상대적으로 의회는 자유롭다. 그리고 해당 사항은 권한을 위임받은 행정부에 의해 신속하게 처리될 수 있다. 반면에 결정 과정의 투명성이 의회에서 처리될 때보다 떨어지기 때문에 공론화와 사회적 합의가 어렵게 된다. 따라서 위임이 많은 사회보장법 구조는 민주주의 원리를 훼손하는 구조이다.

4) 의회의원 후보 공천 방식, 의회상임위원회, 사회보장법 구조의 친화성

위임의 정도에 따른 사회보장법의 구조는 의회의원 후보 공천 방식과 상임위원회제도와 친화성을 보인다. 위임이 적은 사회보장법 구조는 상향식 공천 방식과 지속적으로 임기를 보장하는 상임위원회 제도[7]와 친화적이다. 사회보장법에서 위임이 적다는 것은 의원이 직접 규율해야 하는 사항들이 많다는 의미이다. 의원이 직접 규율해야 할 사항들이 많다는 것은, 의원들이 해당 사항

7) 앞 단락에서 위원회의 전문성과 관련하여 상임위원회의 담당 영역이 행정 부처의 영역과 유사하게 구분되어 있는가와 복수의 상임위원회에 활동을 허용하는가를 다루었다. 그런데 현실에서는 한국을 포함한 대부분의 국가에서 상임위원회의 담당 영역은 행정 부처와 유사하게 구분되어 있다. 아울러 복수의 상임위원회 활동을 허용하고 있기도 하지만 한 개 이상 상임위원회에서 활동하는 의원은 거의 없다(박찬표, 2004: 89). 다만 의원의 위원회 임기는 다른 나라들과는 다르게 보장되고 있지 않다. 그래서 위원회의 전문성과 관련해서는 임기 규정만 다루었다.

들을 법률로 직접 규율하는 행위를 통해서 자신의 정치적 업적을 쌓을 기회를 많이 얻을 수 있게 된다는 의미이기도 하다. 이렇게 쌓은 정치적 업적은 상향식 공천 방식에서 당원이나 유권자에 의해 재공천을 받을 수 있는 중요한 기반을 형성할 것이다. 따라서 상향식 공천 방식이 사용되는 국가에서 의원들은 재공천의 동기 때문에 사회보장법을 직접 통제하는 행위를 할 가능성이 높다. 따라서 이런 제도적 환경으로 인해서 위임이 적은 사회보장법 구조가 나타날 가능성이 크다. 그리고 의원의 임기를 지속적으로 보장하는 상임위원회제도는 의원의 전문성을 향상시키기 때문에 위임이 적은 사회보장법 구조와 친화성을 갖는다.

한편, 상향식 공천 방식은 임기를 지속적으로 보장하는 상임위원회제도와 친화성을 갖는다. 왜냐하면 재공천에 필요한 정치적 업적을 쌓으려면 임기가 지속적으로 보장되는 상임위원회 운영 방식이 의원들에게 유리하기 때문이다. 그러므로 임기를 지속적으로 보장하는 상임위원회제도와 상향식 공천 방식이 동시에 나타나는 국가에서는 위임이 적은 구조의 사회보장법이 출현할 가능성을 더 높인다. 상향식 공천 방식에서는 재공천을 위해서 가능한 많은 정치적 업적이 필요한데, 상임위원회제도가 임기를 지속적으로 보장한다면 사회보장법의 중요한 사항들을 직접 규율하여 자신의 정치적 업적을 더 많이, 그리고 잘 쌓을 수 있는 기회가 보장되기 때문이다.

또한 상향식 공천 방식에서는 다른 상임위원회로 소속을 바꾸는 것은 정치적 업적을 쌓을 기회를 상실한다는 의미이다. 상임위원회에서 획득할 수 있는 정치적 업적은 지속적인 상임위원회 활동을 통해서 쌓인 전문성이 바탕이 될 때 가능하기 때문이다. 따라서 상임위원회를 바꿔야 할 특별한 이유가 없다면 상향식 공천 방식과 임기를 보장하는 상임위원회제도에서는 한 상임위원회에서 지속적으로 활동하는 것이 의원 자신에게 유리할 것이다. 그리고 지속적인 활동으로 획득한 전문성은 의원들에게 사회보장법을 더욱 구체적으로 직접 통제할 능력을 부여할 것이다.

반면에 위임을 많이 하는 사회보장법 구조는 하향식 공천 방식과 지속적인 임기를 보장하지 않는 상임위원회 제도와 친화성을 보인다. 사회보장법에서 위임이 많다는 것은 결정권한을 대부분 행정부로 위임하기 때문에 의원이 직접 규율해야 하는 사항이 적다는 의미이다. 위임이 많은 사회보장법은, 의원들이 해당 사항들을 법률로 직접 규율하는 행위를 통해서 자신의 정치적 업적을 쌓을 필요가 없다는 의미이기도 하다. 왜냐하면 상임위원회 활동을 통한 정치적 업적 혹은 정책 전문성은 하향식 공천 방식에서 재공천을 위한 주요한 기반을 제공하지 않기 때문이다. 하향식 공천 방식에서는 공천이 중앙당의 유력한 지도자나 파벌에 의해 이루어지는데, 이들의 공천기준은 의원의 정책 전문성보다는 충성을 보이는 태도이기 때문이다. 따라서 하향식 공천 방식이 사용되는 국가에서 의원들은 중앙당의 이러한 공천기준 때문에 사회보장법을 직접 통제하기보다는 행정부에 규율권한을 위임하는 행위를 할 가능성이 높다. 이와 같은 제도적 환경 때문에 위임이 많은 사회보장법 구조가 나타날 가능성이 크다. 그리고 지속적인 임기를 보장하지 않는 상임위원회제도는 의원의 전문성을 향상시키지 못하기 때문에 위임이 많은 사회보장법 구조와 친화성을 갖는다. 의원들의 전문성이 떨어질수록 의원들은 행정부의 전문성에 의지하려고 하기 때문이다.

하향식 공천 방식은 지속적인 임기를 보장하지 않는 상임위원회제도와 친화성을 갖는다. 공천을 주도하는 중앙당의 지도자나 파벌들의 입장에서는, 전문화된 의원이 많을 때보다 전문성이 떨어지는 의원이 많을 때 공천권을 행사하기가 쉽기 때문이다. 지속적인 임기를 보장하는 상임위원회제도를 통해서 특정 의원이 특정 분야의 전문가로 보편적으로 인식되면, 그의 충성 성향과 상관없이 그를 재공천해야만 하는 상황이 발생할 수 있기 때문이다. 이런 전문성을 갖춘 의원들이 많을수록 공천권 행사자가 공천권을 행사할 폭은 줄어든다. 그러므로 하향식 공천 방식과 지속적인 임기를 보장하지 않는 상임위원회제도가 동시에 나타나는 국가에서는 위임을 과도하게 하는 구조의 사회보장

〈그림 9-1〉 사회보장법 구조, 의원 후보 공천 방식, 의회상임위원회제도의 친화성

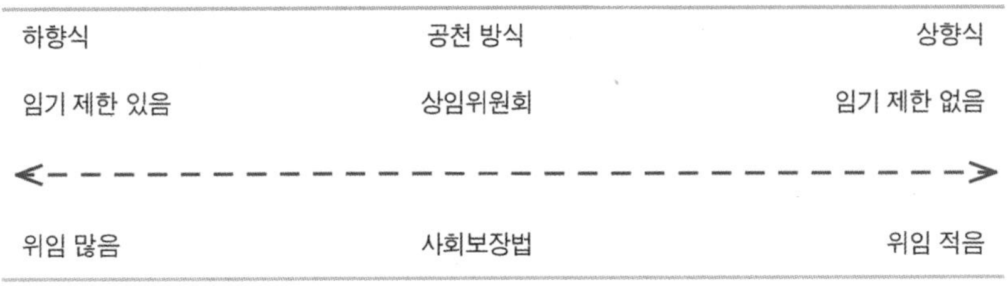

법이 나타날 가능성이 매우 크다.

한편, 하향식 공천 방식과 지속적인 임기를 보장하지 않는 상임위원회제도에서 의원들은 굳이 한 상임위원회를 고수해야 할 동기도 없다. 오히려 자신의 정치적 영향력 확대나 인맥 확대를 위해서 여러 차례 상임위원회를 바꾸는 것이 자신에게 더 좋을 수 있기 때문이다. 어차피 하향식 공천 방식에서 정책 전문성은 재공천의 중요한 기준이 아니기 때문에 소속 상임위원회를 여러 번 바꾸면서 발생하는 전문성의 상실은 재공천을 위한 결격 사항이 아니다. 이렇게 되면 의원들의 전문성이 떨어져서 사회보장법에서 위임 현상이 나타날 확률이 높아진다.

〈그림 9-1〉은 공천 방식, 상임위원회제도, 사회보장법 구조와의 관계를 간략하게 보여준다. 상향식 공천 방식, 임기를 제한하지 않는 상임위원회제도, 위임을 적게 하는 구조의 사회보장법일수록 서로 친화성을 보일 것이다. 반면에 하향식 공천 방식, 임기를 제한하는 상임위원회제도, 위임을 많이 하는 구조의 사회보장법일수록 서로 친화성을 보일 것이다. 다음 절에서는 한국과 독일 사례의 분석을 통해서 이런 제도들 사이의 친화성이 실제로 존재하는지를 알아볼 것이다.

3. 한국과 독일의 특성 비교

1) 독일

(1) 상향식 공천 방식

독일에서 연방의회나 지방의회의원 후보의 공천은 1949년에 처음으로 법으로 규정되었다. 법 제정의 목적은 후보 공천의 민주적 정당성을 확보하려는 데 있었다(Mager, 1995: 10). 연방의회의원 후보의 선출과 관련된 사항들은 연방선거법Bundeswahlgesetz과 정당법Parteiengesetz에서 다루고 있다. 연방선거법 제21조에 따르면 연방의원을 위한 지역구 후보자는 해당 지역구 당원이나 대의원대회에서 선출되어야 한다. 또한 이 선출은 비밀투표로 이루어져야 한다. 정당법 제17조도 동일한 내용을 규율하고 있다. 아울러 후보자는 당 대회에서 자신의 공약을 발표할 시간을 보장받는다. 한편, 연방선거법 제27조에 규정된 비례대표제 후보자 선출도 지역구 후보자 선출과 동일하게 당원이나 대의원의 비밀투표를 거쳐서 결정되어야 한다.[8)]

연방선거법 제21조와 제27조에서 명확하게 규정하고 있는 이런 상향식 공천 방식은, 후보자 선출의 과제는 해당 지역구 당원이나 그들을 대표하는 대표자의 영향력 아래에 있어야 할 사항이라는 것을 천명하는 것이다(정병기, 2003: 122; Lenski, 2011: 443; BVerfG, 1994: 923). 지역구 당원이나 대의원이 후보자 선출의 본질적인 주체라는 것을 법으로 명확하게 규정한 것이다. 따라서 이런

---

8) 엄밀하게 평가하면 독일 연방의회 의원 선출 방식은 지역구와 비례대표제로 나뉘지 않는다. 지역구에서 선출되는 의원이 있기는 하지만, 기본적으로는 정당득표율에 따라서 전체 의원 수가 결정되는 방식을 사용하고 있기 때문이다(김욱, 2006: 56; 장명학, 2008: 57; 정병기, 2003: 115 이하). 이와 같이 지역구에서 일부 의원이 선출된다고 해서 이른바 인물화한 비례선거제(personalisiertes Verhältniswahlsystem)로 불린다. 그럼에도 불구하고 의원 선출 방식은 하나로 보아야 한다.

상향식 선출 방식은 민주적인 정당성을 담보하고 있다.

그렇지만 연방선거법 제21조와 정당법 제17조는 비밀투표와 민주적인 공천 절차를 요구하는 기본적인 지침만을 제시하고 있을 뿐이고, 후보자나 대의원의 선출에 관한 자세한 사항은 정당의 정관으로 정하도록 위임하고 있다. 따라서 후보자 공천에서 연방선거법과 정당법은 후보자 선출의 민주적인 정당성을 보장하기 위한 큰 틀만을 제시하고 있고, 정당의 정관이 법이 제시하는 틀 안에서 후보자 선출의 실질적인 역할을 한다(von Armin, 2004: 115~116; BVerfG, 1994: 923). 그러나 후보자 선출과 관련된 정당의 정관은 연방선거법이나 정당법 같은 상위법의 통제를 받기 때문에 각 정당의 정관이 정하는 후보자 선출 절차는 자의적으로 민주적인 정당성을 훼손할 수 없다.

법으로부터 위임받은 정당의 정관들이 후보자 공천 절차에 대해 자세하게 규정하고 있기 때문에 독일의 공천 방식을 알기 위해서는 정당의 정관을 필수적으로 살펴보아야 한다. 그래서 후보자 선출과 관련된 기독교민주당Christlich Demokratische Union: CDU과 사회민주당Sozialdemokratische Partei Deutschlands: SPD의 정관을 분석했다. 두 정당만을 선택한 이유가 있다. 첫째, 두 정당은 독일에서 70% 이상의 유권자에게 지지받고 있는 대표적인 정당이기 때문이다. 둘째, 두 대표적인 정당에 비해서 규모가 작은 기독교사회당, 녹색당, 공산당 등의 후보자 선출 절차도 연방선거법과 정당법의 통제를 받고 있기 때문에 큰 틀에서는 대동소이하기 때문이다.

CDU의 조직규정Statut der CDU Deutschlands 제6조는, 당원은 법과 당의 정관에 따라서 당원 모임Veranstaltungen, 선거Wahlen, 표결Abstimungen에 참여할 수 있다고 규정한다. 따라서 이 규정에 근거하여 당원은 연방의회나 주 의회의 의원 후보를 선출하는 당 대회와 표결에 참여할 권리를 갖는다. 당원의 이러한 권리가 실현되는 곳은 당원이 속한 지역조직체Kreisverband이다. CDU 조직규정 제18조 제7항 제2호에 따르면 지역구는 지역이 속한 주의 당 정관Landessatzung에 따라서 지방의회, 주의회, 연방의회의 후보자를 선출하는 절차를 당원 모임에서 결정해야 한다. 결정에 참여하는 형태는 지역구에 따라서 모든 당원이 참여하는 방식이거나, 대의원이 참여하는 방식으로 나뉜다. 2003년 CDU 전체 당 대회 이후에는 모든 당원이 참여해서 결정하는 방식이 확대되고 있다. 이런 현상은 후보자 선출에서 일반 당원의 영향력이 증가함을 의미한다. 아울러 후보자 입장에서는 당원들과의 일상적인 관계를 유지하고 강화하는 것이 필요함을 의미한다.

CDU 조직규정 제20조 제2항에서는 제18조 제7항 제2호에 근거한 후보자 선출 절차에 포함되어야 할 최소한의 사항을 기술하고 있다. 이 사항들은 후보자 선출 방식의 확정, 표결 방식의 확정, 대의원대회에 참가할 대의원 선출, 당원대회나 대의원대회의 소집 등을 포함한다. 그런데 이런 사항들은 정관 제18조 제7항에서 규정하고 있는 것처럼 주 정관에 의해 구체적으로 결정되어야 한다. 따라서 주 정관이 후보자를 선출하는 절차에 실질적인 영향력을 미친다. 주 정관이 지시하는 규정에 따라서 당원이나 대의원대회를 통해 지역구와 비례대표 후보자가 비밀선거로 결정된다. 이와 같이 주 정관이 후보자 선출에 실질적인 영향력을 미치기 때문에, 후보자를 선출하는 과정에 중앙당이 개입해 영향력을 행사할 수 없다(김성수, 2011: 163; Roberts, 1988: 103).

CDU 조직규정은 후보자를 누가 추천하는지에 대해 명시적으로 밝히고 있지 않다. 그래서 지역구와 비례대표제 후보자를 추천하는 주체는 주 정관에 따라서 각 주마다 다른데, 지역구 위원장이나 모든 당원 혹은 지역 대의원대회에 권한이 주어져 있다. 그러나 추천 주체와 상관없이, 후보자는 당원대회나 대의원대회를 통해 비밀투표로 최종 결정되어야 한다. CDU의 동맹당인 CSU의 경우도 마찬가지이다. 따라서 지역구 위원장이 추천하는 경우라도 과반수의 당원이나 대의원이 반대하는 경우에는, 위원장이 추천한 사람일지라도 후보자가 될 수 없다.

의원 후보자를 선출하는 SPD의 방식도 해당 지역구가 후보자를 선출하는 데 본질적인 역할을 하도록 권한을 보장하고 있는 CDU의 방식과 큰 틀에서 다르지 않다. SPD도 당의 정관Organisationsstatut der SPD Deutschlands으로 후보자 선출에 관한 사항을 규정하고 있다. 이 정관은 서문을 제외하면 세 부분으로 나뉘어 있는데, 후보자 선출과 관련된 사항들은 서문과 선거규정Wahlordnung 부분에 기술되어 있다.

당 정관 서문 제12조 제3항은, 주와 연방의회의 의원을 위한 지역구 후보자 추천은 지역대표 혹은 지역구 위원장의 협조 아래서 해당 지역의 조직들에 의해 수행되어야 한다고 규정하고 있다. 아울러 주와 연방의회의 의원을 위한 비례대표제 후보자는 주 당위원장의 협조 아래에서 해당 주의 지역 조직 혹은 주 조직에 의해 추천되어야 한다. 이 규정들에서 볼 수 있는 바와 같이 SPD에서도 후보자를 결정하는 본질적인 권한은 해당 지역구나 주에 속해 있다. 따라서 후보자 결정에 해당 지역구 당원이 영향력을 행사할 수 있는 제도적 장치가 마련되어 있다.

다만 규정들이 지역구 위원장이나 주 당위원장의 협조를 전제하고 있기 때문에 이들의 영향력을 우려할 수 있다. 그러나 후보자가 자유롭고 공정한 절차를 통해 추천된다면 위원장들의 협조가 문제되는 것은 아니다(Werner, 2010: 117). 후보자 결정은 최종적으로 비밀 투표를 통하지만, 연방선거법과 정당법 규정들은 후보자 선출 과정도 민주적인 절차를 따라서 이루어져야 한다는 것을 의미하기 때문에 위원장은 자의적으로 선출 과정에 관여할 수 없다(BVerfG, 1994: 923). 한편, 서문 제12조 제4항, 제6항 및 선거규정 제3조에서는 추천된 후보자에 대한 결정은 당원대회를 통해 비밀투표로 결정한다고 규정하고 있다. 후보자 결정은 해당 주의 대의원대회나 당원대회를 통해서 이루어지는데, 어떤 방식을 선택할 것인지는 해당 주의 권한이다. 후보자의 추천과 선출 결정에 있어서 지역구와 당원의 권한을 인정하는 이와 같은 규정들은 CDU의 규정과 유사하며, 연방선거법을 준수하고 있다.

(2) 의회상임위원회 제도

오늘날 독일의 상임위원회제도는 제2차 세계대전 후에 만들어진 것이다. 독일연방의회 상임위원회제도를 다루는 법은 연방의회 규정Geschäftsordnung des Bundestages이다. 제54조에 따르면 연방의회는 상임위원회와 특별위원회를 설치할 수 있다.[9] 또한 연방의회 규정 제57조에 따르면 연방의회는 전체 상임위원회의 숫자와 각 위원회의 의원 수를 결정할 수 있다. 현재 18대 연방의회에는 네 개의 원내교섭단체와 23개 상임위원회가 있다. 상임위원회의 규모는 일정하지 않다. 가장 작은 상임위원회는 13명으로, 가장 큰 상임위원회는 41명으로 구성되어 있다. 강제는 아니지만 연방의원은 한 위원회에 회원이 되어야 한다. 두 개 이상의 위원회에 가입해서는 안 된다는 규정은 없지만 일반적으로 한 위원회에만 가입한다. 다만 다른 위원회에 대리자로 등록되는 경우는 일반적이다.

연방의회 규정은 원내교섭단체가 해당 정당의 위원들이 활동할 위원회를 지명하도록 되어 있다. 원내 총무가 실질적인 역할을 한다. 그러나 그가 독단적인 결정을 내릴 수 있는 것은 아니다. 먼저 그는 의원들의 선호도를 조사한다. 그리고 SPD와 같은 경우에는 최종 결정은 원내의원들의 모인인 원내 교섭단체 모임에서 이루어지고, CDU와 CSU의 연합 모임에서는 당의 지도자 모임에서 토론을 통해 최종결정이 내려진다(Ismayr, 2000: 174). 따라서 상임위원의 배정은 민주적인 절차를 거쳐야 한다. 위원을 배치하는 기준은 다양한데, 해당 의원의 전문성과 개인적 성향, 이익집단에 대한 고려 등이 고려된다(Edinger, 1992: 210; Ismayr, 2000: 173). 무소속 위원은 연방의회 의장이 지명한다.

연방의회 규정에는 한 의원이 얼마 동안 소속 위원회에 속해야 하는지에 대해 분명하게 밝히고 있지 않다. 다만 제57조 제3항은, 연방의회 의장이 의원

---

9) 청원위원회, 선거조사위원회 등과 같이 기본법과 다른 연방법들에 근거해서도 위원회가 설치될 수 있다.

이 소속 위원회를 바꾸는 경우에 이 사실을 알리도록 규정하고 있다. 따라서 한 의원은 자신의 의원임기 동안 한 위원회에 계속해서 남아 있을 수 있으며, 경우에 따라서는 변경도 가능하다. 변경 사유로는 사망, 행정부로 옮겨감, 소속 정당의 변경 지시 등이 있을 수 있다. 그러나 의원들은 일반적으로 해당 위원회 활동의 연속성 때문에 위원회 변경을 원하지 않는다(Frost, 1970: 58). 위원회 활동의 연속성은 전문성과 관련이 있다. 일반적으로 위원회를 자주 바꿀수록 전문성이 떨어진다. 이것은 해당 의원의 정치적 역량이 약화됨을 의미한다. 정치 역량의 약화는 정치활동의 성과물의 축소로 이어진다. 상향식 공천 방식에서는 정치활동의 성과물이 많아야 지역구 당원이나 지도부에 의해 다시 공천을 받을 가능성이 커진다. 이런 제도적 환경 때문에 소속 상임위원회를 자주 바꾸는 것은 재공천을 위해서 바람직한 전략이 될 수 없다.

연방의회 규정 제62조에 따르면 위원회는 본회의에서의 결정을 사전에 준비하는 조직이다. 위원회는 맡겨진 과제에 대해서 특정한 결정을 본 회의에 제안할 의무가 있다. 이런 준비조직으로서의 역할 이외에도 상임위원회는 연방의회에서 해당 원내 교섭단체의 정책이 완성되고 실현될 수 있도록 중요한 역할을 한다(Edinger, 1992: 210). 상임위원들은 자신들에게 맡겨진 원내 교섭단체의 정책 과제를 실현하기 위해서 상임위원회에서 적극적으로 활동해야 한다. 이런 정치적 활동의 성과는 독일과 같은 상향식 공천 방식에서 매우 중요한 의미가 있다. 각 위원의 개인적인 측면에서 보면, 성공적인 상임위원회 활동은 다음 선거에서 다시 공천될 수 있는 밑거름이 되기 때문이다(Ismayr, 2000: 176). 물론 소속 원내 교섭단체의 정책 과제에 자신의 지역구의 숙원 사업을 포함시킬 수 있는 능력의 여부도 재공천의 중요한 조건이다.

(3) 상향식 공천 방식, 상임위원회제도, 사회법 구조의 친화성

연방선거법이나 정당법 및 각 당의 정관을 보면 독일의 상향식 공천 방식은 당원의 권리를 보장하기 때문에 민주적인 정당성을 확보하고 있는 것처럼 보인다. 그런데 후보자를 선출할 수 있는 당원의 권리는, 당원이 후보자를 결정하는 당원대회나 대의원대회에 많이 참여할 때 실질적으로 구현될 수 있다. 그러나 실제로는 5% 미만의 유권자만이 후보자 선출 과정에 참여하는 것으로 나타났다(Kremer, 1992: 2; BVerfG, 1994: 925, von Armin, 2004: 115). 이런 저조한 참여율은 상향식 공천방식제도의 민주적 정당성을 의심하게 한다(정병기, 2003: 122).

이런 현실에서는 지역구의 위원장과 해당 지역구의 힘이 있는 집단이 공천에 영향력을 행사할 수 있다(Roberts, 1988: 105). 하지만 특정 파벌에 의한 공천 또는 지역구 위원장의 독단적인 공천이 관철되는 것은 아니다(김성수, 2010: 15; BVerfG, 1994: 926; Kremen, 1992: 4). 현실적으로 많은 당원이 후보자 추천에 참여하지 않을지라도 제도적으로 당원도 후보자를 추천할 권리가 보장되어 있기 때문에 당원은 언제나 위원장이나 특정 파벌을 견제할 수 있는 기회가 있다. 아울러 위원장이 후보자를 추천한다고 할지라도 당원대회나 대의원대회의 비밀투표로 후보자가 최종 결정되어야 하기 때문에 위원장이 독단적으로 공천권을 행사할 수 없다(Roberts, 1988: 102). 따라서 당원의 권리가 보장된 이런 구조에서는, 위원장은 가급적 많은 당원의 지지를 얻을 수 있는 합리적인 후보자를 추천해야 한다(Kremer, 1992: 5). 합리적인 후보자라는 것은 당원이나 유권자의 이해를 연방의회에서 잘 대변할 수 있는 예비 후보자를 의미한다. 이런 후보자가 추천될 때, 많은 당원이 동의할 가능성이 커진다. 따라서 당원의 영향력 행사가 보장된 이런 추천 방식에서는 해당 지역구 위원장의 영향력은 상대화된다.

또한 이런 상향식 후보 추천 방식에서는, 후보자로 추천받고자 하는 자는 해당 지역구의 당원이나 유권자에게 잘 알려져 있는 인물이어야 추천될 가능성이 높다(김성수, 2010: 15; Roberts, 1988: 104). 그는 평상시 지역구 당원이나 유권자의 이해를 위해서 활동하던 사람이어야 한다. 그래서 독일에서는 후보자 추천은 선거가 임박한 시점에 일어나는 것이 아니라, 이미 일상 속에서 진행

중이다(Kremer, 1992: 5). 따라서 후보자로 추천받고자 하는 자는 일상 속에서 당원이나 지역 유권자와 밀착되어 있어야 한다. 이 예비 후보자는 이들의 이해와 관심사를 알아야 하고, 자신이 그것을 실현할 수 있는 사람이라는 것을 일상에서 보여주어야 한다. 그의 정치적 프로그램, 즉 정책으로 당원의 지지를 얻어내야 한다(BVerfG, 1994: 925). 그렇게 해야 이 사람이 후보자로 추천될 때 당원의 동의가 있을 수 있다. 이런 방식에서는 중앙당의 낙하산 후보나 타지역 출신자가 후보로 선정되기 어렵다.

독일에서는 현직 의원의 재공천율이 75% 정도로 상당히 높다(Kremer, 1992: 34). 그러나 이런 사실이 현직의원이 자동적으로 재공천된다는 것을 의미하지는 않는다. 앞서 살펴보았듯이 공천에 대한 당원의 영향력이 크기 때문에 연방의원일지라도 해당 지역구 당원이 동의하지 않으면 재공천될 수 없다. 그러므로 재공천을 받으려는 연방의원은 지역구 당원의 동의를 얻을 수 있는 정치활동의 성과를 계속 보여주어야 한다(Kremer, 1992: 46; Roberts, 1988: 103). 대표적인 정치활동의 성과는 지역구의 민원을 해결하는 것이다(Roberts, 1988: 104). 이런 정치적 성과물이 많아지고 공개화될수록 해당 의원의 재공천 가능성은 커진다(Ismayr, 2000: 173).

이런 독일의 상향식 공천 방식은 연방의원이 상임위원회 활동을 열심히 하도록 동기를 제공한다. 상향식 공천 방식에서는 해당 지역구 당원과 유권자의 지지가 재공천을 위해서 필수적이기 때문이다. 재공천을 원하는 의원은 그들의 지지를 얻어낼 수 있는 정치적 성과물이 필요한데, 상임위원회는 이런 정치적 성과를 낼 수 있는 가장 좋은 활동장소 중의 하나이다(Fenno, 1973: 1). 이곳에서 다루는 사회법은 시민의 삶에 중요한 영향을 미치는 영역 중의 하나이기 때문이다. 따라서 사회법은 의원들의 정치적 성과물을 낼 수 있는 좋은 영역이다. 이런 동기로 상임위원회 활동을 통해서 의원들은 사회정책의 법적 기반인 사회법을 구체적으로 통제하려는 경향을 보인다. 사회보장제도의 중요한 사항을 대부분 법률로 직접 통제하는 독일의 사회법은 이런 경향을 반영한다.

예를 들면, 사회보장제도의 핵심 사항인 급여 수급 대상자 범위, 급여 수급 조건, 보험료, 급여의 수준과 범위 등이 법률로 직접 통제되고 있다. 법률에 의한 직접 통제는, 해당 사항이 변경되어야 하는 경우에 법률이 반드시 개정되어야 한다는 것을 의미한다. 개정되어야 할 사항에 대한 본회의의 논의와 결정에 앞서서 해당 상임위원회에서 준비 작업이 진행된다. 이 과정에서 법률 개정의 필요성을 제기한 의원과 필요성을 부인하는 의원들 사이에 논쟁이 발생하는데, 그 결과가 자신의 정치적 성과로 이어진다. 이 정치적 성과는 재공천을 위한 중요한 기반을 형성한다. 따라서 상향식 공천 방식은 재선의 동기를 갖고 있는 의원들에게 사회법을 법률로 구체적으로 통제해야 할 동기를 제공한다. 그래서 독일의 상향식 공천 방식은 위임이 많지 않고, 법률로 직접 통제하는 사회법 구조와 친화성을 갖는다.

상임위원의 임기에 제한을 두고 있지 않는 독일 연방의회 규정도 위임이 적은 사회법 구조와 친화성을 갖는다. 본인이 원하는 경우에 연방의원은 자신의 의원 임기를 마칠 때까지 한 상임위원회에서 지속적으로 활동할 수 있다. 이런 제도적 환경은 의원에게 해당 분야의 전문성을 축적할 수 있는 기회를 제공한다. 그리고 독일 의원들은 자신이 속한 위원회를 바꾸려 하지 않는 경향을 보인다. 이렇게 축적된 전문성은 의원이 사회법을 직접 통제할 수 있는 능력을 제공한다. 예를 들면, 17대(2009~2013) 연방의회의 노동 및 사회위원회에는 아홉 명의 사회민주당 의원들이 참여했는데, 이들 중 여덟 명이 지난 16대 의회에서 동일 상임위원회에서 활동했다. 나머지 한 명도 지난 의회 때 동일 상임위원회에 대리인으로 소속되어 있던 의원이다.

독일 의원들이 소속 위원회를 잘 바꾸지 않는 경향은 상향식 공천 방식과도 연관성이 있다. 위원회를 자주 바꾸면 전문성이 떨어지고, 정치적 성과를 낼 확률이 그만큼 줄어들기 때문이다. 정치적 성과의 감소는 상향식 공천 방식에서 재공천에 도움이 되지 않기 때문에 재공천이 안 될 수도 있는 위험을 감수하면서 소속 위원회를 자주 바꾸기는 어렵다. 이런 정치적 동기 때문에 소속 위원회를 변경하지 않게 되면 해당 분야의 전문성이 쌓이게 되고, 쌓인 전문성이 사회법을 구체적으로 직접 통제할 수 있는 능력을 제공한다.

2) 한국

독일에서는 연방선거법, 정당법으로 공직후보자 선출 과정에서 당원의 권리와 비밀투표를 규정하는 반면에 한국은 이런 절차를 규정하는 법 조항이 없다. 공직선거법 제47조 제2항이 후보자를 추천할 때 민주적인 절차를 따를 것을 요구하고 있지만 법 조항이 너무 추상적이라서 규제할 만한 실제적인 효과는 없다(도회근, 2012: 131). 그래서 각 당은 당의 당헌과 당규로 공천 방식을 자율적으로 결정해서 시행하고 있다. 한국 정당의 공천 방식과 관련해서는 한국의 가장 큰 두 정당인 새누리당과 민주통합당[10)]의 공천 방식을 분석했다.

(1) 하향식 공천 방식

새누리당의 당원은 선거권과 피선거권이 있다(당헌 제6조).[11)] 따라서 새누리당에서 국회의원 후보자를 투표로 결정한다면, 당원도 참여할 권리가 있다. 당헌 제97조와 공직후보자 추천 규정 제8조에 따르면 지역구 국회의원 후보자가 복수로 추천되는 경우에 국민참여선거인단대회를 통해 후보자가 추천된다. 국민참여선거인단은 당원과 일반 국민으로 구성되기 때문에 지역구 국회의원 후보자를 선출하는 권한이 당원에게도 주어진다. 그러나 중앙당 공천위원회는 국민참여선거인단대회를 여론조사 경선으로 대치할 권한을 갖고 있다(당헌 제97조). 여론조사의 방식과 그 결과를 반영하는 정도는 중앙당 공천위원

---

10) 민주통합당은 2015년 12월 28일 더불어민주당으로 당명을 개정했다.

11) 이 단락에서 다루고 있는 새누리당 당헌은 새누리당 인터넷 홈페이지에 올라와 있는, 2012년 2월 13일에 개정된 당헌이다.

회에서 결정하기 때문에 지역구 국회의원 후보자를 추천하는 당원의 권한은 중앙당 공천위원회의 결정에 따라서 축소될 수 있다. 따라서 새누리당의 지역구 국회의원 후보자를 추천하는 당원의 권한은, 법으로 당원의 추천 권한을 보장하고 있는 독일과 비교했을 때 매우 제한적이다.

독일은 해당 지역구 조직체에서 공직후보자를 최종적으로 결정하지만, 새누리당은 당의 최고 의결·집행기관인 최고위원회의에서 최종적으로 공직후보자를 의결한다(당헌 제33조 제4호). 즉, 중앙당에 있는 최고 의결기구가 공천의 최종권한을 행사하는 방식이다. 이 기구가 공천을 거부한다면 해당 지역구에서 선호하는 후보라도 공천될 수 없는 구조이다. 당원의 의사보다는 중앙당 최고 의결기구의 의사가 후보 공천에 본질적인 영향을 미치는 구조이다. 비록 공정하고 투명한 공직후보자 추천을 위해서 중앙당과 시·도당에 사회 각 분야 전문가 및 대표성을 띠는 인사로 구성된 국민공천배심원단이 전략지역 및 비례대표 후보자의 적격성 여부를 심의하지만(당헌 제96조), 국민공천배심원단은 부적격한 후보자가 있을 경우에라도 최고위원회에 재의요구를 권고할 수 있을 뿐이지, 후보자의 자격을 박탈할 수는 없다(당헌 제97조). 더욱이 국민공천배심원단의 구성은 최고위원회의 권한이기 때문에 국민공천배심원단이 최고위원회를 견제할 수 있는 구조도 아니다(공직후보자추천 규정 제13조).

새누리당의 각종 선거 후보자 공천과 관련된 업무를 수행하기 위해 중앙당과 시·도당에 각각 공직후보자추천위원회를 둔다(당헌 제48조). 당헌 제48조는 각 시·도당에도 공직후보자추천위원회를 두도록 규정하고 있다. 그래서 공직후보자 결정에 시·도당이 일정한 역할을 하는 것처럼 보인다. 그러나 시·도당의 역할은 제한적이다. 새누리당의 공직후보자추천위원회 규정 제6조는 모든 공직후보자 선출을 중앙당의 영향력 아래에 두고 있기 때문이다. 이 규정에 따르면 대통령 후보자를 제외하고 국회의원, 시·도지사 및 자치구·시·군의 장의 후보자 결정은 중앙당의 공천위원회가 한다. 또한 시·도의회 및 자치구·시·군의회의 의원 후보자 지명은 시·도당 공천위원회가 주관하지만, 최종 결정은 중앙당 최고위원회의 의결을 통해 결정되는 구조이다. 각 지역구에서 자신의 지역을 대표하는 공직자 후보를 선출할 권한은 없는 것이다. 이와 같이 중앙당에 권한이 집중되어 있는 새누리당의 공직자 후보 추천 구조는 해당 지역구에 공직자 후보를 선출할 권한을 보장하는 독일의 제도와 뚜렷하게 차이가 난다.

중앙당과 시·도당에 마련된 공직후보자추천위원회(이하 공천위원회)는 후보자를 추천하는 역할을 한다. 따라서 어떤 사람이 어떤 방식으로 위원으로 선발되는가는 어떤 공직 후보자들이 선출되는가에 매우 중요한 영향을 미친다. 새누리당 중앙당의 공천위원회의 위원들은 중앙당의 최고위원회의 의결을 거쳐 결정되고, 시·도당 공천위원회는 시·도당 운영위원회의 의결을 거쳐 시·도당위원장의 추천으로 결정된다(당헌 제48조 제2항). 이와 같은 방식은 중앙당 공천위원의 선발이 중앙당 최고위원회의 영향력 아래에 있고, 시·도당 공천위원은 시·도당의 운영위원회의 영향력 아래에 있다는 것을 의미한다. 이것은 공천위원이 당원이나 대의원에 의해 결정되는 것이 아니라, 당의 권력기구에 의해 일방적으로 선발되는, 민주주의적 정당성이 결여된 방식이다. 독일의 공직후보자 공천 과정에서 나타나는 민주주의적인 절차적 정당성이 새누리당에는 결여되어 있다는 것을 알 수 있다.

그런데 공천위원 선발 절차는 시·도당 운영위원회나 중앙당의 최고회의가 공천위원을 선발하는 것으로 끝나지 않는다. 중앙당이든 시·도당의 공천위원이든 최종적으로는 대표최고위원의 임명이 있어야 하기 때문이다(당헌 제48조 제2항). 결국 대표최고위원이 공천위원을 임명해야 하기 때문에 공천위원회의 구성에서 대표최고위원의 권한이 결정적이라는 것을 알 수 있다. 제도적으로 대표최고위원이 공천위원을 결정할 수 있는 권한을 보장하고 있기 때문에 대표최고위원은 공직후보자 선출에도 영향력을 미칠 수 있는 구조이다. 자신에게 충성을 바칠 수 있는 공직후보자가 선발되도록 공천위원의 구성에 영향력을 행사할 수 있는 구조이기 때문이다.

중앙당 공천위원회가 심사한 사항을 최고위원회가 의결하여 확정하면서 공직 후보자는 최종적으로 결정된다. 또한 시·도당 공천위원회가 심사한 사항은 시·도당 운영위원회의 의결을 거쳐 중앙당의 최고위원회의 의결로 확정된다. 이와 같은 새누리당의 공직 후보자 결정 방식, 특히 지역구 국회의원 후보자를 결정하는 방식은 후보자를 중앙당에서 결정하여 지역구로 내려보내는 하향식 공천 방식이다. 비례대표 국회의원 후보자도 중앙당에 비례대표 공천위원회를 두어 결정하기 때문에 비례대표 후보자 결정도 중앙당의 영향력 아래에 있다(당헌 제48조 제6항). 새누리당의 당헌은 당원이나 일반 국민이 후보자 결정에 참여할 수 있는 경우도 언급하고 있지만 이들의 권한은 매우 제한적이다. 따라서 대표최고위원과 최고위원회에 공직 후보자 결정권한이 집중되어 있는 새누리당의 공천 방식은 공직후보자 결정 과정에 중앙당의 영향력을 제도적으로 배제하고 있는 독일의 공천 방식과 비교했을 때 민주주의적 정당성을 상당히 훼손하고 있다.

민주통합당(이하 민주당)의 당헌은 당직이나 공직선거의 후보자 선출에서 당원의 선거권을 보장한다(당헌 제6조 제1항).[12] 당헌 제104조 제1항에 따르면 공직선거 후보자는 경선을 통해 추천되는 것을 원칙으로 하고 있기 때문에 당원은 이 경선에 참여해서 공직선거 후보자 선출에 선거권을 행사할 권리가 있다. 지역구 국회의원선거 후보자 및 지방자치단체 의장선거 후보자의 추천은 국민경선을 원칙으로 하고 있다(당헌 제104조 제2항). 민주당이 지역구 국회의원선거 후보자 선출 과정에 경선 원칙을 적용하는 것은 민주적인 절차적 정당성을 확보하기 위한 목적이다. 경선의 결과가 올바로 반영되는 것이 민주적인 절차적 정당성의 확보에 중요하다. 그러나 지역구 국회의원선거 후보자 추천

12) 이 단락은 민주통합당이 더불어민주당으로 변경되기 전에 작성되었다. 따라서 이 단락에서 인용한 민주당의 당헌은 민주통합당 인터넷 홈페이지에 올라와 있는, 2013년 2월 27일에 개정된 당헌이다. 참고로 2016년 10월 19일 최종 개정된 더불어민주당의 당헌은 이 내용과 조금 다르다.

이 항상 국민경선으로 결정되는 것은 아니다. 당규로 정하는 사유가 있는 경우에는 경선 없이 중앙당의 공천심사위원회에 의해 단수로 추천되어 최고위원회의 의결과 당무위원회의 인준으로 후보자 추천이 가능하다(당헌 제95조). 단수 추천은 당원이나 일반 국민이 아니라 중앙당의 영향력을 받는 추천 방식이기 때문에 단수 추천을 하기 위해서 적용한, 당규로 정하는 사유가 공정하고 납득할 만한 것이어야 한다.

당무위원회는 민주당의 당무 집행에 있어서 최고 의결 기관이다. 그 구성원은 당대표, 최고위원, 국회부의장, 전국대의원회 의장, 중앙위원회 의장, 사무총장, 정책위원회 의장, 국회상임위원회 위원장, 전국노동위원장, 전략홍보부장, 중앙당의 각 위원회 위원장, 시·도당위원장, 당 소속 시·도지사, 약간의 당무위원이다(당헌 제21조). 당무위원회는 공직선거 후보자를 최종적으로 인준하는 권한을 갖고 있다. 새누리당에서는 최고위원회가 공직선거 후보자를 인준하지만, 민주당에서는 최고위원회보다 다양한 당 구성원을 포함하는 당무위원회에서 인준한다는 점에서 민주적 정당성이 더 있다고 볼 수 있다. 그러나 독일에서는 중앙당은 공직선거 후보자 선출에 있어서 전혀 관여하지 않는 것과 비교했을 때 민주당의 후보자 결정 방식도 민주주적인 절차적 정당성을 충분하게 구현하는 방식은 아니다.

큰 틀에서 보면 민주당의 공직선거 후보자 결정 방식은 새누리당과 큰 차이가 없는 하향식 방식이다. 두 당 모두 중앙당의 역할이 결정적이기 때문이다. 민주당에서는 공직선거 후보자를 결정하기 위해서 중앙당과 시·도당에 '공직후보자추천심사위원회'를 둔다. 하지만 중앙당에 속한 최고위원회의 의결을 반드시 거쳐야 심사위원이 결정될 수 있다. 중앙당의 '공직후보자추천심사위원'은 최고위원회의 의결을 거쳐 당대표가 임명하는 방식인데, 이런 방식은 새누리당과 본질적으로 다르지 않다. 시·도당 공천심사위원도 시·도당 상무위원회의 의결을 거쳐 시·도당 위원장이 추천하고, 최종적으로 중앙당 최고위원회의 심의·의결을 거쳐서 결정된다.

지역구 국회의원 선거 후보자는 중앙당의 공천심사위원회가 두 명 이상을 선정해서 경선을 치르게 한다(당헌 제95조 제1항). 이때 후보자와 경선 방법은 최고위원회의 의결에 따른다(당헌 제95조 제3항). 경선 후 최고위원회의 의결 및 당무위원회의 인준으로 지역구 국회의원 선거 후보자의 추천이 확정된다. 다만 당규로 정하는 사유가 있는 경우에는 지역구 국회의원 선거 후보자 추천은 경선을 거치지 않고 최고위원회의 의결과 당무위원회의 인준으로 추천이 확정된다(당헌 제95조 제1항). 원칙적으로 경선을 거쳐서 지역구 국회의원 선거 후보자의 추천을 결정하려는 민주당의 결정 절차는 새누리당의 방식보다는 민주적인 절차적 정당성을 확보하고 있다고 볼 수 있다. 그러나 경선에 참여하는 후보자들에 대한 결정권한을 중앙당이 갖고 있다는 점에서 절차적 정당성은 제한적이다. 더욱이 사유가 있는 경우에는 경선을 하지 않고, 중앙당에서 후보를 결정할 수 있기 때문에 경선이 제도적으로 보장된 것도 아니다. 단수추천이 필요하다고 판단하면 중앙당은 언제든지 사유를 만들어서 경선을 피할 수 있다.

민주당은, 지역구 국회의원 선거 후보자의 추천은 경선 원칙을 적용한다고 명시적으로라도 선언하고 있지만, 비례대표 국회의원 선거 후보자의 추천은 새누리당과 같이 중앙당에서 결정한다(당헌 제96조). 중앙당에 '비례대표 후보자 추천 심사위원회'를 설치하여 후보자들을 심사하고 순위를 정한다. 정해진 순위에 대해서 당무위원회의 인준으로 추천이 확정된다.

또한 당대표는 최고위원회의 의결과 당무위원회 인준을 거쳐서 전체 선거구의 30% 안에서 선거구와 지역구 및 비례대표 국회의원 선거 후보자를 전략적으로 선정할 수 있다(당헌 제95조 제4항, 제96조 제2항). 이와 같은 방식은 경선을 통해서 공직후보자를 추천한다는 원칙을 훼손하는 장치이다. 경선을 피하는 이런 예외 조항이 많을수록 후보자 추천 과정에서 민주적인 절차적 정당성은 줄어든다. 민주당에서 전략공천과 사유로 인한 경선의 생략이 많을수록 후보자 추천의 경선 원칙을 명시하고 있지 않은 새누리당의 공천 방식과 민주당의 공천 방식은 유사해 보일 것이다. 그리고 경선 원칙을 천명한다고 해도 민주당의 공천 방식도 새누리당과 같이 중앙당이 통제하는 방식이라는 점에서 하향식 공천 방식이다.

(2) 국회상임위원회제도

한국 국회의 위원회는 상임위원회와 특별위원회로 구분된다(국회법 제35조). 현재 20대 국회에는 18개의 상임위원회가 설치되어 있다. 국회법(제36조, 제51조)에 따르면 상임위원회는 해당 상임위원회에 속하는 의안과 청원 등의 심사 혹은 기타 법률에 정하는 직무를 행해야 한다. 각 상임위원회의 위원정수는 국회규칙으로 정한다(국회법 제38조). 가장 작은 위원회인 정보위원회는 12명으로, 가장 큰 위원회인 문화체육관광방송통신위원회는 30명으로 구성되어 있다.

의원은 둘 이상의 상임위원회에 구성원이 될 수 있다(국회법 제39조 제1항). 모든 의원은 적어도 하나의 상임위원회에 배정된다. 상임위원은 교섭단체소속 의원 수의 비율에 의해 각 교섭단체 대표의원의 요청으로 의장이 선임 및 개선한다(국회법 제48조 제1항). 법 조항을 보면 각 정당의 원내대표가 해당 교섭단체의 위원 선임에 대한 권한이 있음을 밝히고 있다. 상임위원의 임기는 2년이다(국회법 제40조 제1항). 보임이나 개선된 상임위원의 임기는 전임자의 잔임기간으로 한다(국회법 제40조 제3항). 임기를 2년으로 제한하고 있기 때문에 2년의 임기를 다한 후에 다시 그 상임위원회에서 활동할 수 있을지는 보장이 없다. 만일 활동하던 위원회에 다른 동료위원이 활동하기를 원한다면 더 이상 기회는 없게 된다. 상임위원의 교체는 2년에 한 번만 일어나는 것은 아니다. 의원이 다른 선거에 출마하기 위해서 사직하거나, 소속 의원이 의원직을 상실하거나, 행정부의 고위직을 맡거나, 당 지도부에 의해 전략적으로 위원을 교체하는 등의 이유로 위원교체는 수시로 일어날 수 있다(가상준, 2012: 6).

상임위원의 임기가 제헌국회 때부터 2년으로 제한된 것은 아니었다. 1948

년 제정된 국회법에 따르면 상임위원의 임기는 4년이었다. 즉, 국회의원의 임기와 같았다. 그런데 의원들 사이에서 임기가 보장된 4년 동안 한 위원회가 중요한 정책 결정을 독점할 수 있다는 우려가 나왔다(서복경, 2010: 63). 아울러 이승만 정부도 국회의 전문성을 약화시키려는 의도가 있었기 때문에 1953년에 법을 개정하여 상임위원을 매년 새롭게 선출하도록 했다(박찬표, 1997: 333). 상임위원의 임기가 2년으로 다시 늘어난 것은 5.16 군사정부 때이다. 군사정부는 매년 새롭게 상임위원이 선출되는 것을 비효율적이라고 보았다(김은철, 2002: 37). 그래서 1963년 국회법이 개정되어 상임위원의 임기는 2년이 되었다.

상임위원의 임기를 변화시키는 이와 같은 법 개정은 상임위원회의 전문성을 약화시키고, 행정부의 영향력을 강화하려는 동기에서 추진되었다는 것을 알 수 있다. 민주화 이후에도 상임위원의 임기는 2년으로 여전히 제한되어 있다. 이런 현상은 상임위원회의 전문성보다는 모든 의원들에게 공평성을 보장하려는 의도로 보인다(가상준, 2007: 238). 기획재정위원회, 국토해양위원회와 같은 인기위원회와 환경노동위원회, 여성가족위원회, 법제사법위원회와 같은 비인기위원회가 있기 때문에 의원들 사이에 형평성을 보장하는 것을 상임위원회의 전문성을 향상시키는 것보다 더 우선시하고 있다. 그 결과로 국회의원의 절반 정도가 국회의원 임기 내에 한 번 이상 위원회를 교체하고 있다(가상준, 2012: 13; 이현우, 2009: 159). 따라서 2년마다 상임위원을 새롭게 선출하도록 하는 국회법 조항은 상임위원의 전문성 향상에 부정적인 영향을 미치고 있다.

(3) 하향식 공천 방식, 상임위원회제도, 사회보장법 구조의 친화성

앞에서 새누리당과 민주당의 당헌에서 살펴본 바와 같이 두 당은 경선을 통해 공직후보자를 뽑는 것을 원칙으로 삼고 있다. 하지만 2012년 치러진 19대 총선을 보면 새누리당은 전략공천 19.1%, 단수후보 8.5%, 공천위원회 결정 46.3%으로 전체 후보자의 73.6%를 경선 없이 중앙당에서 일방적으로 결정했다(박명호, 2012: 130; 윤종빈, 2012: 20). 민주당에서는 전략공천 6.1%, 단수후보

19.1%, 공천위원회 결정 22%으로 전체 후보의 47.1%만을 중앙당이 공천했고, 나머지 후보들은 여러 형태의 경선을 통해서 결정되었다. 경선 비율로 보면 민주당의 공천이 새누리당보다는 공정성이 있었던 것처럼 보인다. 그러나 새누리당에서는 한 명의 정당 지도자에 의해서 공천이 좌우되는 형국이었고, 민주당은 여러 계파에 의해서 주도되는 형국이라서 새누리당과 비교했을 때 중앙당의 일방적인 공천은 가능하지 않았다(박명호, 2012: 131). 그런데도 중앙당에 의해서 전체 후보자의 47.1%가 일방적으로 결정된 것도 낮은 비율은 아니다. 또한 53%의 후보자들이 경선을 통해서 결정되었다 해도, 경선이 현장에서 공정하게 이루어지지 못했다. 모바일 투표의 조직 동원, 선거인단 모집책의 투신자살, 미성년자 선거인단 등록 등의 부정경선 때문에 경선의 취지를 상실했다(윤종빈, 2012: 31). 더욱이 민주당의 경선 방식은 독일과 같은 상향식 방식이 아니다. 경선에 나갈 후보자를 중앙당에서 일방적으로 결정하기 때문에, 이미 공천 과정에 중앙당의 영향력이 미치기 때문이다. 민주당의 경선 방식은 상향식 방식을 조금 가미했으나 본질적으로는 하향식이라고 할 수 있다.

무엇보다도 공천에 중요한 영향을 미치는 공천 심사위원회의 구성이 새누리당이나 민주당 모두 당원이나 유권자의 참여 없이 중앙당에 의해서 일방적으로 결정된다는 것이 두 당의 공천 방식을 하향식 공천 방식으로 규정하는 결정적인 이유이다(박명호, 2012: 131: 이동윤, 2012: 110). 이런 하향식 공천 방식에서는 공천기준이 합리적이고 공정해야 공천 결과의 정당성을 인정받을 수 있다. 그러나 과거의 총선과 같이 19대 총선에서도 공천심사위원회의 공천 기준은 합리적이지도, 명확하지도 않았고, 공천 과정이 투명하도 않아서 공천 결과에 승복하지 않는 공천신청자의 반발을 샀다는 평가다(윤종빈, 2012: 29; 이동윤, 2012: 115). 새누리당과 민주당은 19대 총선 전에 공천기준으로 지역주민의 신망, 당선 가능성, 총선의 승리에 기여할 정도, 정책입안 능력, 대국민 소통, 도덕성, 정체성 등을 내세웠다. 그러나 실제 공천 과정에서는 이 기준보다는 특정한 정당 지도자나 유력한 계파들에 속하는 사람인가가 더 중요한 공천기준이 되었다(이동윤, 2012: 94).

지금까지의 국회의원 후보자 공천 결과를 보면 한국에서는 초선의원 비율이 높다. 19대 총선에서도 현역 의원 탈락률은 새누리당 46.6%, 민주당 37.1%였다(윤종빈, 2012: 19). 현역 의원 탈락률이 25% 정도인 독일과 비교하면 높은 수치이다(Kremer, 1992: 34). 하향식 공천 방식에서 초선의원 비율이 높다는 것은 그만큼 공천에서 중앙당의 영향력이 크다는 의미이다. 새누리당에서는 특정 정당 지도자의 영향력이 크다. 지난 18대 총선에서는 친박계가, 19대 총선에서는 친이계가 대거 공천에서 탈락했는데(이동윤, 2012: 114; 길정아, 2011: 303), 특정 정당 지도자가 공천에 직·간접적인 영향을 미친다는 증거이다. 민주당의 초선의원 비율은 새누리당보다는 낮다. 이런 현상은 민주당의 공천 과정이 새누리당보다 공정했다는 측면보다는, 민주당은 특정 정당 지도자에 의해서 공천이 이루어지기보다는 힘 있는 여러 계파들에 의해 공천이 이루어지기 때문이다(박명호, 2012: 131). 각 계파에게 일정한 몫이 주어지기 때문에 새누리당과 같이 주도권을 상실한 한 쪽의 파벌이 대거 공천에서 탈락하는 경우는 발생하지 않는 것이다. 새누리당이나 민주당에서 하향식 공천 방식이 지속적으로 선호되는 이유는 특정 정당 지도자나 유력한 몇 개의 파벌들이 당내 권력을 유지 및 확대하려는 의도가 강하기 때문이다(길정아, 2011: 305).

이와 같은 새누리당과 민주당의 하향식 공천 방식에서는, 재선을 원하는 국회의원들이 굳이 적극적으로 정책을 개발할 필요도 없고, 자신이 속한 상임위원회의 활동을 적극적으로 할 필요도 없다. 왜냐하면 정책 개발이나 상임위원회 활동이 재선을 위한 공천에 본질적인 것이 아니기 때문이다. 새누리당 같은 경우에는 정당 지도자에게 충성을 하는 것이, 민주당 같은 경우에는 주요한 계파에 속하느냐가 공천에서 본질적인 것이기 때문이다. 실제로 손병권(2004: 217)의 연구는 한국에서는 상임위원회 활동이 공천과 관련이 없다는 연구 결과를 보여준다. 다선 의원일수록 상임위원회 활동에 소극적이라는 결과도 있다. 한국의 하향식 공천 방식에서는 재선을 원하는 국회의원의 정책 능력이나 상임위원회에서 얼마나 활발하게 입법 활동을 했느냐가 공천과는 본질적인 연관이 없는 것이다.

따라서 새누리당과 민주당의 하향식 공천 방식에서는 국회의원이 소속 상임위원회에서 사회보장법을 얼마나 구체적으로 통제하느냐는 그의 재공천을 위한 본질적인 사항이 아니다. 그의 재공천을 위한 본질적인 사항은 중앙당의 정당 지도자나 유력한 파벌과의 관계이다. 새누리당과 민주당의 하향식 공천 방식은, 재선을 원하는 국회의원은 정당 지도자나 유력한 계파에 충성을 서약하면 대가로 공천을 받는 방식이다. 그의 재공천은 그의 지역구 당원이나 유권자와 거의 연관이 없다. 따라서 이런 하향식 공천 방식에서 공직 후보자는 소속 지역구 당원이나 유권자의 이해로부터 자유롭다. 따라서 재공천을 원하는 국회의원은 정책 개발이나 정책 전문성 향상에 시간을 투자할 필요를 갖지 않는다. 사회보장법에서 과도한 위임이 나타나는 이유도 여기에 있다. 사회보장법의 조항들을 본인이 직접 구체적으로 통제하는 것이 재공천에 본질적인 영향력을 미치지 않기 때문이다. 적용 대상자, 급여 수급 조건, 급여의 범위 및 수준을 다루는 법 조항들이 사회보장제도를 구성하는 본질적인 사항들일지라도 재선을 원하는 의원들에게는 이런 조항들을 직접 통제하는 것은 재공천에 직접적인 도움을 주는 것이 아니다. 따라서 사회보장법은 추상적인 형태로 제정하고, 구체적인 사항은 행정입법으로 규정하도록 위임하는 것이 하향식 공천 방식에서 재선을 원하는 국회의원이 선택할 수 있는 합리적인 선택이다.

다른 한편, 한국 국회법은 상임위원의 임기를 2년으로 제한하고 있다. 이 규정 때문에 국회의원 임기 동안 같은 상임위원회에서 활동하고 싶더라도 다른 의원들이 해당 상임위원회에서 활동하기를 원하는 경우에는 상임위원회를 바꿔야 한다. 반드시 이 규정 때문만은 아니지만 국회의원 임기 내 한국국회의원의 상임위원회 교체율은 50%에 달한다. 결국 이런 임기 제한 규정에 의한 위원회 교체는 의원의 전문성 축적에 부정적인 영향을 미친다. 상임위원의 전문성이 축적되어야 하는 이유는 상임위원회의 직무인 입법 기능, 심의 기능,

행정부 견제 기능과 밀접한 연관이 있기 때문이다. 2년마다 상임위원을 다시 선출하는 규정은 상임위원의 전문성을 제한하여 국회의 기능을 올바로 수행하지 못하게 한다. 국회의 핵심적인 기능은 국민의 권리와 의무에 관한 사항을 책임 있게 규율하는 것이다. 지금과 같이 상임위원의 임기를 제한하는 규정은 국회의원의 전문성을 향상시키지 못하거나 전문성이 있는 국회의원이 전문성을 발휘하지 못하게 한다. 그래서 국회가 국민의 권리와 의무에 관한 사항을 책임 있게 규율하지 못하게 하는 문제를 야기한다. 사회권을 구현하는 사회보장법에 위임이 많은 것도 이와 연관되어 있다. 상임위원의 전문성을 축적하고, 전문성 있는 상임위원이 지속적으로 원하는 상임위원회에서 활동하는 것을 보장하는 법 규정과 제도가 사회보장법에서의 위임 현상을 줄일 것이다.

그러나 사회보장법에서 나타나는 과도한 위임 현상이 상임위원의 전문성 부족으로만 설명될 수 있는 것은 아니다. 기본적으로 상임위원회에는 전문성을 갖춘 위원들도 배정되기 때문이다. 이들은 얼마든지 사회보장법을 통제할 전문적인 능력을 갖추고 있다고 본다. 다만 이들이 시간을 들여서 사회보장법을 직접 통제해야 할 동기가 있느냐가 본질적인 것이다. 한 조사에 의하면 한국 국회의 상임위원회 활동은 재선과 관련이 없다고 주장한다(손병권, 2004: 217). 아울러 재선 이상의 의원일수록 상임위원회 활동에 소극적이라는 결과이다. 따라서 전문성을 갖춘 의원이라도 상임위원회 활동이 재선에 본질적인 것이 아니기 때문에, 굳이 사회보장법을 직접 통제하려는 의지와 행위는 적을 수밖에 없다.

상임위원회 활동을 소홀히 하는 상임위원의 행태는 전문성보다는 한국의 하향식 공천 방식과 관련이 있다. 이 방식에서는 상임위원회 활동이 재공천의 조건이 아니고, 공천권자에 대한 충성의 인정이나 유력한 계파에 속하느냐이다. 재선을 원하는 상임위원은 재선과 관련 없는 상임위원회 활동보다는 공천권자와의 관계 형성에 더 시간과 물질을 투자하는 것이다. 따라서 하향식 공천 방식은 상임위원이 상임위원회 활동을 소홀하게 만들고, 사회보장법에서 위임을 많이 하게 만드는 결정적인 요인이다.

4. 결론

사회보장법에 나타나는 위임의 정도는 의회의원 후보 공천 방식과 의회상임위원회제도의 운영 방식과 관련이 있다. 독일과 같이 당원이나 일반 유권자가 의원 후보를 결정하는 과정에서 중요한 역할을 하는 상향식 공천 방식은 재선을 원하는 의원들에게 정치적 성과를 내도록 동기를 부여한다. 의회상임위원회는 재선에 필요한 정치적 성과를 낼 수 있는 주요한 정치적 활동 장소이다. 따라서 이곳에서 독일 의원들은 사회법을 구체적으로 통제하여 정치적 성과를 내려한다. 따라서 위임이 드문 독일 사회법은 이런 상향식 공천 방식과 친화성을 갖는다. 더욱이 지속적인 임기를 보장하는 독일의 상임위원회제도는 의원들에게 전문성을 축적하고 발휘할 기회를 제공하여 사회법을 통제할 능력을 부여하는 데 기여한다.

반면에 한국에서는 독일과 다른 공천 방식과 상임위원회제도를 사용하고 있다. 공천 방식으로 국회의원 후보자를 중앙당에서 주도적으로 결정하는 하향식 방식이 사용된다. 이런 하향식 방식에서 재선은 의원의 정책 전문성이 아니라 공천권을 행사하는 지도자나 파벌에 대한 충성에 달려 있다. 따라서 의원들은 상임위원회 활동을 통해서 적극적으로 정책 전문성을 축적하고 향상시킬 동기가 없다. 그 결과로 위임이 많은 사회보장법이 만들어지고, 유지된다. 더욱이 한국과 같이 지속적인 임기가 보장되지 않는 상임위원회 운영 방식은 의원에게 전문성을 발휘할 충분한 시간도, 전문성을 축적할 기회도 주지 않는다. 이런 상임위원회 운영 방식은 위임이 많은 사회보장법이 유지되는 원인 중에 하나이다.

한국과 독일의 사례를 통해서 알 수 있는 것은, 한국 사회보장법에 나타나는 과도한 위임 현상의 극복은 한국의 공천 방식과 상임위원회 운영 방식이 개혁되지 않고는 어렵다는 점이다. 재선을 목표로 정치적 행위를 하는 의원들이 재선에 도움이 되지 않는, 사회보장법을 직접 통제하는 행위를 하지 않을 것이기 때문이다. 따라서 사회보장법에서 과도한 위임을 줄이려면 의원들에게 동기를 부여해주어야 한다. 독일과 같은 상향식 공천 방식과 의원의 임기를 보장하는 상임위원회 운영 방식의 도입을 고려해볼 필요가 있다.

사회보장법에 위임이 없어야 하는 것은 아니다. 다만 위임이 과도할 경우에 문제가 된다. 과도한 위임은 국민의 대표 기관인 의회가 자신에게 주어진 책무를 행정부에 전가한다는 의미이다. 대한민국 국회가 민주주의 원리를 충실히 구현하고 있지 않은 것이다. 한국의 사회보장의 역사를 보면 사회보장제도들을 도입하여 적용 범위를 확장하는 과정에서는 위임입법의 하나인 시행령이 큰 역할을 했다. 시행령은 행정부가 주도적으로 사회보장제도를 빠르게 확장할 수 있게 해준 합법적인 수단이었기 때문이다. 그러나 시행령의 이와 같은 장점은, 국민연금이나 건강보험 같은 주요한 사회보장제도의 적용 범위에 모든 국민이 포함된 현재의 시점에서는 더 이상 큰 역할을 기대하기 어렵다. 각종 사회보장제도의 사각지대 때문에 여전히 적용 범위의 지속적인 확대가 필요하기는 하지만, 현재 한국의 사회보장제도가 직면하는 가장 본질적인 문제는 사회보장의 수준을 어떻게 향상시키느냐의 문제일 것이다. 널리 알려진 바와 같이 한국의 사회복지 지출은 여전히 경제협력개발기구OECD에서 거의 최하위에 머물러 있다. 더욱이 사회보장급여 수준은 안정된 삶을 보장하지 않는 낮은 수준이다. 사회보장제도의 탈상품화 수준이 낮다. 이런 본질적인 문제는 복지 재원과 직결되어 있다. 복지 재원이 충분하지 않고는 사회보장의 질을 높일 수 없기 때문이다.

아무리 효율적으로 비용을 관리한다고 해도 복지예산이 절대적으로 부족한 상황에서는 효율적인 비용관리가 복지의 질을 향상시키는 데 한계가 있다. 반면에 복지정치는 복지 확장에 필요한 재원을 동원하는 데 크게 기여할 수 있다. 복지정치를 통해 사회보장에 관한 문제들이 공론화되고 사회적 합의가 도출될 수 있다면 비용문제는 상대화될 수 있기 때문이다. 지난 2010년 지방선거 때의 초·중·고등학생 학교급식 문제는 좋은 예이다. 복지정치를 통해 이 문제가 공론화되고 적용확대에 대한 사회적 공감대가 형성되면서 비용 문제는 본질적인 문제에서 벗어날 수 있었다. 물론 급식 예산 규모와 국민연금이나 건강보험의 예산 규모를 같은 수준으로 볼 수 없다. 이 사회보험 급여들의 질적 향상에 필요한 예산은 급식 예산과 비교도 될 수 없다. 그러나 그렇기 때문에 더욱 복지정치를 통한 공론화와 사회적 합의가 절실한 것이다. 하지만 지금과 같이 행정부에 권한을 과도하게 위임한 상황에서는 공론화와 사회적 합의가 쉽지 않다. 왜냐하면 현재 한국의 사회보장법은 사회보장제도의 핵심 사항이라고 볼 수 있는 적용 대상자의 범위, 급여 수급 조건, 급여 수준 및 범위, 재원 마련 방안 등에 대한 결정권한을 대부분 행정부에 위임하고 있기 때문이다. 행정부는 위임받은 권한으로 주어진 예산 안에서 '조용히' 행정부 내에서 해당 사항에 대한 결정을 내리면 되기 때문이다. 이렇게 과도하게 행정부에 권한을 위임하는 제도적 환경에서는 복지정치가 활성화될 수 없다.

국회가 사회보장제도의 핵심 사항들, 즉 위에서 언급한 적용 대상자의 범위, 급여 수급 조건, 급여 수준 및 범위, 재원 마련 방안 등에 관한 사항들을 직접 규율할 때 복지정치가 활성화될 수 있다. 국회의원들은 혹은 정당들은 각 사항에 대한 결정을 자신에게 유리하게 이끌면서 유권자를 확보하기 위한 경쟁을 하려고 하기 때문이다. 그런데 국회가 사회보장제도들의 중요 사항들을 스스로 결정하도록 사회보장법을 제정 혹은 개정한다 할지라도 현재와 같은 한국의 하향식 의원 후보 공천제도 아래에서는 복지정치가 활성화되기 어렵다. 왜냐하면 재공천의 전제 조건이 정책에 대한 전문성이 아니고, 특정 인물이나 계파에 대한 충성이기 때문이다. 복지정치가 작동하더라도 형식화되거나, 제한된 정도에서 긍정적인 효과를 낼 것이다. 임기를 지속적으로 보장하지 않는 상임위원회제도 역시 복지정치의 활성화에 기여하지 못한다. 국회의원들에 의한 복지정치는 해당 분야의 전문성 기반으로 활성화될 수 있는데 현재와 같이 상임위원회 제도가 전문성 향상에 도움을 주지 않는다면 복지정치는 제한적일 수밖에 없다.

상향식 공천 방식과 임기를 보장하는 상임위원회 제도의 도입은 사회보장법에 나타나는 과도한 위임 현상을 극복하는 하나의 방안이 될 수 있을 것이다. 상향식 공천 방식은 공천권이 당원이나 유권자에 있기 때문에 공천을 원하는 정치가들은 당원이나 유권자의 지지를 확보하는 수단으로 사회보장제도의 핵심 사항들에 대한 직접적인 통제를 선호할 것이다. 그렇게 되면 사회보장법에서 위임은 줄고, 법률로 직접 규율하는 경우가 많아질 것이다. 이것은 다시 복지정치를 활성화하고, 복지를 발전시키는 메커니즘을 만들어낼 것이다. 임기를 지속적으로 보장하는 상임위원회 제도도 전문성을 축적시키기 때문에 위임 현상을 줄이는 데 도움을 줄 것이다. 더욱이 전문성을 기반으로 한 복지정치의 활성화에 기여할 것이다. 상향식 공천제도와 임기를 지속적으로 보장하는 상임위원회 제도가 복지정치를 활성화할 것이며, 복지 발전에 기여할 것이다.

또한 하향식 공천 방식보다는 상향식 공천 방식이 민주주의적인 정당성을 갖고 있기 때문에 상향식 공천 방식의 도입은 그 자체로 한국 민주주의의 발전을 의미한다. 아울러 지속적인 임기를 보장하는 상임위원회 운영 방식은 의원들이 지속적으로 한 상임위에서 활동하는 것을 보장하고, 이로 인해 그들의 전문성의 향상을 가져올 수 있는 장점이 있다. 의원의 전문성 향상은 국민의 권리를 보호하는 데 큰 역할을 할 것이다. 위임이 적은 사회보장법은 한국 민주주의의 공고화를 의미하며, 사회복지 발전을 위한 공론화의 계기를 제공하는 장점이 있다. 따라서 공천 방식과 상임위원회 운영 방식의 개혁은 단순히 사회보장법에 나타나는 과도한 위임 행태를 수정하는 것에만 기여하는 것이 아니라, 한국의 민주주의와 사회복지의 발전과도 관련된 사항이다.

제10장

한국의 위임민주주의와 사회정책[1)]

1. 민주주의 유형과 사회복지정책

슈미트는 지난 20세기 후반부 동안 민주주의 국가들의 정부는 사회복지정책에 몰입해 있었다고 평가한다. 이 민주 정부들이 사회복지정책에 몰입할 수 있었던 원인 중의 하나로 그는 이들 나라의 발전된 경제 수준을 들고 있다. 또한 국민의 소득이 증가하면 교육, 오락, 문화, 보건 등에 대한 수요가 커져서 정부의 지출도 증가한다는 바그너의 법칙Wagner's law에 따라서 민주주의 국가들의 사회복지정책이 발전했다는 것도 수용한다. 한편 이 민주주의 국가들의 정부들은 실업의 문제를 해결하지 못하는 한계를 보이고 있다는 것도 지적한다(Schmidt, 1998a).

그런데 그는 사회복지정책을 발전시켰던 민주주의 국가가 모두 동일하게

1) 제10장은 이신용, 「민주주의가 사회복지정책에 미치는 영향: 한국의 결함 있는 민주주의를 중심으로」〔≪한국사회복지학≫, 59(4), 2007, 137~162쪽〕를 수정·보완한 것이다.

취급될 수는 없다고 본다. 즉, 민주주의 국가라고 해서 모두 동일한 방식으로 사회복지정책을 도입하거나 시행하는 것은 아니라고 보는 것이다. 따라서 그는 민주주의 유형과 사회복지정책 사이에 긴밀한 상호관계가 있음을 주장한다. 그의 비교·분석의 대상이 되는 민주주의 유형은 뿌리내린 민주주의와 결함 있는defective 민주주의, 신생과 오래된 민주주의정부, 대의민주주의와 직접민주주의, 합의consensus민주주의와 다수결주의적majoritarian 민주주의이다.[2)]

이 중에서도 이 장에서 다루려고 하는 것은 결함 있는 민주주의와 사회복지정책과의 관계이다. 슈미트는 뿌리내린 민주주의의 사회복지 수준이 결함 있는 민주주의의 수준보다 분명하게 높다고 주장한다. "비록 미국의 빈약한

---

2) 슈미트는 다음과 같이 다양한 민주주의 형태들과 사회정책과의 관계를 비교·분석한다. 첫째, 민주주의 연령이 높을수록 사회보장비 지출은 증가하는 것으로 본다. 왜냐하면 뿌리내린 민주주의든 결함 있는 신생 민주주의든 상관없이 민주주의는 사회적 약자들의 편에서 복지 욕구를 표현하고 결집하고 관철시키는 모체이며, 민주주의에서는 공직에 대한 열려진 경쟁에서 승리하기 위해서 경쟁자들은 자주 사회정책을 이용해서 유권자들을 자신의 편으로 끌어들이려 하기 때문이다. 둘째, 직접민주주의는 대의민주주의보다 사회정책 발달에 부정적인 영향을 미친다고 분석한다. 즉, 스위스와 같은 직접민주주의 국가에서 유권자는 사회정책 확장의 각 단계를 평가할 수 있기 때문이라고 한다. 직접민주주의에서는 대의민주주의에서보다 사회정책의 확장을 위해서 필요한 비용이 유권자에게 가시적이 되며 계산 가능하게 되기 때문이다. 그러나 대의민주주의에서는 이 비용의 문제가 다음 선거에서 단 한 번의 투표에 의해서 결정되는 많은 정책들 사이에 묻혀버리게 된다고 한다. 셋째, 오래된 민주주의 연령의 결과로 생기는 강력한 분배연합들, 친복지국가적 중도 및 좌파 정당들의 오랜 집권 기간, 높은 경제 수준과 단일민족, 연방제와 같은 반다수결주의적인 제도들에 의해서 방해받지 않는 다수결주의적 의회 및 정부라는 다양한 요소들이 결합된 대의민주주의는 오랫동안 사회정책에 깊이 영향을 미쳤는데, 북유럽의 국가들과 네덜란드가 여기에 속한다고 보고 있다. 넷째, 합의민주주의 구조가 강할수록 남성과 여성의 기회평등 보장과 친복지국가적 경향이 뚜렷해지는 반면에, 다수결주의적 민주주의이며 세속적이고 보수적인 정당이 정권을 획득하면 작은 국가와 보장 수준이 낮은 사회정책을 추구하는 경향을 띤다고 본다. 슈미트는 영어권 국가들이 이 유형에 속하는 것으로 분류하고 있다. 반면에 다수결주의적 민주주의이고 좌파 및 중도 정당의 정부는 친복지국가로 이어지는 것으로 보고 있다. 물론 이런 유형은 과반수가 확보될 경우 반복지국가가 될 가능성도 큰 것으로 보고 있다. 북유럽 국가들과 베네룩스 3국이 이 유형으로 분류된다(Schmidt, 1998a: 10~12).

사회정책과 북유럽 국가들의 잘 발달된 복지국가 사이에는 분명한 차이가 있을지라도 뿌리내린 민주주의 국가들은 광범위한 사회정책으로 경도된다. 그러나 허약하거나 결함 있는 민주주의 국가들은, 큰 규모로 건립되었던 사회정책의 유산을 갖고 있는 후기 공산주의적 민주주의 국가들은 예외라고 할 때, 미약한 사회보장의 경향을 띤다"(Schmidt, 1998a: 10f).

1987년 6.29 선언을 계기로 민주화된 한국은 신생 민주주의 국가인 동시에 결함 있는 민주주의 국가로 분류되고 있다(최장집, 2005; Merkel, 1999; Croissant, 2002). 이러한 한국의 사회보장 수준은 슈미트의 주장과 같이 뿌리내린 민주주의 국가와 비교해볼 때 낮게 나타난다. 1961년 5.16 군사쿠데타 이후 본격적으로 도입되기 시작한 사회복지제도의 보장 수준은 아직은 국민을 사회적 위험으로부터 충분히 보호할 만한 정도까지 도달하지 못했다. 전 국민을 가입대상으로 하는 국민연금제도에 아직도 제도에 포함되지 않은 많은 시민이 존재하며, 상병급여가 없는 것은 제외하고라도 건강보험의 보장성이 낮아서 진료비에 대한 본인부담률이 거의 절반에 달하고 있다. 특히 암 같은 중병에 걸린 환자들에게는 건강보험의 보장성이 더욱 떨어진다. 산업재해로 판정받기가 쉽지 않은 산재보험의 엄격한 수급 자격 조건과 자발적 실업자를 급여 대상에서 제외하고 있는 고용보험의 엄격한 수급 자격 조건 때문에 산업재해와 실업의 위험으로부터도 한국 노동자들은 아직 제대로 보호받고 있지 못하다. 아울러 국민의 최저생계를 국가가 보장한다는 의미에서 긍정적인 발전을 보여주고 있는 국민기초생활보장제도도 여전히 국민의 기초 보장을 제공하고 있다고 보기 어렵다. 빈곤의 심화에도 불구하고 인구 대비 국민기초생활보장 수급자의 비율은 거의 고정되어 있으며, 여전히 노동 가능한 급여 대상자의 숫자는 적고, 과거보다 실제 물가를 반영하고 있다고는 하지만 국민기초생활보장제도의 급여 수준이 여전히 낮기 때문이다. 이 글의 목적은 이러한 한국의 낮은 사회보장 수준이 결함 있는 신생 민주주의의 특성들과 어떤 연관성을 갖고 있는지를 분석하는 것이며, 이 분석을 토대로 한국 사회복지의 발전 방향을 제안해보는 것이다.

제10장에서는 현재의 한국 복지 수준의 한계를 극복하기 위해서는 정치체제의 변화가 있어야 한다는 전제 아래 2절에서는 민주주의와 사회복지정책과의 친화성의 근거를 분석할 것이고, 3절에서는 민주화 이후 한국의 정치체제와 사회복지정책과의 연관성을 분석할 것이다. 끝으로 4절에서는 정치체제의 변화와 관련해서 한국 사회복지의 발전 방향을 제안할 것이다. 이 장의 주제와 관련해서 한국 사법부의 기능과 독립성, 한국 의회의 발전사, 정당정치 및 정당 구조, 선거제도, 대중매체 등과 같은 광범위한 분야들이 연관되어 있으나 이 장에서는 사회보장법과 관련해서 행정부와 입법부의 관계만 집중적으로 다루기 때문에 필요한 경우 외에는 상세하게 다루지 않는다.

2. 사회복지정책과 민주주의의 친화성

"비록 민주주의에서 빛나는 모든 것이 금은 아닐지라도"(Schmidt, 1998b), 민주주의 체제가 뿌리를 내린 곳은 다른 체제에서와는 다르게 많은 장점을 갖고 있다는 것을 인정해야 한다. 일반적으로 민주주의에서는, 특히 민주주의가 뿌리를 내린 곳에서는 국민의 기본권이 존중되고, 정치적 평등과 참여, 협력과 항의의 기회가 보장된다. 더욱이 공정한 선거를 통해서 출현하고 교체될 수 있는 정치적 질서와 주도권이 받아들여진다. 무엇보다도 사회 각 집단의 이해에 민감하게 반응하는 민주주의의 장점이 지적되어야 한다. 이것을 통해서 민주주의는 학습능력과 자기수정 능력 및 정치적 정당성을 얻게 된다. 이와는 다르게 권위주의적인 체제에서는 "과도한 비분화성, 수용한계의 경시 및 경제의 지나친 부담에 대응하는 안전장치가"(Schmidt, 1998a: 12) 부족하다. 또한 민주주의 체제에서는 조기경보제도로 다양한 협력과 반대의 기회들이 작용하지만, 이와 같은 제도는 권위주의 체제에는 존재하지 않거나 결함 있는 신생 민주주의 체제에서는 아직 덜 성숙했기 때문에 제대로 기능하지 못한다(Schmidt, 1998b: 182 이하).

"그러나 민주주의 체제가 비로소 뿌리를 내리게 된다면, 이 정착된 민주주의는 지속적인 발전에 대한 중요하고 '독립적인' 영향력을 소유하게 된다" (Berg-Schlosser and Kersting: 1997: 111). 따라서 앞에 서술한 민주주의의 긍정적인 속성들이 한 사회에서 사회복지정책의 발전을 위한 유리한 기본 조건들을 만들어낸다(Luhmann, 1981: 27; Marshall, 1992; Zacher, 2001: 416ff; Schmidt, 2004: 44ff). 토머스 험프리 마셜(Thomas Humphrey Marshall)에게 이러한 기본 조건들의 형성은 민주주의 사회에서 시민권citizenship의 발전과 관련을 맺고 있다. 그는 이 시민권을 시민적 권리, 정치적 권리 및 사회적 권리로 나누고 있다. 시민적 권리는 시민 개개인의 자유를 보장하는 권리를 포함한다. 이러한 시민적 권리는 개인의 자유, 의사표현의 자유, 사고 및 종교의 자유, 소유의 자유, 계약의 자유, 평등과 법치국가적인 절차를 토대로 자신의 권리를 방어하거나 주장하는 재판절차의 자유 등과 같은 것이다(Marshall, 1992: 40).

이러한 시민적 권리들은 "정치적 힘의 사용에 대한 참여권이 정치적 권위로 형성된 법인체의 회원으로서나 그러한 종류의 법인체 회원을 선출하는 선거자로서"(Marshall, 1992: 40) 구현되는 정치적 권리가 온전히 실현되기 위해서 기능해야 한다. 그러나 시민적 권리가 정치적 권리와 맺고 있는 이러한 직접적인 연관성은 사회적 권리와의 관계에서는 다르게 나타난다. 비록 사회적 권리들이 시민적이고 정치적인 권리들의 역동성의 결과로 나타나고, 또한 이것들이 서로 밀접하게 연관되어 있을지라도(Rüb, 2004: 17 이하), 시민적 권리는 사회적 권리의 발전과 직접적으로 관련된 것은 아니다.[3] 다만 시민적 권리와

---

3) 그렇지만 "무엇이 '국민을 위한 지배'인가라는 것은 규범적으로 선취될 수 없다. '국민을 위한 지배'의 내용을 도출할 수 있는 민주주의적인 규범을 공식화하는 것은 비현실적인 것이다"(Zacher, 2001: 416). "햄프셔가 말하듯이, 민주주의에서 정의로운 것은 본래부터 존재하는 것을 발견하는 것이 아니라 정당한 절차를 거쳐 여러 의견과 이익들이 갈등하고 경쟁하

사회적 권리는 시민적 권리의 보장을 통해서 정치적 권리의 자유로운 행사를 위한 필수 불가결한 토대가 마련된다는 의미에서 간접적인 연관성이 있다.

정치적 권리의 자유로운 행사는 "사회의 정치적인 기능체계의 성과 안으로 국민을 끌어들이는 것"을 의미하는 "정치적 접합political inclusion"을 나타내는 것이다. 국민의 "정치적 접합"이 현실화되면 "필연적으로 복지국가로 귀결된다"(Luhmann, 1981). 왜냐하면 사회적 권리의 발전은 정치적 과정의 산물이기 때문이다(Rieger and Leibfried, 1999: 485; Zacher, 2001: 416; Krück and Merkel, 2004: 100). 예를 들면 시장으로부터 많은 이윤을 획득하는 이들은 시장 기능을 매개로 한 분배제도를 선호하는 반면에, 시장에서 상대적으로 불리한 위치에 있는 이들은 시장 기능을 매개로 한 분배 과정의 부정적인 전제들이나 결과를 정치를 통해 수정하려는 시도를 하기 쉽다(최장집, 2005: 27; Korpi and Palme, 2003: 427). 20세기 복지국가는 이와 같은 정치적인 과정의 산물로 볼 수 있다(Korpi and Palme, 2003: 427).[4] 시장에서 발생한 분배의 불평등을 완화하려고 시도했던 20세기 복지국가의 발전에는 조직의 자유와 정치적 참여를 보장하는 민주주의의 발전이 전제가 되었다. 이러한 전제 아래에서 이익집단들은 자신들의 이해를 방어하고 확대하기 위해서 집단 구성원들을 조직화하여 정치 과정에 영향력을 행사할 수 있다. (뿌리내린) 민주주의 체제에서는 이러한 정치적 권리의 행사가 보장되는 것이다.

민주주의 체제는 국민의 이와 같은 정치적 권리를 보장하기 때문에 민주주의 체제에서는 일정한 연령에 달한 '모든' 성인은 국민의 권리로서 선거권을 얻게 된다. 선거권을 소유한 모든 성인 중에는 상대적으로 빈곤한 계층과 시행 중인 사회복지정책으로부터 혜택을 보려는 계층이 포함되어 있다(Zacher,

---

면서 형성되는 것이다"(최장집, 2005: 40).

4) "권력자원 이론에서는 복지국가를 불평등과, 혹은, 가난을 줄이기 위해 시장에서의 분배 결과와 조건에 영향을 미치는 정책과 관련지어서 개념화한다"(Korpi and Palme, 2003: 428).

2001: 418; Schmidt, 2004: 44). 이 집단들은 사회복지 발전에 영향을 미치게 된다. 민주주의 체제에서는 통치자들이 선거권을 가진 시민들로 구성된 집단의 욕구에 훨씬 민감하게 반응해야 하기 때문이다(Berg-Schlosser and Kersting, 1997: 119; Krück and Merkel, 2004: 97). 더욱이 정당들은 정권의 유지나 창출을 위해 "사회정책 고객의 대다수Mehrheit der Sozialpolitikklientel"(Schmidt, 2004: 44)를 자신의 정당을 지지하는 세력으로 만들려고 시도한다. 따라서 한 국가가 사회복지제도를 확대하면 할수록 선거에서 사회복지제도 수혜 대상자들의 영향력은 점점 더 커지게 된다. 결과적으로 사회복지제도의 수혜 대상자들과 규칙적으로 실시되는 선거의 긍정적인 연관성은 사회복지의 발전으로 귀결된다. 선거공약 중에 복지 발전에 관한 약속이 포함되는 것과 자신이 속한 선거구에 자원을 유치하려는 정치가들의 노력 등이 대표적이다(Berg-Schlosser and Kersting, 1997: 120).

다른 한편 규칙적으로 실시되는 선거에 의해 정권이 교체될 수 있는 선거제도는 집권당과 야당들이 단기간 내에 효과를 낼 수 있는 정책 도구에 집중하도록 동기를 부여한다(Zacher, 2001: 419; Schmidt, 2004: 44). "이것은 단기간 내에 동원될 수 있어야 하고, 큰 영향력을 보여줄 수 있는 성과들을 요구한다. 사회정책은 이러한 요구 조건에 아주 적합한 것이다. 사회정책은 아주 가시적일 수 있고, 그것의 영향력은 매우 광범위한 것이다. 사회정책은 시민의 삶에 매우 깊게 관여할 뿐 아니라, 동맹원들이나 추종 세력들의 경제적인 이해를 목표로 하는 선전을 위한 아주 영향력이 큰 도구 중의 하나이다"(Schmidt, 2004: 44).

그러므로 시민적 권리와 정치적 권리를 보장하는 결과는 "일련의 권리들, 즉 최소한의 경제적인 복지와 안정에 대한 권리로부터 사회적 유산에 대한 권리를 넘어서 사회적으로 지배적인 표준에 상응하는 문명화된 존재로서의 삶에 대한 권리"(Marshall, 1992: 40)를 포함하는 사회적 권리가 구현되는 것으로 나타난다.

뿌리내린 민주주의 체제에서와는 다르게 사회적 권리의 보장과 확대를 위한 이러한 유리한 조건들은 비민주주의적인 국가 체제에서는 결핍되어 있으며, 결함 있는 신생 민주주의 체제들에서는 이들의 민주주의 체제에 결함이 있기 때문에 성숙하게 형성되어 있지 못하다. 따라서 비민주주의 국가 체제나 결함 있는 신생 민주주의 체제의 사회복지 수준은 뿌리내린 민주주의 체제의 복지 수준을 능가할 수 없다(Berg-Schlosser and Kersting, 1997: 94; Krück and Schmidt, 1998a: 13; Merkel, 2004: 97 이하).[5]

3. 위임민주주의 체제가 사회복지정책에 미치는 서로 다른 영향

민주화된 국가들이 "자유·비밀·평등·보통선거의 실시를 통해서 민주주의적인 지배를 위한 절차적인 최소한의 제도들을 안정화시키는 동안에"(Merkel, 1999: 361), 지난 20세기 말의 사반세기 동안 민주주의는 세계적으로 퍼져나갔다. 이 민주화의 물결을 타고 한국을 포함한 많은 권위주의 체제들이 민주주의 체제로 전환되었다. 그러나 이러한 민주주의의 일련의 승리에도 불구하고 신생 민주주의들은 빈번하게 민주주의의 결함 있는 변형으로 간주된다. 한국의 민주주의도 예외는 아니어서 법치국가 원리를 보장하는 정치적 자유주의에 기초하고 있지 않은 특징을 보이는 것으로 분류된다. 즉, 자유롭고 공정한 선거를 통해 선출된 행정부나 국가원수가 법치국가원칙을 존중하지 않기 때문에 결함 있는 신생 민주주의의 한 유형으로 분류된다(O'Donnell, 1994: 59ff; Merkel, 1999: 367; Croissant, 2000: 117). 이 체제에서는 행정부가 입법부를 우회하며 초헌법적으로 사법부에 영향력을 미쳐서 자신이 선호하는 정책을 관철시킬 수 있는 결정권한을 강화시킨다(Croissant, 2000: 18). 이러한 의미에서 사

5) 슈미트는 민주주의를 사회정책 발전에 영향을 미치는 결정적인 요소로 간주하지만, 경제 발전 수준도 보충적 요소로 인정하고 있다(Schmidt, 2004; 2001).

회복지정책도 위임민주주의 체제에서는 강한 행정부의 영향력이 미치는 영역에 포함된다.

1) 결함 있는 민주주의와 위임민주주의

민주주의는 국민주권주의, 시민의 자유와 정치적 평등, 권력분립의 원칙에 기초하는 지배질서이다(Croissant, 2002: 29ff). 이 정의에 따르면 민주주의는 다차원적인 영역을 포함하고 있는 정치체제라는 것을 알 수 있다. 첫 번째 영역으로 민주주의적인 지배를 보장하기 위한 수직적인 정당성vertical legitimation의 영역이 언급되어야 한다. 민주적인 지배를 위한 열린 통로가 이 영역에 속한다. 즉, 이 영역에는 자유·보통·비밀·평등 선거의 실질적인 보장과 정치 과정에 영향을 미칠 수 있는 자유로운 의사 형성의 담보가 포함된다. 두 번째 영역으로 정치적인 의제의 통제agenda control 영역이 해당된다. 이 영역에는 사회적으로 구속력이 있는 결정들에 대해 민주적으로 정당성을 획득한 당국의 독점권이 포함된다. "선출된 행정부는 자신에게 할당된 권한 영역에 대한 효과적인 행정부의 권한을 소유한다". 세 번째 영역으로 자유로운 법치국가 및 헌법국가의 영역이 언급되어야 한다. 이 영역에는 상호 통제할 수 있는 국가권력의 분립(입법부, 행정부, 사법부)과 시민의 기본권과 자유권, 법 앞의 평등권을 보장하는 것이 포함된다(Croissant, 2002: 31). 이 세 영역과 〈표 10-1〉에서 10개의 범주로 제시되고 있는 각 영역의 세부 구성 요소가 효과적이고 유기적으로 작동할 때 한 국가의 자유민주주의 혹은 구현된 민주주의embedded democracy가 현존하는 것이다(Aurel Croissant·Claudia Eicher·Perter Thiery, 2003: 48 이하).

(1) 결함 있는 민주주의

따라서 결함 있는 민주주의라는 개념은 〈표 10-1〉에서 세 개 영역과 10개의 범주로 구분하여 제시한 자유민주주의 혹은 구현된 민주주의의 구성 요

〈표 10-1〉 민주주의의 영역과 범주[6]

영역	범주
I. 수직적 정당성의 영역	
	1. 능동적인 보통선거권
	2. 수동적인 보통선거권
	3. 선거의 규칙적인 시행
	4. 선거의 효과성
	5. 의사표현의 자유, 출판의 자유, 정보의 자유
	6. 결사의 자유
II. 의사일정의 통제 영역	
	7. 선출된 위임자의 효과적인 지배권한
III. 자유로운 법치국가 및 헌법국가의 영역	
	8. 헌법적으로 뿌리를 내린 국가권력의 분립과 제한
	9. 국가나 사적인 행동자에 대항한 개인의 보호권리
	10. 법 앞의 평등권

자료: Croissant(2002: 36).

소를 기초로 해서 정의된다. 만일 어떤 민주주의 정치체제에서 〈표 10-1〉에서 제시되고 있는 영역이나 범주 중에서 하나 이상의 구성 요소가 훼손되고, 그 훼손된 부분 때문에 법치국가적 민주주의의 구현이 방해받는다면 이 체제는 더 이상 자유민주주의 체제가 아니라 결함 있는 민주주의 체제가 된다(Croissant, 2002: 32; Merkel et al., 2003: 65f). 이와 같은 결함 있는 민주주의 체제는 국가권력을 지배할 수 있는 통로를 규정하면서 상당한 정도로 기능하고 있는 민주주의적인 선거체제가 현존하고 있는 정치제제이지만, 이 체제를 구성하고 있는 하나 이상의 다른 영역이나 범주가 제대로 기능하지 못하기 때문에 자유, 평등, 견제와 균형check and balance을 보장하기 위해 기능하는 민주주의가 요구하는 필수 불가결한 보충적인 요소들이 발견되지 않는 정치체제이다

6) 볼프강 메르켈 등(Wolfgang Merkel et al., 2003: 50, 57)도 민주주의의 구성 요소를 〈표 10-1〉과 유사하게 분류하고 있다.

(Merkel et al., 2003: 66).

그렇지만 이 결함 있는 민주주의도 민주주의의 한 하위 유형diminished subtype으로 간주된다(Croissant, 2002: 32; Merkel et al., 2003: 39). 왜냐하면 결함 있는 민주주의라는 개념이 〈표 10-1〉에서 제시하고 있는 (자유)민주주의 체제의 개념에서 파생되었기 때문이다. 〈표 10-1〉의 세 영역과 범주가 모두 제대로 작동하는 민주주의를 기능하는 법치국가적 민주주의(Merkel et al., 2003: 39)로 정의한다면 결함 있는 민주주의는 이런 이상형ideal type에서 파생된 한 하위 유형으로 분류된다. 더욱이 민주주의의 한 유형이 될 수 있는 근거는 전체주의나 권위주위 체제와는 다르게 결함 있는 민주주의에서는 선거라는 민주주의적인 지배를 위한 최소한의 절차가 보장된다는 것이다(O'Donnell, 1994: 60 이하; Merkel, 1999: 361). 따라서 결함 있는 민주주의 체제에서는 선거를 통한 권력 교체가 보장되며 공직에 대한 경쟁과 권력 통제의 통로가 한 개인이나 조직에 의해 일방적으로 통제되지 않는다(Merkel et al., 2003: 66 이하).

(2) 위임민주주의

한편 훼손된 자유민주주의의 영역과 범주에 따라서 아우렐 크루아상(Aurel Croissant, 2002: 33)은 결함 있는 민주주의를 여러 유형으로 구분한다. 그는 배타적인 민주주의exclusive democracy에서는 수직적인 정당성의 영역(〈표 10-1〉의 I 영역)이, 고립된 민주주의enclave democracy에서는 의사일정의 통제 영역(〈표 10-1〉의 II 영역)이, 비자유적인 민주주의illiberal democracy에서는 자유로운 법치국가 및 헌법국가의 영역(〈표 10-1〉의 III 영역)이 훼손된 것으로 구분한다. 위임민주주의는 선거를 통해 선출된 공직자들이 입법부나 사법부와 같은 상대적으로 독립적인 기관에 의해 통제될 수 있고, 이들이 법치국가의 원리를 준수해야 하는 원칙을 의미하는 수평적 책임성horizontal accountability의 범주(〈표 10-1〉의 범주 8)가 훼손되었을 때 나타나는 결함 있는 민주주의의 한 하위 유형이다. 결함 있는 민주주의가 기능하는 법치국가적 민주주의의 한 하위 유형이기 때문에 위임민주주의는 결과적으로 민주주의의 한 하위 유형에 속하게 된다.

위임민주주의delegative democracy 개념은 여러 저자들에 의해 약간씩 다르게 사용되고 있지만, 이 개념의 핵심 내용은 공유되고 있다. 기예르모 오도넬(Guillermo A. O'Donnell, 1994)은 위임민주주의의 핵심적인 문제점으로 선거를 통해 선출된 대통령이 자신의 의지에 따라서 국정을 운영하는 것을 지적한다. 메르켈(Merkel, 1999)은 이러한 체제유형을 "자유롭고 공정한 보통선거를 통해 선출된 행정부가 기본권, 인권, 자유권, 시민권을 훼손하고 권력분립을 무시하는 비자유적인 민주주의"라고 정의한다. 크루아상(Croissant, 2000; 2002)은 오도넬(O'Donnell, 1994)이 처음으로 사용하기 시작한 위임민주주의 개념을 다른 결함 있는 민주주의의 하위 유형들과 비교할 수 있도록 다시 정의하고 있다. 그는 위임민주주의의 핵심 문제로 약한 수평적 권력분립 구조horizontal accountability를 지적한다. 이렇게 위임민주주의 개념에 대한 여러 저자들의 정의 차이가 있지만 위임민주주의 체제는 "기능하는 민주주의 체제들이 균형 잡힌 정치적인 대표성의 연계를 유지하기 위해서 필요로 하는 수평적인 법치국가적 통제와 견제와 균형의 원칙이 훼손된 상태"(Merkel et al., 2003: 71)라는 공통점을 공유한다.[7] 즉, 이 저자들은 위임민주주의 체제에서는 대통령이나 행정부가 입법부를 우회하고, 초헌법적으로 사법부에 영향력을 행사하여 법치국가원칙을 존중하지 않는다는 점을 이상적인ideal 위임민주주의 체제가 갖고 있는 특징으

7) 그런데도 입법부와 행정부의 권력분립 비율이 어느 정도일 때 법치국가와 민주주의 원칙을 준수하고 있는가는 여전히 논쟁의 대상이 된다(Merkel et al., 2003: 54). 이것은 법률에서 위임입법에 위임할 경우 위임의 내용이 어느 정도 구체적이어야 하고, 위임의 범위는 어느 정도로 한정되어야 하는가라는 구체적인 문제와 연관되어 있다. 이러한 논쟁점에도 불구하고 위임의 내용이 추상적이고, 위임의 범위가 포괄적이라면 이것은 분명히 법치주의적이고 민주주의적인 위임의 한계를 넘어서는 것이다. 이러한 위임 경향이 어느 국가의 법체계에서 자주 발견된다면 이 국가의 권력 균형은 유지되고 있지 않은 것이다. 더욱이 국민의 기본권 실현에서 근본적이고 중요한 사항까지 위임입법으로 규정하는 사례가 빈번하다면 이 국가에서 행정부의 입법적 권한은 입법부의 입법 권한을 능가하고 있는 것이다.

로 보고 있다. 그러나 이러한 이상적인 위임민주주의 유형이 해당 국가에 적용될 때 나타나는 양태는 조금씩 다르다. 왜냐하면 각국에 이상적인 위임민주주의의 개념이 적용될 때 위임민주주의로 분류될 수 있는 중요한 요소들이 공통적으로 발견될지라도 나라마다 차이가 나타날 수 있기 때문이다. 예를 들면 위임민주주의 체제가 아르헨티나에서는 오도넬의 분석과 같이 대통령이 수직적 책임성을 무시하는 형태로 나타나지만, 한국에서는 입법부가 자신의 고유권한인 입법권을 스스로 포기Selbstentmachtung하고 위임입법 형태로 행정부에 과도하게 위임하는 경향으로 나타난다. 한국에서 수평적 책임성의 훼손은 입법부의 직무유기 때문에 나타나는 것이다. 결과적으로 한국에서 나타나는 위임민주주의는 입법부의 과도한 위임 행태 때문에 행정부가 사회복지정책을 포함해서 국가정책을 통제할 수 있는 '합법적인 수단'을 소유하는 경향을 보여주고 있다. 따라서 입법부의 과도한 위임 행태 때문에 행정부가 광범위한 위임입법권을 소유하고 있는 한국의 신생 민주주의는 결함 있는 민주주의의 한 하위 유형으로, 동시에 위임민주주의로 분류된다.

2) 한국의 위임민주주의가 사회복지정책에 미치는 영향

(1) 긍정적인 영향력

결함 있는 민주주의의 한 유형인 위임민주주의도 민주주의의 한 하위 유형이기 때문에 사회복지정책과 민주주의와의 긍정적인 상관관계가 뿌리내린 자유민주주의established/consolidated democracy 체제에서와 같이 위임민주주의 체제에서도 매우 제한된 수준일지라도 일정 정도 관찰될 수 있다는 것을 제시한다. 무엇보다도 국민의 민주주의적인 지배를 위한 최소한의 절차 보장을 의미하는 비밀·보통·평등·자유 선거와 점차 강화되고 있는 정당 경쟁이 사회복지정책의 발전에 긍정적인 영향을 미친다. 정치적 권리의 보장을 의미하는 선거권의 보장은 뿌리내린 민주주의에서와 같이 위임민주주의에서도 무산자나 빈곤자들이 자신들의 이해를 위해 투표권을 행사할 수 있는 기회를 갖고 있음을 의미한다. 또한 위임민주주의에서도 공직에 대해 열린 경쟁이 보장되어 있기 때문에 이 경쟁에서 승리하기 위해서는 집권층이나 야당들은 무산자나 빈곤자를 포함하여 유권자의 이해에 반응해야 한다. 동일한 이유에서 위임민주주의 체제에서 활동하는 정당들은 "사회정책 고객의 대다수"(Schmidt, 2004: 44)를 자신의 편으로 끌어들이기 위해서 사회복지제도를 이용할 수 있고 이용해야 한다. 더욱이 위임민주주의에서도 정기적으로 실시되는 선거를 통해서 권력이 교체될 수 있기 때문에 집권여당과 야당은 단기간 내에 큰 영향력을 미칠 수 있는 사회복지정책을 선거 승리를 위한 도구의 하나로 사용할 수 있다.

한국의 신생 민주주의에서도 선거와 사회복지정책 간의 연관성을 보여줄 수 있는 사례들이 있다. 예를 들어 1987년 12월 6일에 실시한 13대 대통령 선거 일주일 전에 지역의료보험의 실시를 위해서 농·어민에게 의료보험증이 발급되었는데, 이것은 다분히 농·어민의 표를 의식한 정치적 동기가 작용하고 있었다(최정원, 2004: 162). 또한 1988년 4월 26일에 있는 13대 총선에 임박해서 같은 해 4월 3일에 상대적으로 높은 보험료에 저항하고 있던 농·어민에게 농·어민 지역의료보험에 국고지원을 확대하겠다는 방안을 정부가 약속한 것, 노태우 대통령에 대한 중간 평가를 의식해서 민정당이 수많은 의료보험조합을 통합하는 통합의료보험법안을 국회에서 동의한 사례들은 모두 유권자의 표를 의식한 정부와 여당의 정치적 계산이 고려된 행위였던 것이다(최정원, 2004: 164~170). 야당들이 의료보험제도를 통합하는 법안을 지지한 것 역시 농·어민의 지지를 얻고자 하는 정치적 의도에서였다. 이 과정에서 처음에는 통합안에 반대했다가 농·어촌 출신 국회의원들의 주장에 의해 당론을 변경한 공화당의 행태는 선거에 결정적인 영향을 미칠 유권자의 이해를 대변해야 하는, 민주주의 체제 아래에서 정당의 전형적인 속성을 반영하는 것이었다. 국회에서 통과된 통합의료보험법안이 1989년 3월 24일에 노태우 대통령에 의해 거부권이 행사되어 시행될 수 없었으나, 1997년 15대 대통령 선거운동 기간에 의료보험

통합안이 야당의 선거 전략 중 하나로 다시 등장했고, 여당도 선거에서 유리한 위치를 점하기 위해 통합안을 찬성하게 된다. 이 사례는 한국의 신생 민주주의에서도 유권자의 지지를 얻기 위해서 사회복지정책이 사용될 수 있음을 보여 준다. 그렇지만 한국에서는 사회복지정책이 선거운동 과정에서 아직까지 의미 있는 역할을 하지 못하고 있다는 것이 지적되어야 한다. 이것은 한국 신생 민주주의의 연령이 아직 어리다는 이유 외에도 한국의 구조적인 문제들이 선거운동 과정에서 사회복지정책의 역할을 제한하고 있는 데에서 기인하고 있다. 따라서 한국의 신생 민주주의에서도 사회복지정책이 선거 승리를 위한 도구로 사용되기는 하지만 그 역할과 기능은 아직까지 매우 미약한 것이다.

다른 한편 위임민주주의 체제에서도 민주화에 의해 발전 과정에 있는 시민사회가 이 사회의 사회복지 발전에 기여하는 것을 볼 수 있다. 노동조합 같은 이익집단이나 공익을 추구하는 시민단체들은 과거 권위주의 국가 시절에 비해 증가된 정치적·시민적 자유의 보장(〈표 10-1〉 참고) 때문에 이전보다 자유롭고 능동적으로 시민권적·정치적·사회복지적인 주제들에 다양한 형태로 참여하고 있다(O'Donnell, 1998: 121). 따라서 이들의 정치적 참여는 때때로 사회권의 향상을 요구하는 형태로 나타난다. 여당은 집권의 정당성을 유지하기 위해서, 야당은 집권을 위한 발판을 마련하기 위해서 위임민주주의 체제에서도 정치집단은 시민사회의 사회권 향상을 위한 요구에 어떤 식으로든 반응해야 한다. 비록 짧은 민주주의의 역사 때문에 위임민주주의 체제에서는 이익집단이나 시민단체가 사회복지정책의 발전에 미치는 영향력이 뿌리내린 민주주의에서보다 약할지라도, 이들이 위임민주주의 체제에서도 사회복지의 발달에 영향을 미친다는 것은 의심할 수 없는 사실이다.

한국의 민주화는 국민에게 선거권을 부여하고 규칙적인 선거의 시행을 보장하는 절차적 민주주의를 확립했을 뿐만 아니라 "집합적 의사결정과 정치적 의제의 설정에 참여"(김녕, 2005: 29)를 보장하는 참여민주주의 발전에도 기여했다. 한국 사회에서 참여민주주의의 발전은 시민사회의 발전을 초래했고, 시민

사회의 발전은 경제정의실천시민연합(1989년 창립), 환경운동연합(1993년 창립), 참여연대(1994년 창립) 등으로 대표되는 시민단체의 창립을 통해서 확인할 수 있다. 공익이나 공동선을 추구하는 시민단체들의 주요한 이슈는 경제개혁, 조세정의, 부정부패 추방, 인권보호, 언론개혁, 지방자치, 정치개혁, 사회개혁, 환경, 여성권익 등 다양한 영역에 걸쳐 있다. 사회복지 또한 시민단체에서 제기했던 중요한 이슈 중의 하나였다. 특히 참여연대는 창립 이후 국가가 국민의 생존권을 보장해야 한다는 국민복지기본선national minimum 확보운동을 시작했다. 국민복지기본선 확보운동은 당시까지 국민의 생존권을 보장하는 제도였으나 보장 범위가 매우 제한적이었던 생활보호제도를 새로운 제도로 대치하자는 것이었다. 즉, 생활보호제도는 급여 대상자를 인구학적 기준으로 구분하면서 18세 이상 65세 미만자는 원칙적으로 생계급여 대상자에서 제외했다. 참여연대의 국민복지기본선 확보운동은 이러한 전근대적인 생활보호제도를 폐지하고 최저생계비 이하의 소득을 갖는 국민이면 누구나 상관없이 국가로부터 생존권을 보장받아야 한다는 취지에서 시작된 것이다. 1994년 참여연대의 창립과 더불어 시작된 이 운동이 1999년 8월 12일에 임시국회에서 국민기초생활보장법의 제정으로 결실을 맺은 것은 참여연대를 비롯한 많은 시민단체가 이 운동에 참여했기 때문에 가능한 것이었다.[8] 이러한 시민단체들의 활발한 활동을 통해서 한국의 사회복지가 발전할 수 있었던 것은 한국 사회의 민주화에서 기인한 것이었다. 민주주의의 발전이 국민의 생존권을 보장하는 법의 제정으로 이어진 것이다.

그러나 시민단체가 복지정책의 발전에 미치는 이와 같은 긍정적인 영향력에도 불구하고 이들의 영향력은 신생 민주주의에서 제한될 수밖에 없다는 것이 지적되어야 한다. 한국 신생 민주주의의 구조적인 문제가 시민단체의 역할

8) 국민기초생활보장법이 제정되기까지의 자세한 과정은 김영순(2005), 남준우(2000), 안병영(2000)을 참조하라.

도 제한하고 있는 것이다. 즉, 시민단체는 법을 제정하는 입법권한이 없다는 근본적인 한계도 있지만 한국 신생 민주주의에서는 행정부가 입법부로부터 넘겨받은 광범위한 입법권한을 기반으로 법의 내용에 대한 실질적인 권한을 행사하고 있기 때문에 이러한 구조에서는 시민단체가 입법부의 법 제정에 영향을 미치는 것만으로는 사회복지정책에 미칠 수 있는 영향력의 범위는 제한된다. 국민기초생활보장법이 의회에서 제정되었지만 실질적인 내용은 행정부에 의해서 시행령과 시행규칙으로 규정되는 상황에서 시민단체의 역할은 한정될 수밖에 없었다(김영순, 2005: 106~119).

(2) 부정적인 영향력

민주화와 그 결과인 사회권을 포함한 시민권의 발달에도 불구하고 위임민주주의 체제에서는 결함 있는 민주주의의 속성 때문에 사회복지정책의 발달에 미치는 위임민주주의의 긍정적인 영향력이 제한된다. 결함 있는 민주주의의 '결함 있는' 이라는 첨가어는 무엇인가의 결함을 나타내는 것이다. 따라서 결함 있는 민주주의는 "규칙적이고 충분히 자유롭고 평등하게 시행되는 선거제도를 보장하지만, 자유민주주의의 다른 원칙들이 훼손되어 시민의 자유, 정치적인 평등, 정치적인 행위에 대한 법치국가적 통제 보장을 위해 반드시 필요한 보충적인 지지 항목을 상실한 지배체제라고 특성화될 수 있다"(Croissant, 2002: 32). 이러한 결함 있는 민주주의에서 훼손된 자유민주주의의 원칙들이 사회복지정책의 발달에 부정적인 영향을 미치게 된다.

결함 있는 민주주의의 한 유형인 위임민주주의에서는 자유·보통·비밀·평등 선거를 통해 선출된 대표자들이 삼권분립의 근본적인 영역을 훼손시키는 모습이 나타난다. 행정부는 입법부를 경시하며, 사법부에 초헌법적인 영향력을 행사하고, 권력의 균형추를 끌어당기는 경향을 보인다(O'Donnell, 1998: 120; Croissant, 2002: 34). 입법부, 행정부, 사법부의 권력분립원칙은 엄격한 분립을 의미하는 것은 아니다. 다만 삼권 중의 어느 하나가 다른 권력 분야를 침해하거나 지배할 수 없는 것을 의미한다(Croissant, 2002: 40). 그러므로 각 영역의 행위자들이 자신의 정치적 행동을 헌법에서 허용하고 있는 범위 안에서 제한할 것이 기대된다. 그러나 위임민주주의에서 행정부는 다른 영역을 배재하거나 거부하면서 자신의 권력을 최대화하려고 시도한다(O'Donnell, 1998: 120). 권력분립과 관련해서 행정부와 사법부의 관계 역시 중요하다. 법치국가적 민주주의에서는 법 제정과 적용의 결합 가능성에 대한 사법적 감시의 효과적인 행사는 민주적으로 정당화된 당국을 통해서 필수 불가결하게 전제된다(Croissant, 2002: 121). 이 과제의 효과성은 사법부의 조직적이고 정치적인 독립성에 달려 있다. "만일 고립된 하나의 사건 이상의 것을 의미하는 수평적 책임(horizontal accountability)의 문제들이 행정부에 대한 입법부의 부족한 통제의 형태 속에서, 특히 행정부의 간섭에 대응하는 사법부의 부족한 독립성의 형태 속에서, 이것과 결합해서 행정부나 공직자에 대한 사법부의 부족한 통제의 형태 속에서 확인된다면, 위임민주주의는 현존하는 것이다"(Croissant, 2002: 44). 과거 한국의 사법부는 행정부의 '시녀'라는 비판을 면하기 어려웠고, 민주화 이후에도 "형의 선고의 효과 또는 소송권을 감소시키거나 형 집행을 면제시키는 행위를 의미하는 사면권, 대법원장 및 대법관 등을 임명 및 재임명하는 법관인사권, 법원의 예산요구액을 조정하는 법원예산편성권, 검찰을 통한 영향력의 행사, 긴급사태에 대처하기 위한 제도인 국가긴급권 등이"(안병만, 2001: 74) 여전히 사법부의 독립성을 구조적으로 방해할 수 있는 요소들로 남아 있다. 그렇지만 정치적인 사건들에 대한 헌법재판소의 최근의 판결 경향을 보면 사법부의 독립성은 어느 때보다도 상당히 향상된 것처럼 보인다. 2004년 5월 14일에 내려진 헌법재판소의 노무현 대통령 탄핵 기각 결정은 제외하고라도 2004년 10월 21일에 내려진 헌법재판소의 신행정수도의 건설을 위한 특별조치법에 대한 위헌 결정은 정치적으로 예민한 사건들에 대한 사법부의 당시까지의 비독립적인 자세를 '극복'한 대표적인 사례였다. 헌법재판소는 행정수도 이전을 헌법개정을 통해서 이루어야 할 사항으로 보았으며, 국민의 국민투표권이 침해되었다고 판단하여 이 조치법을 위헌이라고 판결했다. 이 위헌 결정이 한국 민주주의 발전에 주는 의미는 정치적인 민감한 사항에 대해서도 사법부의 독자적인 판단이 가능해졌다는 점일 것이다. 그러나 다른 한편으로 이 위헌 판결은 한국 민주주의의 발전을 위해서 극복해야 할 또 다른 과제를 던져주었다. 서울이 수도라는 관행적 사실에서 관습헌법이라는 당위 규범이 인정될 수 없음에도 불구하고(헌법재판소 재판관 전효숙의 반대 의견) 관습헌법을 주장하면서 "결국 헌법재판소가 '대한민국 수도는 서울로 한다'라는 헌법 규정을 창설한 것이나 다름없다"(민주주의법학연구회, 2005: 454). 결과적으로 헌법재판소는 헌법을 개정 및 제정까지 할 수 있는 기관으로 '승격'한 것이다. 헌법재판소의 이러한 판결은 '헌법재판이 헌법의 지배자'(서경석, 2005: 409)가 되는 명백한 월권 행위이다. 헌법재판소는 자의적인 근거를 바탕으로 판결함으로써 해석의 객관성과 법적 안정성을 스스로 해쳐버린 것이다. 이러한 헌법재판소의 월권행위는 한국의 신생 민주주의가 극복해야 할 또 다른 과제가 아닐 수 없다.

한편 행정부의 영향력은 대통령이 입법 과정에 미치는 영향력 덕분에 강화된다(Croissant, 2000). 한국 대통령이 소유하고 있는 법률안제출권과 입법부에서 제정된 법안에 대한 거부권은 여기에 해당한다.

법치국가적 민주주의 원칙 훼손

무엇보다도 한국의 행정부를 영향력 있게 만드는 것은 입법부로부터 광범위하게 넘겨받은 위임입법권이다. 입법부는 헌법에 근거하여 입법권을 소유한 유일한 기관이지만, 한국의 위임민주주의 체제에서 대통령을 포함한 행정부는 입법부로부터 넘겨받은 위임입법권과 관련해서 광범위한 권한을 행사할 수 있다. 행정부의 이 위임입법권은 "행정부로 하여금 정책을 공격적으로 형성하게 하거나 결정하게 하고, 이러한 결정들을 실현시키는 것을"(Croissant, 2002: 42) 가능하게 한다. 비록 행정부의 이러한 위임입법권은 행정국가가 필수적으로 요청되는 오늘날에는 그 자체로 불가피한 것이고, 문제가 되는 것은

〈표 10-2〉 각 정부 법령 건수

	대통령	법률(a)	대통령령(b)	총리·부령(c)	계(d)	a/d(%)
1988~1992년	노태우	869	1,289	1,053	3,211	27
1993~1997년	김영삼	952	1,319	1,129	3,400	28
1998~2002년	김대중	1,026	1,372	1,251	3,649	33
2003~2007년 2월 현재	노무현	1,169	1,563	1,410	4,142	28

자료: 법제처(2007) 통계를 근거로 계산.

아니다. 그러나 이러한 행정부의 위임입법권이 과도하게 행사되어 삼권분립 원칙의 경계를 넘어서는 경우에는 문제가 된다. "헌법적으로나 혹은 위임된 법규명령 권한이 행정부에 강력하게 집중되는 것은 위임민주주의 체제의 출현을 촉진시킨다"(Croissant, 2002: 42). 한국의 신생 민주주의 체제에서 나타나는 것과 같이 행정부에 광범위하게 넘겨진 위임입법권은 행정부를 실제적인 입법권자로 만들며, 입법부를 내용 없는 법을 만드는 형식적인 입법권자로 만든다. 2007년 2월 28일 현재 법령 현황을 보면 국회에서 제정된 법률 수는 1169개인 반면 행정부에서 제정한 법규명령은 2973개나 되어서 행정부에서 제정된 법규명령의 비율이 전체 법령에서 72%나 차지하고 있다는 것을 알 수 있다(〈표 10-2〉). 더욱이 민주화 이후 미약한 정도일지라도 법률의 비중이 김대중 정부까지는 커지고 있었던 반면에 노무현 정부에 들어와서 오히려 다시 행정부의 법규명령의 비율이 확대된 것을 볼 수 있다. 따라서 이것은 노무현 정부 출현 이후 입법 분야와 국가정책 분야에서 행정부의 기능이 더욱 확대되었다는 것을 의미한다.

이와 같이 입법부로부터 광범위하게 넘겨받은 위임입법권 때문에 한국의 위임민주주의 체제에서 행정부는 사회복지정책을 실질적으로 통제할 법적 수단을 소유하게 된다. 입법부가 제정한 사회보장법에는 추상적·형식적 수준에서 국민의 사회권이 규정되어 있고, 이것에 대한 구체적이고 실질적인 내용들은 행정부에 위임된 위임입법들에 의해 규정되면서, 행정부는 사회권의 실질적인 범위를 통제할 수 있는 권한을 소유하게 된다. 사회권이 행정부에 의해서 임의로 통제될 수 있는 현재의 법 구조의 근본적인 문제는 이러한 법 구조가 민주주의 원칙에 기초한 정당성을 얻을 수 없다는 데 있다. 민주주의와 법치국가 원리에 따르면 국민의 권리와 의무는 국민의 대표 기관인 입법부에 의해 규정되어야 하고, 이러한 경우에만 정당성을 얻게 된다. 특히 오늘날과 같이 복지국가의 발전으로 사회권이 기본권에 상응하는 권리로 간주되는 시대에서 민주주의와 법치국가의 원칙이 사회보장법에도 적용되는 것은 당연한 것이다. 클라우스 슈테른Klaus Stern은 민주주의와 법치국가원칙이 사회보장법에도 적용될 수 있다고 보는 논리적 근거로 모든 사회적 급여들이라는 것은 시민들로부터 거두어들이는 재원에 의존하고 있다는 점을 들고 있다. 따라서 침해(조세 징수 등)와 급부 사이의 상호의존성은 "분배 시에 국민에 의해 직접 선출된 조직에 의한 정당성을 민주주의 원칙에 비추어 상당한 정도 필요로 한다". 이러한 주장과 같은 맥락에서 독일 사회법 제1권 제31조는 입법부에 의해서 제정된 법에 의해서만 사회법의 급여 영역에서의 권리와 의무의 근거가 마련되고, 확정되고, 변경되고, 폐지될 수 있다고 규정하고 있다.[9] 그러므로 독일 입법부는 사회법에 규정된 급여에 관한 근본적인 문제들을 스스로 결정해야 한다는 것을 인정한다(Stern, 1984: 810). 그런데 한국의 입법부는 자신의 권리이며 의무인 사회보장법에 대한 입법의무를 포기하고, 행정부에 입법권을 위임하여 행정부가 사회권의 핵심적인 내용들을 규정하게 하면서 법치국가적 민주주의 원칙을 훼손시키고 있다. 사회보장법의 핵심적인 사항들이 행정부에 의해 결정되는 법 구조의 실제적인 문제는 국민의 사회권이 행정부에 의해 임의적으로 통제될 수 있다는 데 있다. 행정부의 법규명령을 보지 않고 입법

9) 법률유보: 법률이 규정하거나 허용할 때만 사회법의 급여 분야와 관련된 권리와 의무는 정당화되고, 확정되고, 변경되고, 폐지될 수 있다(사회법 제1권 제31조).

부에 의해서 제정된 법률만으로는 국민에게 주어진 사회권의 범위가 어느 정도 되는지 예측 불가능하게 되는 것이 현실적인 문제이다.

한국의 건강보험은 짧은 기간에 전 국민을 가입 대상자로 포함하는 놀라운 성과를 보여주었으나, 불충분한 보장 수준 때문에 아직까지 질병으로부터 국민을 제대로 보호하지 못한다는 이중성도 갖고 있다. 낮은 보장 수준의 근본적인 원인은 의료비에 대한 높은 법정·비법정의 본인부담률에 있다. 문제는 법정·비법정 본인부담률이 행정부에 의해서 통제될 수 있다는 데 있다. 환자 본인부담 비용은 건강보험법 시행령 제22조 제1항 별표 2에서 규정된 법정 본인부담금과 건강보험법 제39조의 위임을 근거로 하여 제정된 '국민건강보험 요양급여의 기준에 관한 규칙'에 의해 건강보험 급여 대상에서 제외된 비법정 본인부담금으로 구성되어 있다. 이런 위임입법들을 근거로 해서 환자들이 2005년 지불해야 했던 전체 의료비 중에서 환자본인이 부담했던 비율은 48.1%에 달했는데, 이 중에서 법정 본인부담은 18.9%를, 비급여 본인부담금은 28.3%를 차지했다(정형선·신봉구, 2006: 35). 이런 높은 본인부담금이 의미하는 바는 결국 한국 건강보험의 보장성은 시행령과 시행규칙, 심지어 행정규칙인 고시나 훈령을 통해 좌우된다는 것이다. 국민의 건강권과 같은 중요한 사항은 민주주의 원칙에 따르면 입법부에서 결정되어야 한다. 그리고 법치국가 원칙에 따라서 입법부가 제정한 법률에 그 핵심적인 사항이 담겨 있어야 하는 것이다.

건강권뿐만 아니라 국민의 생존권 역시 한국의 위임민주주의 체제에서는 행정부에 의해 통제되는 것을 알 수 있다. 비록 국가가 국민의 생존권을 보장한다는 국민의 권리가 입법부가 제정한 법률에 규정되어 있을지라도 한국에서는 행정부의 법규명령에 의해 규정되는 수급 조건들의 강화나 약화를 통해서 국민기초생활보장제도의 수급권의 통제가 가능한 구조를 보여주고 있다. 국민기초생활보장제도의 수급자가 되기 위해서는 개별가구가 조사를 받는 기본 단위가 된다(국민기초생활보장법. 이하 기초보장법 제2조 제7항). 이 범위가 시행령으로 규정되도록 위임되고 있는 것은 제외하고라도 기초보장법 제2조 제9항과 제10항은 개별가구의 소득을 파악하는 방식을 행정부에 위임하면서, 행정부가 수급자의 수를 조정할 수 있도록 결정적인 영향력을 행사할 수 있는 수단을 부여하고 있다. 다른 한편 수급자로 인정받기 위해서는 행정부에 의해 계산된 개별가구의 소득인정액이 최저생계비 이하여야 한다. 그런데 행정부가 수급자의 범위를 조절할 수 있는 또 하나의 수단은 이 최저생계비를 결정할 수 있는 입법부로부터 위임받은 권한이다(기초보장법 제6조 제1항). 또한 제4조 제2항은 급여의 기준도 행정부가 결정하도록 위임하고 있다. 따라서 행정부는 국민기초생활보장제도에 할당된 예산에 따라서 수급자의 범위를 조정할 수 있는 '합법적 수단'을 소유하게 된다. 이와 같은 법 구조에서 국민의 생존권은 입법부에서 제정된 법률이 아닌 행정부의 법규명령에 의해 결정된다.

사회권을 통제할 수 있는 행정부의 이와 같은 '합법적인 수단'은 다른 사회보장제도에서도 발견된다. 고용보험법 제7조와 제8조는 고용보험의 적용이 제외되는 사업장과 근로자의 범위를 행정부가 결정하도록 위임하고 있으며, 제45조에서는 자기의 중대한 귀책사유로 해고되거나 정당한 자기 사정없이 직장을 그만둔 근로자에게 구직급여 자격을 허용하지 않으면서, 중대한 귀책사유나 정당한 자기 사정에 대한 해석을 행정부가 하도록 위임한다. 또한 구직급여의 수준도 행정부에 위임된 구직급여를 산정하는 기준이 되는 임금일액을 결정하는 권한 때문에 행정부에 의해 통제되고 있다(고용보험법 제35조 제5항). 산업재해로부터 보호되어야 하는 근로자의 권리 또한 행정부에 의해 통제된다. 근로자의 부상, 질병, 신체장애 등은 무조건 산업재해로 인정받을 수 있는 것이 아니고, 이것이 업무상의 재해로 인정되어야만 급여 혜택을 누릴 수 있다. 그런데 산업재해보상보험법 제4조 제1항에서는 업무상의 재해 인정기준을 행정부가 마련하도록 위임하고 있다. 시행규칙 제32조에서 제39조까지 업무상 재해의 기본원칙들이 규정되어 있다. 한편 근로자의 부상, 질병 등이 업무상 재해로 인정을 받아도 요양급여는 행정부가 정한 범위에서만 허용이 되도록 제40조 제5항에서 규정하고 있다.

이와 같이 사회보장제도들의 핵심 내용인 급여 대상자 범위, 급여 범위와 수준, 급여 조건 등이 행정부의 시행령, 시행규칙 등의 법규명령이나 고시, 훈령 등의 행정규칙으로 통제되고 있는 한국 위임민주주의 체제의 특징은 궁극적으로 저발전된 한국의 정당체제에서 결과된 것이다. 무엇보다 한국정당제도의 저발전은 권위주의 시기에 확대된 관료제에 기반을 둔 비대해진 행정부의 역할에서 기인한다. 당시 중요한 국가정책은 권위적 집권층과 기술관료 집단에 의해서 결정되고 추진되었다. 이런 상황에서 입법부는 국가정책과 관련해서 전문성을 키울 수 있는 기회를 가질 수 없었던 것이다. 이런 전문성은 단기간 내에 확보되는 것이 아니기 때문에 민주화 후에도 여전히 한국의 입법부가 행정부에 비해 전문성이 떨어지는 것이 사실이다. 따라서 전문적인 영역에서 현재와 같이 입법부가 행정부에 의지하는 것은 당연한 것처럼 보인다.

그러나 이런 역사적 한계에서 유래하는 전문성의 결핍만이 오늘날 입법부가 자신의 고유한 권리이자 의무인 입법권을 행정부에 양도하는 행태의 유일한 원인이라고 할 수는 없다. 정당들이 정책을 개발하고 발전시키는 데에 있어서 무능력한 또 다른 원인은 한국의 정당체제는 여전히 냉전반공주의를 이념적 기반으로 하고 있는 보수독점정당 체제이기 때문에 다양한 사회계층의 이해를 광범위하게 대변하지 못하는 구조적 한계를 갖고 있는 데 있다(최장집, 2005: 241~256). "이런 조건에서 기존의 정당체제가 사회현실과는 무관한 엘리트 카르텔의 폐쇄회로 속에서 움직이는 것은 당연하다. 그들은 자신의 정치언어가 서민대중의 삶과 어떤 직접적인 관계가 있는지에 대해 진지하게 고민하지 않는다. 많은 중요한 사회적 문제들이 진지한 정책대안의 주제에서 배제되기 일쑤이고, 또 일부 포함되어 있다고 하더라도 내용 없는 선정적 담론에 불과한 경우가 허다하다"(최장집, 2005: 256).

이와 같이 한국의 현 정당들이 대변할 수 있는, 사회 각 계층의 이해를 반영하는 정책의 범위가 한정되어 있기 때문에 이런 정당들로 구성된 입법부가 국민의 권리와 의무와 관련된 사회보장법의 중요한 내용들을 스스로 결정하지 않고 위임의 형태를 통해서 행정부로 하여금 결정하게 하는 행태를 보이고 있는 것이다. 따라서 위임입법을 근거로 해서 사회권과 관련된 국민의 권리와 의무까지 통제하는 행정부의 행태는 당연한 것으로 간주되어서는 안 되는 것이다. 왜냐하면 입법부 스스로의 '탈권력화Selbstentmachtung'와 행정부의 광범위한 위임입법권 때문에 국민의 사회권의 실체가 불투명한 채로 남아 있기 때문이다.

행정부 정책 철학의 우위

입법부로부터 광범위하게 넘겨받은 위임명령을 제정할 수 있는 행정부의 권한 때문에 한국의 위임민주주의 체제에서는 사회복지정책에 대한 행정부의 정책 방향이 사회복지의 수준을 결정하는 중요한 변수 중의 하나가 된다.[10] 위임민주주의 체제에서 자신이 선호하는 정책을 관철시킬 수 있는 행정부의 능력은 과거 권위주의 시기의 행정부보다는 작지만, 뿌리내린 민주주의의 행정부가 갖고 있는 능력보다는 상대적으로 크기 때문이다. 따라서 한국의 위임민주주의 체제에서 행정부가 여전히 과거 권위주의 체제에서 선호된 경제성장 우선정책이나 (신)자유주의적 정책을 선호한다면 행정부의 이러한 입장은 뿌리내린 민주주의에서보다 훨씬 더 쉽고, 광범위하게 복지정책에 영향을 미치게 된다.[11] 이런 위임입법 위주의 정책 결정 구조에서는 야당이 사회복지정책

10) "예를 들어서 국가간섭주의적 철학을 갖고 있는 정부들에 의해 사회정책이 우선적으로 추진된다. 유럽의 계몽적인 절대국가들에서처럼 사람에 대한 시혜가 정치적 집권자의 전통에 속했던 곳에서는 사회정책이 대중민주주의의 시기에는 이러한 사상으로부터 혜택을 얻게 된다. 반대로 미국에서와 같이 정부의 철학이 시장과 개인에 맞추어져 있다면, 사회정책에 대한 관심은 줄어들게 된다"(Schmidt, 2004: 51).

11) 진료비의 많은 부분을 환자 자신이 부담하게 하는 건강보험제도, 스스로 직장을 그만둔 근로자에게는 구직급여의 권리를 허용하지 않는 고용보험제도, 근로 가능한 빈곤층이 생계급여를 지원받기 위해서는 제공된 근로의무를 이행해야 하는 국민기초생활보장제도, 점점 축

결정 과정에 실질적으로 영향을 미칠 수 있는 제도적인 장치가 없기 때문에 위임민주주의 체제는 행정부의 정책 결정 방향이나 철학이 미칠 수 있는 영향력을 더욱 강하게 만든다. 행정부의 영향력을 강하게 하는 이러한 구조의 문제는 정책이 일방적으로 빠르게 결정되면 될수록 그만큼 정책은 실패할 확률도 높아지고, 쉽게 사회적 저항에 부딪히게 되어 국민의 지지를 얻지 못하게 된다는 데 있다(O'Donnell, 1994: 62 이하).

의회에서의 정치 과정 생략

무엇보다도 한국 위임민주주의의 특징인 과도한 위임 현상이 한국 사회복지 발달을 한계 짓는 구조적인 원인은 과도한 위임 현상이 의회에서 사회복지가 발전될 수 있는 정치 과정을 생략시키는 데에 있다. 뿌리내린 민주주의에서는 사회복지정책의 핵심적인 사항들이 의회에서 결정되는 구조를 갖고 있다. 이런 구조에서 정당들은 의회에서 사회복지정책의 핵심적인 사항들을 정치적인 도구로 삼아서 유권자를 확보하기 위해서 경쟁해야 한다. 이 경쟁이 사회복지를 발전시키는 동력이 되는 것이다. 그러나 한국의 위임민주주의 체제에서는 사회복지제도의 급여 대상자, 급여 수준, 급여 조건 등의 중요한 항목들이 행정부에 의해 결정되는 구조를 갖고 있기 때문에 현재와 같은 법 구조에서는 정당들이 의회 내에서 쟁점화할 만한 사항들을 별로 갖고 있지 못하다. 물론 어떤 사회보장법이 제정이나 개정될 때에는 한국의 위임민주주의 체제에서도 입법부에서 정치 과정이 생겨나는 것은 사실이다. 그런데도 이러한 정치 과정은 매우 제한되어 나타난다는 것이 지적되어야 한다. 한국의 위임민주주의 체제에서는 입법부는 일반적으로 추상적 수준에서 사회보장법을 다루

소되고 있는 국민연금급여 수준 등은 민주화 이후 들어섰던 정권들이 먼저 시장에서 자신의 능력으로 자신의 생계를 마련해야 하는 것을 강조하는 신자유주의 노선을 벗어나지 못하고 있다는 것을 증명한다.

고 있기 때문에 사회보장법의 구체적이고 핵심적인 사항들에 대한 정치적 논쟁은 거의 발생하지 않는다. 대부분의 경우 이러한 세부적이고 핵심적인 사항들은 행정부에 위임되어 위임입법으로 규정된다. 따라서 이러한 구조에서는 사회복지정책의 세부 항목들에 대한 입법부에서의 일상적인 정치 과정이 생략되기 때문에 사회복지정책이 정당들에 의해서 정치도구로 사용되는 경우는 제한된다. 결과적으로 한국의 위임민주주의에서는 정치도구로서의 사회복지정책의 역할은 미미한 수준에 머물게 된다. 유권자들의 삶과 밀접하게 연관되어 있는 사회보장법의 핵심 사항이 행정부에 의해서 결정되고 있기 때문에 정당들이 선거에서 혹은 국회에서 유권자를 확보하기 위해서 쟁점화할 수 있는 사항은 그렇게 많지 않게 된다.[12] 결국 사회복지제도를 매개로 해서 정당과 유권자가 연결될 수 있는 고리가 약하게 연결되어 있거나 끊어져 있는 것이다.[13] 따라서 이런 구조에서는 정당들의 경쟁을 통해 사회복지가 '공격적으로 발전'될 수 있는 기반이 없기 때문에 정치 과정에 의한 사회복지의 성장은 제한된다. 이러한 현상은 한국의 정당들이나 입법부가 자신에게 주어진 입법권의 권리와 의무를 스스로 포기하면서 나타나는 결과이다.

사회적 합의 구조 부재

입법권과 관련해서 입법부가 스스로 탈권력화하는 것 때문에 한국 사회복

12) 한국의 위임민주주의 체제는 정당들이 사회복지정책을 정치도구로 사용하지 못하게 하는 구조적인 한계를 제공하지만, 이것만이 정치도구로서의 사회복지정책의 역할을 제한하는 것은 아니다. 한국의 정당이 정권을 획득하기 위해서 사용하는 가장 주요한 정치도구는 유권자들에게 지역주의 정서를 부추기는 것이다. 지역주의 정서를 기반으로 해서 선거의 승패가 결정되는 현 상황 때문에 사회복지정책은 정치도구로서 의미 있는 역할을 하지 못하고 있는 것이다.

13) "앞에서 말했듯이 하나의 정당과 정부가 사회 부문과 연결되고 사회에 기반을 가질 수 있는 것은, 보통사람들의 경제적·물질적 삶의 내용에 직접 영향을 미치는 경제정책과 사회정책을 다룰 수 있을 때 가능하다"(최장집, 2005: 287).

지의 발전이 지체되는 것은 여기에서 그치지 않는다. 현재와 같은 저복지 상태[14]를 극복하기 위해서는 복지 재원이 현재보다 더 많이 필요하다. 이 때문에 국민이 지금보다 더 많이 세금이나 사회보험을 위한 보험료를 부담해야 한다는 것은 상식이지만, 행정부는 이것을 국민에게 요구하지 못한다. 세금이든지 보험료든지 재정을 부담해야 하는 국민의 동의가 필요하지만 위임입법으로 핵심 사항이 결정되는 현재와 같은 행정부 주도의 구조적인 틀에서 행정부는 국민의 동의를 얻어낼 수 있는 통로가 없다. 만일 행정부가 단독으로 사회보장 수준의 향상이라는 명목으로 국민에게 과도한 재정을 부담시키는 정책을 시행한다면 이 정책은 국민의 저항 때문에 성공하지 못할 확률이 성공될 확률보다 훨씬 크다. 따라서 국민의 저항이 예견되는 상황에서 굳이 위험한 정책을 시행할 이유도 없다. 이런 상황에서 행정부가 선택할 수 있는 사회복지정책에 대한 적극적인 운영 방침은 주어진 예산의 범위 내에서 사회복지제도를 운영하는 '방어적 발전 형태' 정도일 것이다.

보건복지부에서 매년 발표하는 최저생계비 이하의 소득을 갖는 절대빈곤층 비율은 경상소득을 기준으로 할 때 1996년에 3.09%였던 것이, 2006년 상반기에는 무려 11.54%에까지 이르러 네 배 정도 증가했다. 동시에 경상소득 기준으로 하위 1, 2분위의 점유율도 같은 기간에 8.72%에서 5.78%로 하락했다

14) 한국의 낮은 사회보장 수준은 다른 나라의 사회보장비 지출과 비교해보면 뚜렷하게 드러난다. 2003년 일인당 GDP를 보면 한국은 1만 9274달러, 포르투갈은 500달러 정도 적은 1만 8725달러, 멕시코는 한국보다 2.5배 정도 적은 9451달러였다(OECD, 2005). 그런데 이들 나라들의 사회보장비 지출을 보면 한국은 일인당 GDP에 비해 상당히 적게 사회보장비를 지출하고 있다는 것을 알 수 있다. OECD의 측정 기준으로 측정한 2003년 한국의 민간 및 공공부분을 포함하는 순사회복지 지출은 GDP 대비 9.1%였고, 포르투갈은 한국보다 거의 2.5배 많은 24.3%를 차지했고, 멕시코는 8.3%를 차지했다. 한국과 일인당 GDP가 2.5배 차이임을 고려할 때 멕시코는 우리보다 2배 정도 더 많은 사회보장비를 지출하고 있다는 것을 알 수 있다(OECD, 2007: 41). 따라서 이런 거친 비교·분석만으로도 알 수 있는 것은 한국의 사회보장비 지출과 사회보장 수준이 낮다는 것이다.

(강신욱 외, 2006). 결과적으로 이 기간 한국 사회에서 빈곤은 확대된 것이다. 그러나 국가에 의해서 생존권을 보호받는 수급자의 비율은 같은 기간 커다란 변화 없이 인구의 3% 정도를 차지하고 있다. 즉, 사회의 빈곤화는 지속적으로 확대되고 있으나 국가에 의해서 생존권이 보장되는 인구 비율은 고정되어 있는 것이다. 이와 같은 현상은 주어진 예산의 범위 안에서 사회복지제도를 운영하려는 행정부의 방침을 반영하고 있다. 기획예산처는 2001년 9월에 2002년도 정책 방향을 위한 책자에서 "국민기초생활보장제도 등은 규모 확대보다는 근로와 복지가 함께하는 생산적 복지 내실화에 중점 지원"(기획예산처, 2001: 44)한다는 정책 방향을 제시했고, "기초생활보장 대상자는 2001년 예산인원인 155만 명 유지"라는 세부 방침을 세웠다. 사회의 빈곤화 심화에 따라 국민의 생존권 보장을 위해 국가의 역할을 확대하는 것이 아니라 예산의 범위 안에서 복지제도를 운영하려는 행정부의 방침에 따라서 국가의 역할 범위가 규정되고 있는 것이다.[15] 이와 같이 주어진 예산의 범위 안에서 사회복지제도를 운영하려는 행정부의 정책 경향은 국민의 건강권을 책임지고 있는 국민건강보험제도에서도 나타난다. 행정부의 이와 같은 정책 경향은 정형외과 의사 정순택이 자신의 직업 경험을 바탕으로 현 건강보험제도를 분석한 논문에서 잘 드러나고 있다. 우선 보건복지부는 건강보험의 예산 증가를 막기 위한 방안 중의

15) 1999년 국민기초생활보장법이 제정되었을 때 부양의무자의 범위는 수급권자의 직계혈족, 배우자, 생계를 같이하는 2촌 이내의 혈족이었으나 2004년 이 조항이 1촌의 직계혈족 및 그 배우자로 축소되면서 수급 대상 조건이 완화되었다. 그러나 이 조항의 개정에도 불구하고 수급 대상자 숫자가 뚜렷하게 증가했다는 증거가 없다. 반면에 재산의 소득환산액을 계산하기 위해 기초생활의 유지에 필요하다고 복지부 장관이 인정하는 기본재산액은 2004년 이후로 변화가 없다. 이것은 부동산의 가치 증가에도 불구하고 기본재산액을 상향 조정해야 하는 것을 고려하고 있지 않다는 것을 의미한다. 결국 이것은 수급신청자의 소득인정액을 상승시키면서 수급기준을 강화시키는 결과가 되었다. 기본재산액의 동결 때문에 수급 조건이 강화되면서 부양의무자 범위의 축소로 인한 수급 조건의 완화 효과는 상쇄되었다고 볼 수 있다. 문제는 부양의무자의 실제적인 범위나 재산의 인정 범위가 행정부에 의해 통제되는 현실에 있다.

하나로 건강보험의 수가 산정에 결정적인 역할을 하는 상대가치점수를 사실상 동결시키고 있는 것이다. 정순택은 지난 20년 동안 건강보험 요양급여 기준의 처치 및 수술료의 항목이 거의 달라진 것이 없다고 분석하고 있다. 그래서 "새로운 치료나 수술에 대한 적용 기준이 없어 다른 기준에 억지로 맞추어 청구해야 하는 경우도 많은 실정이다". 또한 석고붕대를 절단하거나 수선하게 될 때, 전에는 기술료가 이를 처음 시행한 의료 기관에 지불되었는데 언젠가부터 이를 시행한 의료 기관에는 지급되지 않는 일방적이고 축소 지향적인 심사 기준이 적용되는 경우나 치료한 행위료를 청구하기 위해서 참조하는 심평원이 발행한 『건강보험요양급여비용』이라는 책자의 산정 기준에 따라서 청구를 해도 심사 사례나 심평원의 심사 직원 간의 관례나 자의적 해석 등에 의해 청구비가 삭감되는 경우가 많다. 이러한 사례들은 의료 기관에 지급하는 진료비 지출을 가능한 한 줄이고자 하는 복지부의 정책 방향을 반영한다(정순택, 2005). 아울러 상대적으로 고가인 약들의 대부분이 급여인정 기준을 좁게 잡고 허가 범위를 초과했을 경우 전부 환자가 부담하도록 하고 있는 것은 급여의 범위를 줄여서 재정 적자를 피하려고 하는 하나의 방편임을 알 수 있다. 따라서 국민의 생존권이 행정부의 예산에 기초한 정책 방향에 의해서 통제되는 것과 같이 건강권 역시 같은 정책 방향에 의해서 통제되고 있는 것이다. 국민의 생존권과 건강권 등과 같은 사회권의 온전한 보장을 위해서는 복지 재정의 확대가 필수적이기 때문에 궁극적으로 재정을 부담해야 할 국민의 동의는 반드시 전제되어야 한다. 그러나 국민의 동의를 이끌어낼 수 없는 한국 위임민주주의 체제는 한국의 사회복지 발달을 제한하는 또 다른 구조적 한계를 드러내고 있는 것이다.

이와 같은 구조적인 한계를 극복하고 사회적 합의를 바탕으로 사회보장 수준이 향상되기 위해서는 이해를 달리하는 각 사회집단의 대표들이 모여서 서로의 이해를 조율하는 '의식'이 필요하다. 이러한 의식을 통해 결정된 사항들은 민주적인 정당성을 담보하기 때문에 국민의 동의가 암묵적으로 주어진다.

입법부는 국민의 이해를 대변하는 기관으로서 이러한 의식이 일어나야 할 장소인 것이다. 입법부에서 벌어지는 이러한 정치 과정의 결과물이 법률이고, 이 법률 안에는 국민의 이해를 반영하는 핵심 사항이 담겨야 한다. 그리고 이 법률을 구현하는 것이 행정부의 헌법적인 역할이다. 뿌리내린 민주주의 체제일수록 이러한 과정들이 제도화되어 있는 것을 볼 수 있다. 이러한 정치 과정의 제도화를 위해서 법치국가와 민주주의 원칙의 준수가 전제되어야 한다.

3) 위임민주주의 아래에서의 사회복지정책 특성

위임민주주의 체제는 사회복지 발전에 제도적 장애물이 된다. 그럼에도 불구하고 위임민주주의 체제에서 사회복지정책이 경제적·사회적 위기 때에 혹은 선거 때에 국민의 신뢰를 얻는 도구 중의 하나로 사용되고 있는 것은 틀림없다. 왜냐하면 위임민주주의도 하나의 민주주의 체제로, 지배의 정당성이 국민에 의해 승인되어야 하기 때문이다. 다른 한편으로 위임민주주의 사회도 민주주의 사회의 한 유형이기 때문에 사회보장의 향상을 위한 사회적 요구들이 존재하고, 이러한 요구들이 부분적일지라도 이 체제의 복지 발전에 영향을 미치게 된다. 따라서 위임민주주의 체제에서는 권위주의 체제에서보다 사회복지가 양적으로 확대되고, 질적으로 향상되는 것은 틀림없다.

그러나 위임민주주의 체제에서 선거권의 확대나 시민단체의 발달과 같은 민주주의적인 요소에 의한 사회복지 발달은 위임민주주의 체제의 제도적 한계 때문에 제한적이다. 즉, 위임민주주의 체제에서는 국민의 이해가 국민이 선출한 입법부의 구성원들이 제정한 법에 반영이 되고, 이것을 행정부가 구현하는 메커니즘이 결여되어 있기 때문에 국민의 사회보장에 대한 요구와 이해는 입법부에 의해 반영이 되지 않거나 부분적으로만 반영된다. 입법부는 핵심적인 내용이 결여된 사회보장법을 제정하고 결여된 핵심 내용을 행정부가 채우도록 위임한다. 이런 위임민주주의의 메커니즘에서는 사회복지정책이 발전할 수 있는 중요한 추진력이 생겨나지 않게 된다.

위임민주주의 체제에서 사회보장의 수준은 궁극적으로 행정부가 제정하는 위임입법들에 의해 결정된다. 행정부가 중요한 사항을 단독으로 결정하는 구조에서는 사회적 합의를 이끌어내는 정치 과정이 생략된다. 행정부가 위임입법을 제정할 때 국민의 이해를 전혀 무시하지는 않겠지만, 행정부 위주의 결정 구조 형태에서는 국민의 이해가 최대한으로 반영될 수 없고, 국민의 이해는 행정부의 '허용기준' 안에서 선택적으로 수용될 수밖에 없다. 행정부의 허용기준이라는 것은 무엇보다도 예산의 범위 안에서 적자 없이 사회복지제도를 운영하는 것이다. 즉, 예산이 허락하는 범위 내에서 사회복지제도의 급여 향상이 허락되지만 그 이상은 행정부의 허용기준을 초과하기 때문에 제한된다. 예산의 범위 내에서 사회복지제도를 운영하려는 행정부의 운영 방침이 잘못된 것은 아니지만, 위임입법을 통한 행정부의 일방적인 결정 구조 형태가 사회적 합의를 통해 예산을 더 확보할 수 있는 길을 차단한다는 것은 문제이다.

급여 수준의 향상을 위해 많은 예산이 필요하다면 이는 사회적 합의를 통해 해결해야 할 문제이지만 위임민주주의 체제에서는 사회적 합의를 이룰 수 있는 제도적 장치가 부족하기 때문에 행정부는 복지제도 확대에 한계에 부딪히게 된다. 이러한 한계를 극복하기 위해서 행정부는 스스로 사회적 합의를 이끌어낼 수 있는 제도적 장치를 만들어야 하지만 헌법에 규정된 행정부의 기능에 따르면 이것은 행정부 자신이 해야 할 혹은 할 수 있는 영역이 아니다. 따라서 위임민주주의 체제에서 사회보장 수준의 향상은 사회적 합의가 필요한 곳에서 한계에 부딪히게 된다. 즉, 국민연금 대상자 중에서 많은 납부 예외자들, 낮은 건강보험의 보장성, 자발적 실업자에 대한 구직급여권 금지, 엄격한 산재판정 등은 사회적 합의를 통해서 해결해야 할 문제이지 기술적으로 해결될 수 있는 문제는 아니다. 따라서 사회보장 수준을 향상시키기 위해서는 한국 위임민주주의 체제가 갖고 있는, 입법부가 행정부에 입법권을 과도하게 위임하는 제도적 결함이 민주주의와 법치국가원칙의 준수를 통해 극복되어야 한다.

4. 결론: 위임민주주의 체제 아래에서의 사회복지 발달의 한계

정치체제의 변화와 관련된 사회복지정책의 연구에서 일반적으로 던져지는 질문들은 "어떻게 정치체제의 전환이 복지라는 정책 영역에서 국가의 정책 방향에 영향을 미쳤는가"(Rüb, 2004: 9) 혹은 '민주주의로의 전환을 가능하게 했던 조건들이나 도전들이 어떻게 국가의 사회복지정책에 각인되었는가'이다. 세부적으로는 정치체제의 전환에 의해 사회복지정책의 추진력이나 추진자들, 국가의 복지정책의 방향 혹은 사회복지정책의 성격 등이 변했는가에 관한 질문이 던져질 수 있다. 또한 그때마다 변화의 정도가 어느 정도였는가 하는 질문이 던져질 수 있다.

관료제가 확대된 권위주의에서 결함 있는 민주주의의 한 하위 유형인 위임민주주의로 전환된 한국 정치체제의 변화 속에서 사회복지정책 분야도 여러 변화들을 경험했다. 특히 권위주의 체제에서는 보장되지 않았거나 제한적으로만 허용되었던 정치권이 위임민주주의 체제에서는 크게 신장되면서 선거를 통한 권력 창출이 안정적으로 제도화되기 시작했다. 권력을 창출하는 도구인 선거의 규칙적인 시행은 정당들이 사회복지정책을 선거 승리를 위한 하나의 도구로 사용하게 했다(Schmidt, 2004: 44). 물론 선거 도구로서의 사회복지정책의 영향력이 뿌리내린 민주주의 체제에서보다는 매우 약하다는 것이 지적되어야 한다. 그러나 위임민주주의의 구조적인 한계 때문에 아직 영향력이 그렇게 큰 것은 아닐지라도 사회복지정책이 유권자의 표를 얻기 위한 하나의 도구로 사용되는 이와 같은 변화는 중요하다. 이는 권위주의 체제에서는 행사될 수 없었거나 형식적인 행사에 그쳤던 국민의 정치권이 위임민주주의 체제에서는 상당한 정도로 보장되기 때문에 가능한 것이다.

민주화 이후 무엇보다도 한국 사회에서 두드러진 발전을 보이고 있는 부분은 시민사회의 성장과 발전이다. 권위주의 시기 입법부와 정당이 제대로 성장하지 못했기 때문에 민주화 이후에도 이 기관이 자신의 역할을 제대로 수행하지 못하는 과정에서 시민사회는 국민의 이해를 대변하는 대체 세력으로 등장하게 된다. 다른 분야에서 국민의 대변자 역할을 하고 있듯이 사회복지 분야에서도 시민사회가 국민의 대변자 역할을 하고 있는 것을 볼 수 있다. 이와 같은 사회복지의 발전에 대한 시민사회의 참여와 기여는 권위주의 시기에는 관찰될 수 없는 것이었다.

민주주의 체제로의 전환 이후 일어나고 있는 사회복지 분야의 변화들은 궁극적으로는 사회보장 수준의 향상으로 나타나고 있다. 국가에 의한 국민의 생존권 보장이 법으로 명문화되는 것을 비롯하여, 사회보험의 급여 대상자 범위가 지속적으로 확대되고 있고, 급여 수준도 향상되고 있는 것을 볼 수 있다. 이러한 경향들은 권위주의 정권 아래에서 시행된 사회복지정책과는 차이가 있는 것이다.

정치체제의 전환 이후 사회복지 분야에서 일어나고 있는 이러한 긍정적인 변화들에도 불구하고 위임민주주의 체제에서도 과거 권위주의 체제에서 사회복지의 발전을 가로막았던 요소들이 여전히 남아 있음이 관찰된다. 비록 시민사회나 정당들이 과거 권위주의 시기보다는 활성화되어 사회복지의 발전에 기여하는 바가 있지만 정당제도나 입법부가 아직 덜 성숙했고, 정당이나 유권자 층이 매우 유동적이고, 정책에 중심을 둔 선거 전략도 기반이 아직 갖추어져 있지 않고, 갑작스러운 정책의 변경(O'Donnell, 1998: 113) 등으로 인해 사회복지의 발전에 미치는 시민사회나 정당의 영향력은 위임민주주의 체제에서 아직까지는 광범위하다고 볼 수 없다.

무엇보다도 위임민주주의 체제로의 전환 이후에도 권위주의 체제의 유산으로 남아 있는 것 중에서 가장 핵심적인 것은 행정부에 의한 사회복지정책을 포함한 국가정책의 주도이다. 비록 위임민주주의 체제에서 나타나는 행정부의 사회복지정책을 포함한 국가정책의 주도권이 권위주의 체제 당시 최고 권력자의 지지하에서 행사되었던 것보다는 작을지라도, 혹은 권위주의 체제와는 비교가 되지 않을 정도로 민주주의적인 원칙이나 법치국가적인 원칙에 따라서 행사된다고 할지라도, 여전히 법치국가와 민주주의 원칙을 충분히 준수하면서 행사되고 있다고 보기 어렵다. 왜냐하면 한국의 위임민주주의 체제에서는 입법부로부터 광범위하게 넘겨받은 행정부의 위임입법권은 법치국가와 민주주의의 원칙을 훼손하고 있기 때문이다. 따라서 위임민주주의 체제에서 광범위한 위임입법권을 근거로 행사되는 행정부의 사회복지정책에 대한 주도권은 과거 권위주의 체제 아래에서의 강력한 행정부 모습과 유사한 점이다. 그러므로 민주화 이후에는 행정부의 광범위한 위임입법권이 사회복지정책의 분야에서 강한 행정부를 제도화하고 있는 것이다.

위임민주주의 아래에서 제도화되어 있는 이러한 과도한 위임 현상은 법치국가와 민주주의의 원리를 훼손시키면서 사회복지 발전에 한계를 가져온다. 왜냐하면 사회복지정책에 대한 행정부의 주도권이 제도화되어 있기 때문에 행정부의 정책 입장이 어떤 것이든 상관없이 위임민주주의 체제에서는 사회복지 발달이 제한되는 구조를 갖는다. 즉, 행정부가 시장 친화적인 사회복지정책을 선호한다면 자신의 합법적인 권한을 이용해서 사회복지의 발달을 가능한 억제시킬 것이기 때문에 사회복지의 발달은 뿌리내린 민주주의에서보다는 지체될 것이다.[16] 다른 한편 반시장적인 사회복지정책을 선호하는 행정부는 자신의 진보적인 사회복지정책을 관철시킬 수 있는 법적 수단은 소유하지

---

16) 그러나 다른 한편으로는 친시장적인 사회복지정책을 선호하는 행정부일지라도 기존에 도입된 사회복지제도를 폐지한다든가 사회복지 재정을 갑자기 삭감하는 정책을 선택할 가능성은 없다. 왜냐하면 위임민주주의도 민주주의이기 때문에 친시장적인 행정부일지라도 일정 정도 국민의 사회복지 욕구를 충족시켜야 하기 때문이다. 특히 한국은 국제적인 비교에 있어서나, 절대적인 수준에서 사회복지 재정의 확대가 필요한 상황이기 때문에 친시장적인 행정부가 정권을 획득한다 해도 갑작스럽게 복지 재정을 삭감하는 정책을 도입할 가능성은 희박하다. 다만 이 행정부는 국민으로부터 비난받지 않는 것을 목표로 현재와 같은 낮은 수준에서 사회복지제도를 운영하고 복지정책을 도입할 가능성이 높다. 따라서 폴 피어슨(Paul Pierson, 1996)의 주장과는 달리 선진 복지국가들에서만 '비난회피(blame avoidance)'의 복지정책이 추구되는 것이 아니라, 한국과 같은 후진 복지국가에서도 국민으로부터의 비난을 면하는 것이 목표인 복지정책이 사용될 가능성은 항상 존재한다.

만, 이것을 실현시킬 수 있는 재정 수단을 현실적으로 소유하고 있지 못하기 때문에 자신이 선호하는 정책을 실현시킬 수 없는 제도적 한계에 부딪힐 것이다. 즉, 현재 한국의 낮은 복지 수준을 향상시키기 위해서는 지금보다 훨씬 더 많은 복지 재정이 확보되어야 하는데 조세의 형태이든 보험료의 형태이든 국민이 이것을 부담해야 하는 주체가 될 것이다. 이러한 경우에 국민의 복지 재정 부담을 국민이 체감할 수 없을 정도로 장기적·점진적으로 증가시키는 정책 방향이 선택되지 않고 단기적·일시적으로 증가시키는 정책 방향이 선택된다면 국민의 동의 확보는 필수적이다.[17] 그러나 행정부 주도의 사회복지정책 결정 구조에서는 행정부 스스로 국민의 동의를 얻을 수 있는 제도적 장치를 갖고 있지 않다. 기껏해야 행정부는 대중매체를 통해 국민이 행정부의 정책 방향을 이해하고 따라주기를 요청할 수 있을 뿐이다.

위임민주주의 체제가 갖고 있는 사회복지 발전을 위한 이러한 제도적 한계 때문에 사회복지정책 분야에서 나타나는 행정부의 정책은 '방어적 발달' 경향을 띠는 것을 알 수 있다. 다른 어떤 정권에서보다도 사회복지정책을 적극적으로 추진했다고 여겨지는 김대중·노무현 정부에서조차 사회복지정책의 방향은 예산의 범위 내에서 복지제도를 운영하는 것이었다. 이것은 현재와 같은 위임입법에 기초한 행정부 주도의 구조에서 행정부가 선택할 수 있는 최선의 방법이라고 볼 수 있다. 복지비용을 국민에게 무리하게 요구하지 않으면서 기존 복지제도를 재정 파탄 없이 '무난하게' 운영하는 것이 최선의 목표가 되는 것이다.

위임민주주의 체제 아래에서 사회복지의 발달을 제한하는 행정부 주도의

17) 대통령의 임기가 5년 단임제로 제한된 현재의 정부 형태는 장기적으로 목표를 달성하려는 정책 방향이 채택될 수 없는 구조적인 한계를 갖는다. 따라서 복지 확대를 목표로 하는 반시장적인 정부의 정책 선택의 폭은 국민의 저항을 무릅쓰고 일시적으로 국민의 부담을 증가시키는 방안 이외에는 그렇게 넓지 않다. 그러나 국민의 저항 때문에 이러한 정책의 실패 가능성은 그만큼 커지게 된다.

제도화된 사회복지정책 결정 구조를 극복하기 위해서는 국민의 권리와 의무가 국민의 이해를 대변하는 기관인 입법부에서 결정되는 구조를 가져야 한다. 뿌리내린 민주주의 체제에서는 사회 각 집단의 이해를 반영하는 정책 결정 구조가 입법부 안에 제도화되어 있기 때문에 행정부의 정책 방향이 일방적으로 관철될 수 없다. 현재 한국의 낮은 사회보장 수준을 향상시키기 위해서는 상당한 복지 재원이 추가적으로 필요한데 이 재원을 마련하기 위해서는 결국 국민의 부담이 지금보다는 훨씬 더 증가해야 한다. 이 문제에 대해서 한국 사회의 구성원들은 각기 다른 입장이 있을 것이다. 이러한 상이한 입장들이 입법부 안에서 대변되어야 하고, 어떤 식으로든 입법부에서 합의점을 찾는다면 이 정책은 국민의 동의를 바탕으로 하기 때문에 무리 없이 추진될 수 있을 것이다. 이러한 정치 과정이 제도화되면 한국식의 뿌리내린 민주주의 체제에서 한국식 복지체제가 형성될 것이다.

다른 한편 입법부가 사회복지제도의 중요 사항을 결정하는 구조가 제도화된다면 정당들의 전문성이 증가하면서 국민의 이해를 대변할 수 있는 기능도 향상될 것이고, 아울러 정당들은 유권자를 확보하기 위해서 사회복지정책을 선거 승리의 수단으로 본격적으로 이용하게 될 것이기 때문에 이것에 상응하여 복지 수준이 향상될 것이다. 따라서 한국 의회의 '무능과 무책임'을 개선할 수 있는 방안 중의 하나는 의회에게 국민의 권리와 의무에 관한 중요한 사항에 대해서 스스로 결정할 수밖에 없는 법 구조를 만들어주는 것이다. 의회에게 책무를 지움으로써 자신의 권리이자 의무인 입법권을 행사할 수밖에 없도록 하는 법 구조를 만드는 것이다. 입법부가 사회보장법의 중요 항목들을 스스로 결정하는 구조를 갖기 위해서는 현재와 같이 사회보장법의 핵심 사항들을 행정부에 위임하는 형태가 아니라 입법부 스스로 결정하는 법 구조로 바뀌어야 한다. 이러한 전환은 한국 위임민주주의가 법치국가와 민주주의 원리를 준수하는 뿌리내린 민주주의로 발전하기 위한 필수 사항이기도 하다.

제11장

위임민주주의에서의 사회복지 발전과 한계
노무현과 이명박 정부를 중심으로[1]

1. 서론

김대중 정부는 집권 기간에 사회복지정책 분야를 여러 차례 개혁했다. 그 결과로 김대중 정부의 사회복지정책 개혁의 성격을 규명하려는 학계의 많은 시도가 있었다(김연명, 2002; 정무권, 2009). 김대중 정부 집권 후 현재까지 노무현과 이명박 정부가 집권을 마쳤다. 두 정부의 집권 기간에도 국민연금 개혁, 노인장기요양보험 도입 등과 같은 사회복지정책 분야의 개혁은 계속되었다. 하지만 두 정부의 사회복지정책을 분석한 연구의 양은 김대중 정부의 사회복지정책을 분석했던 연구보다는 매우 적다. 더욱이 두 정부를 묶어서 연구한 결과물은 극히 드물고, 각 정부를 개별적으로 연구한 결과물이 대부분이다.

노무현 정부의 사회복지정책 평가는 성과와 한계를 동시에 지적한다는 특

---

1) 제11장은 이신용, 「위임민주주의에서 사회복지의 발전과 한계: 노무현과 이명박정부를 중심으로」〔≪마르크스주의연구≫, 13(1), 2016, 166~210쪽〕를 수정·보완한 것이다.

징이 있다(양재진, 2008; 이태수, 2009; 김영순, 2009). 노무현 정부가 사회복지정책을 확대하기도 했지만, 소득 양극화와 같은 한계도 노출했기 때문인 것으로 보인다. 공통적으로 언급하는 성과는 노무현 정부가 꾸준히 사회복지 재정을 확충했다는 것이다. 아울러 노인장기요양법 제정, 근로장려세제 도입, 적극적 노동시장정책 확대와 같이 노무현 정부가 새로운 사회보장제도의 도입과 기존 제도의 개혁에 노력했다고 분석하고 있다. 반면에 기존의 발전주의적 복지체계를 전환하지 못한 점, 사회 양극화를 극복하지 못한 점, 사회복지정책에 대한 국민의 지지를 끌어내지 못한 점을 노무현 정부의 한계로 들고 있다. 심지어 조영훈(2008)은 의도하지 않았을지라도 노무현 정부는 신자유주의적인 사회복지정책을 폈다고 주장한다. 반면에 김원섭(2008)은 복지증진을 국가 목표로 설정하고, 앞에 언급한 성과를 낸 노무현 정부의 사회복지정책은 신자유적인 성격을 갖고 있지 않다고 본다.

이명박 정부 때도 사회복지 지출은 증가했다. 하지만 정책적 의지에 의해서 증가한 부분보다는 사회보장제도의 성숙이나 노무현 정부 때 추진되던 정책이 이명박 정부 때 실현되어 증가한 부분이 크다는 입장이 다수이다(김교성·김성욱, 2012; 김원섭·남윤철, 2011; 최재성, 2010). 다만 이명박 정부는 대규모 감세정책으로 미래의 복지 지출에 장애물을 놓거나 기초생활보장 수급자를 축소하고 임시방편적인 프로그램을 도입하는 이중적인 모습도 보이고 있다고 분석한다(김교성·김성욱, 2012: 145).

지금까지 살펴본 선행 연구들은 두 정부를 각각 개별적으로 분석했다. 반면에 성경륭과 김순영은 두 정부를 동시에 다루고 있다. 성경륭은 노무현과 이명박 정부에서 모두 사회복지 발전이 있었다고 본다. 다만 두 정부가 강조한 정책 분야가 다르다고 본다. 노무현 정부는 소득보장에 강조점을 둔 소득보장형 사회투자 복지국가를 지향한 반면에 이명박 정부는 노동을 강조한 생산주의형 사회투자 복지국가를 지향했다고 분석한다. 이렇게 두 정부의 사회복지정책 성격에 차이가 있었지만 공통적으로 두 정부가 사회복지를 발전시킨 이유는 무엇보다도 선거에서 복지를 정치 수단으로 사용했고, 시장의 요구를 반영하여 사회투자 국가를 지향했기 때문이라고 본다. 특히 노무현 정부 때 높은 선거 경쟁, 정파성, 광범위한 정치연합, 지역주의 쇠퇴라는 정치 요인이 노무현 정부의 복지를 발전시킨 주요한 요인으로 본다. 반면에 이명박 정부에서는 2010년 지방선거나 18대 총선과 같은 선거요인도 있지만 글로벌 금융위기, 사회보장제도의 성숙, 전 정부 때 있었던 복지정책의 계승에 의해 복지가 발전한 원인도 강조한다(성경륭, 2014). 김순영은 이명박 정부의 사회복지정책의 성격을 근로강제형복지, 잔여적 복지, 성장우선복지, 시장중심복지로 규정한다. 그리고 이런 성격은 김대중과 노무현 정부의 사회복지정책을 계승한 결과라고 보았다(김순영, 2011: 137 이하).

선행 연구들에서는 노무현 정부와 이명박 정부에서 사회복지비의 지출 증대와 사회보장제도의 확대 같은 발전이 있었고, 그 원인은 사회보장제도의 성숙, 선거경쟁 등으로 분석한다. 물론 발전의 한계도 분석하는데, 정부의 신자유주의적인 성격이 한계의 원인으로 분석되고 있다. 그런데 이 연구들에서는 사회복지의 발전과 한계의 원인이 개별적으로 분석되는 공통점을 보인다. 동일한 원인으로 두 정부에서의 사회복지 발전을 분석하는 선행 연구는 성경륭 외에는 없다. 하지만 성경륭은 두 정부의 한계를 동일한 원인으로 분석하지는 않았다. 따라서 두 정부 모두에서 사회복지의 발전과 한계가 동일한 원인에서 발생했다는 것을 포착하고 분석한 선행 연구는 없다고 볼 수 있다. 이 글에서는 두 정부의 사회복지의 발전과 한계를 동시에 불러일으켰던 원인을 한국의 위임민주주의 체제에서 찾으려고 한다. 어떻게 위임민주주의 체제가 사회복지의 발전과 한계에 동시에 영향을 미치는가를 노무현 정부와 이명박 정부의 사회복지정책과 관련해서 분석할 것이다.

2절에서는 위임민주주의와 사회복지정책이 어떻게 관계하는지에 대해 이론적인 내용을 기술했다. 3절에서는 노무현 정부와 이명박 정부에서 한국 민주주의 발전이 사회복지 발전에 긍정적인 영향을 미친 사례들을 분석하여 민주주의가 사회복지 발전에 미치는 영향을 분석했다. 4절에서는 노무현과 이명박 정부에서 과도한 위임입법이 어떻게 사회복지 발전의 장애물이 되는가를 분석했다. 5절에서는 노무현과 이명박 정부의 사회복지비 지출을 분석하여 사회복지 지출의 한계를 분석했다.

2. 위임민주주의와 사회복지[2)]

민주주의와 사회복지와의 친화적 관계는 슈미트(Schmidt, 1998), 코르피와 팔메(Korpi and Palme, 2003), 루만(Luhmann, 1981) 같은 학자들의 주장 없어도 쉽게 유추할 수 있다. 이 친화성은 민주주의의 원리에서 기인한다. 민주주의 정치체제에서는 주권이 시민에게 있기 때문에 시민은 국가를 통치하는 권력을 정당화하는 주체이다. 그렇기 때문에 민주주의 정치체제에서 시민을 배제하고 국가권력을 획득하는 것은 불가능하다. 민주주의 정치체제에서 시민은 국가권력의 원천이다. 따라서 민주주의 정치체제에서 국가권력을 획득하려는 자는 반드시 유권자인 시민의 지지를 얻어야 한다. 유권자의 지지를 얻을 수 있는 수단은 매우 다양한데 사회복지는 그중에 하나이다. 사회복지를 매개로 하여 정치가와 유권자가 연결될 수 있다. 정치가는 유권자에게 유익을 제공할 수 있는 사회복지정책을 약속하고, 유권자는 그 대가로 지지를 보낸다. 제2차 세계대전 이후 복지국가를 빠른 속도로 발전시켰던 서유럽 국가들이 민주주의와 사회복지의 친화적 관계를 보여주는 가장 좋은 사례이다(Korpi and Palme, 2003: 427).

그런데 민주주의와 사회복지의 친화성은 지금까지는 서유럽 국가들에서 발견될 수 있는 것이었다. 이 국가들의 민주주의는 역사적으로도 오랜 전통을

2) 이 단락은 저자의 논문 중 이론 부분을 수정·보완한 부분이다(이신용, 2007b).

가졌을 뿐만 아니라 기능적으로도 지구상의 어느 지역의 민주주의보다도 균형 있고 안정적이다. 개인의 권리는 철저하게 보호되고, 입법부·행정부·사법부는 각각 자신의 영역이 있으며 서로 견제와 균형적인 관계를 유지하고 있다. 안정적이고 균형을 유지하고 있는 민주주의가 사회복지와 친화적인 관계를 맺고 있다는 것은 쉽게 납득이 간다.

반면에 한국과 같은 신생 민주주의도 사회복지와 친화적인 관계를 맺고 있는지는 판단을 내리기 쉽지 않아 보인다. 한국 민주주의의 발전 과정에서 사회복지가 유권자를 확보하는 수단으로 사용된 경우를 쉽게 찾아볼 수 없기 때문이다. 지금까지의 한국에서는 지역주의가 가장 강력한 정권 획득 수단이었다. 사회복지는 거의 정치 수단으로 동원되지 않았다. 하지만 민주화를 전후하여 한국에서도 사회복지가 유권자의 지지를 얻는 정치 수단으로 사용되기 시작했다. 그 대표적인 예는 2010년 지방선거에서 공약으로 등장한 보편적 무상급식 사례이다. 이 선거에서 보편적인 무상급식을 주장한 정당이 유권자의 압도적인 지지를 얻었다. 이런 예에서 볼 수 있는 것과 같이 한국과 같은 신생 민주주의도 서유럽 국가들의 민주주의만큼은 아니더라도 사회복지와 친화성을 맺고 있다는 것을 알 수 있다. 이 현상은 한국에서 선거가 반복될 때마다 더 심화되어 나타날 것으로 보인다.

하지만 한국의 신생 민주주의가 사회복지와 맺고 있는 친화성에는 한계도 있다. 이 한계는 신생 민주주의라는 성격에서 기인한다. 한국 민주주의는 1987년 이후 본격적으로 발전하기 시작했는데, 1987년 이전의 한국 사회는 오랫동안 권위주의 체제에 놓여 있었다. 그동안 대통령을 비롯한 행정부의 권력이 비대해졌으며 물적 및 인적 자원, 전문성, 조직의 측면에서 행정부는 입법부와 사법부를 압도했다. 이런 현상이 민주화 이후에도 한국의 신생 민주주의 체제에 여전히 남아 있다.

민주화 이후에도 행정부가 여전히 강력한 영향력을 행사할 수 있는 이유는 광범위한 행정입법권이 여전히 유지되고 있기 때문이다. 특히 위임입법권이 핵심적인 역할을 한다. 위임입법권이란 행정부가 의회로부터 위임을 받아서 어떤 사항에 대해 통제할 수 있는 권한을 의미한다. 주로 대통령령과 부령이 위임입법에 속한다. 이런 위임입법권이 헌법에 배치되는 것은 아니다. 오히려 헌법은 법 집행을 위한 위임입법권의 정당성을 보장하고 있다. 다만 헌법은 이 위임입법에 대한 제한 규정을 두고 있다. 잘못 제정된 위임입법이 삼권분립의 원칙을 훼손할 가능성이 있기 때문이다. 헌법은 법률이 위임한 범위를 벗어난 경우나 법률로는 아무것도 통제하지 않고 모든 것을 위임입법으로 통제하도록 위임하는 경우를 위헌적인 위임입법으로 규정하고 있다.

그런데 한국의 위임입법에는 위임입법을 제한하는 헌법 조항을 위배하는 경우가 많아 보인다. 특히 한국에서는 위임입법이 광범위하게 난무하고 있다. 각종 제도의 중요한 사항들이 위임입법들로 통제되고 있는 현실이다. 사회보장법들에서도 이런 현상은 동일하게 나타난다. 사회보장제도의 적용 범위, 급여 수급의 조건, 급여의 수준 및 범위, 재원 등과 같은 핵심 사항들이 시행령이나 시행규칙에 의해서 통제되고 있다. 이와 같은 광범위한 위임입법 현상은 실질적으로 입법부의 권한을 약화시키고, 반면에 행정부의 권한을 강화하는 결과로 나타난다. 사회복지에서도 위임입법의 권한을 기반으로 행정부가 사회보장제도에 대한 실질적인 통제권한을 행사하고 있다.

이렇게 과도한 위임입법으로 사회보장제도가 통제되는 구조에서 행정부는 자신의 정책 철학을 더욱 쉽게 관철시킬 수 있다. 왜냐하면 한국과 같이 신자유주의를 추종하는 경제부처가 사회복지정책을 주관하는 부처들에 강력한 영향력을 행사할 수 있는 제도적 환경이 조성되기 때문이다. 결국 사회보장과 관련된 위임입법에 그리고 사회복지 프로그램들에 신자유주의적인 요소가 각인될 수 있다. 이런 과도한 위임입법 구조가 유지되는 한 행정부의 신자유주의적 정책 철학은 지속적으로 사회복지정책에 영향을 미치게 된다. 실제로 경제성장제일주의에 압도되어 있는 경제부처의 힘이 막강한 행정부의 환경에서 사회복지 예산의 확대는 쉽지 않다(김순영, 2011: 135; 이태수, 2009: 109). 따라서 정권이 바뀌어도 신자유주의적 정책 철학에 영향을 받은 사회복지 프로그램은 계속해서 유지된다.

물론 과도한 위임입법 구조에서는 행정부의 정책 철학에 따라서 상반된 사회복지정책의 결과가 나타날 수도 있다. 첫 번째로, 진보적인 행정부가 집권할 경우에는 사회복지가 보수적인 행정부의 집권 때보다 발전할 조건이 형성될 수 있다. 이 정부는 행정부에게 주어진 과도한 위임입법권을 최대한 활용하여 사회복지를 확대할 것이다. 그렇지만 과도한 위임입법의 구조에서는 사회복지의 확대에 여전히 한계가 있다. 아무리 진보적인 행정부라도 사회복지 재원이 제한되어 있는 현실에서는 증세나 보험료 인상 없이 사회복지를 확대하기에 한계가 있기 때문이다. 행정부에 과도한 위임입법권이 주어져 있다 해도 증세나 보험료 인상은 법의 개정이나 사회적 합의가 필요한 사항이기 때문에 행정부가 인상을 독단적으로 추진할 수 없다. 결국 진보적인 행정부의 최선의 사회복지정책은 주어진 예산 안에서 사회복지를 최대한 발전시키는 것뿐이다.

또한 과도한 위임입법권으로 행정부가 사회보장제도를 실질적으로 통제하는 구조에서는 의회에서 증세나 보험료 인상에 대한 논의를 하기에 어렵다. 의회는 사회보장제도를 통제하는 권한을 행정부에 위임했기 때문에 증세나 보험료 인상에 대한 논의는 가급적 하지 않으려는 경향이 있기 때문이다. 사회보장제도를 통제하는 실질적인 권한은 없으면서 증세나 보험료 인상을 주도해 유권자의 적대적인 표적이 되고 싶은 의원은 없다. 이렇게 되면 사회복지를 확대하려는 진보적인 행정부라도 한계에 직면할 수밖에 없다. 사회복지의 확대는 증세 없이 가능하지 않기 때문이다.

두 번째로, 보수적인 행정부가 집권하는 경우에는 보수적인 정책 철학 때문에 그나마 유지되던 사회복지의 확대도 줄어들거나 아니면 현상 유지만을 하는 사회복지정책이 시행될 가능성이 크다. 따라서 과도한 위임입법을 기반으로 한 행정부가 사회보장제도를 통제하는 구조에서는 행정부의 정책 철학이 진보이든 보수이든 사회복지의 발전에 한계가 있다. 따라서 정권이 바뀌어도 유사한 수준의 사회복지가 유지될 것이다.

결국 위임민주주의 체제에서는 정권이 바뀌어도 민주주의 요소에 영향을 받아서 사회복지가 발전되는 현상과 과도한 위임입법 구조에 영향을 받아서 사회복지의 발전에 한계가 있는 현상이 연속성을 갖고 동시에 나타날 것이다. 이러한 가정의 타당성을 노무현과 이명박 정부의 사회복지정책을 분석하면서 검증해볼 것이다.

3. 민주주의와 사회복지의 발전

2007년 있었던 국민연금법 개정, 기초노령연금법과 노인장기요양보험법 제정 그리고 2008년 이 제도들의 시행은 노무현 정부와 이명박 정부에서 일어난 사회복지정책 분야의 가장 큰 사건들 중 하나였다. 국민의 삶과 정치권에 미치는 영향 때문에 이 세 분야는 당시 사회적·정치적으로 큰 관심을 끌었다. 한편에서는 기금 고갈을 예견한 국민연금의 재정 추계 결과 때문에 국민연금 제도에 대한 국민의 불신이 확산되었고, 다른 한편에서는 연금 사각지대에 놓여 있던 노인들의 소득보장과 노인 인구 증가에 따른 요양의 문제가 대두했다. 2007년에 있었던 국민연금법 개정, 기초노령연금법과 노인장기요양보험법 제정은 이 문제들을 해결하기 위한 정부와 정치권의 반응이었다. 정부와 여당은 국민연금의 재정 안정화에 우선순위를 두었다. 그래서 보험료율을 높이고, 연금 급여 수준을 낮추는 방안을 제시했다. 아울러 정부 주도로 노인장기요양법안이 준비되었다. 반면에 야당들과 시민사회는 현시점의 노인층 소득보장 문제에 우선순위를 두고 이들의 소득보장을 위한 기초연금제도의 도입을 주장했다. 결과적으로 보면 국민연금 개혁과 기초노령연금법 제정에서 정부나 여당 그리고 야당들은 어느 쪽도 자신의 입장을 전적으로 관철시키지 못했다. 정부와 정치권은 상호 타협을 통해 만들어진 수정안을 수용해야 했다. 기초노령연금과 노인장기요양보험의 도입은 노인층 유권자를 확보하기 위한 정치권의 전략과 관련이 있었다. 이와 같은 사례들은 노무현 정부와 이명박 정부에서도 민주주의가 사회복지 발전에 영향을 미쳤다는 연속성을 보여준다.

1998년 12월 31일 국민연금법이 개정되면서 정부는 5년마다 국민연금의 재정 수지에 관한 계산을 실시하여 재정 전망과 보험료의 조정 등을 공시해야 하는 법 조항이 신설되었다. 그래서 노무현 정부는 2003년 국민연금 재정을 계산한 결과를 공시했다. 보고서에 따르면 현행과 같이 보험료율 9%와 소득대체율 60%(40년 가입 기준)를 유지하면 2036년에 당년도 수지 적자가 발생하고 2047년에 적립 기금이 완전히 고갈된다는 것이었다(대통령자문정책기획위원회, 2008: 12). 이에 정부는 2003년 10월 31일 보험료율을 15.9%로 올리고, 소득대체율은 50%로 낮추는 국민연금법 개정안을 발의했다(〈부표 11-1〉).[3] 그러나 2004년 4월에 있을 국회의원 선거를 앞둔 정치권에서는 보험료율은 올리고, 급여는 깎는 개정안에 관심이 없었다. 여당인 열린우리당의 태도도 마찬가지였다. 그래서 개정 법안이 2003년 11월 24일 보건복지상임위원회에 상정되었으나 법안심사소위원회에서 이듬해 16대 국회가 만료되는 시점까지 법안에 대한 심사가 제대로 이루어지지 않았다(조기원 외, 2009: 227). 결국 2004년 5월 16대 국회의 임기가 끝나면서 이 법안도 자동 폐기되었다.

17대 국회가 개원하면서 2004년 6월 2일 노무현 정부는 지난 국회에서 자동 폐기된 국민연금법 개정안을 다시 발의했다. 그러나 여당은, 시민사회가 보험료율을 올리는 정부안에 반대하는 상황에서 여전히 정부안을 부담스러워했다(대통령자문정책기획위원회, 2008: 55; 국회사무처, 2004a: 8). 그 사이에 야당인

---

3) 정부, 여당, 야당의 국민연금법 개정안과 기초(노령)연금법안의 핵심 사항들은 제11장의 마지막 쪽에 있는 부표에 정리해놓았다.

한나라당(현재 새누리당)이 국민연금법 개정안을 내놓았다. 한나라당은 2004년 12월 3일 현재 시행 중인 국민연금제도의 틀을 완전히 바꾸는 개정안을 발의했다. 한나라당안은 국민연금의 재정 안정화와 연금 사각지대에 있는 노인들의 소득을 보장하는 내용을 담고 있었다. 2002년 대통령 선거 때 한나라당의 후보였던 이회창 후보는 국민연금을 기초연금과 소득비례연금으로 분리하는 공약을 처음으로 제시했다. 이후 한나라당은 2003년 11월 24일 '전국민 노후소득보장을 위한 기초연금법안' 마련을 위한 공청회를 개최했다. 다시 2004년 6월 9일 대한노인복지시설연합회, 납세자연맹, 한국노총이 참여한 가운데 국민연금을 기초연금과 소득비례연금으로 일원화하는 정책토론회를 개최했다(대통령자문정책기획위원회, 2008: 54). 2004년 12월 3일 발의한 한나라당의 안도 지금까지 주장했던 소득비례연금과 기초연금의 내용을 그대로 담고 있었다. 한나라당안은 국민연금의 보험료율도 7%로 낮추고, 소득대체율도 20% 낮추어 국민연금을 소득비례연금으로 바꿀 것을 제안했다. 그리고 낮아진 소득대체율을 보완하기 위해서 65세 이상 모든 노인에게 국민연금 전체 가입자의 평균소득월액의 20%를 제공하는 기초연금을 제공하자는 내용도 담고 있었다. 물론 이 기초연금은 세금으로 운영하자는 안이었다.

당시 한나라당의 안은 파격적인 것이었다. 현재 국민연금제도는 연금을 계산할 때 가입자 본인의 소득뿐 아니라 전체 가입자의 소득도 고려하기 때문에 재분배 요소를 갖고 있다. 평균 이상의 소득이 있는 가입자의 연금은 이런 국민연금의 재분배 요소 때문에 소득대체율이 낮아진다. 그런데 한나라당의 안과 같이 소득비례연금으로 바꾸면 이런 재분배 요소는 없어진다. 즉, 자신의 소득에 비례해 연금을 받게 된다. 따라서 전체 가입자의 평균소득보다 소득이 높은 가입자들에게 이 안은 매우 인기가 높았을 것이다. 더욱이 현행 9%인 연금보험료율을 7%로 낮추자는 제안도 했기 때문에 전체 가입자들의 지지를 받을 만했다(김영순, 2011: 157; 오건호, 2007: 199). 한나라당안은 20%로 낮아진 국민연금의 소득대체율과 연금 사각지대에 있는 노인층의 소득보장을 위해서는 세금으로 운영하는 기초연금제도를 도입하자는 내용도 담고 있다. 특히 이 기초연금은 65세 이상의 모든 노인에게 제공한다는 것이다. 따라서 한나라당의 이런 기초연금안은 노인층 유권자의 지지를 받을 만했을 것이다.

그런데 한나라당안의 약점은 재원 마련에 있었다. 65세 이상 모든 노인에게 세금으로 기초연금을 지급하려면 막대한 돈이 필요했다. 그러나 한나라당은 재원 마련을 위한 증세는 주장하지 않았다. 그래서 여당은 지속적으로 한나라당의 안이 비현실적이고 자기 모순적이라고 비판했다(국회사무처, 2004b: 10 이하). 한나라당도 정부와 여당의 안으로는 국민연금의 재정 안정화를 이루지도 못할 뿐 아니라, 연금 사각지대에 있는 노인들의 소득보장도 할 수 없다고 계속해서 비판했다(국회사무처, 2004a: 33 이하). 이러한 입장 차이는 한동안 좁혀지지 않았다.

정부와 여당은 노동계와 시민사회가 반대하는 상황에서 보험료율을 올리고, 소득대체율은 낮추는 국민연금법 개정안을 국회에서 쉽게 통과시킬 수 없었다. 아울러 법안을 심사하는 보건복지상임위원회는 여당 의원 10명, 야당 의원 10명으로 구성되어 있었기 때문에 야당인 민주당의 김효석 의원과 민주노동당의 현애자 의원의 지원이 없이는 이 안이 보건복지상임위원회를 통과할 수 없었다. 그러나 민주노동당은 연금 사각지대에 있는 노인들의 소득보장에 우선순위를 두고 있었기 때문에 정부나 여당의 입장보다는 한나라당의 입장과 유사했다. 따라서 현애자 의원의 지원은 쉽지 않았다. 그런데도 정부와 여당은 법안 통과를 관철시키기 위해서 민주당과 민주노동당의 지지를 얻는 데 집중했다(정홍원, 2008: 155).

정부는 한나라당이나 민주노동당이 주장하는 기초연금제도에 부정적인 입장이었다. 그런데 정부와 여당은 연금 사각지대에 있는 노인들의 소득보장에 관심이 없다는 비판에 대응하기 위해 기초노령연금법안을 준비했다. 정부는 2006년 6월 4일, 65세 이상 노인의 45%에게 월 8만 원을 제공하는 기초노령연금제도를 도입하기로 내부 방침을 세운다(대통령자문정책기획위원회, 2008: 79).

하지만 이 기초노령연금은 노인복지법에 근거하여 저소득 노인들에게 제공되고 있던 기존의 경로연금을 확대한 방안이었다. 따라서 급여 대상의 범위와 급여 수준이 한나라당이나 민주노동당의 안보다 협소했다. 여당은 정부 입장을 반영하여 2006년 9월 29일 기초노령연금법안을 발의한다. 적용 대상은 65세 이상 노인의 60%이고, 급여는 국민기초생활보장 수급자와 차상위계층 노인들에게는 10만 원, 일반 노인에게는 7만 원이었다. 정부의 안보다는 확대된 안이었다. 재원은 세금이지만 중앙정부와 지방자치단체가 공동으로 부담하는 안이었다. 한나라당의 기초연금은 중앙정부가 재원을 전부 부담하는 형태였다.

2006년이 끝나기 전에 국민연금법을 개정하려는 내부 방침을 세웠던 정부와 여당은 야당의 도움 없이는 보건복지상임위원회에서 법안 통과가 불가능하다고 인식했다(대통령자문정책기획위원회, 2008: 76). 그래서 민주노동당의 지원을 얻기 위해서 정부와 여당의 기초노령연금법의 급여 방식은 민주노동당의 안을 반영하여 정액에서 국민연금 전체 가입자의 평균소득월액의 5%로 바뀌었다(대통령자문정책기획위원회, 2008: 94; 오건호, 2007: 201).[4] 이런 기초노령연금의 급여 방식은 국민연금 가입자의 소득이 오르면 같이 오르기 때문에 정액 급여 방식보다 수급자에게 유리한 방식이다. 그래서 정부는 비용이 많이 드는 이 방식을 지금까지 수용하지 않았던 것이다.

정부와 여당의 국민연금법 개정안에도 변화가 생겼다. 2006년 11월 30일 정부의 입장을 반영한 여당의 안이 발의되었다. 소득대체율을 50%로 깎는 것은 기존의 안과 같았으나, 보험료율을 15.9%로 올리는 것을 12.9%로 내리는 방안을 새롭게 마련했다. 이 개정안은 2006년 11월 30일 개최된 보건복지상임위원회에서 찬성 11명, 반대 9명으로 통과된다. 한편, 2006년 12월 7일 정부와

4) 민주노동당의 입장은 기초연금의 급여는 단계적으로 국민연금 전체 가입자의 평균소득월액의 15%까지 올려야 한다는 것이었다. 이 내용을 법안에 넣어줄 것을 요구했으나 민주당의 반대로 넣지 못했다(대통령자문정책기획위원회, 2008: 94).

여당이 제안한 기초노령연금법안도 보건복지상임위원회를 12명이 표결에 참여해서 찬성 11명, 기권 1명으로 통과한다. 한나라당 의원들은 표결을 연기해 줄 것을 요청한 의견이 받아들여지지 않자 회의 도중에 모두 퇴장하여 이 표결에 불참했다.

보건복지상임위원회를 통과한 국민연금법 개정안과 기초노령연금법 제정안은 2007년 4월 2일 본회의에 상정되어 표결에 부쳐졌다. 그런데 예상 밖의 표결 결과가 나왔다. 국민연금법개정안은 부결되고 기초노령연금법안만 통과되었다. 정부와 여당의 의견이 반영된 국민연금법 개정안에 대한 표결에 한나라당 의원들은 예상한 대로 모두 반대표를 던졌다. 그런데 2007년 초 열린우리당을 탈당한 의원들이 대다수 기권하는 바람에 13표 차이로 국민연금법 개정안은 부결되었다(국회사무처, 2007: 40). 국민연금법 개정안 부결의 원인은 한나라당의 반대 때문이라기보다는 국민연금 개혁을 주도하던 유시민 복지부 장관에게 반감을 갖고 있던 여당 성향 의원들의 지지를 이끌어내는 데 실패한 점에 있었다고 보아야 할 것이다(국회사무처, 2007: 36; 임유진, 2015: 19 이하).[5)]

반면에 정부와 여당이 발의한 기초노령연금법안은 압도적인 찬성으로 본회의를 통과했다. 이 투표에 참여한 여당 의원들뿐 아니라 한나라당 의원들도 거의 대부분 찬성표를 던졌다. 당시 방청석에는 대한노인회 회원을 포함해서 많은 노인들이 본회의를 참관하고 있었다(국회사무처, 2007: 34). 비록 한나라당은 정부와 여당이 마련한 기초노령연금법안에 찬성하지 않았지만 많은 노인들이 지켜보는 가운데 반대표를 던지고 싶지는 않았을 것이다. 그해 연말에 있을 대통령 선거에서 노인층 유권자의 지지가 그만큼 필요했었다는 의미이다. 반면에 민주노동당 의원들은 정부와 여당의 기초노령연금법안이 노인의 소득 보장에 충분하지 않다는 이유로 반대표를 던졌다.

5) 열린우리당의 강기정 의원은 "…… 원안이 부결되면요, 이것은 모인사 밉고 또 정부 밉고, 여러 가지 미워서 부결시키지 말아주십시오"라고 표결 전 본회의장에서 공식적으로 발언했다.

국민연금 개정안의 부결과 기초노령연금법 통과로 어려움에 직면한 것은 정부와 여당이었다. 임기 내에 국민연금제도를 개혁하려던 노무현 대통령의 시도는 실패했고, 기초노령연금제도의 도입으로 국가의 재정 부담은 오히려 더 늘어나는 결과가 되었다. 그래서 정부와 여당은 민주당과 공동으로 소득대체율을 45%로 낮추고, 보험료율은 현행과 같이 9%로 하는 개정안을 2007년 4월 17일 다시 발의했다. 같은 날 한나라당과 민주노동당도 국민연금법 개정안을 발의했다. 이 개정안도 소득비례연금과 기초연금으로 구성되어 있었다. 다만 소득비례연금의 소득대체율은 40%로 올리고, 보험료율은 현재와 같이 9%로 유지하는 내용을 담고 있었다. 반면에 기초연금의 소득대체율은 20%에서 10%로 낮추고, 대상자도 65세 이상 노인의 100%에서 80%로 줄이는 방향으로 변경했다. 이와 같은 한나라당의 입장 변화는 민주노동당과의 연대 때문에 민주노동당의 안을 수용한 결과이다.

이렇게 다시 마련된 국민연금법 개정안은 보건복지상임위원회에서 심사를 받는 동안 여당과 야당의 입장이 다시 조율되면서 일부 내용이 바뀌게 된다. 국민연금의 소득대체율은 한나라당과 민주노동당의 안과 같이 40%로, 보험료율은 9%로 유지하는 안이 마련된다. 아울러 적용 범위는 65세 이상 노인의 60%에서 70%로 확대된다. 그리고 급여도 국민연금 전체 가입자의 평균소득의 10%까지 올리기로 합의한다. 그러나 2008년부터 2년마다 소득대체율을 0.5% 씩 인상하여 2028년에 10%가 되도록 법률로 규정한 한나라당의 기초노령연금개정법안의 조항은 수용되지 않았다. 단지 부칙에 2028년까지 국민연금 전체 가입자의 평균소득의 10%까지 인상한다는 조항을 신설하여 급여 인상 문제를 처리했다. 그런데 이 부칙 조항에 따르면 기초노령연금의 급여 인상은 매년 되는 것인지, 2028년까지 어느 시점에서 일괄적으로 되는 것인지 불명확했다. 결국 이 조항의 모호성 때문에 이명박 정부에서 기초노령연금급여의 인상은 없었다. 이렇게 정부, 여당, 야당이 합의한 국민연금법과 기초노령연금법 개정안은 2007년 7월 3일 본회의를 통과했다.

지금까지 살펴본 국민연금법 개정과 기초노령연금법 제정 과정을 보면 정부, 여당, 야당 모두 완전한 승자도 패자도 없다는 것을 알 수 있다. 최종 결과를 보면 각자 원래 입장에서 한 발씩 양보한 결과라는 것을 알 수 있다. 정부는 보험료를 올리고 싶었지만 올리지 못했고, 한나라당은 소득비례연금으로 전환하고 보험료율은 낮추려했지만 성공하지 못했다. 정부는 정액 급여를 제공하는 기존의 경로연금을 확대하여 저소득층 노인만을 대상으로 하는 기초노령연금제도를 운영하고 싶었지만 대상자를 확대하고 급여를 국민연금 가입자의 소득과 연계시키는 민주노동당과 한나라당의 의견을 수용해야 했다. 반면에 한나라당이나 민주노동당은 기초노령연금의 급여 수준을 대폭 올리려 했으나 성공하지 못했다. 결국 서로 양보할 수밖에 없었다. 이렇게 서로 양보할 수밖에 없었던 이유는 선거를 앞두고 정부와 여당의 국민연금개혁안에 반대하고 연금 사각지대에 있는 노인들의 소득 보장을 요구했던 시민사회와 노인 유권자를 정부, 여당, 야당이 의식해야 했기 때문이다. 기초노령연금법과 노인장기요양보험법이 제정된 다음 날인 2007년 4월 3일 한나라당은 당대표, 원내대표, 정책위 의장 명의로 "한나라당은 많은 시련을 무릅쓰고 주도적으로 기초연금과 노인장기요양제도를 관철시켰습니다"라며 성명서를 발표했다. "어르신들께 더 많은 연금 혜택과 장기요양 혜택이 돌아갈 수 있도록 최선을 다 할 것이며 이 노력은 다음 정부에서도 멈추지 않고 계속될 것입니다"라는 약속으로 성명서를 마무리했다(한나라당, 2007).

한나라당이 노인장기요양보험법의 제정을 주도적으로 관철시켰다는 주장은 노인층 유권자를 의식한 발언이었다. 노인장기요양보험법의 제정 과정을 살펴보면 한나라당의 주장이 과장되었다는 것을 알 수 있다. 정부, 여당, 야당들이 대부분 법안을 제출했지만 정부는 이미 김대중 정부 때부터 이 법안을 준비해오고 있었다. 노무현 정부의 인수위원회에서도 노인장기요양보험 제도의 도입을 국정 과제로 채택했다(이신용, 2015: 74). 제정된 법을 분석해보면 정부안에 있던 사항들이 대부분 수용되었다는 것을 알 수 있다. 특히 노인장기요양보험의 운영 주체로 건강보험공단을 지정한 정부는 한나라당의 반대에도 불구하고 보건복지위원회 법안심사 소위원회의 법안 심사 과정에서 자신의 입장을 관철시켰다. 그런데도 국민연금법 개정과는 다르게 위원회의 법안 심사 과정이 파행을 겪지는 않았다. 위원회가 노인장기요양법안을 심사한 공식적인 회의는 12회였으나 심도 있게 법안을 심사한 회의는 단 4회였다. 처음 제정되는 법이었음에도 불구하고 법안 심사 회의가 단지 4회였다는 것은 이 법의 필요성과 긴급성을 여당 및 야당 모두 인식하고 있었다는 의미이다. 이렇게 정부안이 대부분 반영되었으나 이 법안이 보건복지위원회와 본회의를 큰 문제없이 통과할 수 있었던 이유는 여당뿐 아니라 야당도 노인장기요양보험제도를 노인층 유권자를 확보하기 위한 수단으로 보았기 때문이다.

노무현 정부와 이명박 정부 시기에 한국 민주주의 발전이 복지를 향상시킨 사례는 무엇보다도 무상으로 제공되는 보편적 학교급식제도의 적용 확대일 것이다. 학교급식제도는 한국전쟁 이후 지속적으로 존재했었다. 초기에는 외국 원조에 의존하여 운영되었으나 1972년 외국 원조의 중단 후부터 정부의 일부 지원 아래서 수익자부담원칙이 점차 확대되었다. 노무현 정부 집권 후 학교급식제도의 개선을 위한 시민사회운동이 본격적으로 전개되기 시작했다. 시민사회는 학교급식에 소요되는 비용에 대한 지방자체단체의 보조, 학교급식의 위생 문제를 개선하기 위해서 위탁 급식을 직영 급식으로 전환, 학교급식에 우리 농산물을 사용할 것을 요구했다. 이 요구를 반영해서 2003년 9월 전라남도 도의회가 주민발의에 의한 학교급식조례를 제정했다. 전라북도 도의회도 2004년 1월 학교급식조례를 제정했다. 보편적 무상급식도 쟁점으로 등장했다. 2002년 대통령 선거, 2004년 전라북도 교육감 선거, 2007년 경상남도 교육감 선거 때 무상급식이 선거공약으로 등장했다(남찬섭·이명진, 2013). 그러나 이때만 해도 무상급식 문제는 전국적인 관심 사항이 아니었다(왕재선·김선희, 2013: 401).

그런데 2009년 5월 취임한 김상곤 경기도 교육감이 학교급식을 보편적으로 그리고 무상으로 제공할 것을 천명하면서 보편적 무상급식 제도가 빠르게 사회적 관심사로 떠올랐다. 2009년 당시 초·중·고교에서 보편적 무상급식을 실시하는 학교는 1812개교로 전체 16.2%밖에 안 되었다. 물론 지역에 따라서 보편적 무상급식의 실시 정도는 매우 차이가 났다. 전라북도는 이미 39.7%에 달했다. 반면에 서울은 8.9%, 경기도도 11.6% 밖에 되지 않았다. 이렇게 보편적 무상급식의 실시율이 낮았기 때문에 학교급식에 대한 학부모의 경제적 부담은 2010년 3조 원에 달했다. 따라서 보편적 무상급식에 대한 중산층의 찬성율도 52.4% 달했던 이유를 짐작할 수 있다(남찬섭·이명진, 2013; 왕재선·김선희, 2013).

그러나 재원 확보의 어려움으로 보편적 무상급식 제도의 확대는 쉬워 보이지 않았다. 김상곤 경기도 교육감이 무상급식의 확대를 추진하기 위해 예산안을 경기도에 제출했으나 경기도 위원회가 요구한 예산의 절반을 삭감했다. 이후 다시 경기도 의회가 나머지 절반도 삭감하여 무상급식 예산은 책정되지 못했다. 2009년 이 사건이 언론을 통해서 지속적으로 보도되고 있었다. 그런데 2010년 6월에 있었던 지방선거와 교육감선거에서 보편적 무상급식 이슈는 야당들의 핵심적인 선거공약으로 부상한다. 선거 결과 보편적 무상급식의 확대를 약속한 야당 후보와 진보적 교육감 후보들이 대거 당선되었다. 지지 후보 결정에 보편적 무상급식이 가장 큰 영향을 미쳤다는 여론조사 결과도 나왔다(강원택, 2010: 2). 선거에 승리한 야당 소속의 지방자치단체장과, 지방의회 의원 및 진보 성향의 교육감들은 보편적 무상급식을 확대했다. 2011년 전체 초등학교의 보편적 무상급식 실시 비율은 이미 91.1%에 달했고, 중학교는 68.4%, 고등학교는 10.1%에 달했다(왕재선·김선희, 2013: 396). 보편적 무상급식의 확대를 요구한 교육감과 서울시 의회에 반대한 한나라당 소속의 오세훈 서울시장은 보편적 무상급식 문제로 주민투표를 강행하고 결국 서울시장을 그만두게 되었다.

이명박 정부 시기에 보편적 무상급식이 정치 쟁점화되면서 2010년 지방선거를 통해서 보편적인 제도로 자리를 잡게 되었다. 이로써 보편적 무상급식의 확대는 한국 복지 발전에 기여하게 된다. 앞서 분석한 사례들은 한국과 같은 위임민주주의 국가에서도 민주주의가 사회복지 발전에 긍정적인 영향을 미친다는 사례들이다. 따라서 노무현 정부와 이명박 정부에서도 한국의 민주주의가 사회복지 발전에 긍정적인 영향을 미쳤다는 연속성을 찾아볼 수 있다.

4. 사회복지에 대한 위임민주주의의 영향

앞서 살펴보았듯이 1987년 민주화 이후 한국에서도 선거가 사회복지 발전에 영향을 미치는 사례가 증가하고 있다. 그러나 아직은 영향력의 정도가 서유럽의 민주주의 국가와는 차이가 있다. 서유럽의 국가들에서 사회복지정책은 정치가와 유권자를 이어주는 강력한 수단이지만 한국에서는 아직 그 정도가 강하지 않다. 한국에서는 민주화 이후에도 여전히 행정부가 사회복지정책에 미치는 영향력이 크다. 이 단락에서는 노무현 정부와 이명박 정부가 위임입법을 이용하여 사회복지정책 분야에 어떤 영향력을 미쳤는지 분석할 것이다.

1) 행정부의 사회복지정책 철학의 연속성

노무현 정부의 사회복지의 방향을 가리키는 '참여복지'는 체계화된 개념이라기보다는 노무현 정부가 추구하고 싶은 사회복지의 방향을 선언한 것으로 보인다. 우선 참여복지는 이전 정부였던 김대중 정부의 생산적 복지를 계승한다고 밝히고 있다. 김대중 정부의 생산적 복지는 노동이 가능한 사람은 스스로 생계를 확보하고, 노동이 가능하지 않은 사람만 국가가 생계를 보호해준다는 개념이다. 따라서 노무현 정부의 참여복지도 노동이 가능한 사람은 자신의 생계를 자신이 확보하는 것을 원칙으로 하고, 스스로 생계를 마련하지 못하는 한계 계층만을 국가가 생계를 보장한다는 원칙을 유지하겠다는 입장이라고 볼 수 있다(보건복지부 외, 2004; 대통령비서실 삶의 질 향상 기획단, 1999: 17 이하).

한편, 참여복지에서 눈에 띄는 점은 국가의 복지 역할을 강화한다는 내용이다(보건복지부 외, 2004; 관계부처합동, 2005: 8). 경제 수준에 맞게 국가의 복지 역할을 강화하겠다는 의미이다. 특히 공공부조와 사회 서비스 분야에서 국가의 역할을 강화하겠다고 밝히고 있다. 이와 같은 국가복지의 강화 목표는 김대중 정부에서도, 이명박 정부에서도 설정되지 않은 목표였다.

또한 참여복지가 추구하는 것은 경제와 복지의 선순환 관계 형성이다. 경제와 복지가 배타적 관계가 아니라 상호 보완적 관계에 있다는 것을 지속적으로 밝히고 있다(보건복지부 외, 2004: 187; 관계부처합동, 2005: 8; 정부·민간합동작업단, 2006: 13). 복지 지출에 의한 유효 수요의 창출이 경제성장에 도움이 되고, 복지 지출에 의한 인적자본의 개발이 경제성장에 도움이 된다는 입장이다.

아울러 참여복지는 국민이 복지정책의 결정 과정에 참여하는 복지라고 천명한다. 하지만 이것이 구체적으로 어떻게 실현될 것인가는 명확하게 밝히고 있지 않다. 결론적으로 참여복지는 '인간적 삶이 보장되는 참여복지공동체'의 실현을 최종 목표로 설정한다. 또한 이 목표를 달성하기 위해서 전 국민에게 보편적 복지서비스를 제공하고, 상대적 빈곤 해소에 노력하며, 물질적인 보장만이 아니라 교육·예술·관광·체육 등과 같은 여가 분야를 보장하겠다는 것을 밝히고 있다(보건복지부 외, 2004: 187).

이명박 정부의 능동적 복지 개념에 대해서 제17대 대통령직 인수위원회가 발간한 책자에서는 구체적인 언급이 없다. 다만 이 책자에서는 능동적 복지가 5대 국정 지표 중의 한 축으로 제시되고, 전략 목표로 평생복지 기반 마련, 예방·맞춤·통합형 복지, 시장 기능을 활용한 서민생활 안정, 사회적 위험으로부터 안전한 사회라는 4대 목표만을 제시하고 있다(제17대 대통령직 인수위원회, 2008: 40). 능동적 복지의 의미는 2008년 3월에 나온 보건복지가족부 자료를 통해 어느 정도 파악이 가능하다. 이 자료에 따르면 "빈곤과 질병 등 사회적 위험을 사전에 예방하고, 위험에 처한 사람들이 일을 통해 재기할 수 있도록 돕고, 경제성장과 함께하는 복지"가 능동적 복지라고 한다. 추가적으로 "일할 능력이 있는 사람에게는 일자리를, 도움이 필요한 사람에게는 국가가 따뜻한 손길을 제공"하는 것이 능동적 복지의 의미라고 본다(보건복지가족부, 2008: 3).

그런데 이 복지부 자료를 통한 능동적 복지의 의미는 과거 정부의 사회복지정책 목표와 구별되는 특별한 내용을 담고 있다고 보기 어렵다. 이 자료에서 밝힌 능동적 복지는 사회적 위험을 사전에 예방한다는 현대 사회복지정책의 일반적인 추세를 반영하고 있다. 아울러 국가는 스스로 생계를 확보하지 못하는 사람의 생계를 보장하고, 노동이 가능한 사람은 노동을 통해 생계를 확보하도록 국가가 도움을 준다는 생산적 복지나 이를 계승한 노무현 정부의 참여복지와 크게 다르지 않다. 아울러 성장과 분배의 동반성장을 강조한 참여복지와 같이 능동적 복지도 경제성장과 복지를 배타적으로 보고 있지 않다는 점에서 공통점이 있다(김순영, 2011: 137).

능동적 복지의 전략목표로 제시된 평생복지 기반 마련에는 건강보험 재정 안정화 목표가 포함되어 있는데 민간의료보험 활성화가 목표달성의 수단으로 제시된다. 민간의료보험의 활성화는 노무현 정부 때부터 본격적으로 시작되었다. 예방·맞춤·통합형 복지도 능동적 복지의 전략목표인데 핵심 내용은 저소득층 자녀에게 보건·복지·교육·문화의 영역에서 통합적인 서비스를 제공하는 것이다(제17대 대통령직 인수위원회, 2008: 146). 이 사업도 노무현 정부 때 시작한 희망스타트를 확대하여 추진하려는 사업이다. 다만 능동적 복지에서는 참여복지에서와 같이 사회복지 지출에서 국가의 역할을 강화한다는 명시적 주장은 하고 있지 않다.

참여복지나 능동적 복지를 구현했던 수단인 사회보장제도들이 두 정부에서 어떻게 운영되었는가를 분석해보면 두 정부의 차이점은 더 줄어든다. 두 정부 모두 사회보험을 사회보장제도의 기본 축으로 삼고 공공부조와 사회 서비스를 점진적으로 확대하는 방식으로 사회보장제도를 운영했다. 그런데 이런 현상은 두 정부에서만 발생했던 것은 아니다. 이전 정부들에서도 사회보장 제도의 운영 행태는 차이점보다는 유사점이 더 컸다.

1995년 3월 김영삼 정부가 발간한 「삶의 질 세계화를 위한 국민복지의 기본구상」은 한국 복지 발전을 위한 미래의 청사진을 담아 종합적인 발전 방향을 제시한 최초의 문서였다. 김영삼 정부는 이 문서에서 '전 국민 사회보험 적용과 사회보험 제도 관리·운영의 효율화, 보충성 원리에 입각한 공공부조 제도의 도입과 자활을 통한 자립기반 조성, 보편적이고 예방적인 가족 및 지역 중심의 사회 서비스 확충, 민간참여의 활성화'를 한국 사회복지의 발전을 위한 과제로 제시했다(국민복지기획단, 1995: 11 이하). 다음 정부들은 이 문서에 제시된 사항들을 구현하는 모습을 보여왔다.

생산적 복지를 선언한 김대중 정부는 이 문서에서 제시된 사항들의 대부분을 추진했다. 우선 김대중 정부는 사회보험의 적용 범위를 확대했다. 1999년 국민연금은 지역가입자에게 확대되었고, 고용보험과 산재보험도 1인 이상의 노동자를 고용한 사업장까지 확대되었다. 다만 건강보험의 관리·운영 체계가 조합 방식에서 단일한 중앙 통제 방식으로 바뀐 것이 문서의 내용과 다른 점이었다. 공공부조 분야에서도 보충성 원리가 적용된 국민기초생활보장제도가 시행되었다. 그러나 사회 서비스 분야는 김영삼 정부 때보다는 발전했으나 여전히 지출을 늘려야 할 분야로 남았다.

노무현 정부는 김영삼 정부 때부터 발전이 필요한 영역으로 남겨져 있던 사회 서비스 분야의 지출을 늘렸다. 아울러 사회보험 분야에서는 일용직 노동자를 직장가입자로 포함시키는 개선이 있었다. 이 외에는 큰 틀에서 보면 사회보험 분야에서 변화는 없었다. 공공부조 분야에서는 국민기초생활보장제도의 엄격했던 수급 조건들을 약간 완화하여 수급자의 수를 늘리는 정도에서 김대중 정부의 공공부조 정책의 기조가 유지되었다.

이명박 정부도 노무현 정부 때 추진되던 사회복지정책 대부분을 연속성을 갖고 추진하는 경향을 보인다. 사회보험 분야에서는 노무현 정부 때 계획되었던 공무원연금 개혁이 실행되었다. 아울러 사회보험 사각지대에 있던 골프장 캐디나 학습지 교사 같은 특수 형태 업무 종사자에게 산재보험이 적용되었다. 아울러 노무현 정부 때 계획된 사회보험 보험료 징수 일원화가 실시되었다. 노무현 정부 때 법이 제정된 노인장기요양보험도 시행된다. 노무현 정부 때 시작된 민간의료보험 활성화가 계속해서 추진되고, 공공부조 분야에서는 국민기초생활보장 수급자 중에서 노동이 가능한 수급자에게는 근로를 연계하여 급여를 제공하는 방식이 계속된다. 아울러 노무현 정부 때 법이 제정되고 도입이 준비된 근로장려세제가 시행된다. 사회 서비스 분야에서도 노무현 정부 때와 같이 보육 분야에 집중적으로 투자하는 경향이 계속 유지된다.

결국 큰 틀에서 보면 김영삼 정부가 발간한 문서인 「삶의 질 세계화를 위한 국민복지의 기본구상」이 제시한 사항이 이후의 정권들에서 지속적으로 실현되고 있다. 이와 같이 정권이 바뀌어도 크게 변하지 않는 사회복지의 기본적인 정책 방향은 과도한 위임입법으로 사회보장제도를 통제하게 된 행정부에 의해 사회보장제도 안에서 연속성을 이어간다.

2) 위임입법으로 통제되는 사회보장제도

다른 법 분야와 마찬가지로 사회보장법의 입법권은 국회에 있다. 따라서 새로운 사회보장법의 제정은 국회에서 이루어진다. 아울러 기존 사회보장법의 개정도 국회에서 이루어진다. 하지만 국회가 제정 혹은 개정한 사회보장법을 근거로 항상 효과적으로 통제한다고 볼 수는 없다. 국회가 사회보장법을 어떻게 제정 혹은 개정하는가에 따라서 사회보장제도에 대한 국회의 통제 정도는 달라진다. 예를 들면 한국과 같이 국회가 사회보장법을 형식적으로만 제정이나 개정하고, 시행령이나 시행규칙과 같은 행정입법에 사회보장제도들을 통제할 수 있는 실질적인 권한을 위임하는 구조에서는 국회는 사회보장법을 효과적으로 통제할 수 없다. 국회로부터 권한을 위임받은 행정부가 실질적인 통제자가 된다.

국민연금, 건강보험, 고용보험, 산재보험, 노인장기요양보험과 같은 사회보험 제도에서 적용 대상자의 범위, 급여의 범위와 수준, 급여 수급 조건, 보험료와 같은 사항은 제도를 구성하고 있는 핵심 사항이다. 핵심 사항이 어떻게 구성되느냐에 따라서 해당 제도의 운영 형태는 매우 달라진다. 예를 들면 적용 대상자를 처음부터 모든 국민에게 적용하면 초기 재원이 매우 많이 필요하게 된다. 반면에 초기에 적용 대상자를 특수 집단에 한정하면 그만큼 필요한 재원은 줄어들게 된다. 앞에서 언급한 사항들은 하나같이 이와 같은 중요성을 갖고 있다.

그런데 한국에서는 이 사항들에 대한 통제권한이 대부분 행정부에 있다. 왜냐하면 국회가 통제권한을 행정부에 위임하고 있기 때문이다. 한국 사회보장법을 보면 "…… 는 대통령령으로 정한다"라는 표현이 매우 많다. 이와 같은 표현은 해당 사항에 대한 권한을 행정부에 위임한다는 의미이다. 앞에서 언급한 사회보험법들도 통제권한을 대부분 행정부에 위임하고 있다. 지금까지 언급한 모든 사회보험에서 적용 대상자의 범위를 결정하는 권한이 시행령에 위임되어 있다. 또한 국민연금의 급여를 산정할 때 가입자 본인의 소득 범위가 중요한 영향을 미친다. 수당이나 상여금 등과 같은 것을 소득에 넣느냐 혹은 빼느냐에 따라서 연금에 차이가 발생하기 때문이다. 또한 최초의 연금을 산정할 때 과거의 소득을 현재가치로 환산해야 하는데, 이 환산 방식을 물가변동률로 하느냐 임금변동률로 하느냐에 따라서 연금의 크기가 달라진다. 이것에 대한 결정권한도 국민연금법은 시행령에 위임하고 있다. 건강보험의 요양급여 지급 방법, 절차, 범위, 상한 및 제외 대상 등은 보건복지부령인 '국민건강보험 요양급여의 기준에 관한 규칙'에 의해서 통제되고 있다. 요양급여를 받고 난 후에 가입자가 지불해야 하는 본인부담금의 크기도 시행령에 의해서 통제되고 있다. 노인장기요양보험 급여의 범위도 보건복지부령에 위임되어 있다. 실업자의 생계유지에 중요한 역할을 하는 고용보험의 구직급여의 상한도 시행령에 의해 통제되고 있다. 이와 같이 사회보험 제도를 구성하는 중요한 사항이 위임입법으로 통제되는 구조는 과거 정부들에서도 그랬지만 노무현 정부 때나 이명박 정부 때도 크게 변하지 않고 유지되고 있었다. 위임입법을 수단으로 정책의 연속성을 유지하고 있었던 것이다.

국민연금을 최초로 받게 될 때 받을 연금이 계산된다. 이때 수급자의 과거 소득이 현재 가치로 환산되어야 한다. 환산 방법에 따라서 연금의 크기가 달라지기 때문에 환산 방법은 매우 중요한 의미가 있다. 국민연금법 시행령에서는 소비자물가 변동률이 반영된 전체 가입자의 평균소득월액을 기준으로 환산율(재평가율)을 계산한다.[6] 그런데 2001년 시행령이 개정되기 전까지는 소비자물가 변동률이 반영되지 않은 전체 가입자의 평균소득월액을 기준으로 환산율이 계산되었다. 후자의 방법을 사용하면 전자로 사용할 때보다 환산율이 커져서 연금의 크기가 더 커진다. 왜냐하면 일반적으로 소비자물가 상승률보다 소득 상승률이 더 크기 때문이다. 그리고 연금의 소득대체율이 같아도 환산 방법에 따라서 연금의 크기가 달라질 수 있기 때문에 환산 방법은 매우 중요한 의미를 갖는다. 연금수급자에게 불리한 소비자물가 변동률이 반영된 전체 가입자의 평균소득월액을 환산 방법으로 규정한 시행령은 노무현 정부와 이명박 정부 동안에 유지되었다. 이러한 두 정부의 연금정책 연속성은 노후소득보장의 강화보다는 연금 재정을 절약하는 데 더 관심이 있었다는 것을 의미한다.

건강보험의 보장률은 전체 진료비에서 건강보험의 급여비가 차지하는 비율을 의미한다. 따라서 건강보험의 급여비가 차지하는 비율이 높을수록 환자의 개인적인 부담은 적고, 건강보험의 보장률은 크다는 의미이다. 〈표 11-1〉

---

6) 국민연금법(법률 제9431호) 제51조(기본연금액) 제1항 제2호는 이렇게 정의한다. "가입자의 가입기간 중 매년 기준소득월액을 대통령령으로 정하는 바에 따라 보건복지가족부장관이 고시하는 연도별 재평가율에 의해 연금수급 전년도의 현재가치로 환산한 후 이를 합산한 금액을 총 가입기간으로 나눈 금액."

〈표 11-1〉 연도별 건강보험 보장률 (단위: %)

구분	2004년	2005년	2006년	2007년	2008년	2009년	2010년	2011년	2012년
건강보험 보장률	61.3	61.8	64.5	65.0	62.6	65.0	63.6	63.0	62.5
법정본인 부담률	23.1	22.5	22.1	21.3	21.9	21.3	20.6	20.0	20.3
비급여 본인부담률	15.6	15.7	13.4	13.7	15.5	13.7	15.8	17.0	17.2

자료: 국민건강보험공단(2014: 4); 김정희 외(2008: 48).

은 노무현 정부와 이명박 정부 때의 건강보험 보장률을 보여주고 있다. 두 정부에서 건강보험의 보장률은 60%를 넘고 있지만 최대치는 65%이다. 더욱이 이명박 정부 후반기에 이 수치는 다시 떨어지고 있다. 이 정도의 보장률은 OECD 회원국의 평균 보장률인 88.5%에 한참 못 미친다(정형선, 2011: 25). 이러한 보장률은 진료비의 나머지 35%가량은 환자 본인이 부담해야 했다는 의미이다. 일부 고소득층을 제외하고는 35% 이상의 본인부담률은 대부분의 환자에게는 큰 경제적 부담이다. 현재 건강보험의 보장률은 시행령과 시행규칙에 의해 결정된다. 건강보험법에 따르면 법정 본인부담률은 시행령이 통제하고 있고, 비급여 본인부담률은 급여를 통제하는 '국민건강보험 요양급여의 기준에 관한 규칙'에 영향을 받는다. 따라서 연금정책에서와 같이 건강보험정책에서도 두 정부는 적극적이기보다는 소극적인 정책 행태를 보였다.

물론 건강보험의 보장성은 병원들이 지속적으로 신의료 기술이나 신약을 사용하면서 비급여 부분을 늘리기 때문에 건강보험의 급여를 늘려도 줄어들기도 한다. 그러나 한국에서 2012년 기준 전체 병상의 12.4%만을 차지하는 공공 의료 기관의 공급 구조를 개혁하지 않는 이상 민간 병원들의 비급여 확대 행태는 통제하기 어려울 것이다(유명순 외, 2013: 2). 따라서 건강보험의 보장성 확대를 위해서는 정부의 공공 병상 확대가 우선적이다. 그러나 노무현 정부와 이명박 정부는 공공의료를 적극적으로 확대하기보다는 민간의료보험을 활성화하기 위한 정책을 지속적으로 추진했다.

고용보험의 구직급여는 실업자의 생계를 보장하는 중요한 역할을 한다. 구직급여의 수준에 따라서 실업자의 삶의 질이 달라진다. 아울러 구직급여에 대한 지출은 고용보험 지출의 절반 정도를 차지한다. 이렇게 중요한 역할을 하는 구직급여는 고용보험법 시행령의 통제를 받고 있다. 1995년 고용보험이 도입되었을 때 구직급여의 하루 상한액은 3만 5000원이었다.[7] 2005년 4만 원이 된 후 이명박 정부 때까지 구직급여의 하루 상한액은 4만 원으로 묶여 있었다. 고용보험이 도입된 이후에도 물가와 임금은 꾸준히 올랐지만 구직급여의 하루 상한액은 4만 원에 묶여 있었다. 반면에 1999년 외환위기 여파로 소비자물가가 떨어지자 즉각적으로 구직급여의 상한액은 3만 원으로 낮아지기도 했다. 2005년 시행령을 개정하여 노무현 정부가 구직급여의 하루 상한액을 5000원 올린 후에는 노무현 정부도 이명박 정부도 구직급여의 상한액을 더 이상 올리지 않았다. 두 정부 모두 실업자의 생활을 안정시킬 수 있는 적절한 수준의 구직급여보다는 노동 의지를 감소시키지 않을 정도의 낮은 수준의 구직급여의 유지에 더 관심이 있었다. 하루 최대 4만 원이라는 구직급여로는 실업자의 생계가 보장될 수 없었다.

공공부조 제도의 대표적인 제도인 국민기초생활보장제도 역시 행정부에 의해 통제된다. 국민기초생활보장제도에서는 급여의 범위와 수급자를 결정하는 사항이 가장 중요한 사항들이다. 최저생계비는 급여의 범위와 수급자를 결정하는 데에 결정적인 역할을 했다.[8] 국민기초생활보장법은 최저생계비를 계

---

7) 고용보험법(법률 제9792호) 제45조 제5항은 이렇게 명시한다. "제1항부터 제3항까지의 규정에도 불구하고 이들 규정에 따라 산정된 기초일액이 보험의 취지 및 일반 근로자의 임금 수준 등을 고려하여 대통령령으로 정하는 금액을 초과하는 경우에는 대통령령으로 정하는 금액을 기초일액으로 한다."

8) 국민기초생활보장법의 개정으로 최저생계비는 2015년 7월 이후 급여의 범위와 수급자를 결

〈표 11-2〉 최저생계비 비율 변화

연도	4인 가구 최저생계비(A)	4인 가구 월평균 소득(B)	비율(A/B)
2003년	1,019,411원	2,963,380원	34.4%
2004년	1,055,090원	3,192,939원	33.0%
2005년	1,136,332원	3,312,410원	34.3%
2006년	1,170,422원	3,544,492원	33.0%
2007년	1,205,535원	3,756,028원	32.1%
2008년	1,265,848원	4,013,941원	31.5%
2009년	1,326,609원	3,975,686원	33.4%
2010년	1,363,091원	4,251,853원	32.1%
2011년	1,439,413원	4,539,096원	31.7%
2012년	1,495,550원	4,830,434원	31.0%

자료: 국가통계포털에서 제공하는 자료로 필자가 직접 계산함.

측하고 결정하는 권한을 보건복지부에 위임했다.[9] 아울러 수급자가 되기 위해서는 소득인정액이 최저생계비 이하여야 하고, 부양의무자가 있어도 부양능력이 없다는 것이 증명되어야 한다. 소득인정액을 결정하는 권한과 부양의무자의 부양 능력의 유·무를 평가하는 권한이 시행령에 위임되어 있다. 국민기초생활보장제도에 대한 이런 행정부의 통제 구조는 노무현 정부와 이명박 정부에서 지속되었다.

〈표 11-2〉에서 볼 수 있는 것과 같이 전체 가구의 월평균소득과 비교했을 때 최저생계비의 비중은 노무현 정부와 이명박 정부 기간에 해마다 줄어드는 경향을 보이고 있다. 최저생계비의 증가가 소득 증가를 따라가지 못하고 있는

정하는 역할을 상실했다. 기준 중위소득이 최저생계비의 역할을 대신하고 있다.

9) 국민기초생활보장법(법률 제9617호) 제2조 제3항에 따르면 "보건복지가족부장관은 최저생계비를 결정하기 위하여 필요한 계측조사를 3년마다 실시하며, 이에 필요한 사항은 보건복지가족부령으로 정한다".

현상이다. 이것은 수급자와 비수급자 사이의 생활 수준 격차가 점점 더 벌어진다는 것을 의미한다. 아울러 소득 증가에 따라서 최저생계비도 일정하게 증가해야 그만큼 수급자가 더 생기게 되고 급여 수준도 일정하게 유지될 수 있다. 그러나 두 정부 아래에서 최저생계비의 수준이 계속 떨어지면서 수급 조건이 자동적으로 엄격하게 되었다.

2012년 6월 4일 이명박 정부는 한국의 빈곤층 규모에 대해서 공식적인 발표를 했다(국무총리실, 2012: 9). 자료에 따르면 2006년 국민기초생활보장 수급자 수는 153만 명, 최저생계비 100% 이상 120% 이하의 차상위계층은 67만 명, 비수급빈곤층은 103만 명이었는데, 2010년 수급자 수는 155만 명, 차상위계층은 68만 명, 비수급빈곤층은 117만 명이었다. 이 중에서 비수급 빈곤층은 소득은 최저생계비 이하이지만 부양의무자가 부양능력이 있다는 이유로 국민기초생활보장 수급자가 되지 못한 사람들이다. 그 규모가 노무현 정부와 이명박 정부에서 모두 100만 명을 넘었다. 큰 규모의 빈곤층이 보호를 받지 못했다는 것을 의미한다.

2000년 국민기초생활보장제도가 도입된 이후 인구 대비 수급자의 비율은 3% 정도를 계속해서 유지해오고 있다. 큰 규모의 빈곤층이 존재하지만 이렇게 인구 대비 일정한 비율로 수급자를 유지할 수 있었던 것은 부양의무자의 부양능력의 범위를 시행령으로 통제해오고 있기 때문이다. 시행령으로 부양능력의 범위를 어느 정도로 정할 것인가에 따라서 100만 명이 넘는 비수급 빈곤층의 규모는 크게 달라질 수 있었다. 그러나 시행령 개정으로 노무현 정부와 이명박 정부 때 한 차례씩 부양의무자의 소득 기준이 일부 완화된 것을 제외하고는 두 정부 모두 부양의무제도를 엄격하게 유지했다.

그 사이 두 정부 아래에서 1인 가구를 포함한 가처분소득을 기준으로 했을 때 절대적 빈곤율은 9% 이상, 중위 소득 50%를 기준으로 했을 때 상대적 빈곤율은 14%가 유지되고 있었다(임완섭·이주미, 2014: 32, 49). 두 정부에서 절대적 혹은 상대적 빈곤율이 모두 높았음에도 불구하고 수급자 수가 일정했던 이유는 위임입법으로 행정부가 수급자 수를 통제할 수 있는 권한을 갖고 있었기 때문이다.

사회보장법에 나타나는 과도한 위임 현상은 사회 서비스법에서도 동일하게 나타난다. 사회 서비스법 분야의 대표격인 영유아보육법에서는 양육수당과 보육서비스를 급여로 규정하고 있는데 이는 시행령과 보건복지부령으로 규정된다.[10] 급여의 재원인 세금도 중앙정부와 지방정부가 어떻게 분담해야 할 것인가를 시행령에 위임하고 있다. 부모들이 선호하는 공공보육시설이 부족한 가운데 국·공립보육시설의 설치에 관한 계획도 시행령에 위임되어 있다. 노인장기요양보험에서 장기요양급여를 제공하는 장기요양 기관의 종류 및 기준과 장기요양급여 종류별 장기요양요원의 범위, 업무, 보수교육 등도 시행령으로 정하도록 위임되어 있다. 또한 보건복지부는 장기요양에 필요한 시설 및 인력에 대한 통제권한도 갖고 있다. 사회 서비스법 분야에 나타나는 위임 현상은 노무현 정부와 이명박 정부에서도 지속되었다.

영유아보육법에서는 보육서비스를 제공하는 기관을 국·공립어린이집, 사회복지법인어린이집, 법인·단체 등 어린이집, 직장어린이집, 가정어린이집, 부모협동어린이집, 민간어린이집으로 구분하고 있다. 2003년 전체 어린이집 중에서 국·공립어린이집이 차지하는 비율은 5.5%였으나, 2012년에는 5.2%로 오히려 감소했다(보건복지부, 2013: 2 이하). 반면에 영리를 추구하는 어린이집인 민간과 가정어린이집의 비율은 같은 기간 증가했다. 민간과 가정어린이집이 차지하는 비율은 2003년 83.5%에서 2012년 87.9%로 증가했다. 보육아동을 기준으로 비교했을 때도 같은 결과가 나온다. 2003년 국·공립어린이집이 돌

10) 영유아보육법(법률 제11382호) 제34조(비용의 부담) 제1항은 다음과 같다. "국가와 지방자치단체는 국민기초생활보장법에 따른 수급자와 보건복지부령으로 정하는 일정한 소득 이하 가구의 자녀 등의 보육에 필요한 비용의 전부 또는 일부를 부담하여야 한다." 또한 제34조의 2(양육수당)는 다음과 같이 명시한다. "제1항에 따른 비용 지원의 대상·기준 등에 대해 필요한 사항은 대통령령으로 정한다."

보는 아동은 12.1%였으나 2012년에는 10%로 줄었다. 반면에 민간과 가정어린이집이 돌보는 아동은 2003년 65.9%에서 2012년 76.7%로 늘었다.

영리를 추구하는 어린이집의 비율이 아동보육에서 압도적이라는 것을 알 수 있다. 국·공립어린이집은 노무현 정부에서 419개소, 이명박 정부에서 455개소 증가했지만, 그 사이 영리를 추구하는 어린이집이 훨씬 많이 증가했다. 국·공립어린이집의 설치에 대한 두 정부의 의지가 그리 크지 않았음을 알 수 있다. 보육서비스의 공급자로 국가의 역할은 최소화하고, 민간 특히 영리를 추구하는 민간의 역할은 최대화하는 정책이 두 정부 내내 유지되고 있었다. 물론 사회 서비스의 확대, 출산율 증가, 일하는 엄마에 대한 지원 정책 때문에 보육예산을 두 정부 모두 크게 늘렸다. 그런데도 저출산 현상은 지속되고 있었고, 부모의 양육비 부담은 여전했다. 영리를 추구하는 대부분의 어린이집이 특별활동비 명목으로 정부지원금 이외에 부모로부터 추가 비용을 받고 있어서 정부 지원금의 효과가 떨어졌기 때문이다. 노무현 정부와 이명박 정부는 국·공립이나 사회복지법인어린이집 같은 비영리 시설이 보육서비스를 주도적으로 공급하는 정책을 적극적으로 시행하지 않았다. 다만 시설과 부모에게 지원금을 늘리는 정책을 유지했다.

노인장기요양보험에서 요양 서비스를 제공하는 기관이 대부분 영리를 추구하는 기관인 것도 보육서비스 영역에서 나타나는 현상과 유사하다. 노무현 정부는 노인장기요양법 제정과 제도의 시행을 준비하면서 국가나 비영리 기관만으로는 요양 서비스의 공급이 충분하지 않을 것을 예상하고 민간 영리기관의 참여를 적극적으로 독려했다. 제도 시행 후 민간 영리기관이 요양 서비스의 공급을 압도했다. 2011년 기준으로 볼 때 전체 장기요양 서비스 기관 중에서 지방자치단체가 직접 운영하는 기관은 1.5%, 법인은 24.2%에 불과했고, 개인은 73.8%나 되었다(최인희 외, 2011: 37). 이명박 정부에서도 이 구조는 유지되었다. 이렇게 요양 서비스의 공급을 시장에 맡기면서 요양 서비스의 질 저하, 요양보호사의 열악한 근무환경, 수급자와 민간 영리기관 사이의 담합에 의한 부정수급 같은 문제들이 등장했다.

5. 사회복지 지출의 한계

공공사회복지 지출은 공공부조, 사회보상, 사회보험, 사회 서비스 분야에서의 지출을 의미한다. 〈그림 11-1〉은 1990년 이후 GDP 대비 한국의 공공사회복지 지출 추이를 보여준다. 그림에서 볼 수 있는 것과 같이 한국의 공공사회복지 지출은 시간이 흐르면서 꾸준히 증가하고 있다. 특히 최근에 집권한 노무현 정부와 이명박 정부 때의 공공사회복지 지출 상승률이 과거 어느 정부 때보다 컸다는 것을 알 수 있다. 노무현 정부 때는 GDP 대비 공공사회복지 지출이 2.29% 증가했고, 이명박 정부 때는 1.98% 증가했다. 외환위기로 발생한 대규모 실업과 같은 사회적 위험을 극복해야 했던 김대중 정부 때도 1.19% 정도만 증가했고, 삶의 질의 세계화를 주창하며 정권 후반기에 사회복지 지출에 역점을 두었던 김영삼 정부 때도 0.73%만 증가한 것을 보면, 노무현 정부와 이명박 정부의 공공사회복지 지출이 과거 정부들과 비교할 때 많이 증가했다는 것을 알 수 있다. 따라서 노무현 정부와 이명박 정부 때 공공사회복지 지출이 증가했음은 틀림없는 사실이다.

한편 GDP 대비 공공사회복지 지출 증가율에서 볼 수 있는 것과 같이 노무현 정부는 공공사회복지 지출에서 이명박 정부보다 더 노력했다. 노무현 정부는 이명박 정부보다 시간적으로 앞선 정부였으나 GDP 대비 공공사회복지 지출 증가율은 이명박 정부의 지출 증가율보다 컸기 때문이다. 이런 결과는 사회보장제도의 성숙으로 자연적으로 늘어난 사회복지 지출 이외에 정부가 정책적 의지를 갖고 지출한 복지 지출이 노무현 정부 때 더 컸다는 것을 의미한다. 이러한 두 정부의 공공사회복지 지출의 차이는 사회보험과 사회 서비스 분야의 지출 차이에서 나타나는 결과이다. 노무현 정부 때 GDP 대비 공적연

〈그림 11-1〉 공공사회복지지출 추이

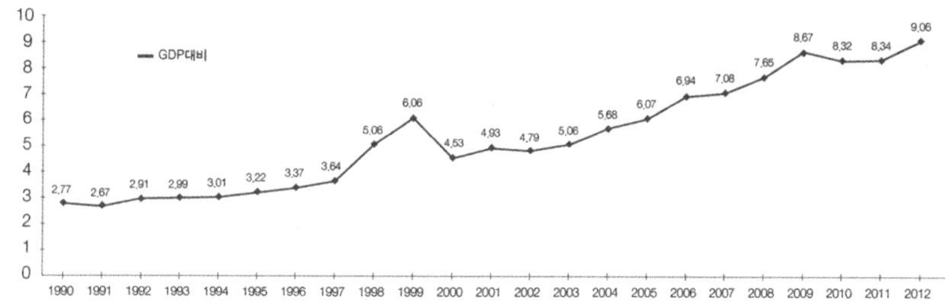

자료: 고경환 외(2014: 197)의 자료를 기초하여 직접 작성함.

금과 건강보험의 지출 증가율은 이명박 정부 때보다 두 배 정도 컸다. 또한 GDP 대비 노무현 정부의 사회 서비스 지출은 이명박 정부보다 세 배 정도 컸다(고경환 외, 2014: 219). 따라서 노무현 정부가 이명박 정부보다 공공사회복지 지출 증가를 위한 정책적 의지가 더 컸다는 것을 알 수 있다.

하지만 공공사회복지 지출을 늘리려는 노무현 정부의 정책적 의지가 이명박 정부와 뚜렷하게 구분된다고 볼 수는 없다. GDP 대비 두 정부의 공공사회복지 지출 증가율의 차이가 0.31%밖에 나지 않기 때문에 두 정부의 사회복지 정책의 의지와 성격이 완전히 달랐다고 평가하기에는 그 차이가 그렇게 크지 않다. 다만 노무현 정부는 과거 어느 정부보다도 더 정책적 의지를 갖고 공공사회복지 지출을 어느 정도 늘렸다고 볼 수 있고, 이명박 정부는 공공사회복지 지출을 이전 정부들보다는 많이 했지만 직전 정부였던 노무현 정부보다는 덜 했다고 평가해야 할 것이다.

노무현과 이명박 정부에서 GDP 대비 공공사회복지 지출의 차이가 있기는 하지만 두 정부의 공공사회복지 지출의 증가를 주도한 사회보장제도의 분야는 같다. 〈표 11-3〉에서 볼 수 있는 것과 같이 두 정부에서 공통적으로 사회보험 분야의 지출 증가가 공공사회복지의 지출 증가를 주도했다. 두 정부 각각의 집권 기간에 매년 증가한 공공사회복지 총지출 중에서 65% 정도를 사회보

〈표 11-3〉 분야별 사회복지 지출 증가 기여율 (단위: %)

	노무현 정부	이명박 정부	
		새로운 공공부조 제도들 포함	새로운 공공부조 제도들 제외
공공부조	14.08	27.14	15.2
사회보상	1.4	3	3
사회 서비스	20.04	4.74	17.4
사회보험	64.48	65.12	64.3
합계	100	100	99.9

자료: 고경환 외(2014: 219)의 자료를 기초하여 직접 작성함.

험의 증가분이 차지했다. 사회보험의 증가분에서 공적연금과 건강보험의 증가액이 85%가량을 차지해 가장 큰 부분을 차지했다. 공공사회복지 지출의 총 증가액 중에서 노무현 정부에서 공적연금이 기여한 비율은 35%, 건강보험은 49.8%, 이명박 정부에서는 공적연금이 39.2%, 건강보험은 44.8%였다. 두 정부 모두 공적연금의 소득대체율은 증가하지 않았기 때문에 공적연금의 증가는 순수하게 자연적 증가에 해당한다. 또한 노무현 정부 때 급여 범위의 확대가 있었지만 건강보험 지출 증가의 대부분도 노령 인구의 증가에 의한 자연적 증가분에 해당한다. 따라서 두 정부가 과거의 정부들보다 공공사회복지 지출을 늘린 것은 사실이지만 공적연금과 건강보험의 제도의 성숙에 따른 자연적인 지출 증가가 지출 증가의 대부분을 차지했다는 것을 알 수 있다. 두 정부가 위임입법권을 행사해 사회보험 분야의 지출을 의지적으로 늘린 부분은 크지 않았다는 의미이다.

한편 두 정부에서 공공사회복지 지출 증가에 기여한 사회 서비스와 공공부조의 기여 정도는 차이가 난다. 〈표 11-3〉에서 볼 수 있는 것과 같이 노무현 정부 때는 사회 서비스의 지출 증가율이 공공부조의 증가율보다 컸으나, 이명박 정부에서는 공공부조의 지출 증가율이 사회 서비스의 증가율보다 컸다. 상대적으로 노무현 정부는 사회 서비스에, 이명박 정부는 공공부조에 지출을 집중했다는 것을 알 수 있다. 노무현 정부는 사회 서비스 분야에서 주택보급, 시설보호, 교육복지, 재가복지 분야에 지출을 크게 늘렸다. 반면에 이명박 정부는 기초노령연금, 장애인연금, 근로장려금, 저소득층 노인장기요양보험본인부담금과 같은 공공부조 분야에 지출을 늘렸다(고경환 외, 2014: 219). 그런데 이 공공부조 제도들은 노무현 정부 때 법이 제정되고, 이명박 정부 때 시행된 제도들이다. 이명박 정부 때 새롭게 시행된 이 공공부조 제도들의 지출을 제외하면 이명박 정부의 분야별 사회복지 지출 증가의 기여도는 노무현 정부와 거의 유사하다. 만일 앞서 언급한 새로운 공공부조 제도들이 이명박 정부 때 시행되지 않았다면 노무현 정부와 이명박 정부에서 분야별 사회복지 지출 증가 경향은 유사하게 나타났을 것이다. 따라서 노무현 정부는 사회 서비스에, 이명박 정부는 공공부조에 특별한 정책적 관심을 보였다고 판단할 수 없다. 두 정부 모두 위임입법으로 사회 서비스 제도나 공공부조 제도를 통제했지만, 두 정부의 정책 차이는 크지 않다고 봐야 할 것이다.

이와 같이 노무현 정부와 이명박 정부의 사회복지 지출에서 차별성보다는 연속성이 나타나는 것은 행정부가 과도한 위임입법권을 갖고 사회보장제도들을 통제하는 현실과 매우 밀접하게 연관되어 있다. 사회보장제도의 적용 대상자, 급여 수급 조건, 급여의 범위와 같이 사회복지 지출에 큰 영향을 미치는 요소들을 정부가 통제하고 있으나, 주어진 예산 안에서 사회보장제도들을 운영해야 하는 현실은 어떤 정부가 집권해도 사회복지 지출에서 획기적인 전환점을 만들어내기 어렵다는 것을 보여주고 있다. 다르게 표현하면 사회복지 지출의 획기적인 전환점은 사회복지 재원의 확보가 전제되어야 가능하다는 의미이다. 사회복지 재원이 추가적으로 확보되지 않는다면 정권이 바뀌어도 사회복지 지출의 특별한 구조적인 변화는 없을 것이다. 현재와 같이 행정부에 과도한 위임입법권이 주어진 상황에서 사회복지 지출 구조는 사회보장제도의 자연적 증가분에 의해 늘어나는 것 외에는 앞으로도 크게 달라지지 않을 것이다. 사회복지 재원의 확보는 의회의 역할이다. 그런데 행정부가 위임입법을 근거로 사회보장제도를 실질적으로 통제하고 있는 현실에서 의회가 증세나 보험료 인상이라는 악역만을 떠맡지는 않을 것이다. 이런 이유에서 행정부의 최선의 선택은 주어진 예산 안에서 사회보장제도를 운영하는 것이다. 결과적으로 현재와 같은 과도한 위임입법 구조에서는 사회복지 지출은 정권이 바뀌어도 예산의 증가분과 사회보장제도의 성숙에 의한 자연적 증가분만큼만 늘어날 것이다.

6. 결론

한국과 같은 위임민주주의 체제에서는 사회복지가 민주주의적인 요소와 과도한 위임입법 구조에 의해 동시에 영향을 받고 있는 것을 알 수 있다. 민주주의적인 요소의 영향은 사회복지가 선거 승리를 위한 수단으로 사용되어 사회복지가 발전된다는 의미이다. 반면에 사회복지가 과도한 위임입법에 영향을 받는다는 것은 사회보장법과 사회복지정책이 행정부의 통제 아래 있으면서 사회복지 발전에 한계가 있다는 의미이다.

민주화 이후 한국에서도 사회복지의 발전에 민주주의가 미치는 영향력이 증가하고 있다. 김대중 정부 때는 국민기초생활보장법의 제정에 참여연대 같은 시민사회단체의 역할이 컸다. 노무현 정부와 이명박 정부에서도 선거에서 유권자의 지지를 얻기 위한 정치 수단으로 사회복지정책이 이용되기도 했다. 기초노령연금, 노인장기요양보험, 보편적 무상급식 제도 등이 대표적인 사례였다. 향후 반복되는 선거에서 사회복지정책이 유권자를 확보하는 주요한 수단으로 자주 사용될 것으로 보인다. 이런 행태가 한국 사회복지의 발전에 기여할 것이다.

현재 한국 사회보장제도의 뿌리는 1961년 5.16 군사쿠데타 이후 군사정부가 제정한 사회보장법과 제도에 있다. 그때부터 지금까지 한국 사회보장제도의 운영 방식은 행정부가 통제하는 방식이었다. 노무현 정부와 이명박 정부에서도 행정부가 주어진 예산 안에서 사회보장제도를 효율적으로 운영하는 행태는 변하지 않았다. 두 정부가 정치적 기반이 달랐고, '참여복지'나 '능동적 복지' 같은 사회복지정책의 구호가 달랐어도 사회보장제도가 운영되었던 행태는 유사했다. 사회보험 제도의 사각지대를 조금씩 메워나가는 정책, 국민기초생활보장제도에서는 더 이상 혼자 힘으로는 살 수 없는 빈곤층을 보호하고, 일할 능력이 있는 수급자에게는 근로를 연계하여 급여를 제공하는 행태, 사회 서비스 분야에서는 서비스 공급을 민간에 맡기고 국가는 재정 지원만을 하는 행태를 유지했다. 이렇게 국가의 역할을 최소화하려는 사회복지정책이 두 정부에서 유지될 수 있었던 이유는 행정부에 맡겨진 과도한 위임입법 제정 권한 때문이었다. 행정부는 이 위임입법을 제정할 수 있는 권한으로 사회보장제도를 주어진 예산 안에서 운영하는 보수적인 성격을 보여주었다. 이 과도한 위임입법권 때문에 정권이 바뀌어도 행정부는 계속해서 사회복지정책을 소극적으로 유지할 수 있었다.

이렇게 행정부가 위임입법을 근거로 사회보장제도를 통제하는 행태는 민주주의와 법치국가에 조응하지 않는다. 민주주의에서 국가의 주권은 시민에게 있다. 따라서 시민의 삶과 결부된 중요한 사항들은 시민이 결정해야 한다. 시민이 스스로 결정하지 못한다면 시민을 대표하는 의회가 결정해야 한다. 사회보장에 대한 권리는 헌법이 보장하는 기본권에 속한다. 이런 기본권에 속하는 중요한 사항이 한국에서는 국회가 아니라 행정부가 위임입법으로 통제하고 있다. 민주주의 원리에 위배되는 법 구조이다. 법치국가의 원칙은 위임입법에 한계를 준다. 법치국가원칙은 의회가 행정부에 권한을 위임할 때 구체적으로 범위를 제한해서 하도록 요구한다. 그런데 한국 사회보장법에 나타나는 위임 조항들은 대부분 이 법치국가의 위임입법 제한 규정을 어기고 있다. 앞서 살펴보았듯이 한국 사회보장법에서는 적용 범위, 급여 수급 조건, 급여의 범위와 수준, 보험료 산정방식 등 사회보장제도의 핵심 사항들에 대한 통제권한을 행정부에 위임하고 있다. 이런 위임 행태는 위임입법의 제한 규정에 맞지 않는 것이다.

사회보장제도들이 위임입법으로 통제되면 사회복지가 정치 수단으로 사용될 기회가 제한된다. 만일 사회보장법으로 사회보장제도의 핵심 사항들이 통제되면 국회에서 사회복지와 관련된 논의가 지금보다 훨씬 자주, 그리고 활발하게 일어나게 될 것이다. 그렇게 되면 정치가들은 선거 때만이 아니라 선거가 없는 일상에서도 유권자의 지지를 얻기 위해서 사회복지를 정치 수단으로 사용하게 될 것이다. 자연적으로 사회복지 확대를 위해서 증세나 보험료의 인상에 관한 논의도 공론화될 것이다. 증세나 보험료 인상에 대한 찬성과 반대의 입장이 나뉘겠지만 적정선에서 사회적 합의가 이루어질 것이다. 이런 방식이 현재와 같이 행정부가 독점적으로 사회보장제도를 통제하는 방식보다는 사회복지의 발전에 더 도움이 될 것이다.

〈부표 11-1〉 국민연금법과 기초(노령)연금법 제정안 및 개정안 비교[12)]

	국민연금법 개정안			기초(노령)연금 제정안 및 개정안			
	법안 발의 일자	소득 대체율 (%)*	보험료율 (%)	법안 발의 일자	대상 범위 (%)**	급여 수준 (%)***	재원
정부	2003년 10월 31일	60 → 50	9 → 15.9	2006년 6월 4일 (개혁 방안, 법안 형식 아님)	45	8만 원 정액	세금
정부	2004년 6월 2일	60 → 50	9 → 15.9				
정부	2006년 11월 30일 (양승조 수정안+정부)****	60 → 50	9 → 12.9				
열린우리당	2004년 10월 16일 (유시민안)	60 → 50	9	2006년 9월 29일 (정부 의견 반영)	60	•국민기초생활 보장 수급자+차상위 계층 : 10만 원 •일반 : 7만 원	중앙+지자체
열린우리당	2006년 9월 29일 (강기정안+정부)	60 → 50	2010년 이후 조정				
열린우리당	2006년 11월 30일 (양승조 수정안+정부)****	60 → 50	9 → 12.9	2006년 12월 5일 (수정 제안, 법안 형식 아님)	60	5	중앙+지자체
열린우리당	2007년 4월 17일 (민주당과 공동)	60 → 45	9	2007년 4월 25일	60	5 → 10	중앙+지자체
한나라당	2004년 12월 3일	60 → 20	9 → 7	*****	100+장애인 (3등급 이상)	20	중앙
한나라당	2007년 4월 2일 (민노당과 공동)	60 → 40	9	*****	80	10	

	2007년 4월 17일 (민노당과 공동)	60 → 40	9	*****	80+ 장애인 (장애 3등급 이상)	10	중앙
				2007년 4월 2일	60	6	중앙
				2007년 4월 25일	70	10	중앙+ 지자체
민주노동당	2004년 11월 18일	60	9	2006년 10월 31일	80+ 장애인 (3등급 이상)	15	중앙
	2006년 11월 14일	60 → 40	9				
결과	2007년 4월 2일 (부결)	60 → 50	9 → 12.9	2007년 4월 2일 (제정)	60	5	
	2007년 7월 3일 (개정)	60 → 40	9	2007년 7월 3일 (개정)	60 → 70	5 → 10	중앙+ 지자체

* 40년 가입 기준
** 대상자는 65세 이상 노인
*** 국민연금 가입자 전체의 평균소득월액에 대한 비율
**** 정식 법안으로 제출된 것은 아니고, 이 날 보건복지상임위원회 법안심사소위에서 정부와 열린우리당의 대안으로 나온 것이 반영된 것임.
***** 한나라는 국민연금제도를 소득비례연금과 기초연금급여(균등연금액)으로 구분함. 기초연금을 국민연금체계로 끌어들임.
자료: 정부(2003; 2004); 유시민(2004); 강기정(2006a; 2006b; 2007); 윤건영(2004); 현애자(2004; 2006a; 2006b); 정형근(2007); 김효석(2007); 박재완(2007)의 자료를 기초로 직접 작성함.

11) 〈부표 11-1〉에 있는 소득대체율, 보험료율, 대상 범위, 급여 수준은 보건복지상임위원회에 상정된 법안들이 제시하는 최종 목표치들이다. 예를 들면 정부가 2003년 10월 31일 제출한 국민연금법 개정안에는 소득대체율이 2004년부터 2007년까지는 55%로 되어 있으나 2008년부터는 50%로 되어 있다. 그래서 표에는 50%만 기록했다.

제12장

보건복지상임위원회와 입법 행태[1)]

1. 문제 제기

대한민국 국회에는 상임위원회와 특별위원회로 구분되는 두 가지 종류의 위원회가 있다(국회법 제35조). 상임위원회는 그 소관에 속하는 의안과 청원 등의 심사와 기타 법률에서 정하는 직무를 수행한다(국회법 제36조). 보건복지상임위원회는 보건복지부 소관에 속하는 사항과 식품의약품안전처 소관에 속하는 사항을 심사한다(국회법 제37조 제1항 제12호). 아울러 상임위원회는 그 소관에 속하는 사항과 관련된 법안을 제출할 권한도 있다(국회법 제51조 제1항). 상임위원회는 소관 사항을 심사하기 위해 소위원회를 둘 수도 있다(국회법 제57조 제1항).

국회법에서 규정하는 바와 같이 법이 국회 본회의에서 제정되기 전에 상임

1) 제12장은 이신용, 「사회보장법 입법과정에서 보건복지상임위원회의 역할」(≪인문사회과학연구≫, 47, 2015, 65~93쪽)을 수정·보완한 것이다.

위원회에서 법안에 대한 심사가 먼저 이루어진다. 국회법 제81조에 따르면 국회의장은 의안이 발의 또는 제출되면 본회의에 보고하고, 의원들과 소관상임위원회에 회부해 심사를 받게 한다. 소관상임위원회는 심사 후에 심사 결과를 본회의에 제출해야 한다. 소관상임위원회에서 본회의에 의안을 부의할 필요가 없다고 결정되었을 때는 의안이 본회의에 부의되지 않고 폐기될 수 있다.[2)]

이와 같은 상임위원회의 역할에 대한 국회법의 규정들에서 알 수 있는 것과 같이 법 제정 과정에서 상임위원회는 매우 중요한 역할을 수행한다. 소관상임위원회는 법안을 심사하는 과정에서 법 조항의 변경 등에 영향력을 미칠 수 있으며, 심지어 법안을 제안하고 폐기할 권한도 갖고 있다.

국회법의 규정들만 보면 상임위원회는 법 제정을 위해서 본회의에 필요한 정보를 제공하는 역할을 하는 기관이다. 본회의에서 모든 의원이 모든 분야의 다양한 법안들을 심사하거나 법 개정을 다루는 것은 비효율적이기도 하고, 전문성도 떨어지기 때문에 분야별로 상임위원회를 구분하고 그곳에서 일차적인 법안심사나 법 개정을 다루는 것이 효율적이라고 볼 수 있다. 그렇지만 상임위원회가 항상 본회의에 필요한 정보만을 제공하는 것은 아니다. 상임위원회에 소속된 의원들은 입법 과정에서 사적인 이해나 소속 정당의 당론을 반영하려 할 수도 있다. 따라서 입법 과정에서 상임위원회의 역할은 다양하게 나타날 수 있다.

한국의 사회보장법을 살펴보면 "대통령령으로 정한다" 혹은 "보건복지부령으로 정한다"라는 표현이 자주 나타난다. 해당 사항에 대한 결정권한을 입법부가 행사하지 않고 행정부에 위임한다는 의미이다. 이렇게 입법부가 결정권한을 위임하는 이유는 다양하다. 그런데 위임의 이유가 뭐든지 간에 위임의 결과는 입법부의 탈권력화로 나타난다. 노인장기요양보험법에도 적지 않게 위임 조항이 있다. 대표적인 조항이 급여의 범위에 대한 조항이다. 노인장기

---

2) 다만 30명 이상의 의원이 요구할 때는 그 의안을 본회의에 부의해야 한다(국회법 제87조).

요양보험법 제23조 제3항(법률 제12067호)에 따르면 장기요양급여의 제공기준, 절차, 방법, 범위, 그 밖에 필요한 사항은 보건복지부령으로 정한다고 되어 있다. 이 법 조항의 위임을 근거로 보건복지부는 장기요양등급에 따라서 제공되는 급여의 범위를 보건복지부령으로 정하고 있다. 그러나 이런 위임 행태는 모든 나라에서 동일하게 나타나지 않는다. 예를 들면, 독일의 장기요양보험법에서는 장기요양등급에 따라서 제공되는 급여의 범위를 법률로 구체적으로 규정하고 있다.[3)]

입법 과정에서 이런 위임 행태가 처음으로 통제될 수 있는 곳이 바로 상임위원회이다. 따라서 보건복지상임위원회는 사회보장법에 자주 나타나는 위임 행태를 통제할 일차적인 책임이 있는 기관이다. 그런데도 보건복지상임위원회는 입법 과정에서 어떤 역할을 하고 있는데 사회보장법에 나타나는 이렇게 많은 위임조항들을 허용하고 있는 것일까? 이 글에서는 노인장기요양보험법의 제정 과정에서 보건복지상임위원회의 역할과 위임조항이 허용되는 원인을 분석할 것이다. 노인장기요양보험법은 가장 최근에 제정된 사회보험법으로 공적인 요양제도가 필요한 한국의 현 상황에서 매우 중요한 법이다. 그리고 다른 사회보장법과 비교했을 때 위임조항이 적기는 하지만 여전히 적지 않은 위임조항을 담고 있기 때문에 다른 사회보장법을 대표하는 사례로 큰 문제가 없다고 판단했다.

국회 상임위원회와 관련된 연구들은 주로 위원회와 관련된 규정, 위원회의 운영 방식, 위원회의 활동 평가, 위원회의 입법 영향력 등에 치중해 있다(가상준, 2012; 박기묵, 2010; 박찬표, 2004; 서복경, 2010; 이현우, 2009). 이 글과 같이 상임위원회가 입법 과정에서 어떤 역할을 하는가를 주제로 다루는 연구는 매우 제한적이다. 박찬욱과 김진국은 입법 과정에서 위원회의 역할을 다수당의 의견을 대변하는 위원회로 분석하고 있다(박찬욱·김진국, 1997: 485). 그러나 연구의

3) 장기요양보험법(Soziale Pflegeversicherung) 제36조, 제37조, 제41조, 제43조, 제45조.

결론 부분에서만 위원회의 역할을 언급했을 뿐 본문에서 이 주장을 증명한 것은 아니다. 전진영과 박찬욱도 위원회가 다수당의 대리인 역할을 한다는 주장을 하고 있지만, 논문의 전반적인 연구 대상은 제정된 법률의 숫자를 이용해 법 제정 과정에서 위원회가 행사할 수 있는 입법권력을 평가하는 데에 있다(전진영·박찬욱, 2012). 더욱이 보건복지위원회를 연구 대상으로 하는 연구는 매우 드물다. 오혜진(2011)만이 보건복지상임위원회를 다루고 있는데, 연구 주제는 민주화를 전후해서 보건복지상임위원회에 대한 의원들의 선호와 위원회의 활동이다. 다른 연구들과 마찬가지로 입법 과정에서 위원회의 역할이 어떤 것인지는 분석하고 있지 않다. 따라서 보건복지상임위원회가 입법 과정에서 어떤 역할을 하는지 그리고 과도한 위임 현상이 왜 발생하는지를 분석하는 이 글은 한국 상임위원회에 대한 연구의 한 공백을 채우는 의미가 있다.

2. 위원회와 관련된 이론들

1) 정보 이론(Informational Theory)

정보 이론에서 의회는 전문화에 의한 집단적 편익collective benefits을 축적하는 조직으로 간주된다. 각각의 의원들은 개인적인 목적을 추구하기도 하지만 이들이 이용하는 정책 전문 지식은 잠재적인 집단적 선에 기여하기도 한다고 본다. 하지만 정보 이론에서 의회는 자신이 만든 정책의 정확한 결과 혹은 효과에 대해 잘 알지 못하는 경우가 종종 있다는 것을 전제한다. 그래서 의원들은 전문적인 지식이 없거나 관심 있는 영역 이외의 정책 영역에 대한 정보를 필요로 한다(Krehbiel, 1992).

정보 이론에서는 의원들의 이러한 욕구를 채워주는 역할을 하는 제도가 의회의 위원회라고 간주한다. 위원회는 정책 전문 지식을 발전시키고, 동료 의원들과 정책과 관련된 정보를 공유하도록 의원들을 유인하는 제도이다. 따라서 위원회의 역할은 해당 소속 의원들의 정책 전문 지식을 이용해서 본회의에서 필요로 하는 정보를 제공하는 것이다. 위원회는 본회의보다 어떤 정책의 중요성에 대해 더 잘 알고 있다고 전제된다(Krehbiel, 1992; Groseclose and King, 2001: 192).

그럼에도 위원회가 제공하는 법안이나 정보가 본회의에서 그대로 수용되는 것은 아니다. 본회의에서는 위원회는 알고 있으나 본회의는 모르는 것들을 확인하려고 시도한다. 위원회는 자신이 제공하는 정보를 이용하여 위원회가 선호하는 것을 본회의에서 얻어내려는 경향이 있기 때문이다. 그래서 본회의는 위원회가 제출한 법안을 심사하면서, 위원회가 제공한 사적 정보의 의도를 분석하려고 시도한다(Krehbiel, 1992: 69).

만일 본회의의 입장이 위원회가 원하는 것과 다르다면, 이 위원회는 소기의 목적을 달성하기 위해 정보를 왜곡하거나 과장해서 본회의에서 법안이 통과되도록 시도할 것이다. 그러나 본회의는 이러한 위원회의 의도를 알아채고, 위원회가 제공한 정보를 무시한다. 따라서 본회의와 위원회 사이의 선호 차이가 크면 클수록, 위원회가 제공하는 정보는 더 적게 본회의에서 받아들이게 된다(Groseclose and King, 2001: 192). 반면에 양자 간의 선호 차이가 없다면 본회의는 위원회에서 제공하는 정보를 그대로 수용할 것이다. 아울러 위원회는 굳이 정보를 과장하거나 왜곡할 필요도 없게 된다.

그런데 정보 이론은 위원회와 본회의의 선호가 크게 다르지 않을 것이라 전제한다. 왜냐하면 본회의에는 위원회를 통제할 권한이 있어서 위원회는 본회의의 선호를 무시할 수 없기 때문이다(Groseclose and King, 2001: 192). 또한 본회의의 대부분의 의원들이 선호하는 것과 근접한 선호를 갖고 있는 위원회의 의원들에게 특별한 권리가 부여되기도 한다. 그래서 위원회의 대부분의 위원들이 선호하는 것과 본회의에 참석하는 대부분의 위원들이 선호하는 것 사이에 커다란 차이가 없다는 것이다. 이런 의미에서 위원회는 본회의에 봉사하는 하부조직의 역할을 하는 것으로 간주된다(Krehbiel, 1992).

2) 이익분배 이론(Distributive Benefits Theory)

이익분배 이론에서 의회는 개별적인 이해를 갖고 있는 의원들로 형성된 집합체로 간주된다(Groseclose and King, 2001: 193; Krehbiel, 1992: 3; Shepsle, 1986: 73). 따라서 의회의 주요한 과제는 정책의 편익을 분배하는 것이다. 그런데 어느 의원이 어떤 정책의 편익을 가져갈 것인가는 의원과 의원이 속한 지역구의 이해에 따라서 영향을 받는다(Mayhew, 1974: 52 이하; Fiorina, 1977: 35, 48). 재선을 원하는 의원들은 자신이 속한 지역구의 이해를 반영한 정책과 그 편익을 얻기를 원한다. 그런데 지역구마다 동일한 선호를 갖는 것은 아니다. 경제적으로 처한 상황이나 다른 속성들로 지역구마다 서로 다른 선호를 갖는다. 따라서 의회에서 의원들이 추구하는 선호 역시 다르게 나타난다. 어느 의원은 농업 분야를 선호하고, 다른 의원은 도시 분야를 선호하는 경향을 보인다(Groseclose and King, 2001: 193). 어쨌든 의회는 자신의 이익을 극대화하려는 의원들이 거래를 통해 이익을 획득할 수 있는 기회를 제공하는 곳으로 간주된다(Krehbiel, 1992: 3).

그런데 문제는 각각의 의원들이 소수라는 데 있다. 따라서 자신의 이해를 구현하기 위해서 다른 의원들과의 연합이 필요하게 된다(Groseclose and King, 2001: 193; Krehbiel, 1992: 36). 하지만 이 연합은 언제든지 배신행위에 의해 깨질 수 있다는 위험을 안고 있다(Shepsle and Weingast, 1987: 86). 예를 들면 다른 의원의 지지로 자신의 이해를 구현한 의원이 도움을 준 의원의 이해를 나중에 반드시 지지하리라는 보장이 없기 때문이다. 반대로 편익을 제대로 얻지 못한 의원이 연합 관계를 깨뜨릴 가능성도 언제든지 있다(Krehbiel, 1992: 3).

이런 위험이 현실화되는 것을 방지하기 위해 의회의 위원회제도가 기능한다. 각 위원회는 자신이 다루는 고유의 정책 영역이 있다. 위원회는 자신의 영역에 속하는 법안의 문지기 역할gatekeeping을 하게 된다. 만일 연합 관계에 있었던 의회의 어느 집단에 의해 배신을 당한 다른 집단의 의원들이 어느 위원회에서 과반수를 장악한다면 이 위원회에서는 배신을 한 의원 집단의 이해가 반영된 법안은 통과될 수 없을 것이다. 그러므로 의회 위원회 제도는 연합된 집단들 사이의 배신을 예방해주는 제도로 기능하게 된다. 또한 의원들은 자신이 속한 지역구의 이해와 관련된 위원회에서 활동하면서 정책의 편익 얻을 기회를 갖게 된다. 따라서 정보 이론에서 위원회가 본회의를 대변하는 기능을 하는 것과는 다르게 이익분배 이론에서 위원회는 본회의를 대표하는 기능은 하지 않는다(Groseclose and King, 2001: 193; Krehbiel, 1992: 3; Shepsle and Weingast, 1987).

3) 다수당연합 이론(Majority-Party Cartel Theory)

다수당연합 이론에서 정당, 특히 다수당은 입법적 연합legislative cartel의 한 종류로 간주된다. 이러한 연합들은 입법 과정을 통제하는 규칙들을 만드는 의회의 권한을 빼앗는다고 본다. 예를 들면 위원회를 만드는 규칙을 다수당이 지배하는 경우이다(Cox and McCubbins, 1993; Kiewiet and McCubbins, 1991: 141). 그래서 입법 과정은 다수당에게 유리하다. 다수당의 의원들이 입법 과정에서 주요한 역할을 하게 된다(Cox and McCubbins, 1993: 2). 결과적으로 입법 과정에서 다수당은 소수 정당들을 법 제정 과정에서 배제하려는 경향이 있다(Groseclose and King, 2001: 194).

소속정당의 목표를 달성하기 위해 다수당에 속하는 의원들은 위원회에서 서로 협조한다. 그런데 이들의 협조는 보상을 필요로 한다. 그래서 다수당은 위원회 제도를 통해서 이들에게 보상하려는 경향을 보인다. 충성을 보이는 위원들은 자신이 선호하는 위원회에 배치되도록 배려받게 된다. 물론 이 위원회는 해당 의원의 이해를 구현할 만한 권한을 갖고 있다고 전제된다.

그렇다고 해당 의원이 자신의 이해를 위해서 임의로 이 위원회를 이용할 수 있는 것은 아니다. 당의 간부 조직이 이 위원회를 강력하게 통제하고 있기 때문이다. 아울러 재선을 원하는 의원이나 당내에서 영향력을 확대하려는 의원은 당 간부 조직의 영향을 받을 수밖에 없다(Cox and McCubbins, 1993). 따라서 어떤 위원회에 속한 의원의 개인적인 이해는 당의 이해와 크게 다를 수 없다(Groseclose and King, 2001: 194; Kiewiet and McCubbins, 1991: 233). 그리고 다수당의 지도자들은 위원회에 위원을 배정할 권한이 있기 때문에 당에 속한 의원들에게 당이 선호하는 법안을 만들고 제정하도록 압력을 가할 수 있다. 그렇기 때문에 당 소속 의원들은 당의 목표를 위원회에서 구현할 수밖에 없다. 이런 목적을 달성하기 위해 위원회에 소속된 다수당의 의원들은 서로 공모하여 당의 목표를 구현하려 하고, 소수당을 배제하려는 경향을 보이게 된다.

4) 행정부 대리인 이론(Administration Agent Theory)

정보 이론, 이익분배 이론, 다수당연합 이론이 위원회의 기능을 각각 상이하게 바라보는 차이점이 있지만 의회가 입법 과정을 지배한다는 공통점도 갖고 있다. 즉, 지역구의 이해를 반영하여 위원회의 의원들이 상호 이익을 보장하는 위원회 활동을 한다든지, 집단적 편익을 극대화할 목적으로 전문적인 정보를 제공하기 위해 의원들이 위원회 활동을 한다든지, 다수당의 정책을 실현하기 위해 다수당의 의원들이 위원회활동을 한다든지 세 이론은 입법 과정은 의회의 지배하에 있다는 것을 전제하고 있다. 민주주의 체제에서 입법 과정이 입법부에 속하는 것은 당연하기 때문이다. 그래서 민주주의 역사가 길고, 안정화된 미국이나 서구유럽의 민주주의 국가에서 입법부가 입법 과정을 통제하는 것은 당연한 것으로 받아들여지고 있다.

그런데 민주주의 역사가 짧은 신생 민주주의 국가에서는 입법 과정이 의회의 통제에 놓여 있지 않는 경우를 자주 볼 수 있다. 이들 국가들에서는 강한 행정부의 오랜 영향 때문에 민주화 이후에도 행정부가 입법 과정에 영향을 미치는 것을 적지 않게 볼 수 있다(Croissant, 2002: 33). 그렇다고 신생 민주주의 국가에서 행정부가 입법 과정을 직접적으로 주도하는 것은 아니다. 왜냐하면 신생 민주주의 국가도 민주주의 체제이기 때문에 행정부가 노골적으로 입법 과정을 통제할 수 없기 때문이다.

신생 민주주의 국가에서 행정부가 입법 과정에 개입할 수 있는 주요한 방법 중에 하나는 의회의 위원회에 전문적인 정보를 제공하면서 개입하는 방법이다. 행정부는 위원회에 자신에게 유리한 정보를 제공하면서 입법 과정을 행정부가 원하는 쪽으로 유인할 수 있다. 신생 민주주의 국가에서 행정부는 오랫동안 국정을 주도적으로 운영하면서 입법부보다 정책 전문성을 향상시킬 수 있었다. 더욱이 행정부는 인력적·조직적·재정적인 측면에서 입법부보다 전문성을 더 발휘할 수 있는 유리한 환경을 오래전부터 갖고 있었다. 따라서 행정부는 축적된 전문성을 바탕으로 위원회에서 의원들에게 전문적인 정보를 제공하면서 행정부가 원하는 대로 법안이 만들어지도록 영향을 미칠 수 있다. 의원들은 행정부가 제공하는 전문적인 정보에 압도되면서 행정부의 정책적 의도가 반영된 법안을 만들게 된다.

또한 신생 민주주의 국가에서는 의원 후보 공천제도가 중앙당에 의해 통제되는 경우가 많은데, 이런 공천제도에서는 의원들이 적극적으로 입법 과정에 참여하려는 동기가 적다(이신용, 2013: 19 이하). 미국이나 유럽의 민주주의 국가에서 공천은 유권자나 시민에 의해 주도되는 상향식 방식이 대부분이다. 이런 상향식 공천 방식에서는 재공천을 받으려는 의원은 유권자나 당원의 이해를 반영한 입법 활동을 적극적으로 해야만 하는 동기가 주어진다. 반면에 중앙당에서 공천을 주도하는 하향식 공천 방식에서는 공천을 주도하는 당대표나 계파의 수장들에게 충성하는 것이 재공천을 받을 수 있는 방법이기 때문에 굳이 입법 활동을 적극적으로 할 이유가 없어진다. 따라서 하향식 공천 방식에서는 위원회 활동을 적극적으로 해야 할 동기가 위원들에게 없게 된다. 그러므로 하향식 공천 방식에서는 위원회 활동이 소극적으로 되고, 실제적인 입법 과정은 행정부가 주도하는 결과가 발생한다. 위원회는 추상적인 수준에서 법안의 조문들을 결정하고, 구체적인 사항들은 행정부에 위임하는 형태의 법안을 만들게 된다. 결국 행정부는 위임입법을 통해서 행정부가 원하는 정책을 만들 수 있게 된다.

3. 노인장기요양보험법 제정 배경과 법안 비교

1) 제정 배경

노인장기요양보험법은 노무현 정부 마지막 해인 2007년 4월 27에 제정되었다. 이 법의 제정에 대한 논의는 김대중 정부로 거슬러 올라간다. 2000년까지만 해도 65세 이상의 노인 인구는 7.2%로 아직 고령사회는 아니었다. 문제는 급속한 고령화의 속도였다. 2020년에는 65세 이상의 노령 인구가 15.7%를 차지할 것으로 예상되었다(박하정, 2008: 57). 급격히 늘어나는 노인 인구와 그와 더불어 발생하는 노인문제, 특히 요양문제에 대한 국가적인 차원에서의 대비가 필요한 시점으로 인식되었다. 노인 인구의 증가에 따른 요양 비용에 대한 가족부담의 증가, 핵가족화의 진행과 여성의 사회 진출 증가는 국가적인 차원에서의 노인요양제도의 필요성을 더욱 크게 했다. 더불어 건강보험급여에서 노인이 차지하는 비중이 점점 커지는 상황에서 노인요양은 건강보험 재정을 더욱 악화시킬 위험 요인으로 작용했다(박하정, 2008: 45; 전광석, 2013: 106). 따라서 건강보험제도 외에 별도의 제도를 만들어 노인 요양의 문제를 해결해야 할 필요성이 더욱 절실해졌다.

그래서 김대중 정부에서 공적인 노인요양제도를 준비하기 시작했다. 2000년에 보건복지부가 '노인장기요양보호정책기획단'을 설치하여 1차 방안을 수립하고, 2001년에는 보건사회연구원에 연구 용역을 맡겨 연구 결과를 발표했다(임혜경, 2010: 63). 마침내 2001년 8월 15일 김대중 대통령은 '노인요양보험제도 도입'을 선언했다. 2002년 7월에 국무총리 산하 노인보건복지대책위원회가 '노인보건복지종합대책'을 발표하면서 '노인요양보험제도'의 개발을 보고했다(차흥봉, 2008: 80).

노인요양제도의 개발을 위한 김대중 정부의 시도는 노무현 정부에서 더욱 구체화되었다. 보건복지부는 2003년 1월 대통령직인수위원회에 공적노인요양보장체계를 2007년까지 구축한다는 방안을 보고했다(박하정, 2008: 62). 복지부의 정책 제안은 노무현 정부에 의해 수용되었다. 보건복지부 장관 자문기구인 공적노인요양보장추진기획단은 2004년 2월에 「공적노인요양보장체계 최종보고」를 작성해 보고했다. 이후 실행 방안을 만들 '공적노인요양보장제도 실행위원회'가 설치되었고, 2005년 2월에 '공적노인요양보장 실행모형'이 정부에 제출되었다. 2005년 10월 정부는 '노인수발보장법안' 입법을 예고하고, 2006년 2월 16일에 국회에 법안을 제출했다.

노인요양문제가 의제화되고 대책이 마련되는 과정을 보면 정부가 이 과정을 주도했다는 것을 알 수 있다. 고령화로 인한 노인 요양의 문제를 먼저 인지한 것도 정부였고, 이에 대한 대책도 정부 중심으로 마련되었다. 심지어 복지부는 내부 토론회를 거쳐서 '공적노인요양보장제도 실행위원회'가 제시한 장기요양보험의 대상자, 경증까지의 포함 여부, 건강보험 재정의 활용 문제 등의 실행모형도 상당히 수정을 가했다. 이를 통해 김대중 정부부터 노무현 정부까지 정부가 의사결정에서 주도적이었다는 것을 알 수 있다(박하정, 2008; 이진숙·조은영, 2012: 18).

2) 제정된 법의 주요 내용[4)]

(1) 목적

고령이나 노인성 질병 등의 원인으로 일상생활을 혼자서 수행하기 어려운 노인이나 혹은 이와 같은 조건을 충족하는 노인이 아닌 자에게 신체 혹은 가사활동을 지원하는 것이 노인장기요양보험제도의 목적이다. 그래서 노인장기요양보험은 노후의 건강증진 및 생활안정을 도모한다. 아울러 가족의 부담을 덜어주는 추가적인 목적도 갖고 있다.

목적에서 두드러지게 나타나는 사항은 제도의 대상자가 노인이라는 것이다. 비노인도 대상자가 될 수 있다는 것을 열어두고 있지만 본질적인 대상자는 노인이라는 것을 분명히 하고 있다. 국민들에게 노인장기요양보험의 대상자가 누구인지 목적에서부터 분명하게 보여주려는 의도로 보인다. 그러나 법의 목적에서 본질적인 대상자가 노인이라는 것을 밝혀도 재원을 건강보험의 모든 가입자가 마련하는 방안이기 때문에 형평성 논란이 사라질 수는 없다.

(2) 수급 대상자

목적에 나타나 있는 '노인'은 65세 이상인 자를 의미한다. 따라서 기본적인 급여 대상자는 65세 이상인 자이다. 아울러 65세 미만이라도 치매나 뇌혈관 질환 등 대통령령으로 정하는 노인성 질병을 가진 자도 급여 대상자가 될 수 있다. 결국 법 조항에 따르면 64세의 노인이라도 나이 때문에 신체활동이나 가사활동 능력이 떨어져도 노인성 질병을 갖고 있는 경우가 아니라면 급여 대상자가 될 수 없다. 그리고 노인성 질병의 범위는 치매나 뇌혈관 질환으로만 법률로 정할 뿐이고 구체적인 사항들은 대통령령으로 정하고 있어서 행정부

---

4) 이 항에서 일컫는 제정된 법은 2007년 4월 27일에 제정된 '노인장기요양보험법'(법률 제8403호)을 가리킨다.

에 대상자의 범위를 정할 수 있는 재량권을 위임하고 있다.

(3) 급여 수급 조건

고령이나 노인성 질병을 가진 자 모두 급여를 수급할 수 있는 것은 아니다. 최소한 6개월 이상 혼자서 일상생활을 영위하기 어렵다고 인정되어야 급여를 받을 수 있다. 따라서 노인장기요양보험은 단기적으로 요양이 필요한 자가 아닌 장기적인 요양이 필요한 자를 대상으로 한다.

(4) 급여의 종류

신체활동과 가사활동을 지원하는 급여와 간병서비스, 혹은 이에 갈음하여 지급하는 현금이 급여의 종류이다.

(5) 급여 제공의 기본원칙

급여는 수급자와 그 가족의 욕구 및 선택을 종합적으로 고려해 필요한 범위 안에서 제공해야 한다. 그리고 수급자가 가족과 생활하면서 가정에서 요양을 받는 재가급여가 우선하는 것을 원칙으로 한다. 아울러 수급자의 심신 상태나 건강 등이 악화되지 않도록 의료서비스와 연계하여 급여를 제공한다.

(6) 운영 주체

장기요양보험사업은 보건복지부 장관이 관장하고, 보험자는 건강보험공단이다.

(7) 가입자

건강보험 가입자는 모두 노인장기요양보험 가입자이다. 따라서 건강보험의 가입자는 노인장기요양보험의 가입자로서 보험료를 지불할 의무가 있다.

(8) 보험료

보험료는 건강보험 보험료와 통합하여 징수한다. 다만 두 보험료를 구분해서 고지해야 하고, 각각의 독립회계로 관리되어야 한다.

보험료는 건강보험법에 따른 보험료에 노인장기요양보험료율를 곱해 산출한다. 보험료율은 장기요양위원회의 심의를 거쳐서 대통령령으로 결정한다.

장애인의 경우는 대통령령으로 보험료의 일부나 전부를 감면받을 수 있다.

(9) 급여신청

노인장기요양보험은 가입자뿐만 아니라 의료급여 수급권자도 급여를 신청할 자격을 부여한다. 의사나 한의사의 소견서가 첨부된 신청서를 공단에 제출해야 한다. 의사소견서의 발급비용, 비용부담방법 등은 보건복지부령으로 정한다.

신청서가 접수되면 공단의 직원은 신청인을 방문하여 신청인의 상태를 조사한다. 아울러 신청인에게 필요한 급여의 종류와 내용를 담은 조사 결과서를 작성하여 장기요양등급판정위원회에 제출한다. 등급판정위원회는 장기요양등급, 장기요양급여의 종류와 내용 등이 담긴 장기요양인정서를 발급한다. 이때 공단은 요양급여의 월 한도액 범위 안에서 표준장기이용계획서를 작성하여 함께 보내야 한다. 등급판정기준은 대통령령으로 정한다(제15조).

(10) 등급판정위원회

요양인정 및 등급 판정을 심의하기 위해 공단에 장기요양등급판정위원회를 둔다. 등급판정위원회는 위원장 한 명을 포함하여 15명의 위원으로 구성한다. 해당 지방자치단체장이 추천한 일곱 명과 의사 또는 한의사가 한 명 이상 각각 포함되어야 한다. 임기는 3년이다.

(11) 급여

장기요양의 인정은 최소 1년 이상으로 대통령령으로 정한다. 유효기간의 산정방법과 그 밖에 필요한 사항은 보건복지부령으로 정한다.

급여종류로는 재가급여, 시설급여, 특별현금급여가 있다. 재가급여에는 방문요양, 방문목욕, 주·야간보호, 단기보호, 기타재가급여가 포함된다. 기타재가급여는 수급자의 일상생활이나 신체활동 지원에 필요한 용구나 재활에 관한 지원 등을 포함하는데 구체적인 사항은 대통령령으로 정한다. 시설급여는 노인의료복지시설 등에 장기간 입소해 요양급여를 제공받는 것을 의미한다. 특별현금급여는 장기요양 기관이 현저히 부족한 지역에서 가족으로부터 요양을 제공받은 경우나 장기요양 기관이 아니 곳에서 요양을 부득이하게 받은 경우 비용의 일부를 수급자에게 현금으로 지급하는 것을 의미한다.

이와 같은 장기요양급여의 제공기준, 절차, 방법, 범위 등은 보건복지부령으로 정한다. 또한 급여는 요양등급과 급여의 종류 등을 고려하여 월 한도액의 안에서 제공되는데, 월 한도액의 산정 기준 및 방법 등은 보건복지부령으로 정한다.

(12) 급여 제공 기관

장기요양급여를 제공할 수 있는 기관의 종류 및 기준과 장기요양급여 종류별 장기요양요원의 범위, 업무, 보수교육 등은 대통령령으로 정한다.

장기요양 기관을 설치·운영하고자 하는 자는 소재지를 관할 구역으로 하는 시장, 군수, 구청장으로부터 지정을 받아야 한다. 아울러 보건복지부가 정하는 장기요양에 필요한 시설 및 인력을 갖추어야 한다.

재가요양 기관을 설치하려는 자는 해당 지자체에 신고해야 한다. 의료 기관이 아닌 자가 운영하는 재가장기요양 기관은 방문간호를 제공하는 경우에 방문간호의 관리 책임자로 간호사를 둔다.

장기요양 기관은 공단에 장기요양급여비용을 청구한다. 공단은 장기요양 기관이 청구한 비용을 평가해 가산 또는 감액하여 지급할 수 있다. 이 심사의 기준, 비용의 가감지급의 기준 등은 보건복지부령으로 정한다. 아울러 재가 및 시설 급여비용의 구체적인 산정방법 및 항목은 보건복지부령으로 정한다.

(13) 본인부담금과 국가의 재정 역할

재가급여를 받는 수급자는 비용의 15%를, 시설급여를 받는 수급자는 비용의 20%를 본인이 부담한다. 다만 국민기초생활 수급자는 본인부담금이 전액 면제된다. 의료급여 수급자와 보건복지부 장관이 정하는 소득 이하의 자는 본인부담금이 50% 감면된다. 본인일부부담금의 산정방법, 감경절차 등은 보건복지부령으로 정한다.

국가는 당해 연도 장기요양보험료 예상 수입액의 20%를 공단에 지원한다. 또한 국가와 지방자치단체는 대통령령으로 정하는 바에 따라 의료급여 수급자의 장기요양 비용, 의사소견서 발급 비용, 방문간호지시서 발급 비용 중 공단이 부담해야 할 비용 및 관리·운영비의 전액을 부담한다.

3) 제정된 법과 보건복지위원회의 최종법안 비교

장기요양제도를 도입하려는 의원들과 정부가 만든 최초의 법안들은 2006년 9월 18일에 보건복지위원회에 상정되어 제안설명 및 대체토론을 거쳐 법안심사소위원회에 회부되었다. 2006년 11월 2일에 장기요양보험법(가칭) 제정과 관련하여 보건복지위원회에서 공청회가 열렸다. 이후 2006년 11월 7일부터 2007년 2월 5일까지 법안심사회소위원회에서 여덟 차례 법안이 다루어졌다. 2007년 2월 22일 보건복지위원회는 위원회가 만든 대안을 제출하면서 앞서 다섯 명의 의원이 각각 발의한 다섯 개의 안, 사회복지사협의회와 노인복지시설협회의 청원법을 고경화 의원이 소개한 안, 정부안을 포함하여 일곱 개의 법안은 본회의에 제출하지 않기로 했다. 그래서 2007년 3월 30일 보건복지위원회는 위원들과 정부의 안을 대체하는, 위원회의 대안으로 '노인장기요양법안'을 본회의에 제출했다.

위원회는 법안을 제안하는 이유로 한국 노령 인구의 빠른 증가와 그 결과로 인한 공적인 요양제도의 필요성을 들고 있다. 2005년 현재를 기준으로 노령 인구가 9.1%이지만 세계의 어느 나라보다 노령화 속도가 빠르게 진행되고 있기 때문에 치매 및 중풍을 앓는 노인의 수도 증가하고 있으나 핵가족화와 여성의 사회참여 증가 등으로 장기요양이 필요한 노인을 집에서 돌보는 것이 어렵게 되었다고 보고했다. 아울러 장기요양 비용이 한 가정에서 감당하기에는 과중하여 노인장기요양의 문제는 사회가 해결해야 할 시급한 문제로 보고했다(보건복지위원회, 2007).

또한 심각한 사회문제로 대두하고 있는 노인의 간병 및 장기요양의 문제를 사회적 연대의 원리에 기초하여 정부와 사회가 공동으로 해결하는 노인장기요양보험제도가 필요하다는 취지를 알리고 있다. 도입되는 노인장기요양보험제도를 통해서 노인의 노후생활의 안정을 도모할 수 있을 뿐만 아니라 그 가족의 부양 부담을 덜어주는 효과를 볼 수 있다고 보고되었다.

보건복지위원회는 이와 같은 정보를 본회의에 제공하면서 법안이 통과되기를 기대했다. 그리고 위원회에서 법안을 심사하는 과정에서 위원회의 의원들은 사적인 이해를 동시에 획득하려는 의도는 보이지 않았다. 정보 이론에서 주장하는 바와 같이 위원회는 단지 본회의에서 효과적인 정책이 올바르게 결정되도록 전문적인 정보를 제공하는 자신의 역할을 충실히 수행한 것처럼 보인다.

이 같은 추정이 가능한 것은 본회의에서 위원회가 제출한 법안을 그대로 수용했기 때문이다. 위원회에서 제출한 법안 중에서 단 하나의 법 조항도 수정되지 않았다. 아울러 어느 의원도 토론을 요청하지 않았다. 2007년 4월 2일 본회의에서 재석의원 260명 중 255명의 의원이 법안을 압도적으로 찬성했다(국회사무처, 2007: 33). 이는 위원회의 선호와 본회의의 선호가 일치했다는 것을 의미한다. 즉, 보건복지위원회는 본회의가 필요로 하는 전문적인 정보를 제공했으며, 본회의는 위원회가 제공하는 정보를 전적으로 신뢰했다는 의미이다. 노인장기요양법이 제정되는 과정에서 위원회의 역할을 분석했을 때 위원회는 본회의에 필요한 정보를 제공한다는 정보 이론의 타당성이 검증되었다고 할 수 있다. 위원회는 전문적인 지식을 바탕으로 법안을 심사하고 본회의는 위원회가 만든 법안을 심사하여 제정하는 역할을 한다는 정보 이론의 타당성을 노인장기요양보험법의 제정 과정을 통해서 확인할 수 있었다.

그렇다면 위원회의 역할을 설명하는 다른 이론들은 폐기되어야 하는가? 성급한 결론에 도달하기 전에 다른 이론들의 타당성도 검증해볼 필요가 있다. 왜냐하면 위원회가 대안으로 제출한 법안을 정부안을 포함하여 여섯 명의 의원들이 제출한 법안들과 비교하는 것이 필요하기 때문이다. 만일 다수당연합 이론에서 주장하는 것과 같이 본회의에서 제정된 노인장기요양법이 다수당 의원이 제출한 법안과 매우 유사하다면 정보 이론의 타당성뿐만 아니라 다수당연합 이론의 타당성도 함께 고려되어야 하기 때문이다.

4) 제정된 법과 법안들 비교

이 단락에서는 다수당연합 이론과 정부 대리인 이론의 타당성을 정부와 의원들이 제출한 법안들과 위원회 회의록의 분석을 통해 살펴보도록 하겠다. 다수당연합 이론의 타당성을 검증하기 위해서 제정된 법과 다수당이 제출한 법안과 비교할 것이고, 정부 대리인 이론을 검증하기 위해서는 정부안과 제정된 법 및 위원회의 최종법안을 비교할 것이다. 아울러 위원회 회의록을 분석하면서 어떤 법안이 어떻게 위원회의 대안으로 수용되는지를 추적할 것이다.

(1) 대상자

2007년 4월 27일 제정된 노인장기요양보험법(법률 제8403호)은 노인이나 노인성 질병을 가진 자를 장기요양급여의 대상자로 보고 있지만, 열린우리당안에는 장애인도 포함되어 있다(장향숙, 2006: 7).[5] 또한 같은 당 김춘진 의원안의 대상자 범위는 더욱 넓다. 장애인뿐만 아니라 모든 국민을 대상자로 보고 있다(김춘진, 2006: 5). 야당안을 보면, 한나라당의 정형근 의원안과 안명옥 의원안에서도 대상자를 노인과 장애인으로 제안하고 있다. 따라서 이 법안들에서는 장기요양급여의 원인이 고령이나 노인성 질병에 국한되지 않고 신체적·정신적 기능장애로 확대된다(정형근, 2006: 5; 안명옥, 2006: 5).[6] 소수당인 민주노동당의 현애자 의원안은 국민을 대상으로 장기요양제도를 운영할 것을 제안하고 있다(현애자, 2006: 5). 따라서 원인도 질병, 장애, 노령으로 제시하면서 노인, 장애인 및 노인이 아닌 자들도 포함하고 있다. 현애자 의원안의 대상자 범위는 독일 장기요양보험의 대상자 범위와 같이 일반 국민이다.

제정된 법과 여당 및 야당이 제출한 법안들을 비교해보면 대상에서 차이가 나는 것을 알 수 있다. 즉, 다수당연합 이론에 따르면 다수당인 열린우리당 안이 제안하는 바와 같이 장기요양급여의 대상자는 장애인을 포함하거나 혹은 국민 모두를 포함해야 한다. 그러나 제정된 법에서는 노인 혹은 노인성 질병을 가진 자에게만 장기요양급여를 제공하도록 되어 있다. 따라서 장기요양급여의 적용 대상자에는 다수당인 여당의 의견이 반영되지 않았다는 것을 알 수

5) 17대 국회 때 열린우리당은 다수당이었다. 열린우리당에서는 장향숙 의원과 김춘진 의원이 각각 대표 발의해 장기요양과 관련된 법안을 제출했다. 장향숙 의원이 대표 발의한 법안에는 32명의 의원들이 발의자로 참여했고, 김춘진 의원안에는 24명의 의원이 발의자로 참여했다. 장향숙 의원안은 열린우리당이 당론으로 채택한 안이고, 김춘진 의원안은 개인적으로 제출한 법안이기는 하지만(박하정, 2008: 104), 김춘진 의원안도 많은 여당 의원이 참여했으므로 이 글에서는 열린우리당안은 장향숙 의원, 김춘진 의원의 안을 의미한다. 다만 두 의원의 안이 다를 경우에는 별도로 구분하여 표기했다.

6) 한나라당도 정형근, 안명옥, 고경화 세 의원이 각각 법안을 제출했다. 열린우리당과는 달리 당론이 없어서 세 명의 의원이 법안을 각각 제출했다(박하정, 2008: 104). 열린우리당안을 다루는 것과 마찬가지로 세 의원의 안이 다를 경우에는 별도로 표기할 것이다.

〈표 12-1〉 장기요양급여 대상자 법안 비교

정부 안	제정된 법
제1조(목적) 이 법은 고령이나 노인성 질병 등으로 인하여 일상생활을 혼자서 수행하기 어려운 노인 등에게 신체활동 또는 가사지원 지원 등의 수발급여를 제공하여 노후의 생활안정을 도모하고 그 가족의 부담을 덜어줌으로써 국민의 삶의 질을 향상시키는 데에 이바지함을 목적으로 한다.	제1조(목적) 이 법은 고령이나 노인성 질병 등의 사유로 일상생활을 혼자서 수행하기 어려운 노인 등에게 제공하는 신체활동 또는 가사활동 지원 등의 장기요양급여에 관한 사항을 규정하여 노후의 건강증진 및 생활안정을 도모하고 그 가족의 부담을 덜어줌으로써 국민의 삶의 질을 향상하도록 함을 목적으로 한다.

있다.

장기요양급여의 대상자가 노인이나 노인성 질병을 갖고 있는 자로 제한하는 법안은 오직 정부가 제출한 법안이 유일하다(행정부, 2006: 7). 장기요양급여 대상자를 규정하는 제정된 법과 정부 법안은 〈표 12-1〉에서 보는 바와 같이 형식과 내용 면에서 매우 유사하다.

장기요양급여 대상자의 범위와 관련된 위원회의 회의 동안 야당 출신의 위원들을 포함해 다수당인 여당 의원들조차 최소한 장애인을 급여 대상자로 넣자고 주장했다.

안명옥 위원 "…… 우리는 자꾸만 나뉘고 있는데 미국이나 선진국 시스템은 간접비용을 최소화하면서 통합하는 쪽으로 나가고 있거든요. 사실 제 법안에 장애인을 넣은 것도 그것을 지향하면서 넣은 거예요. 지금 다 따로따로 가고 있는 부분을 어떻게 하면, 사실 치매도 장애이고 중풍도 장애가 되고 골다공증으로 골절된 사람도 장애가 됩니다. 그런 것을 통합하면서 비용을 최소화하면서 효과를 극대화하는 쪽으로 가야 된다고 생각을 해요. 방향은 그쪽인데 한국은 거꾸로 가는 것 같은 느낌이 들어요"(보건복지소위원회, 2006a: 13).

장향숙 위원 "그러나 이 법안에서 요양의 대상에서 장애인을 제외시킬 경우 장애인

께서는 자신들이 배제당했다고 생각할 거예요. 나는 이것을 염려하는 것입니다. 그러니까 현실적인 고민을 안 하는 것이 아니지만 배제의 원리가 작용하는 법안이 되어서는 사회보험의 성격에 있어서, 정당성에 있어서도 분명히 …… 사회연대 의식에 의해서 보험을 내는 것인데, 그리고 따로 세금을 내서 사회 서비스 쪽으로 장애인 대책을 마련한다고 하는 것은 굉장히 좋은 얘기이고 그쪽 방향에서 하는 것도 맞지만 지난번에 내가 얘기했듯이 이것이 장기요양에 따른 가족 부담을 경감하는 문제라고 판단한다면, 그 부분이 이 법안 속에 분명히 들어 있다고 한다면 나는 사회적으로 장애인을 포함시켰을 때 국민이 부담하는 것이 훨씬 더 쉬울 것이라고 생각해요. 장애인 떼어놓고 보험료를 부담시키는 것보다 나보다 훨씬 더 힘들고 어려운 장애인을 포함시켜야 정당성이 더 있다고 생각하고 사회연대의식이 더 분명해진다는 생각이 들어요. 그래서 왜 꼭 장애인을 빼고 가야 되느냐 이런 부분에 대해서는 나는 심각하게 문제 제기를 할 수밖에 없습니다"(보건복지소위원회, 2006a: 13 이하).

그러나 회의에 참석한 정부의 관료들은 예산 부족과 장애인을 위한 별도의 제도 도입을 주장하면서 급여 대상자를 확대하자는 주장에 완강하게 반대했다. 급여 대상자로 최소한 장애인까지는 포함하자는 논의는 여러 차례 위원회 회의에서 제기되었으나, 번번이 정부 관료의 완강한 반대에 부딪혀 수용되지 못했다.

보건복지부 차관 변재진 "…… 65세 이상으로 경증이나 중증에 걸릴 가능성하고 장애인하고 좀 다르지 않느냐? 물론 사회연대성 면에서는 당연히 포함시켜야 됩니다. 그런데 이것을 사회보험으로 가져가기에는 보험의 원리에 맞지 않지 않느냐 하는 고민이 있습니다"(보건복지소위원회, 2006a: 14).

보건복지부 사회복지정책본부장 장애인정책관 노길상 "그런 점에서 보면 현재 장애인들 소득 수준이 상당히 낮습니다. 기초수급자도 많고요. 그런 것이 하나 있고, 그렇기 때문에 저희는 보험 방식으로는, 수발법하고는 안 맞는다는 말씀을 드리고 싶습니다. 그리고 장애인의 본질에 대해서 말씀드리면 저희들이 내년부터 활동 보조 서비스를 해나갑니다"(보건복지소위원회, 2006a: 14).

보건복지부 차관 변재진 "…… 지금 이 법에 장애인을 넣어서는 이 법 자체가 어렵다, 노인수발보험이 출범하기조차 어렵다는 그런 생각입니다. 그래서 다른 어떤 것을 해도 저희가 수용하겠습니다마는 이 법에 장애인을 넣는 것은 좀 다시 고려해주셨으면 합니다."

"장애인을 넣었을 때의 추계는 실무자가 답을 하도록 하겠습니다. 그런데 재정 부담뿐만 아니고 서비스의 종류나 내용이 워낙 다르기 때문에 저희가 같이 포함하기는 참 어려운데 ……"(보건복지소위원회, 2006b: 25~26).

그래서 정부 측 관료들은 장애인만을 위한 별도의 요양제도를 만들어 급여를 제공하겠다고 위원회의 의원들을 설득했다. 그런데 장향숙 의원이 주장하는 바와 같이 장애인활동보조제도와 장기요양제도는 제도의 목적이 다르다. 그런데도 정부는 장애인도 요양 서비스를 별도의 제도를 통해서 받을 수 있기 때문에 굳이 장애인을 노인장기요양보험의 장기요양급여 대상자에 포함시킬 필요가 없다고 주장한다.

보건복지부 사회복지정책본부 장애인정책관 노길상 "결론은 여기 노인수발법에 안 넣더라도 장애인들에 대해서는 수발 서비스를 포함하는 것들이 체계적으로 갈 수 있다는 것을 말씀드립니다"(보건복지소위원회, 2006c: 27).

장향숙 위원 "이 법안에서 장애인을 포함시키고자 하는 의미하고 지금 복지부에서 대책으로 마련하고 있다는 자립 생활이라든가 서비스 이런 것은 완전히 개념도 다르고 철학도 다릅니다. 그리고 그 패러다임 자체가 달라요. 만약 그런 소리를 장애인에게 하면 무슨 소리 하냐 이렇게 나오죠. 왜냐하면 활동보조인사업 이런 것은 똑똑하고 자기 생활을 할 수 있는 사람의 불편한 것을 서비스로 도와주는 것입니다. 보험 내에 장애인을 포함시키고자 한다는 것은 요양의 문제에 관한 것이기 때문에 다른 문제거든요. 그러니까 그것을 그런 식으로 복지부에서 갖다 찍어 붙이면 안 된다는 것이고요."(보건복지소위원회, 2006a: 13)

한편, 장기요양급여 대상자와 관련된 문제는 장애인을 급여 대상자로 포함시킬 것이냐의 문제에 국한되지 않았다. 제정된 법에 따르면 노인장기요양보험제도는 사회보험의 한 종류로 주요한 재원은 가입자가 지불한 보험료이다. 제정된 법에 따르면 가입자는 건강보험 가입자와 의료급여 대상자이다. 다만 보험료는 건강보험 가입자만 지불한다. 여당이나 야당의 법안에서도 동일한 규정을 찾아볼 수 있다. 따라서 가입자의 범위에 관한 사항은 다수당의 입장이 일방적으로 반영된 경우는 아니다.

그런데 보험 원리와 관련하여 논란이 위원회에서 발생했다. 보험료를 지불하는 자에게 급여를 제공하는 것이 보험의 기본 원리이다. 그래서 노인장기요양보험제도의 보험료 지불자와 급여 수급자의 불일치 때문에 위원회에서 논란이 벌어졌다. 노인장기요양보험의 보험료는 65세 이상의 건강보험 가입자만 지불하는 것이 아니라 65세 이하의 건강보험 가입자도 모두 지불한다. 그런데도 65세 이하의 건강보험 가입자는 장기요양의 상황이 발생해도 노인장기요양법의 규정에 따르면 급여를 받을 수 없다. 야당 의원들이 이 문제를 제기했다.

고경화 위원 "지금 틀리게 말씀하시는 것이 뭐가 있느냐 하면 안명옥 위원님은 보험료를 낸 사람하고 나중에 급여를 받는 사람이 매칭이 되어야 된다는 거거든요. 어쨌든 정부안은 내는 사람하고 받는 사람이 달라요. 노인성 질환이라고 하면 65세 이하라도 받을 수 있다고 하는데 그러면 굳이 여기에 대상을 65세 이상이라고 명기할 필요가 없는 것이지요"(보건복지소위원회, 2006a: 6).

그러나 정부 관료는 미래의 위험을 대비한다는 성격이 있기 때문에 보험의 원리에 배치되는 것이 아니라고 주장한다. 여당 의원도 정부의 입장에 한몫 거든다. 결국 장기요양급여는 정부의 안과 같이 65세 이상의 노인이나 노인성 질환을 가진 자에게만 제공하도록 결정되었다.

보건복지부 정책홍보관리실장 이용흥 "그러니까 정부안에 따르면 노인성 질환인 경우는 받을 수 있고 또 하나는 지금 당장은 못 받아도 65세 이상이 되어서 이런 상황에 처하면 추후에라도 받을 수 있습니다. 그렇기 때문에 그것은 보험으로 한다고 하더라도 보험 성격에 충실합니다"(보건복지소위원회, 2006a: 5).

양승조 위원 "말씀하신 것은 이해가 되는데 65세 이상과 이하로 나눈다는 것은 그것도 역시 보험료 부담의 한계라든가 정부 부담의 한계라는 것이 어느 정도 되어 있고 잠재적으로 누구나 65세 이상이 다 되고 노인성 질환을 앓을 가능성이 다 있어요. 잠재적으로 볼 때는 보험료 부담자와 수급 대상자가 충분히 일치한다고 봐요"(보건복지소위원회, 2006a: 6).

결국 장기요양급여 대상자는 정부안과 같이 노인과 노인성 질병을 앓는 자로 제한되었다. 즉, 정보 이론도 다수당연합 이론도 아닌 정부 대리인 이론이 설득력을 얻는다. 장기요양급여 대상자와 관련된 사항은 위원회 대안으로 정부안이 수용되고, 이것이 다시 본회의에서 논쟁 없이 수용된 것이다.

⑵ 급여 수급 조건과 수급자 수

요양이 필요하다고 모든 노인이 급여를 받을 수 있는 것은 아니다. 법에서 규정하는 급여 수급 조건들을 충족하는 자에게만 급여가 제공된다. 제정된 법과 같이 열린우리당안도 최소한 6개월 이상의 기간에 혼자서 일상생활을 영위하기 어렵다고 인정되는 경우에 장기요양급여를 받을 자격을 부여하고 있다(김춘진, 2006: 13; 장향숙, 2006: 13). 반면에 야당 의원안들에서는 6개월 이상의 기간에 혼자서 일상생활을 영위할 수 없는 자에 대한 언급은 없다. 따라서 급여 수급 조건으로 최소한 6개월 이상은 혼자서 활동할 수 없는 기간에 대한 조건은 다수당의 제안과 제정된 법에서 일치한다. 그렇다고 다수당의 의견만 반영되었다고 볼 수 없다. 왜냐하면 정부안은 여당의 법안보다 먼저 국회에 제출되었는데, 이미 정부 법안 제14조에서도 동일한 조건을 규정하고 있기 때문이다. 따라서 최소한 6개월 이상의 장기요양이 필요한 경우에만 급여를 제공한다는 기준은 다수당의 입장이라기보다는 정부의 입장이 반영된 것으로 봐야 한다. 그리고 이 사항에 대해서 위원회 회의에서는 별도의 논의가 없었다.

최소한 6개월 이상의 요양이 필요한 경우라는 급여 수급 조건 이 외에도 신청자의 상태의 경중도 중요한 급여 수급 조건이다. 신청자의 상태는 등급 판정위원회의 심의를 통해서 등급이 부여된다. 어느 등급부터 급여를 받을 수 있는가는 신청자나 제도 운영자에게 있어서 매우 중요한 문제이다. 그런데도 의원들이 제출한 어느 법안에도 이 사항을 다루고 있는 법안은 없다. 위원회의 논의 중에 이 사항이 다루어지기도 했지만 여당이나 야당 의원들 모두 결정권한을 행정부가 갖고 있다는 입장을 보인다. 법을 만드는 의원들이 이런 입장을 갖고 있었기 때문에 행정부가 원하는 내용이 제정된 법에 반영될 수밖에 없었다.

안명옥 위원 "…… 더 많은 분들도 케어를 할 수 있다는 생각을 사실 나는 하고 있는 것이거든요. 그래서 시행령이나 이런 데서 만든다고 하시니까 그런 부분들까지도 좀 섬세하게 봤으면 좋겠다는 생각이에요"(보건복지소위원회, 2006e: 13).

소위원장 강기정 "이 수급권자 범위는 복지부령을 만들 때 충분히 탄력성 있게 늘리는 방향으로 부대 의견을 다는 것으로 하겠습니다"(보건복지소위원회, 2006e: 13).

양승조 위원 "어차피 명수를 법률로 규정할 사항이 아니잖아요? 시행령에 할 수밖에 없는데 ……. 그래서 이것은 어차피 여기서 법률로, 확정적으로 저기할 사항은 아닌 것 같아요"(보건복지소위원회, 2006e: 15).

정부 관료들도 수급자와 관련된 사항은 행정부의 권한이라는 시각을 갖고 있다. 어느 등급부터 급여를 제공할 것인가는 정부의 권한이라는 입장이 드러난다. 제정된 법에도 이 사항을 정확하게 다루는 조항이 없다. 단지 법 제15조 제2항에 따르면 대통령으로 정하는 등급판정기준에 따라서 장기요양급여를 받을 자가 판정된다고만 되어 있다. 이 사항에 대해서 위원회가 법률로 규정하려 하지 않았기 때문에 수급자의 수를 조정할 수 있는 권한이 행정부로 넘어갔다.

보건복지부 저출산고령사회정책본부 노인정책관 박하정 "지금 정부 계획으로는 보통 아주 경증을 5등급이라고 봤을 때 1, 2, 3등급 정도는 일단 대상으로 보고 있습니다. 물론 1, 2, 3등급이라는 것은 다 자의적입니다. …… 국민의 보편적 감정으로 어디까지를 해줘야지 사회보험 성격에 맞느냐 하는 것은 앞으로 정부가 더 세부적으로 판단할 문제입니다."

"저희가 4, 5급 경증에 대해서는 언제 시행령 확대해서 해준다고 커미트commit하기가 어려운 입장입니다. 다 국민이 부담을 해줘야 되는데 국민들한테 2012~2013년, 경증까지 해서 이렇게 해주겠다 그렇게 말하기가 어렵습니다."

"수급자 문제는 법률에 담겨 있는 내용이 아니고요, 법률에 수발 등급을 몇 단계로 나눌지 그 등급별 범주는 시행령에서 정하게 위임이 된 사항입니다. …… 그래서 이 문제는 앞으로 시범 사업을 시행하면서, 대통령령을 정할 때 좀 더 신축적으로 조정할 수 있는 문제라고 생각을 합니다"(보건복지소위원회, 2006a: 10, 15; 2006e: 12).

보건복지부 정책홍보관리실장 이용흥 "그런데 아까 말씀드렸습니다마는 대상자를 몇 명으로 할 건지 그런 부분은 법에 담을 사안이 아닙니다. …… 그러니까 그런 부분은 법에 담을 사항이 아니고 시행하는 과정에서 저희들이 그 부분을 담아낼 수 있겠다, 그런 말씀을 드립니다"(보건복지소위원회, 2006e: 14).

⑶ 운영 주체와 등급판정위원회

제정된 법에는 장기요양보험사업은 보건복지부 장관이 관장하고, 보험자는 건강보험공단으로 규정되어 있다. 그런데 위원회에서 법안이 다루어질 때 가장 논란이 되는 사항 중에 하나였다. 다수당인 열린우리당안에서조차 서로 다른 입장을 보이기도 했다. 장향숙 의원은 건강보험공단을 운영 주체로 제안한 반면에 같은 당의 김춘진 의원은 지방자치단체를 운영 주체로 제안한 안을 제출했다. 야당의 안도 서로 상이한 입장을 보였다. 한나라당안에서는 지방자치단체를 운영 주체로 제안했다. 반면에 민주노동당 현애자 의원은 건강보험공단을 운영 주체로 제안했다. 공단을 선호하는 의견은 효율성과 건강보험을 운영해왔던 건강보험공단의 경험에 근거를 두고 있었다. 반면에 지자체를 선호하는 의견은 지역밀착형 형태가 수요자의 욕구를 가장 잘 반영할 수 있다는 점에 근거를 두고 있었다. 결국 다수당인 열린우리당 양승조 의원의 제안에 따라서 건강보험공단이 운영 주체가 되고 권한의 일부를 지자체에 주는 형태로 결론이 났다(보건복지소위원회, 2006c: 12).

고경화 위원 "지난번에 제가 말씀드린 것처럼 실사 현지조사는 어쨌든 그 지역 사정을 제일 잘 알고 요양신청하시는 분에 대한 정보나 상황에 대해서 제일 잘 알고 있는 시·군·구 지자체에서 하는 것이 보다 정확하고 필요한 급여를 파악할 수가 있기 때문에 지자체에서 해야 되는 것은 분명하고요"(보건복지소위원회, 2006c: 6).

정형근 위원 "그리고 철학의 문제인데 일본이라든지 구라파, 이러한 노인요양보험법을 실시하는 모든 국가들은 이것이 실제로 케어하는 것은 지역밀착형으로 이루어져야 한다는 것을 전부 주장하고, 제가 미국에 가서 한 일주일 동안 이 문제를 가지고 전문가들이 이야기하는 것을 죽 들었는데 거기서도 이 케어 시스템은 전부 지역밀착형으로 가야 된다고 한결같이 이야기하는 것을 들었습니다."(보건복지위원회, 2006c: 9)

양승조 위원 "…… 전국적인 기준에서 운영하는 것이 타당하다, 저는 개인적으로 공단이 맡는 것이 타당하다고 보거든요. …… 등급판정이야말로 지자체에서 재량적으로 탄력적으로 운영해서는 안 된다고 봐요. …… 전국적인 판정기준이 동일성을 유지해야만 될 것 같아요. …… 그래서 저는 기본적으로 공단이 전체를 운영하는 것이 타당하다고 보지만 …… ."

"이제는 운영 기관 문제인데요. 저는 그런 생각을 가져요. 일단 60% 내는 보험료에서 운영되기 때문에 기본적인 관리·운영 주체는 공단이 하는 게 타당하다 이런 생각이 들고요. …… 조사방문을 공단이 하고 거기에 지자체가 조금이라도 관여할 수 있는 방법을 기술적으로 한번 찾아보는 게 좋겠다 이런 생각이 들고요"(보건복지소위원회, 2006c: 12, 14).

열린우리당의 김춘진 의원안이나 한나라당안은 운영 주체를 지자체로 선호하고 있었기 때문에 위원회 회의에서 지자체를 운영 주체로 하자는 의견이 소수는 아니었다. 그래서 야당 의원들이 이 사항에 대해 많은 이의 제기를 했다. 그런데도 운영 주체로 건강보험공단이 결정된 배경에는 정부 관료들의 강한 지지가 있었다. 위원회 회의에 참석한 관료들은 노인장기요양보험제도에 대한 전반적인 통제권한을 복지부가 갖고 있어야 한다고 생각했기 때문에 건강보험공단이 운영 주체가 되어야 한다는 주장을 강력하게 폈다. 다음 단락에서 살펴보겠지만 등급판정위원회와 관련된 권한의 일부를 지자체에 넘겨주는 정도에서 양보하면서, 정부는 건강보험공단을 운영 주체로 규정한 정부안을 지켜낼 수 있었다.

보건복지부 저출산고령사회정책본부 노인정책관 박하정 "지금 정부 법안은 공단이 일관성 있게 재정과 관리 책임을 지는 법안으로 되어 있습니다. 그 이유는 사회보험으로 하는 이상 재정을 안정적으로 확실하게 관리하는 것이 제일 중요한데, …… 건강보험공단이 전국적으로 같이 균형 있게 재정 관리를 해주는 것이 더 바람직하다고 생각하고 있습니다"(보건복지소위원회, 2006a: 17).

보건복지부 정책홍보관리실장 이용흥 "그러니까 다시 말씀드리면, 사회보험 방식으로 하고 재정 책임도 공단이 진다고 하면 어떻게 보면 자기 일로 공단이 하게 되는 것이고, 세금으로서 모든 걸 다 정부 예산으로 하는데 위탁만 공단 줘서 한다면 그 공단의 책임성은 훨씬 떨어진다고 볼 수가 있습니다."

"이 노인수발보험제도는 보험 방식으로 하기 때문에 전반적으로 보험자가 관리 주체가 되는 것이 옳다고 생각합니다. 어떻게 보면 대상자를 선정하고 관리하는 업무가 관리 주체의 가장 중요한 부분이거든요. 그런데 그 부분을 관리자가 하지 않고 시·군·구가 한다는 것이 성격상 맞지 않기 때문에 말씀드린 것입니다"(보건복지소위원회, 2006a: 14, 23).

등급판정위원회는 수급자가 결정되는 과정에서 매우 중요한 역할을 한다. 공단에서 파견된 조사원이 신청자를 방문하여 작성한 보고서를 바탕으로 신청자의 등급을 결정하기 때문이다.

제정된 법에서는 요양 인정 및 등급 판정을 심의하기 위해 공단에 장기요양등급판정위원회를 둔다. 이 위원회는 위원장 한 명을 포함한 15명의 위원으로 구성된다. 다만 해당 지방자치단체장이 추천한 일곱 명과 의사 또는 한의사가 한 명 이상 각각 포함되어야 한다.

그런데 위원회에서 법안이 다루어지는 과정에서 등급판정위원회를 건강보험공단에 설치할 것인가, 아니면 지방자체단체에 설치할 것인가에 대한 논의가 많았다. 이런 논란은 법안들에 나타나는 의원들의 시각차를 반영한 것이다. 제출된 법안만을 보면 열린우리당안 자체에서도 입장 차이가 나타나고, 야당인 한나라당 안에서도 입장 차이가 있다. 우선 여당과 야당을 떠나서 효율성과 단체장의 선심성 제도 운영을 방지하는 차원에서 위원회를 공단에 설치하자는 입장과 지역과의 밀착성을 고려해서 지방자치단체에 설치하자는 입장으로 나뉘게 된다.

양승조 위원 "…… 통일된 기준이 과연 지켜질 것인지의 여부, 또 만약 지자체에서 했을 때 지역밀착성이라는 좋은 점이 있는 반면에 선거에 의해서 구성되는 장이기 때문에 어떤 선심성 내지 그런 게 개입되지 않을까 하는 우려 ……"(보건복지소위원회, 2006a: 18).

고경화 위원 "그러고 나서 서로 체크를 한다는 차원에서 등급 판정은 공단에서 할 수는 있는데 이 사람의 실태를 파악한다든지 무슨 서비스가 필요하다든지 이런 실사 나가는 것은 지자체에서 해야 돼요. 왜냐하면 지자체에서 제일 그 지역 상황을 잘 알기 때문에"(보건복지소위원회, 2006b: 19 이하).

안명옥 위원 "그래서 제가 강조드렸던 바가 판정이 어디에서 되는 것이 가장 효율적인가를 분명히 행정부가 알 테니 그 효율적인 것은 하되, 그럼에도 불구하고 협조가 긴밀하게 …… 특히 지금 말씀하신 것과 같이 어느 부분의 어떤 단계에서는 누가 가야 되겠다 이런 것을 하시지 않고 뭉뚱그려서 이것은 공단이 하고 뭉뚱그려서 이것은 지자체가 하고 이것은 아니라는 말을 하는 것이거든요."

"저는 원칙에 입각해서 하는 것은 참 좋다고 생각을 하는데 그럼에도 불구하고, 제가 지역밀착형이어야 되느냐라는 것을 강조하고 강조해도 모자라는데, 과연 그 욕구가 다 반영이 될까에 대한 계속적인 우려 때문에 이 말씀을 드리는 겁니다"(보건복지소위원회, 2006c: 17 이하).

열린우리당 소속의 장향숙과 양승조 의원은 전자, 김춘진 의원은 후자의 입장이다. 한나라당 소속의 정형근 의원은 전자, 안명옥 의원은 후자의 입장이다. 민주노동당의 현애자 의원의 입장은 제정된 법의 내용과 가장 유사하다. 결국 이런 다양한 입장 차이 때문에 이 사항은 여러 차례 위원회에서 논의되었고, 이렇게 마련된 절충안이 제정된 법에 반영된 것이다. 등급판정위원회는 공단에 설치하지만 지방자치단체의 장이 절반 가까이의 위원을 추천하는 권한을 행사하는 것으로 합의되었다. 따라서 합의된 결과만을 놓고 판단하면 이 사항은 의원들 간의 입장이 조율된 것이지, 다수당의 입장이 관철된 사항은 아니다.

소위원장 강기정 "그 점만 의견을 주시렵니까? 지금 일단 등급판정위원회를 지자체 내로 둘 건지 아니면 원래 정부가 제안했던 공단 내로 둘 건지 그것에 대해서, 그 문제를 명확히 안 한 것 같은데 만약 판정위를 공단 내로 두고 지자체 의견을 반영한다면 그 구성의 1/2을 지자체가 추천한 인사로 한다, 이렇게 되는 건가요?"

"그 정도 해서 이 안을 만들어버리지요"(보건복지소위원회, 2006c: 18, 19)

정부안을 보면 등급판정위원회는 공단에 설치하고, 위원회는 공단의 이사장이 추천하는 15명 이내의 위원으로 구성한다고 되어 있다. 아울러 등급판정위원회에 신청인의 상태를 조사하여 보고하는 방문조사자도 공단에 소속된 직원으로 규정했다. 정부안은 수급자 수에 결정적인 영향을 미치는 등급 판정 과정을 행정부의 권한에 두는 안이다. 그런데 앞서 살펴본 위원회의 논의 과정에서 정부안이 일부 수정되었다. 등급판정위원회의 위원 구성에서 지자체의 권한을 상당히 인정하는 대체 법안이 만들어진 것이다. 이 과정에서 정부 관료는 양보할 수 있는 사항과 양보할 수 없는 사항을 명확히 한다. 등급판정위원회를 지자체에 설치하거나, 그 위원의 상당수를 지자체에서 추천하는 것은 양보 가능한 사항이나, 방문조사자까지 지자체의 소속으로 하는 안은 절대 불가의 입장을 취한다. 수급자의 수를 통제할 수 있는 권한이 있어야 노인장기요양보험제도를 원활하게 운영할 수 있는 정부 관료의 입장에서는 방문조사자까지 지자체의 소속이 되면 제도를 통제할 수 있는 권한이 없게 된다. 따라서 방문조사자는 반드시 공단 소속이어야 한다는 입장을 고수한다. 결국 판정위원회의 구성에 대해서는 지자체에 권한 일부를 양보했지만 판정위원회와 방문조사자를 공단에 두는 것은 정부안과 같게 되었다. 이 절충안은 정부 관료의 '양보'에 의해서 가능했다.

보건복지부 저출산고령사회정책본부 노인정책관 박하정 "…… 평가판정위원회 운영, 그다음에 기관에 대한 지정 취소 등 상당 부분의 업무는 지자체 소관으로 공단에서 떼어내어서 지자체에다 역할을 더 많이 주는 것으로, 저희가 그쪽으로 긍정적으로 검토하고 있고 방향을 그런 쪽으로 의논해주시면 저희도 충분히 수용하려고 생각하고 있습니다."

"…… 판정위원회는 공단에서 떼내는 게 좋겠다. 그래서 시·군·구 소속으로 해서 전문성과 중립성을 살리는 게 좋겠다. 그렇게 저희가 수정안을 제시했고요."
"실제적인 것은 등급판정을 나가는 사람이 가장 영향이 큽니다. 가서 44개 항목을 조사하는데 ……."

"예, 현장조사하는 사람의 영향이 …… 의사소견서라든지 다른 많은 전문가들이 같이 그 판정 결과를 가지고 다시 심의해서 최종적으로 정하게 되는데, 그러니까 제가 제시한 안은 평가판정·조사까지 시·군·구 공무원이 해버리면 시·군·구가 일방적으로 선심 쓰듯 다 해주고 등급을 올리는 것을 아무도 제어할 수가 없습니다. 지방공무원을, 다른 사회복지라든지 사회복지사들이 이 사람을 제어할 수가 없습니다"(보건복지소위원회, 2006a: 17; 2006c: 6).

보건복지부 정책홍보관리실장 이용흥 "등급판정위원회보다는 대상자에 대한 조사업무가 인력이 많이 필요하거든요. 그래서 대상자에 대한 조사와 판정 업무가 인력도 많이 필요하고 사실은 전문성도 요구되기 때문에 이 부분을 공무원이 맡는다는 것은 사실 맞지 않는 부분입니다. 그래서 그 부분은 공단 쪽에 전문 인력을 두어서 조사하고……"(보건복지소위원회, 2006c: 13).

(4) 급여의 종류와 범위

제정된 법에서는 신체활동과 가사활동을 지원하는 요양급여와 이에 갈음하여 지급하는 특별현금급여가 주요한 급여로 규정되어 있다. 반면에 여당이나 야당의 안에는 제정된 법에서 제공하는 급여의 종류보다 많은 종류를 급여로 제안하고 있다. 이는 여당안이나 야당안이 제시하는 급여 대상자의 범위가 제정된 법에서 규정하는 대상자의 범위보다 넓기 때문이다. 제정된 법에서는 대상자의 범위를 노인이나 노인성 질병으로 제한하는 반면에 여당과 야당의 안은 이들만이 아니라 장애인 또는 65세 이하의 국민도 포함하고 있다. 그래서 다수당인 열린우리당의 장향숙 의원조차 제정된 법에는 급여로 포함하고 있지 않은 재활급여를 급여의 범위에 포함하고 있다. 야당인 정형근 의원과 현애자 의원안에는 재활뿐 아니라 의료, 복지용구 대여, 주거환경 개선이나 공동생활가정급여도 포함하고 있다. 그런데 제정된 법은 다수당인 열린우리당에서 제안하는 급여의 종류조차 모두 포함하지 않고 있다.

제정된 법에서 제공하는 급여의 종류는 정부안에서 제공하는 급여의 종류와 같다. 제정된 법이나 정부안에서는 복지용구 대여와 방문재활급여는 대통령령으로 정하는 임의급여로만 규정되어 있다. 반드시 필요한 최소한의 가지수로 급여를 제한하려는 이유는 노인장기요양보험의 재정을 걱정하는 정부의 생각 때문이다. 요양 서비스뿐 아니라 의료 서비스도 제공된다면 수급자의 삶의 질이 더욱 향상될 수 있다는 것을 정부 관료도 알고 있다. 그러나 정부 관료의 입장에서는 한정된 예산 안에서 제도를 효율적으로 운영해야 하는 임무 때문에 더 많은 급여를 제공할 수 없다는 것을 인정한다. 반면에 한나라당의 안명옥 의원은 추가적인 급여도 얼마든지 제공 가능하다는 입장이다. 다만 그 방법은 언급하고 있지 않다. 이런 현실적인 예산의 제약 문제로 급여의 종류는 정부안대로 제정된 법에 반영되었다. 따라서 제정된 법에서 규정하고 있는 급여의 종류는 정부안을 반영한 결과이다. 급여의 종류는 노인장기요양보험법에서 중요한 사항 중의 하나이지만 위원회에서 크게 논쟁 없이 이렇게 정부안을 따르고, 추가적인 급여는 행정부에 위임하는 것으로 마무리된다.

보건복지부 저출산고령사회정책본부 노인정책관 박하정 "수발보험에서 의료 서비스를 어느 정도 포함시킬 것이냐의 문제인데요. 의사 의료 서비스가 많이 포함되면 퀄리티는 높아지는 좋은 점이 있습니다. 그렇지만 비용은 더 많이 드는 것이 사실입니다. 그래서 정부 입장에서는 2008년에 출발할 때는 꼭 필요한 서비스를 중심으로 나열해 놓고 방문재활이나 주택 개조 서비스 등 좋은 서비스를 많이 하고 있습니다마는 재정이나 인프라로 볼 때 같이 시작할 수는 없습니다"(보건복지소위원회, 2006a: 29).

안명옥 위원 "내가 치매환자일 때 중증화되는 것을 막아주고 삶의 질을 가장 높여주는 쪽으로 가야 되는 부분입니다. 그러니까 여기에서 되고 안 되고의 문제가 아니라 어느 단계까지 수용할 것이냐의 문제라고 생각하거든요. …… 기본적으로 치매와 중풍 이런 중증 질환자는 의료 없이 케어가 불가능한 것입니다"(보건복지소위원회,

2006a: 29).

수석전문위원 김종두 "서비스 범위에 대해서는 특별하게 논쟁이 별로 없었기 때문에……."

소위원장 강기정 "그러면 넘어가겠습니다."

고경화 위원 "논쟁이 없는 것은 결정이 됐다는 것인가요?"

장향숙 위원 "그냥 그렇게 넘어갑시다"(보건복지소위원회, 2006b: 27).

그러나 급여와 관련된 중요한 사항을 이렇게 그냥 대충 넘어가서는 안 되었다. 수급자가 되는 것도 심사 과정을 거쳐서 결정되기 때문에 쉬운 일이 아니지만, 수급자가 되었다 하더라도 급여의 수준과 범위가 어떠냐에 따라서 삶의 질이 향상될 수도 있고, 수급자가 되기 전의 상황과 다를 바 없을 수도 있기 때문에 급여의 문제는 매우 중요한 문제이다. 그런데도 위원회의 논의 과정에서 급여의 문제는 예산의 제약이라는 벽에 부딪혀서 심도 있게 논의되지 못하고, 정부 관료의 입장을 수용하는 것으로 매듭지어졌다.

그런데 제정된 법에서 제공하는 급여의 종류 외에 추가적인 급여를 제공하는 것이 예산 때문에 불가능하다는 것을 수용하더라도 법에서 제공하는 급여의 범위에 대한 논의조차 하지 않은 것은 별개의 문제이다. 의원들이나 정부의 안을 보면 장기요양급여의 제공기준, 절차, 방법, 범위 등은 보건복지부령으로 정하도록 위임되어 있다. 위원회에서는 이 부분에 대해 전혀 논의가 없었다. 몇 등급이 얼마의 급여를 받는지에 대해 전혀 논의가 없었던 것이다. 결국 정부가 이 중요한 사항에 대한 결정권한을 갖게 된 것이다. 수급자의 삶의 질에 관한 중요한 사항이지만 위원회는 전혀 이 부분에 관심을 두지 않았다.

한편, 급여와 관련하여 정부안이 모두 수용된 것은 아니다. 정부안에 따르면 장기요양인정의 유효기간은 대통령에 위임하도록 제안하고 있다(행정부, 2006: 15). 그런데 제정된 법에서는 장기요양급여의 인정은 최소 1년 이상으로 대통령령으로 정하는 것으로 규정되어 있다. 최소 1년은 다수당인 여당의 입장은 아니었다. 여당안은 유효기간을 법으로 정하지 않고 대통령령으로 결정하도록 위임하는 내용이었다(김춘진, 2006: 14; 장향숙, 2006: 15). 물론 야당안에서도 최소 1년을 주장한 안은 없다. 한나라당의 정형근 의원은 유효기간을 복지부령으로 정하되 최장 1년으로 하자고 제안했고, 안명옥 의원은 6개월로 하자고 제안했다(안명옥, 2006: 27; 정형근, 2006: 18). 장기요양의 인정 유효기간을 최소 1년으로 할 것을 법률로 명시한 것은 위원회에서의 논의 과정 중에 결정된 것이다. 이 사항은 위원회의 논의 과정 중에 결정된 사항으로 대통령령에 위임하려던 다수당 열린우리당의 안과 정부의 안은 차이가 있다. 소위원회의 수석전문위원의 문제 제기로 요양인정의 유효기간을 대통령령에 위임하려던 정부안이 수정된다(보건복지소위원회, 2006b: 34 이하). 결국 2006년 제262회 국회 보건복지소위원회 제12차 회의 때 장기요양인정의 유효기간은 최소 1년으로 법률로 정하도록 결정되었다(보건복지소위원회, 2006d: 28).

수석전문위원 김종두 "그래서 유효기간을 가능하면 법률기간으로서 저희들 생각에는 법률에서 명시를 하는 것이 좋지 않나 생각하고 보건복지부는 저희들하고 반대 의견으로 신축성·탄력성을 얘기하면서 하부로 시행령이나 시행규칙에 위임해주기를 희망하고 있습니다"(보건복지소위원회, 2006b: 34).

보건복지부 저출산고령사회정책본부 노인정책관 박하정 "단체들 간에 여러 가지 의견이 있습니다. 그래서 저희들은 대통령령에다가 해가지고 조금 신축적으로 운영을 했으면 좋겠다 그렇게 생각합니다"(보건복지소위원회, 2006b: 35).

소위원장 강기정 "법에 명기하지 않고 위임하는 것은 조금 피하는 것이 좋을 것 같은데요? 적절한 기간이 얼마일 것인가가 잘 판단이 …… "(보건복지소위원회, 2006b: 35).

(5) 본인부담금

제정된 법에서는 장기요양급여 비용의 일부를 본인이 부담하게 한다. 제정된 법률(제8403호) 제40조에서는 재가급여를 받는 수급자는 비용의 15%를, 시설급여를 받는 수급자는 비용의 20%를 본인이 부담하도록 규정하고 있다. 또한 국민기초생활 수급자는 본인부담금을 전액 면제하고, 의료급여 수급자와 보건복지부 장관이 정하는 소득 이하의 자는 본인일부부담금을 50% 감면하도록 규정하고 있다.

그런데 이렇게 급여를 받는 장소를 구분하여 본인일부부담금을 차별적으로 부과하는 내용은 여당을 포함하여 야당의 안에 있지 않았던 내용이다. 위원회의 논의 과정에서 이렇게 차별적인 본인일부부담금이 결정되었다. 열린우리당과 한나라당안에서는 서비스를 제공받는 장소에 상관없이 20%의 본인부담률을 제안했다. 물론 국민기초생활보장 수급자에게는 부담금을 부과하지 않았다.

이와 같이 급여를 받는 장소를 구분하여 본인일부부담금에 차이를 둔 이유는 수급자가 재가급여를 우선적으로 선택하도록 혜택을 주자는 주장 때문이었다. 정부안을 포함하여 모든 법안도 시설급여보다는 재가급여를 우선하는 기본원칙을 제시했다. 아울러 저소득층에 대한 본인부담의 감경 정도는 열린우리당의 장향숙 의원안(2006: 28)에서는 대통령령으로 결정하도록 위임했으나,[7] 위원회 논의 과정에서 장기요양급여비용의 50%를 감경하는 내용을 법률로 규정하도록 결정되었다.

정부안도 재가급여나 시설급여를 구분하지 않고 본인부담률을 20%로 규정하고 있다. 공청회에서 시민단체나 노동계에서 본인부담률을 10%로 낮추자는 제안이 있었으나 기획예산처는 재정 부담을 이유로 강하게 반대했다(박하

7) 김춘진 의원은 장기요양급여비용의 10% 내에서 대통령령으로 정하도록 제안한다(김춘진, 2006: 26).

정, 2008: 84). 그러나 다른 법안과 마찬가지로 국민기초생활 수급자에게는 본인일부부담금을 부과하지 않고 있다. 그리고 의료급여 수급자나 저소득층은 본인일부부담금을 대통령령에서 정하는 바에 따라서 감경할 수 있도록 규정하고 있다(행정부, 2006: 27).

따라서 본인일부부담금에 관한 규정은 위원회의 논의를 통해서 새로운 사항이 첨가된 결과이다. 전적으로 여당의 안이 반영된 결과는 아니다. 2006년 11월 22일에 개최된 소위원회 회의에 초대되어 발언한 한국재가노인복지협회장이 재가와 시설급여의 본인일부부담금에 차등을 둘 것을 건의한다. 위원회에서는 이 건의를 긍정적으로 검토했고, 정부 관료들은 처음에는 난색을 표했으나 결국 차등을 두는 것에 찬성하게 된다. 그래서 정부안의 일부 수정이 불가피해졌다.

진술인 김용년 "한국재가노인복지협회장 김용년입니다. …… 따라서 재가노인복지시설 이용 시 본인 부담 비용을 최대한 줄여 재가 보호 중심의 수발보호제도를 만들어나가야 할 것입니다. 따라서 본인 일부 부담금을 현행 일률적으로 20%로 되어 있는 것을 시설급여인 경우 20%, 재가급여인 경우 10%로 이원화해줄 것을 건의합니다"(보건복지소위원회, 2006b: 8).

소위원장 강기정 "재원과 관련된 문제여서 그런데요, 인프라 구축도 늦어지고 있고 또 시설 중심보다 재가 중심으로 하자, 그러려면 재가 서비스를 선호하도록 하자, 그 인센티브는 본인부담금을 낮추는 것이다, 이런 주장을 하는데 맞는 이야기입니까? 현실적으로 재가를 이용할 때하고 시설을 이용할 때 부담금이 다를 수 있나요? 다르게 책정할 수 있나요?"(보건복지소위원회, 2006b: 22).

보건복지부 저출산고령사회정책본부 노인정책관 박하정 "그러니까 본인부담금이 일률적이어야 한다는 것은 아닌데요, …… 재정 문제 때문에 …… 취지는 좋지만 5년,

10년 노인이 급속히 많아질 때를 생각해서 본인부담률은 조금 …… 그래서 일단 재정 문제 때문에 앞으로 재정 부담을 가급적이면 적게 하자, 재정 문제 ……"

"재정에 관계되는 부분이니까 복지부 내부에서 한 번 더 의사결정을 할 수 있는 기회를 주시면 고맙겠습니다"(보건복지소위원회, 2006b: 22).

소위원장 강기정 "…… 본인일부부담금 비율 말씀인데요, 이것은 지난번에 시설과 재가에 차등을 두자라고 했는데 차등을 둘지, 둔다면 몇 %를 둘지 정부 입장을 먼저 말씀해주십시오"(보건복지소위원회, 2006c: 23).

보건복지부 저출산고령사회정책본부 노인정책관 박하정 "재가를 유지하기 위해서 본인부담 차등을 하는 것은 상당히 합리적이라고 생각을 합니다. 그래서 생활 시설은 20%로 하고요, 재가는 일단 15%로 했으면 합니다"(보건복지소위원회, 2006c: 23).

(6) 보험료

제정된 법에서와 같이 여당이나 야당의 안에서는 보험료는 건강보험 보험료와 통합하여 징수하는 것으로 제안한다. 그런데 보험료율을 결정하는 과정이 여당안과 야당안의 차이가 있다. 열린우리당의 장향숙 의원안은 제정된 법에서와 같이 보험료율은 장기요양위원회에서 심의하고 대통령령으로 결정하도록 제안한다.[8] 반면에 정형근 의원과 현애자 의원안에서는 장기요양심의위원회가 보험료율을 심의 및 의결하는 것으로 제안한다. 이런 차이는 보험료율을 결정하는 권한을 행정부에 둘 것인지에 대한 관점의 차이에서 비롯된다.

---

8) 같은 열린우리당 소속의 김춘진 의원안에는 "장기요양위원회의 의결내용을 참작하여 대통령령으로 정한다"라고 되어 있다(김춘진, 2006: 30). "참작하여"라는 표현은 장기요양위원회가 보험료율의 결정 주체가 아니라 행정부가 결정 주체라는 의미가 있다. 따라서 열린우리당의 법안은 장기요양위원회를 보험료를 결정하는 주체로 보고 있지 않은 것이다.

다수당의 안은 행정부의 결정권한을 보장하는 형태인 반면에, 야당의 안들은 행정부의 권한을 약화시키는 형태이다. 한편 제정된 법에서 보험료율을 결정하는 과정은 정부안과 같다. 결과적으로는 정부안이 반영된 다수당의 입장이 법으로 제정되었다.

그런데 보험료율을 결정하는 주체에 대한 여당과 야당 사이의 시각 차이에도 불구하고 위원회에서 논의하는 과정 중에는 이 사항에 대한 심도 있는 논의는 단 한 차례도 없었다. 보험료는 가입자의 재산권과 관련된 중요한 사항이다. 그런데 여당이나 야당안에서는 보험료의 산정에 포함되어야 할 보수, 소득, 재산 등과 보험료 결정 주체에 대한 심도 있는 고려가 없다. 단지 건강보험법에 따라서 노인장기요양보험의 보험료도 결정된다는 정도에서 보험료와 관련된 사항이 위원회에서 정리되었다. 건강보험법에서는 보험료의 산정을 위해서 필요한 보수나 재산 혹은 소득의 범위를 대통령령에 위임하여 결정하고 있다. 건강보험법에서와 같이 가입자의 재산권과 관련된 사항을 대통령령으로 위임하고 있는 노인장기요양보험법 대해서 위원회에 참석한 의원들의 문제의식이 없었다. 그래서 건강보험법에서 그랬던 것처럼 행정부가 재산권과 관련된 사항을 결정하는 것이 당연한 것처럼 넘어가고 있다. 따라서 노인장기요양보험제도의 재정과 관련된 결정권한은 행정부의 소유가 되었다.

(7) 국가의 재정 역할

제정된 법에서는 국가는 당해 연도 장기요양보험료 예상 수입액의 20%를 공단에 지원해야 한다고 규정하고 있다. 아울러 국가와 지방자치단체는 의료급여 수급자의 장기요양 비용, 의사소견서 발급 비용, 방문간호지시서 발급 비용 중 공단이 부담해야 할 비용 및 관리·운영비의 전액을 부담해야 한다고 규정하고 있다.

국가의 재정적 부담 정도는 다수당인 여당안과 정부안이 반영되었다. 열린우리당의 장향숙 의원과 정부만이 당해 연도의 보험료 예상 수입액의 20%를 국가가 부담해야 한다고 제안했다(장향숙, 2006: 37). 야당 의원들은 이것보다는 더 큰 국가의 재정적 부담을 제안했다. 정형근 의원은 전체 사업 비용의 40%를, 현애자 의원은 운영비를 제외하고 전체 비용의 50%를 국가가 부담하도록 제안한다(정형근, 2006: 31; 현애자 2006: 41).

한편 의원들안에서는 국가의 재정부담을 법률로 명시한 반면에 정부안에서는 국가의 재정적 의무를 행정부의 재량권에 맡기는 형태로 되어 있다(행정부, 2006: 35). 국가의 부담이 어느 정도인지는 법률에 명시하지 않고, 매년 예산의 범위 안에서 노인장기요양 비용의 일부를 부담할 수 있다는 추상적 문구를 사용하고 있다. 위원회의 논의 과정에서 국가의 재정적 부담을 법률로 명시하도록 결정되었다. 그래서 제정된 법에서는 국가의 부담이 법률로 명확하게 제시되어 있어서 정부안과 차이를 보인다.

보건복지부 저출산고령사회정책본부 노인정책관 박하정 "재원 부담에 있어서는 대통령령으로 이미 되어 있습니다마는 저희도 법적으로 명시를 할 필요가 있다고 봅니다. …… 지금 전체 비용이 20% 하는 식으로 건강보험에 되어 있습니다. …… 건강보험하고 같은 논리로 가는 것이 타당하지 않은가 그렇게 생각은 하고 있습니다"(보건복지소위원회, 2006a: 25).

수석전문위원 김종두 "제55조는 저희가 수정의견을 냈는데 정부안에서는 그냥 대통령령으로 국고 지원을 위임해놨습니다. 이 부분에 대해서는 저희가 위원님들 말씀에 따라 20/100에 해당되는 금액을 명시하는 것으로 해서 건보법에 있는 내용을 받아서 20/100에 해당하는 금액을 국고에서 지원받을 수 있도록 ……"

소위원장 강기정 "정부 측, 법에 명기하는 것은 괜찮으시지요?"

보건복지부 저출산고령사회정책본부 노인정책관 박하정 "예"(보건복지소위원회, 2006d: 35).

4. 결론

2007년 4월 2일 국회 본회의에서 제정된 노인장기요양보험법과 보건복지상임위원회가 본회의에 제출한 노인장기요양보험법안만을 비교해보면 정보 이론이 설득력을 갖는 것처럼 보인다. 제정된 노인장기요양보험법은 위원회가 제출한 노인장기요양보험법안과 한 조항도 틀리지 않고 일치하기 때문이다. 위원회에서 제출한 법안에 대해서 본회의에 참석한 어떤 의원도 이견을 제시하지 않고 법안을 통과시켰다. 본회의가 선호하는 것을 위원회가 정확하게 반영하여 법안을 만들었기 때문에 논의 없이 법안 통과가 가능했다고 해석해야 할 것이다. 정보 이론이 주장하는 것과 일치하는 현상이다.

그런데 위원회에서 대안으로 제출한 노인장기요양법안이 정부가 제출한 법안과 대부분 유사하다면 정보 이론의 설득력은 재고되어야 할 것이다. 이런 경우에는 위원회의 선호를 본회의가 수용한 것이 아니고, 정부가 선호하는 것을 위원회와 본회의가 수용한 결과가 되기 때문이다. 실제로 노인장기요양법안이 위원회에서 논의되는 과정에서 정부 관료가 정부안을 대부분 관철시키는 것을 위원회의 회의록 분석을 통해서 알 수 있었다. 다수당에 속한 의원의 안조차도 정부안과 다를 경우에는 정부안이 수용되기도 했다. 급여 수급 대상자가 정부안대로 65세 이상의 노인과 노인성 질병을 앓는 자로 국한된 것이 대표적인 예이다. 또한 방문조사자가 공단 소속이어야 한다는 정부 관료의 완강한 주장이 수용된 것도 대표적인 예이다. 제정된 노인장기요양보험법은 정부안을 대부분 수용한 법이었다. 따라서 노인장기요양보험법의 제정 과정을 통해서 알 수 있는 것처럼 보건복지위원회는 정부가 제출한 법안이 본회의에서 통과될 수 있도록 조율하는 역할을 했다. 위원회가 의도했든 의도하지 않았든 간에 위원회는 행정부의 대리인이었다. 보건복지상임위원회에 소속된 의원들조차 행정부 대리인으로서의 위원회 역할을 지적하고 있다. 그러므로 행정부 대리인 이론이 정보 이론이나 다수당연합 이론보다 사회보장법 입법

과정에서 위원회의 역할을 더 잘 설명할 수 있는 것처럼 보인다.

현애자 위원 "또 하나는 전체적인 내용이 정부가 제출한 법안 수준에서 결정된 겁니다. …… 의원님들이 제출한 내용의 법은 전혀 심도 있게 다루어지지 못한 느낌이 들 수밖에 없고요. 과연 이렇게 되면 우리 국회의원들이 도대체 입법 활동에서 무슨 역할을, 어떻게 이렇게 법안 심의가 됐는지 참 유감입니다"(보건복지위원회, 2006: 7 이하).

정형근 위원 "그런데 공청회에서 진술인들이 개진한 사항들이 본 법안에서는 모두 빠져버린 채 정부안대로 일방적으로 결정된 것에 대해서 대단히 실망스럽고 이렇게 가서는 안 된다고 생각합니다"(보건복지위원회, 2006: 9).

김춘진 위원 "…… 이러한 부분들에 의원들이 낸 법안은 전혀 반영되지 않고, 단 정부가 낸 법안의 수정안에 불과할 따름입니다"(보건복지위원회, 2006: 8).

노인장기요양보험법의 제정 과정을 봤을 때 이익분배 이론의 설득력은 매우 낮다. 위원회에 참석한 위원들이 개별적인 선호가 있고, 그것을 노인장기요양보험법의 제정과 연결해서 서로 거래를 시도한 경우가 없기 때문이다. 아울러 이익분배 이론은 한국과 같은 하향식 공천 방식에서는 더욱 설득력이 떨어진다. 이익분배 이론은 유권자와 의원이 강하게 결합된 상향식 공천 방식에서 설득력이 있기 때문이다. 공천권을 쥐고 있는 당의 권력자나 계파에 대한 충성이 재공천의 주요한 조건인 한국과 같은 하향식 공천 방식은 유권자와 의원이 강하게 결합되지 않는다. 따라서 의원들은 유권자에게 줄 '선물'을 얻기 위해서 의원들 간에 거래를 해야 할 동기가 크지 않다.

노인장기요양법안을 다루던 위원회 회의 동안 의원들은 수시로 정부 관료에게 다양한 정보를 요구하거나 확인했다. 이런 과정에서 정부 관료는 자신들의 입장을 관철시키는 것을 볼 수 있다. 특히 확보 가능한 재정이 어느 정도인지는 전적으로 정부 관료가 제공하는 정보에 의지하고 있다. 이렇게 되면 급여의 종류나 범위 혹은 수급자의 수에 대해서 위원회는 정부 관료의 입장을 수용할 수밖에 없게 된다.

또한 정부 관료는 정부안에 위임조항을 되도록 많이 넣어서 실질적으로 제도를 통제하려는 경향을 보인다. 다른 사회보장법보다 적기는 하지만 정부가 제출한 노인장기요양보험법안에서도 적지 않은 위임조항을 볼 수 있다. 대표적인 사례는 장기요양등급에 따른 급여의 범위를 보건복지부령으로 위임한 것과 보험료에 관한 사항을 대통령령에 맡기는 것이다. 급여의 범위와 보험료는 제도를 구성하는 핵심 사항에 속한다. 정부 관료는 다른 사회보장법에도 그렇게 되어 있다고 주장하면서 위임조항이 들어간 법 조항의 정당성을 주장하기도 한다. 이런 경우에 의원들은 이의제기 없이 정부 관료의 주장을 수용하는 태도를 볼 수 있었다. 이렇게 위임조항이 많아지면 의회의 입법권은 유명무실해지고, 행정부가 실질적인 입법부 역할을 하게 된다. 무엇보다도 사회보장제도가 행정부의 통제 아래 놓이게 된다. 이런 경우 문제는 행정부가 사회보장제도의 발전에 기여할 수 있는 정도는 한계가 있다는 데에 있다. 왜냐하면 행정부는 항상 '예산범위 내'에서 제도를 운영한다는 울타리에 갇혀 있기 때문이다.

앞서 살펴보았듯이 하향식 공천 방식도 위원회에서 정부안이 대부분 수용되고, 많은 위임조항이 방치되는 배경이다. 노인장기요양법안의 심사와 관련된 위원회의 회의는 공식적으로 12회였지만 법안을 심도 있게 심사한 회의는 단 네 차례뿐이었다. 중요 사항들에 대해 시간을 두고 더 구체적으로 논의를 했어야 했다. 하향식 공천 방식에서는 새롭게 제정되는 법조차 이렇게 단기간 안에 심의된다. 당의 주요 인물에 대한 충성이 재공천의 조건인 하향식 공천 방식이 의원들이 적극적으로 위원회 활동을 하도록 동기를 제공하지 않는다. 그래서 서둘러 위원회 심사를 마치게 되면 법 조항은 추상적으로 만들어질 수밖에 없고, 구체적인 사항은 정부가 결정하도록 위임하는 것이 불가피해진다. 이렇게 되면 위임입법은 더 많아지게 되고, 행정부는 자신의 의도대로 사회보장제도를 통제할 실질적인 권한을 소유하게 된다.

노인장기요양보험법의 제정 과정에서 볼 수 있는 것과 같이 정부 관료가 위원회의 회의를 주도하는 경우에는 복지정치가 활성화되기 어렵다. 위원회의 회의록 분석을 통해서 알 수 있는 것과 같이 정부 관료는 재정문제에 종속되어 있었다. 의원들이 국민을 위한 더 나은 대안을 내놓아도 재정확보가 어려워서 수용 못 한다는 입장을 자주 보였다. 재원 확보 방안과 위원회 회의를 의원들이 주도해야 복지정치가 가능하고, 더 나은 복지제도의 도입이 가능해진다. 이렇게 되기 위해서는 상향식 공천 방식이 도입되어야 한다. 상향식 공천 방식은 유권자를 확보하기 위해 사회보장법을 더욱 구체적으로 규율하는 위원회 활동을 하도록 의원들에게 동기를 제공하기 때문이다.

IV. 결론

제13장

사회보장법에서의 의회유보 구현과 사회보장의 발전

한국 사회보장법령을 읽다 보면 "…… 은 대통령령으로 정한다" 혹은 "…… 은 보건복지부령으로 정한다" 등의 표현이 자주 나타나는 것을 볼 수 있다. 이런 표현들은 어떤 사항에 대한 결정권한을 국회가 행정부로 위임한다는 의미이다. 지금까지 우리는 사회보장법 분야에서 어떤 사항은 위임할 수 있고, 어떤 사항은 위임해서는 안 되는가에 대한 깊은 고민이 없었다. 과거부터 그렇게 해왔기 때문에 관행으로 받아들이는 경우도 있고, 해당 사항에 대해서 행정부가 국회보다 더 잘 알고 있으니까 행정부가 결정해야 한다고 판단해서 위임하는 경우도 있다. 심지어 대통령제 국가이니까 행정부가 당연히 국회보다 더 많은 결정권한을 가져야 한다는 입장도 있다.

이렇게 위임에 익숙해진 인식과 환경 때문에 사회보장법의 구조를 바꾸는 것은 어려워 보인다. 하지만 전혀 불가능한 것만은 아니다. 한국에서도 위임입법을 제한하는 경우가 있기 때문이다. 이동의 자유, 표현의 자유, 집회의 자유, 종교의 자유 등과 같이 헌법이 보장하는 자유권을 제한하는 권한을 행정부로 위임할 때 충족시켜야 할 조건들이 있다. 헌법 제75조는 법률에서 대통령령으로 권한을 위임할 때 구체적으로 범위를 정해서 위임하도록 요구하는데, 이 위임입법을 제한하는 조건을 충족시킬 때 자유권을 제한하는 위임입법이 가능해진다. 만일 사회적 기본권이 자유권적 기본권과 같은 기본권으로 인식된다면 사회적 기본권과 관련된 사항들에 대한 위임입법의 엄격한 제한도 가능하게 될 것이다.

본론에서 살펴보았듯이 자유권적 기본권도 처음부터 시민의 권리로 받아들여졌던 것은 아니다. 그렇기 때문에 헌법으로 보호해야 할 권리로 인식되지 않았다. 군주 시대에는 군주에게 시민이 육체적으로 구속되는 것조차 당연한 것으로 받아들여졌다. 군주도 관리도 시민들도 모두 그렇게 생각하고 있었다. 부르주아의 영향력이 커지면서 군주제에 대한 시민의 저항도 커졌다. 시민들은 자유권을 헌법으로 보장하라고 요구했다. 이 요구가 반영된 헌법들이 나타나기 시작했다. 그것이 불과 19세기 초의 일이다. 19세기 말에 가면 대부분 국가의 헌법에 시민의 자유권을 보호하는 조항이 나타난다. 하지만 이때만 해도 헌법에 자유권을 보호하는 조항이 있었지만 자유권에 대한 위임입법을 엄격하게 제한하는 인식과 제도는 아직 갖추어져 있지 않았다. 독일에서는 제2차 세계대전 후에 위임입법을 제한하는 헌법 개정이 추진되었다. 이렇게 자유권에 대한 위임입법이 제한될 수 있었던 것은 행정부가 자유권을 침해할 수 있는 위임권한을 임의로 행사할 때 발생할 수 있는 문제가 얼마나 컸던가를 경험하고 나서야 가능했다.

지금 대부분의 국가에서 볼 수 있는 것처럼 자유권과 관련된 사항에 대한 위임이 처음부터 까다롭게 제한되어 있었던 것은 아니다. 자유권도 처음에는 시민의 권리로 인식된 것도 아니었고, 헌법에 수록된 이후에도 자유권에 대한 위임입법은 제한되지 않았었다. 자유권에 대한 포괄위임이 심각한 문제를 발생시킬 수 있다고 경험한 후에야 자유권에 대한 위임이 제한된 것이다. 따라서 자유권은 본질적으로 특별한 기본권이기 때문에 자유권에만 위임입법이 엄격하게 제한되어야 한다는 생각은 고집할 필요가 없다. 사회권의 중요성에 대한 시민의 인식이 바뀌면 사회권에 대한 위임도 엄격해질 수 있다.

현재 독일 사회법을 보면 사회권에 대한 위임도 엄격하게 제한되고 있다는 것을 알 수 있다. 독일 사회법에서는 법률로 대부분의 사회보장제도의 구성 요소들을 규율하고 있다. 행정부에 위임되는 사항들은 행정부가 재량권을 행사할 수 없는 범위에서 위임되고 있다. 사회보장이 시민의 삶에 미치는 영향이 크기 때문에 그것에 대한 위임을 신중히 하면서 중요 사항들에 대해서는 의회가 스스로 법률로 통제하고 있기 때문이다. 한국에서도 사회보장법에 대한 국회의 책임 있는 입법행위가 더 있을 수 있다. 다만 그렇게 되기 위해서는 우선 입법부, 행정부, 사법부, 국민의 인식 전환이 필요하다. 자유권은 최고의 기본권이고 사회권은 그 밑에 있는 기본권으로 인식하는 태도의 변화가 필요하다. 자유권과 관련된 사항에 대해서는 엄격하게 위임을 제한해야 하고 사회권과 관련된 사항은 위임 조건이 완화될 수 있다는 인식은 바뀌어야 한다.

오늘날 복지국가에서는 자유권만큼이나 사회권의 보장 없이는 시민들은 생활을 영위하기 힘들어졌다. 그렇기 때문에 복지국가에서는 사회권에 대한 의회의 책임 있는 입법행위가 요구된다. 한국도 국가복지가 점점 증가하고 있고 복지가 국민의 삶에 미치는 영향도 점점 커지고 있다. 그런데도 사회보장법에서는 여전히 행정부가 중요한 사항을 결정하는 위임 행태가 유지되고 있다. 국가복지의 발전과 더불어 사회보장법에 나타나는 과도한 위임 현상도 줄어들어야 한다. 국회가 국민의 삶에 중요한 영향을 미치는 적용 대상자, 급여 수급 조건, 급여의 범위와 수준, 재원 방식 등과 같은 사회보장법의 조항들에 대해서 스스로 규율해야 한다.

특히 민주주의 국가에서는 국민의 삶과 관련된 영역에서 의회의 역할이 결정적이다. 자유권의 영역뿐 아니라 사회권의 영역에서도 국민과 관련된 사항을 의회가 책임 있게 규율해야 하는 것이 민주주의 원칙이 요구하는 당연한 결과이다. 비록 한국의 민주주의의 역사가 짧아서 국회의 역량이 한계가 있기는 하지만 한국에서도 사회권과 관련된 영역에서 국회가 법률로 스스로 통제하는 모습을 보여줘야 한다. 그럴 때 한국의 사회보장과 민주주의가 더욱 발전할 수 있다.

국민의 삶에 중요한 영향을 미치는 사회보장법의 조항을 국회가 구체적으로 규율할 때 몇 가지 장점이 있다. 앞서 언급했듯이 의회민주주가 발전할 수 있다. 민주주의는 다양한 의견들을 조화시키는 정치 제도이다. 그러기 위해서는 논의의 장이 필수적이다. 사회보장법의 중요 사항을 국회가 결정하는 사회보장법의 구조를 갖게 된다면 국회에서 이 사항들을 논의하게 될 것이다. 이러한 논의를 통해 한국의 민주주의는 발전할 것이다.

아울러 이러한 논의를 통해 사회보장과 관련된 사항들이 언론을 통해 공론화된다면 사회보장이 발전될 수 있는 기반이 형성될 것이다. 정당들은 사회보장과 관련된 사항들이 공론화되는 과정에서 유권자를 확보하기 위해 복지 경쟁을 하게 될 것이다. 그렇게 되면 더 나은 복지정책들이 정당의 경쟁을 통해서 제시된다. 사회보장제도의 확대를 위해서 필요한 재원을 어떻게 확보할 것인가에 대한 문제도 공론화될 것이다. 현재 정치권에서는 증세 논의가 금기에 가깝다. 유권자들이 좋아하지 않는다고 생각하기 때문이다. 하지만 국민이 증세를 무조건 싫어한다는 것은 오해이다. 최근 여론조사에서 알 수 있듯이 많은 국민은 자신의 사회보장이 확대된다면 증세를 찬성할 수 있다는 자세를 보이고 있다. 증세와 사회보장을 공론화하는 과정에서 증세와 사회보장에 대한 국민의 변화된 자세를 대변하는 정당들이 향후 선거에서 유리한 위치에 있게 될 것이다.

국회의원들이 사회보장법을 구체적으로 규율하기 위해서는 그들에게 동기가 부여되어야 한다. 사회보장법을 구체적으로 통제하기 위해서는 입법 과정에 많은 시간을 할애해야 한다. 그런데 이런 행위가 그들에게 유익한 것이 아니라면 국회의원들이 입법 과정에 많은 시간을 할애가 이유가 없을 것이다. 현재 한국 정당들의 공천 방식은 대부분 중앙당이 공천권을 행사하는 방식이다. 당의 실세나 계파의 수장들이 공천권을 행사하는 데 이들이 공천을 하는 기준은 자신에게 혹은 계파에 충성을 보이는 자인가 혹은 아닌가이다. 이런 공천 방식과 기준 때문에 재공천을 원하는 국회의원들이 입법 활동보다는 공천권자의 환심을 사려는 행위에 집중하게 된다. 사회보장법의 입법 과정에 많은 시간을 할애해서 좋은 입법을 해도 이것이 재공천에 반영된다는 보장이 없기 때문이다. 따라서 입법 활동의 결과에 따라서 공천을 받는 방식으로 공천 방식과 기준이 바뀌어야 한다. 입법 활동을 열심히 하면 재공천의 가능성이 높은 그런 방식으로의 전환이 필요하다. 그러기 위해서는 공천이 유권자나 당원에 의해 결정되는 방식으로 바뀌어야 한다. 그렇게 된다면 정당도 민주화되고 사회보장법에 대한 국회의원의 책임 있는 입법행위도 활발해질 것이다. 이것은 다시 한국 사회보장의 발전으로 이어질 것이다. 정당의 민주화와 사회보장의 발전을 위해 언젠가는 유권자나 당원이 공천하는 방식이 도입되어야 한다. 그때가 오늘이기를 기대한다.

참고문헌

국내 문헌

가상준. 2007.「정치적 선호도와 당선횟수로 본 17대 국회 상임위원회 특징」. ≪사회과학연구≫, 제15집 제2호, 236~278쪽.

______. 2012.「18대 국회 상임위원회 전반기와 후반기 비교연구」. ≪한국정당학회보≫, 제11권 제1호, 5~30쪽.

감신. 2005.「MRI(자기공명영상촬영) 보험급여 현황과 정책과제」. ≪건강보험포럼≫, 겨울 호, 14~23쪽.

강기정. 2006a. "국민연금법 일부개정법률안". http://linkms.assembly.go.kr(검색일: 2014.7.16).

______. 2006b. "기초노령연금법안". http://linkms.assembly.go.kr(검색일: 2014.7.16).

______. 2007. "기초노령연금법 일부개정법률안". http://linkms.assembly.go.kr(검색일: 2014.7.16).

강동욱. 2008.「국민연금 장애판정체계 개선방안 연구: 해외사례의 시사점을 중심으로」. ≪재활복지≫, 제12권 제2호, 63~88쪽.

강원택. 2004.「정당의 공직후보선출과 당내 민주화」. 심지연 엮음.『현대정당정치의 이해』. 백산서당.

______. 2010.「천안함 사건은 지방선거의 변수였나?」. ≪EAI 오피니언 리뷰≫, 제8호, 1~9쪽.

고경환 외. 2014.「2012년 기준 한국의 사회복지지출」. 한국보건사회연구원.

고영훈. 1993.「법률유보원칙의 이론과 실제」. ≪판례월보≫, 제271호, 9~14쪽.

고용노동부. 2013.『2012년 산재보험 사업연보』. 고용노동부.

______. 2014.『고용노동백서』. 명성기획.

관계부처합동. 2005.『희망한국21: 함께하는 복지』.

국가통계포털. http://kosis.kr/

국무총리실. 2012. “빈곤층가구의 생활실태와 복지욕구를 바탕으로 사각지대 해소. 기초생활 통합급여체계 개편 등 논의”. 국무총리실 보도자료.

국민건강보험. 2014. “암 등 4대 중증질환 대상자 및 1인당 고액진료비 상위 30위내 질환 건강보험 보장률 증가”. 국민건강보험 보도자료.

국민복지기획단. 1995. 『삶의 질 세계화를 위한 국민복지의 기본구상』.

국회사무처. 2004a. “제250회 국회 보건복지위원회 회의록 제14호”. http://likms.assembly.go.kr/bill/jsp/main.jsp(검색일: 2014.7.17).

______. 2004b. “제251회 국회 보건복지위원회 회의록 제3호”. http://linkms.assembly.go.kr/bill/jsp/main.jsp(검색일: 2014.7.17).

______. 2007a. “제266회 국회본회의 회의록 제1호”. http://likms.assembly.go.kr/bill/jsp/main.jsp(검색일: 2014.7.16).

______. 2007b. “국회본회의회의록”. http://likms.assembly.go.kr/bill/jsp/main.jsp(검색일: 2014.7.16).

권영성. 1991. 「사회적 기본권의 헌법규범성고: 헌법소송적 실현을 위한 시론」. ≪헌법논총≫, 제2집, 177~208쪽.

구베르, 삐에르(Pierre Goubert). 1999a. 『앙시아레짐(1)』. 김주식 옮김. 도서출판 아르케.

______. 1999b. 『앙시앙레짐(2)』. 김주식 옮김. 도서출판 아르케.

길정아. 2009. 「한국정당의 분권화 및 포괄성에 관한 비교연구: 제18대 총선의 후보자 공천 과정을 중심으로」. ≪한국정치연구≫, 제18집 제1호, 83~117쪽.

______. 2011. 「국회의원후보자 선정과정의 동학: 제18대 총선에서 한나라당과 민주통합당의 공천을 중심으로」. ≪한국정치연구≫, 제20집 제1호, 291~316쪽.

김교성·김성욱. 2012. 「복지의 양적 확대와 체계적 축소: 이명박 정부의 복지정책에 대한 평가」. ≪사회복지정책≫, 제39권 제3호, 117~149쪽.

김남진 외. 2007. 『행정법(2)』. 법문사.

김동헌. 2014. 「고용보험 사각지대의 국제비교와 사회정책방향」. 『한국사회의 사회안전망을 점검한다』, 사회정책연합 2014년도 공동학술대회 자료집(2014.10.17).

김동희. 2007. 『행정법(2)』. 박영사.

김미곤 외. 2004. 『2004년 최저생계비 추정 및 계측방식에 관한 연구』. 보건사회연구원.

김미숙·이주연. 2010. 「후산업화, 인구고령화, 그리고 사회복지서비스정책」. 한국사회복지정책학회 2010년도 춘계학술대회 발표 논문(2010.5.28).

김상호. 2010. 「한국과 독일 산재보험 보험료 산정 방법 비교를 통한 개선방안」. ≪보험금융연구≫, 제21권 제3호, 33~57쪽.

김성수. 2010. 「독일 정당 및 의회의 정책전문성 확보 메카니즘: 입법부 중심 행정의 관점에서」. ≪한독사회과학논총≫, 제20권 제3호, 3~36쪽.

______. 2011. 「독일 분권형 내각제의 효율성 메카니즘」. ≪국제지역연구≫, 14(4), 155~183.

김성옥. 2006. 『사회복지윤리와 철학』. 청목.

김순영. 2011. 「이명박 정부의 사회복지정책: 사회복지정책의 후퇴?」. ≪현대정치연구≫, 제4권 제1호, 127~152쪽.

김연명. 2002. 『한국복지국가 성격 논쟁(1)』. 인간과 복지.

김영순. 2005. 「민주화와 복지정치의 변화: 국민기초생활보장법 제정과정을 중심으로」. ≪한국과 국제정치≫, 제21권 제3호, 97~126쪽.

______. 2009. 「노무현 정부의 복지정책: 복지국가의 제도적·정치적 기반 형성 문제를 중심으로」. ≪경제와 사회≫, 82호, 161~185쪽.

______. 2011. 「한국의 복지정치는 변화하고 있는가?: 1, 2차 국민연금 개혁을 통해 본 한국의 복지정치」. ≪한국정치학회보≫, 제45집 제1호, 141~163쪽.

김영순·최성은·Abe, M. E. 2014. 「한국의 가사노동자 규모와 그 의미: 노동시장 및 젠더체제 특징과 관련하여」. ≪사회과학논집≫, 제45집 제1호, 59~82쪽.

김욱. 2006. 「독일연방의회 선거제도가 한국의 선거제도 개혁에 주는 시사점」. ≪세계지역연구논총≫, 제24집 제3호, 53~70쪽.

김원섭. 2008. 「참여정부에서 한국 복지국가의 발전, 신자유주의 국가?」. ≪한국사회≫, 제9집 제2호, 29~53쪽.

김원섭·남윤철. 2011. 「이명박 정부 사회정책의 발전: 한국 복지국가 확대의 끝?」. ≪아세아연구≫, 제54권 제1호, 119~152쪽.

김은철. 2002. 「국회의 위원회 제도에 관한 연구」. 조선대학교 대학원 석사 학위논문.

김정희·이호용·황라일. 2008. 「2006년도 건강보험환자의 본인부담 진료비 실태조사」. ≪건강보험포럼≫, 봄 호, 41~58쪽.

김철수. 2007. 『헌법학신론』. 박영사.
김춘진. 2006. “국민장기요양보험법안”. http://likms.assembly.go.kr(검색일: 2014.7.10).
김향기. 1993. 「의회유보와 행정유보」. ≪고시연구≫, 12월 호, 47~59쪽.
김환준. 2006. 「최저생계비의 정의 및 계측방법상의 쟁점에 관한 고찰」. ≪사회복지연구≫, 제31호, 285~303쪽.
김현수. 2007. 「국민기초생활보장제도의 수급자 선정기준의 개선방안」. 대구대학교 석사학위논문.
김효석. 2007. “국민연금법 일부개정법률안”. http://likms.assembly.go.kr(검색일: 2014.7.16).
남기철. 2007. 「최저생계비 수준 저하에 대한 대처: 상대적 수준 유지를 위한 결정 방안의 모색」. 『최저생계비의 적정성 평가와 대안 모색』. 한국사회복지정책학회·한국사회정책학회·비판과대안을위한사회복지학회·참여연대 사회복지위원회 토론회 자료집(2007.7.9).
남준우. 2000. 「사회복지정책의 결정 과정에 관한 연구: 국민기초생활보장법을 중심으로」. 연세대학교 행정대학원 석사논문.
남찬섭. 2005. 「최저생계비 결정 과정에 관한 연구: 중앙생활보장위원회와 전문위원회 회의록을 중심으로」. ≪사회보장연구≫, 제21권 제4호, 255~282쪽.
남찬섭·이명진. 2013. 「공공성의 재구성과 생활공공성의 등장: 학교급식과 무상급식의 전개과정을 중심으로」. ≪아세아연구≫, 제56권 제2호, 75~110쪽.
남찬섭·허선. 2004. 「2005년도 최저생계비의 결정 과정」. ≪복지동향≫, 12월 호, 44~63쪽.
대통령비서실 삶의질 향상 기획단. 1999. 『새천년을 향한 생산적 복지의 길』. 퇴설당.
대통령자문정책기획위원회. 2008. 「국민연금 개혁: 지속가능한 연금제도 개선」. 참여정부 정책보고서 2-23.
도회근. 2012. 「독일 선거제도에서 무엇을 배울 것인가?」. ≪공법연구≫, 제40집 제3호, 117~140쪽.
류정순. 2003. 「2003년부터 새로 도입되는 소득인정액 제도의 문제점」. ≪사회복지와 노동≫, 제6호, 126~140쪽.
민효상·김보경·서정욱. 2012. 「적극적 노동시장정책의 국가 비교 분석: 한국의 특이성에 대한 탐색적 원인 분석을 중심으로」. ≪국가정책연구≫, 제26권 제4호, 35~63쪽.

박기묵. 2010.「한국 국회 상임위원회의 법률안 처리속도 분석」. ≪한국행정논집≫, 제22권 제3호, 651~670쪽.

박능후. 2007.「현행 최저생계비의 개념과 운용의 문제점: 최저생계비의 적정성 평가와 대안 모색」. 한국사회복지정책학회·한국사회정책학회·비판과대안을위한사회복지학회·참여연대 사회복지위원회 토론회 자료집(2007.7.9).

박명호. 2012.「2012년 총선에 대한 집합자료 분석」. ≪정치정보연구≫, 제15권 제1호, 127~154쪽.

박윤덕. 2009.「혁명 전 프랑스 농촌의 경작체제와 사회구조」. 최갑수 외.『프랑스 구체제의 권력구조와 사회』. 한성대학교 출판부.

박윤흔. 1998.『행정법 강의』. 박영사.

박재완. 2007. "기초노령연금법 일부개정법률안". http://likms.assembly.go.kr(검색일: 2014.7.16).

박찬욱·김진국. 1997.「제14대 국회상임위원회 제도와 그 의사결정에 관한 연구」. ≪한국정치연구≫, 제7권, 449~488쪽.

박찬표. 1997.「한·미·일 3국 의회의 전문성 축적구조에 대한 비교연구」. ≪한국정치학회보≫, 제30집 제4호, 321~342쪽.

______. 2004.「국회위원회제도의 이론적 탐색과 개선방안」. ≪헌법학연구≫, 제10권 제3호, 75~107쪽.

박하정. 2008.「사회복지정책결정 과정의 정책네트워크 연구: 노인장기요양보험법과 노인복지 입법사례를 중심으로」. 경희대학교 행정학과 박사 학위논문.

보건복지가족부. 2008.『일자리, 기회, 배려를 위한 능동적 복지 2008년 실천계획』. 보건복지가족부.

보건복지부. 2002. "2003년 국민기초보장사업안내". http://www.mohw.go.kr(검색일: 2012.7.10).

______. 2005. "2005년 국민기초생활보장사업안내". http://www.mohw.go.kr(검색일: 2012.7.10).

______. 2010.『보건복지백서 2009』. 문영사.

______. 2013a.『보건복지백서』. (사)한국장애인유권자연맹.

______. 2013b.『2012년 보육통계』. 보건복지부 보육정책과.

보건복지부·교육인적자원부·문화관광부·정보통신부·노동부·여성부·건설교통부. 2004. 『참여복지 5개년 계획』. 참여복지건설기획단.
보건복지위원회. 2006. "제262회 국회 보건복지위원회회의록 제10호". 국회정보시스템 검색자료.
______. 2007. "노인장기요양법대안". 국회정보시스템 검색 자료.
보건복지소위원회. 2006a. "제262회 국회 보건복지소위원회회의록 제6호". 국회정보시스템 검색 자료.
______. 2006b. "제262회 국회 보건복지소위원회회의록 제9호". 국회정보시스템 검색 자료.
______. 2006c. "제262회 국회 보건복지소위원회회의록 제11호". 국회정보시스템 검색 자료.
______. 2006d. "제262회 국회 보건복지소위원회회의록 제12호". 국회정보시스템 검색 자료.
______. 2006e. "제262회 국회 보건복지소위원회회의록 제13호". 국회정보시스템 검색 자료.
뵈켄회르데, 에른스트-볼프강(Ernst-Wolfgang Böckenförde). 2003. 『헌법과 민주주의: 헌법이론과 헌법에 관한 연구』. 김효전·정태호 옮김. 법문사.
서복경. 2010. 「국회 위원회제도의 기원에 관한 연구: 제헌국회 및 2대국회를 중심으로」. ≪의정논총≫, 제5권 제1호, 51~80쪽.
성경륭. 2014. 「한국 복지국가 발전의 정치적 기제에 관한 연구: 노무현 정부와 이명박 정부의 비교」. ≪한국사회학≫, 제48집 제1호, 71~132쪽.
손병권. 2004. 「의원의 의정활동: 의원의 상임위원회 활동 참여에 대한 평가와 전망」. ≪한국정당학회보≫, 제3권 제2호, 199~224쪽.
송동수. 2006. 「중요사항유보설과 의회유보와의 관계」. ≪토지공법연구≫, 제34집, 99~119쪽.
신정아. 2007. 「프랑스 앙시앵 레짐 하에서의 검열제도 연구」. ≪한국프랑스학논집≫, 제57집, 319~338쪽.
신현욱·강병노. 2014. 「장애인 근로능력평가 척도 개발에 관한 연구: 국민연금장애연금 수급자를 중심으로」. ≪디지털융복합연구≫, 제12권 제4호, 379~397쪽.

안명옥. 2006. "국민요양보장법안". 국회정보시스템 검색 자료.
안병영. 2000.「국민기초생활보장법의 제정과정에 관한 연구」. ≪행정논총≫, 제38권 제1호, 1~28쪽.
안태현. 2014.「조기재취업수당의 효과: 2010년 제도 변화를 중심으로」. ≪노동경제논집≫, 37권 4호, 1~24쪽.
양재진. 2008.「적극적 복지정책, 그러나 실패한 지지동원」. 한반도사회경제연구회 엮음.『노무현 시대의 좌절』. 창비.
여유진. 2004.「국민기초생활보장제도 부양의무자 기준과 빈곤사각지대: 공적부양과 사적부양의 관계를 중심으로」. ≪보건사회연구≫, 제24권 제1호, 3~29쪽.
오건호. 2007.「국민연금법 개정안 평가 및 연금정치」. ≪동향과 전망≫, 71호, 190~204쪽.
오혜진. 2011.「국회상임위원회의 위상변화: 보건복지위원회를 중심으로」. ≪의정논총≫, 제6권 제2호, 27~67쪽.
왕재선·김선희. 2013.「정책이슈 확산의 다이나믹스: 무상급식 논쟁사례를 중심으로」. ≪한국정책학회보≫, 제22권 제1호, 389~422쪽.
유명순 외. 2013.「민간의료기관 공공성 평가 및 공공의료 수행 방안 연구」. 서울대학교 보건대학원.
유시민. 2004. "국민연금법중개정법률안". http://likms.assembly.go.kr(검색일: 2014.7.20).
유원섭. 2005. 중증질환 보험급여 현황과 정책과제. ≪건강보험포럼≫, 겨울 호, 24~44쪽.
윤건영. 2004. "국민연금법중개정법률안". http://likms.assembly.go.kr(검색일: 2014.7.20).
윤은주. 2009.「프랑스 절대왕정의 재정적 기초」. 최갑수 외 지음.『프랑스 구체제의 권력구조와 사회』. 한성대학교 출판부.
윤종빈. 2012.「19대 총선후보의 공천 과정의 과정과 결과, 그리고 쟁점: 새누리당과 민주통합당을 중심으로」. ≪한국정당학회보≫, 제11권 제2호, 5~37쪽.
이덕연. 1999.「우리는 왜 '인간다운 생활을 할 권리'를 헌법에 규정하고 있는가?」. ≪헌법판례연구≫, 제1권, 143~204쪽.
이동윤. 2012.「한국정당의 후보공천과 대표성: 제19대 국회의원선거를 중심으로」. ≪정치정보연구≫, 제15권 제1호, 93~126쪽.

이병희. 2013.「한국형 실업부조 도입의 쟁점과 과제」. ≪한국사회정책≫, 제20집 제1호, 123~144쪽.

이성로. 2001.「국회의원 의정활동 성적의 결정요인」. ≪중앙행정논집≫, 제15권 제1호, 191~208쪽.

이신용. 2007a.「권위주의 국가와 사회복지정책: 한국의 관료적 권위주의를 중심으로」. ≪사회복지정책≫, 제28집, 105~139쪽.

______. 2007b.「민주주의가 사회복지정책에 미치는 영향: 한국의 결함 있는 민주주의를 중심으로」. ≪한국사회복지학≫, 제59권 제4호, 137~162쪽.

______. 2008a.「국민건강보험과 의회의 책임성」. ≪한국사회복지학≫, 제60권 제3호, 201~230쪽.

______. 2008b.「국민기초생활보장제도와 의회의 책임성」. ≪사회복지정책≫, 제34권 제1호, 35~61쪽.

______. 2009.「민주화와 사회보장법 규율구조와의 관계」. ≪사회복지정책≫, 제36권 제3호, 31~53쪽.

______. 2010.「민주주의, 법치국가, 복지국가의 친화성: 사회보장법에 의회유보 원칙의 적용과 사회보장제도 발달과의 관계: 한국과 독일비교」. ≪한국사회정책≫, 제17집 제3호, 153~189쪽.

______. 2013.「의회의원후보공천방식, 의회상임위원회제도 그리고 사회보장법 구조: 한국과 독일비교」. ≪한국사회정책≫, 제20집 제3호, 9~46쪽.

______. 2015.「사회보장법 입법과정에서 보건복지 상임위원회의 역할」. ≪인문사회과학연구≫, 제47집, 65~97쪽.

이진숙·조은영. 2012.「노인장기요양보험법의 정책결정 과정 분석」. ≪사회과학연구≫, 제23집 제1호, 3~22쪽.

이태수. 2009.「반절의 실패로 끝난 김대중·노무현 시대 복지정책」. ≪내일을 여는 역사≫, 제37호, 96~110쪽.

이현우. 2009.「국회상임위원회의 운영: 전문성과 대표성의 재평가」. ≪의정연구≫, 제15권 제1호, 145~176쪽.

임승휘. 2009.「프랑스 절대왕정의 권력과 행정구조」. 최갑수 외 지음.『프랑스 구체제의 권력구조와 사회』. 한성대학교 출판부.

______. 2011.『근대 유럽의 절대 군주는 어떻게 살았을까?』. 민음인.
임완섭·이주미. 2014.『2014년 빈곤통계연보』. 보건사회연구원.
임유진. 2015.「정당정치와 한국복지정치의 전환」. ≪한국정당학회보≫, 14(1), 5~35.
임혜경. 2010.「노인장기요양보험법의 정책결정 과정에 관한 연구: 정책네트워크 분석을 중심으로」. 경상대학교 대학원 박사학위논문.
장명학. 2008.「독일연방의회 구성의 정치적 특성: 연방의회 선거제도를 중심으로」. ≪현대사회와 정치평론≫, 제3권, 53~75쪽.
장향숙. 2006. "장기요양보험법안". http://likms.assembly.go.kr(검색일: 2014.7.16).
전광석. 1998.「법률유보의 문제와 위임입법의 한계」. ≪공법연구≫, 제26권 제3호, 221~245쪽.
______. 2006.「사회적 기본권의 헌법적 실현구조」. ≪세계헌법연구≫, 제12권 제1호, 271~292쪽.
______. 2010.『한국사회보장법론』. 법문사.
______. 2013.「한국의 노인장기요양 관련 법제도의 현황과 과제」. ≪사회보장법학≫, 제2권 제1호, 103~149쪽.
전용주. 2005.「후보공천 과정의 민주화와 그 정치적 결과에 관한 연구: 제17대 국회의원 선거를 중심으로」. ≪한국정치학회보≫, 제39집 제2호, 217~236쪽.
______. 2010.「한국 정당 후보 공천제도 개혁의 쟁점과 대안」. ≪현대정치연구≫, 제3권 제1호, 37~69쪽.
전진영·박찬욱. 2012.「제18대 국회상임위원회의 입법권력 분석」. ≪의정논총≫, 제7권 제1호, 57~73쪽.
정극원. 2009.「헌법재판에서의 포괄적 위임입법금지 원칙의 적용」. ≪헌법학연구≫, 제15권 제3호, 461~486쪽.
정무권. 2009.『한국복지국가 성격 논쟁(2)』. 인간과 복지.
정병기. 2003.「독일과 이탈리아의 의원후보 선출과정 비교」. ≪의정연구≫, 제9권 제1호, 110~132쪽.
정부. 2003. "국민연금법중개정법률안." http://likms.assembly.go.kr(검색일: 2014.7.20).
______. 2004. "국민연금법중개정법률안". http://likms.assembly.go.kr(검색일: 2014.7.20).

정부·민간합동작업단. 2006.「함께 가는 희망한국 Vision 2030」.
정순택. 2005.「정형외과 의사가 본 건강보험의 문제점과 개선 방안」. ≪대한정형외과학회지≫, 제40권 제3호, 376~390쪽.
정형근. 2006. "국민장기요양보험법안." http://likms.assembly.go.kr(검색일: 2014.7.20).
정형근·현애자. 2007. "국민연금법 일부개정법률안". http://likms.assembly.go.kr(검색일: 2014.7.20).
정형선. 2011.「보장성논의와 보장률의 국제 비교」. ≪HIRA정책동향≫, 제5권 제2호, 17~27쪽.
정형선·신봉구. 2006.「건강보험급여율의 경시적 변화와 의료보장성의 국가간 차이」. ≪사회보장연구≫, 제22권 제4호, 27~48쪽.
정홍원. 2008.「국민연금 제도개혁과 사회적 대화」. ≪정부학연구≫, 제14권 제2호, 135~161쪽.
제17대 대통령직인수위원회. 2008.『성공 그리고 나눔(1)』. 대통령직인수위원회.
조기원·구슬기·나진구. 2009.「제2차 국민연금개혁(2003~2007)의 정책결정 과정 분석: 정책네트워크 이론을 중심으로」. ≪사회보장연구≫, 제25권 제4호, 217~244쪽.
조성규. 2005.「법치행정의 원리와 조례제정권의 관계: 조례에 대한 법률유보의 문제를 중심으로」. ≪공법연구≫, 제33집 제3호, 371~399쪽.
조영훈. 2008.「참여정부 복지정책의 성격」. ≪사회과학연구≫, 제24집 1호, 213~233쪽.
차홍봉. 2008.「노인장기요양보험제도의 도입과 과제」. ≪사회법연구≫, 제10호, 75~105쪽.
최숙자·김정희·이상이. 2005.「국민건강보험 보장성 강화: 의미·계획·실제」. ≪건강보험포럼≫, 제4권 제4호, 2~13쪽.
최인희 외. 2011.「노인장기요양보험제도가 가족에 미치는 영향 연구」. 한국여성정책연구원 연구보고서.
최재성. 2010.「이명박(MB)정부의 사회복지정책 특성과 과제: '친기업 보수우익'에서 '친서민 중도실용'?」. ≪한국사회복지조사연구≫, 제25권, 1~29쪽.
통계청. 2009. 국가지표체계 소비자물가지수. http://www.index.go.kr/potal/stts/idxMain/selectPoSttsIdxSearch.do?idx_cd=1060&clas_div=&idx_sys_cd=628&idx_clas_cd=1
한나라당. 2007. "한나라당은 많은 시련을 무릅쓰고 주도적으로 기초연금과 노인장기요양제도를 관철시켰습니다". http://www.saenuriparty.kr/web/news/briefing/policy

Briefing/readPolicyBriefingView.do?bbsId=PBR_000000000016019(검색일: 2014.7.30).

행정부. 2006. "노인수발보험법안". http://likms.assembly.go.kr(검색일: 2014.7.20).

현애자. 2004. "국민연금법중개정법률안". http://likms.assembly.go.kr(검색일: 2014.7.20).

______. 2006a. "장기요양보장법안". http://likms.assembly.go.kr(검색일: 2014.7.20).

______. 2006b. "국민연금법중개정법률안". http://likms.assembly.go.kr(검색일: 2014.7.20).

______. 2006. "기초연금법안". http://likms.assembly.go.kr(검색일: 2014.7.20).

홍경준·이상은·김미곤. 2004. 「재산의 소득환산제: 이슈, 시행결과, 그리고 개선방향」. ≪사회보장연구≫, 제20권 제2호, 57~80쪽.

홍성방. 2000. 『헌법(2)』. 현암사.

홍준형. 1996. 「위임입법의 한계」. ≪고시계≫, 제41권 제12호, 26~46쪽.

서양 문헌

Berg-Schlosser, Dirk and Norbert Kersting. 1997. "Warum weltweit Demokratisierung? Zur Leistungsbilanz demokratischer und autoritäre Regime." in Rolf Hanisch (Hrsg.). *Demokratieexport in die Länder des Südens?*. Hamburg: GIGA.

Birtsch, Günter. 1987. *Grund-und Freiheitsrechte von der ständischen zur spätbürgerichen Gesellschaft*. Göttingen: Vandehoeck & Ruprecht.

Böckenferde, E. 1987. "Demokratie als Verfassungsprinzip." in J. Isensee and P. Kirchhof(Hrsg.). *Handbuch des Staatsrechts*, Bd.1. Heidelberg: Müller.

Bundesministerium für Arbeit und Soziales. 2009. *Übersicht über das Sozialrecht*. Nürnberg: BW Bildung und Wissen.

Clement, W. 1987. *Der Vorbehalt des Gesetzes, Insbesondere bei öffentlichen Leistungen und öffentlichen Einrichtungen*. Dissertation, Tübingen.

Commichau, Gehard. 1997. *Die Entwicklung der Menschen-und Bürgrrechte von 1776 bis zur Gegenwart*. Göttingen: Muser-Schmidt.

Cox, Gary, W. and Mathew. D. McCubbins. 2007. *Legislative Leviathan: Party*

Government in the House. Cambrige: Cambridge University Press.

Croissant, Aurel. 2000. "Delegative Demokratie und Präsidentialismus in Südkorea und auf den Philippinen." *WeltTrends*, 29, pp.115~142.

______. 2002. *Von der Transition zur defekten Demokratie: Demokratische Entwicklung in den Philippinen, Südkorea und Thailand*. Wiesbaden: Westdeutscher Verlag.

Deutscher Bundestag. 1973. Drucksache 7/868. https://www.bundestag.de/drs(검색일: 2012.6.30).

Edinger, Florian. 1992. *Wahl und Besetzung parlamentarischer Gremien: Präsidium, Ältestenrat, Ausschüsse*. Berlin: Duncker & Humblot.

Fenno, Richard F. 1973. *Congressmen in Committees*. Boston: Little Brown.

Fenske, Hans. 2001. *Der Moderne Verfassungsstaat*. Zürich: Schöningh.

Fiorina, Morris P. 1977. *Congress: Keystone of the Washington Establishment*. New Haven: Yale University Press.

Frost, Herbert. 1970. "Rechtsgestalt und Funktion der Parlamentsausschüsse." *Archiv des öffentlichen Rechts*, 95, pp.38~85.

Gallagher, Michael. 1988a. "Indroduction." in Michael Gallagher and Michael Marsh(eds.). *Candidate Selection in Comparative Perspective: The Secret Garden of Politics*. London: Sage.

______. 1988b. "Conclusion." in Michael Gallagher and Michael Marsh(eds.). *Candidate Selection in Comparative Perspective: The Secret Garden of Politics*. London: Sage.

Groseclose, Tim and King, David C. 2001. "Committee Theories Reconsidered." in Dodd, Lawrence C. and Oppenheimer, Bruce I.(eds.) *Congress Reconsidered*. Washington, D.C.: Copress.

Häberle, Peter. 1972. "Bundesverfassungsgericht im Leistungsstaat Nurmerus-clausus-Entscheidung." *Die Öffentliche Verwaltung*, 21, pp.729~740.

Hall, Peter and Rosemary C. R. Taylor. 1996. "Political Science and the Three New Institutionalism." *Political Studies*, 44(5), pp.936~957.

Hänlein, A. 2001. *Rechtsquellen im Sozialversicherungsrecht*. Heidelberg: Springer.

Hazan, Reuven Y. and Gideon Rahat. 2006. "The Influence of Candidate Selection

Methods on Legislatures and Legislators: Theoretical Propositions, Methodological Suggestions and Empirical Evidence." *The Journal of Legislative Studies*, 12(3~4), pp.366~385.

Henke, N. 1976. "Gedanken zum Vorbehalt des Gesetzes: Ein Beitrag aus sozialrechtlicher Sicht." *AÖR*, 101(4), pp.576~613.

Huber, Ernst Rudolf. 1988. *Deutsche Verfassungsgeschichte seit 1789*. Mainz: W. Kohlhammer.

Ismayr, Wolfgang. 2000. *Der Deutsche Bundestag im politischen System der Bundesrepublik Deutschland*. Opladen: Leske+Budrich.

Jesch, D. 1968. *Gesetz und Verwaltung*. Tübingen: More Siebeck.

Kiewiet, D. Roderick and Mathew D. McCubbins. 1991. *The Logic of Delegation: Congressional Parties and the Appropriations Process*. Chicago: The University of Chicago Press.

Kloepfer, M. 1984. "Der Vorbehalt des Gesetzes im Wandel." *Juristen Zeitung*, 39(15/16), pp.685~695.

Krehbiel, Keith. 1992. *Information and Legislative Organization*. Ann Arbor: The University of Michigan Press.

Kröger, Klaus. 1998. *Grundrechtsentwicklung in Deutschland-von ihren Anfängen bis zur Gegenwart*. Tübingen: More Siebeck.

Korpi, Walter and Joakim Palme. 2003. "New Politics and Class Politics in the Context of Austerity and Globalization: Welfare State Regress in 18 Countries, 1975~1995." *American Political Science Review*, 97(3), pp.425~446.

Kremer, Klemens. 1992. *Kandidatur zum Bundestag: Der Weg ins Parlament*. Heidelberg: Decker & Müller.

Kretschmer, H. J., B. B. Maydell and W. Schellhorn. 1996. *Gemeinschaftskommentar zum Sozialgesetzbuch-Allgemein Teil(GK-SGBI)*. München: Luchterhand.

Krück, Mirko and Wolfgang Merkel. 2004. "Soziale Gerechtigkeit und Demokratie." in Aurel Croissant, Gero Erdmann und Friedbert W. Rüb(Hrsg.). *Wohlfahrtsstaatliche Politik in jungen Demokratien*, Wiesbaden.

Lenski, Sophie-Charlotte. 2011. *Parteiengesetz und Rechte der Kandidatenaufstellung*. Baden-Baden: Nomos.

Linz, Juan. 2001. "Autoritäre Regime." in Dieter Nohlen(Hrsg.). *Kleines Lexikon der Politik*. München: C.H.Beck.

Luhmann, Niklas. 1981. *Politische Theorie im Wohlfahrtsstaat*. München: Springer.

Mager, Ute. 1995. "Die Kontrolle der innerparteilichen Kandidatenaufstellung im Wahlprüfungsverfahren." *Die Öffentliche Verwaltung*, 1, pp.9~15.

Marshall, T. H. 1992. "Staatbürgerrechte und sozialen Klassen." in E. Rieger(ed.). *Bürgerrechte und soziale Klassen zur Soziologie des Wohlfahrtsstaates*. Frankfurt am Main, New York: Campus Verlag.

Maurer, Hartmut. 2009. *Allgemeines Verwaltungsrecht*. München: Beck.

Mayhew, David R. 1974. *Congress: the electoral connection*. New Haven: Yale University Press.

Merkel, Wolfgang. 1999. "Defekte Demokratie." in Wolfgang Merkel and Andreas Busch(Hrsg.). *Demokratie in Ost und West*. Frankfuhrt a.M.: Suhrkamp.

Merkel, Wolfgang et al. 2003. *Defekte Demokratie Band 1: Theorie*. Opladen: Leske+ Budrich.

Mößle, W. 1990. *Inhalt, Zweck und Außmaß*. Berlin: Dunker & Humblot.

Mrozynski, P. 2010. *Sozialgesetzbuch: Allgemener Teil(SGBI)*. München: Beck.

O'Donnell, Guillermo A.. 1994. "Delegative Democracy," *Journal of Democracy*, 5(1), pp.55~69.

______. 1998. "Horizontal Accountability in New Democracies," *Journal of Democracy*, 9(3), pp.112~126.

Pfreundschuh, Gerhard. 1977. Entstehung und Merkmale des frühen Rechtsstaats, Dissertation von Hochschule für Verwaltungswissenschaften Spezer.

Pierson, Paul. 1996. "The New Politics of the Welfare State." *World Politics*, 48, pp.143~179.

Norris, Pippa. 1996. "Legislative Recruitment." in Lawrenc LeDuc, Richard G. Niemi and Pippa Norris(eds.). *Comparing Democracies: Elections and Voting in Global*

Perspective. California: Sage.

Rahat, Gideon and Reuven Hazan. 2001. "Candidate Selection Methods." *Party Politics*, 7(3), pp.297~322.

______. 2006. "The Influence of Candidate Selection Methods on Legislature and Legislators: Theoretical Propositions, Methodological Suggestions and Empirical Evidence." *The Journal of Legislative Studies*, 12(3~4), pp.366~385.

Ranney, Austin. 1981. "Candidate Selection." in David Butler, Howard R. Penniman and Austin Ranney(eds.). *Democracy at the Polls*. Londen: American Enterprise Institute.

Rittstieg, Helmut. 1975. *Eigentum Als Verfassungsproblem*. Darmstadt: Wissenschaftliche Buchgesellschaft.

Roberts, Geoffrey. 1988. "The German Federal Republic: two-lane route to Bonn." in Michael Gallagher and Michael Marsh(eds.). *Candidate Selection in Comparative Perspetive*. London: Sage.

Rupp, H. H. 1959. "Verwaltung und Vertragsakt." *Deutsches Verwaltungsblatt*, 74(3), pp.81~87.

______. 1991. *Grundfragen der heutigen Verwaltungsrechtslehre*. Tübingen: J. C. B. Mohr.

Schmidt, M. G. 1998. *Sozialpolitik in Deutschland: Historische Entwicklung und Internationaler Vergleich*. Opladen: Leske+Budrich.

______. 2004. "Wohlfahrtsstaatliche Politik in jungen Demokratien." in Aurel Croissant, Gero Erdmann und Friedbert W. Rüb(Hrsg.). *Wohlfahrtsstaatliche Politik in jungen Demokratien*. Wiesbaden: Verlag für Sozialwissenschaften.

Shepsle, Keneneth A. 1986. "Institutional Equilibrium and Equilibrium Institutions." in Herbert Weisberg(ed.). *Political Science: The Science of Politics*. New York: Agathon.

Shepsle, Keneneth A. and Barry R. Weingast. 1987. "The Institutional Foundations of Committee Power." *American Political Science Review*, 81(1), pp.85~104.

Staupe, Jürgen. 1986. *Parlamentsvorbehalt und Delegationsbefugnis: Zur "Wensentlichkeitstheorie" und zur Reichweite legislativer Regelungskompetenz, insbesondere im Schulrecht.* Berlin: Dunker & Humblot.

Stern, Klaus. 1984. *Staatsrecht(1).* München: Beck.

Syrbe, Holger G. 1993. *Die Sicherung der Vertraulichkeit der Arbeit von Bundestagsausschü ssen.* Mannheim: Universität Mannheim.

von Armin, Hans Herbert. 2004. "Wahl ohne Auswahl." *Zeitschrift für Rechtspolitik*, 37(4), pp.115~119.

Ulmschneider, Christoph. 2003. *Eigentum und Naturrecht im Deutschland des beginnenden 19. Jahrhunderts.* Berin: Duncker & Humblot.

Werner, Melanie. 2010. *Gesetzesrecht und Satzungsrecht bei der Kandidatenaufstellung politischer Parteien.* Osnabrück: Universitätverlag.

Wertenbruch, W. and K. Müller(Hrsg.). 1978. *Sozial in Wissenschaft und Praxis.* Percha: Verlg Schul.

Wimmer, Raimund. 1999. "Grenzen der Regelungsbefugnis in der vertragsärztlichen Selbstverwaltung." *NZS*, 3, pp.113~120.

Willoweit, Dietmar and Ulrike Seif. 2003. *Europäische Verfassungsgeschichte.* München: Beck.

Zacher, Hans F. 2001. "Grundlagen der Sozialpolitik in der Bundesrepublik Deutschland." Bundesministerium für Arbeit und Sozialordnung und Bundsarchiv (Hrsg.). *Geschichte der Sozialpolitik in Deutschland seit 1945. Bd.1, Grundlagen der Sozialpolitik.* Baden-Baden: Nomos.

Zippelius, Reinhold. 2010. *Allgemeine Staatslehre.* München: Beck.

헌법재판소 판례

헌법재판소. 1996.「구 산업재해보상보험법 제4조 단서 위헌소원」. ≪헌법재판소 판례집≫, 제8권 제2집, 90~106쪽.

______. 1997.「의료보험법 제31조 제2항 위헌확인」. ≪헌법재판소 판례집≫, 제9권 제2집, 817~834쪽.

______. 1999.「한국방송공사법 제35조 등 위헌소원」. ≪헌법재판소 판례집≫, 제11권

제1집, 633~652쪽.

______. 2003a. 「구 의료법 제67조 등 위헌제청」. ≪헌법재판소 판례집≫, 제15권 제1집, 663~677쪽.

______. 2003b. 「국민건강보험법 제62조 제3항 등 위헌확인」. ≪헌법재판소 판례집≫, 제15권 제2집, 106~136쪽.

______. 2003c. 「구 국민의료보험법 제41조 제1항 등 위헌소원」. ≪헌법재판소 판례집≫, 제15권 제2집, 441~465쪽.

______. 2003d. 「산업재해보상보험법 제5조 단서 등 위헌소원」. ≪헌법재판소 판례집≫, 제15권 제2집(하), 103~119쪽.

______. 2006. 「안마사에관한규칙 제3조 제1항 제1호 등 위헌확인」. ≪헌법재판소 판례집≫, 제18권 제1집(하), 112~133쪽.

______. 2007a. 「국민연금법 제3조 제1항 제3호 등 위헌제청 등」. ≪헌법재판소 판례집≫, 제19권 제1집, 349~376쪽.

______. 2007b. 「국민건강보험법 제63조 제4항 등 위헌소원」. ≪헌법재판소 판례집≫, 제19권 제1집, 444~467쪽.

______. 2009a. 「국가유공자 등 예우 및 지원에 관한 법률 제12조 제4항 등 위헌소원」. ≪헌법재판소 판례집≫, 제21권 제1집(상), 457~481쪽.

______. 2009b. 「어선원 및 어선 재해보상보험법 제27조 제1항 등 위헌소원」. ≪헌법재판소 판례집≫, 제21권 제2집(하), 777~790쪽.

______. 2010. 「구 군인연금법 제21조 제3항 제2호 등 위헌제청」. ≪헌법재판소 판례집≫, 제22권 제2집(상), 95~112쪽.

독일 연방헌법재판소 판례

Bundesverfassungsgericht. 1959. "§ 346 Satz 1 des Lastenausgleichgesetzes." *BVerfGE*, 8, pp.155~173.

______. 1972. "Absoluter Numerus Clausus für Medizinstudium." *BVerfGE*, 33, pp.303~358.

______. 1973. "Regelung des Fachartztwesens durch Satzungen der Ärztenkammern." *BVerfGE*, 33, pp.125~171.

______. 1976. "Vorschaltverfahren vor Antrag auf gerichtliche Entscheidung in Strafvollsugssachen." *BVerfGE*, 40, pp.237~261.

______. 1978. "Kalkar I." *BVerGE*, 49, pp.89~147.

______. 1982. "Vorbehalt des Gesetzes für Regelungen über Entlassung eines Schülers aus der Schule wegen unzureichender Leistungen." *BVerGE*, 58, pp.257~283.

지은이 | **이신용**

서강대학교 사회학과를 졸업하고 독일 브레멘 대학교에서 사회정책학 석사(Diplom)·박사(Dr.rer.pol) 학위를 받았다. 이후 고려대학교 연구교수, 서강대학교 대우교수를 거쳐 현재 경상대학교 사회복지학과 교수 및 인권사회발전연구소 사회정책연구센터장으로 재직 중이다. 주요 논문으로 「민주주의가 사회복지정책에 미치는 영향」(2007), 「민주주의, 법치국가, 복지국가의 친화성: 사회보장법에 의회유보 원칙의 적용과 사회보장제도 발달과의 관계」(2010) 등이 있다.

한울아카데미 1980
사회보장법과 의회

지은이 이신용
펴낸이 김종수
펴낸곳 한울엠플러스(주)
편집책임 최진희
편집 김영은

초판 1쇄 인쇄 2017년 4월 20일
초판 1쇄 발행 2017년 4월 25일

주소 10881 경기도 파주시 광인사길 153 한울시소빌딩 3층
전화 031-955-0655
팩스 031-955-0656
홈페이지 www.hanulmplus.kr
등록번호 제406-2015-000143호

Printed in Korea.
ISBN 978-89-460-5980-1 93360(양장)
978-89-460-6333-4 93360(학생판)

※ 책값은 겉표지에 표시되어 있습니다.
※ 이 책은 강의를 위한 학생용 교재를 따로 준비했습니다.
강의 교재로 사용하실 때에는 본사로 연락해주시기 바랍니다.